「ロシア精神」の形成と現代
——領域横断の試み

[編著]——三浦清美

[著]——高橋沙奈美
　　　　藤原潤子
　　　　井上まどか

松籟社

図1
ナターリヤ・ステパーノヴァ著『シベリアの呪術師の呪文』第52巻。

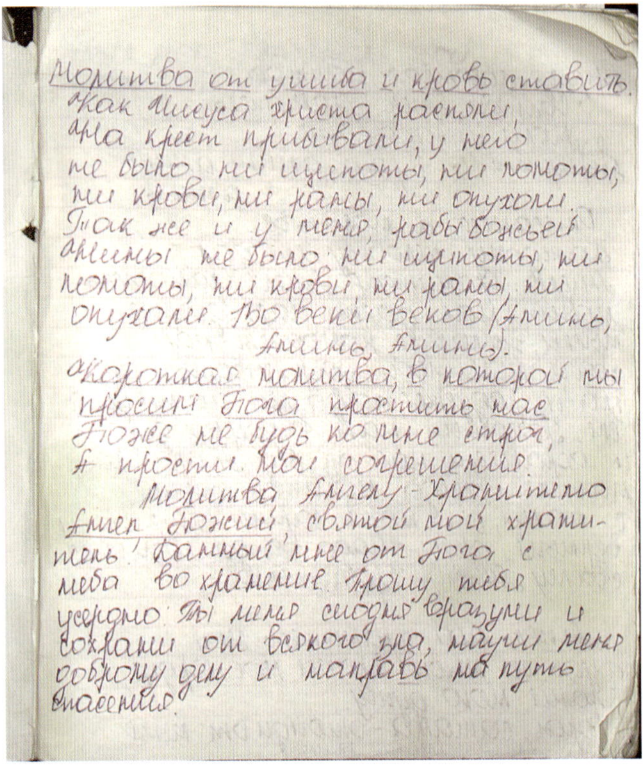

Молитва от ушиба и кровь ставить.
Как Иисуса Христа распяли,
а на крест прибивали, у него
не было ни щипоты, ни ломоты,
ни крови, ни раны, ни опухоли.
Так же и у меня, рабы божьей
Анны, не было ни щипоты, ни
ломоты, ни крови, ни раны, ни
опухоли. Во веки веков (Аминь,
                    Аминь, Аминь).
Короткая молитва, в которой мы
просим Бога простить нас
Боже не будь ко мне строг,
а прости мои согрешения.
        Молитва Ангелу-Хранителю
Ангел божий святой мой храни-
тель, данный мне от Бога с
неба во хранение. Прошу тебя
усердно. Ты меня сегодня вразуми и
сохрани от всякого зла, научи меня
доброму делу и направь на путь
спасения.

図2
呪文が書きつけられたノート。このように自分に必要な呪文を、
いざという時のために書き写して持っている人は多い。

図3
フィールド調査で出会った呪術師のおばあさん。さまざまな問題を
解決してもらうために、通ってくる人が絶えないとのことである。

図4
神の御母の出産（トレチャコフ美術館蔵、14世紀半ばノヴゴロド）。
Государственная третьяковская галерея. Т. 1. С. 79.
下は部分拡大。苦悶の表情

図5
РЭМ 6683-423 Подзор. Олонецкая губ. XIX в. Русские.
ロシア民俗博物館蔵オロネツ県19世紀の刺繍。
画像は未刊行だが、同博物館の特別の許可のもとに掲載されるものである。
下は部分拡大したもの。

図6
ザカリアとエリザベト
出典：Wikimedia commons

図7
アントニオ・ポッセヴィーノ（1533-1611）の肖像
出典：Wikimedia commons

図8
リヴォニア戦争（1578-1582）最中のポッセヴィーノ
出典：Wikimedia commons

図9
中世の衣装に身を包んだ皇帝夫妻(1903年)
出典:Wikimedia commons

図10
王権を手にする生神女マリアのイコン
出典：Wikimedia commons

図11
ニコライ二世の奇跡のイコン

出典：Святой Страстотерпец Царь Ниоклай. СПб.: Общество памяти игумении Таисии, 2017. C. 103.

図12
『ラジヴィール年代記』77葉裏
Радзивировская летопись. Факсимильное воспроизведение. Л.77об.

図13
『シリヴェストル文集』135葉表
Сказание о Борисе и Глебе. Т. 1. Л.135.

図14
ボリスとグレープ騎馬像(トレチャコフ美術館蔵、14世紀後半プスコフ)
Государственная третьяковская галерея. Т. 1. Древнерусское искусство X-начало XV века. М., 1995.С. 97.
下は部分拡大図。

図15
聖者伝を伴ったボリスとグレープ立像（トレチャコフ美術館蔵、14世紀後半）
Сокровища живописи. С.87.
上は部分拡大図。

図16
ボリスとグレープ立像（ロシア美術館蔵、14世紀初め）
Сокровища живописи: Шедевры русской иконописи. М., 2012. С.86.
下は部分拡大図。

図17
エティマシア＝備え
Этимасия
出典：Wikimedia commons

目次

序 章

失われた「ロシア」を求めて
──想起と模索の30年から

（高橋 沙奈美）

− 7 −

第 1 章

人が呪文を必要とするとき
──現代ロシア人の悩みと呪文

（藤原 潤子）

− 25 −

第 2 章

人の心を燃え上がらせ、冷ます
──ロシアの愛の呪文

（藤原 潤子）

– 63 –

第 3 章

中世ロシアにおける宗教心のあり方
──異教信仰「ロードとロージャニツァ」とは何か

（三浦 清美）

– 91 –

第 4 章

教皇特使アントニオ・ポッセヴィーノが見たイワン雷帝のロシア
──中近世の北方外交における非国家エージェント

（井上 まどか）

– 201 –

第 5 章

危機の時代のロシアとニコライ 2 世崇敬
——ロシアにおける犠牲者意識ナショナリズム

（高橋　沙奈美）

– 223 –

第 6 章

呪いと祟りをいかに克服するか
——『ボリスとグレープについての物語』における語句、
«НЕДОУМѢЮЩЕ, ЯКО ЖЕ БѢ ЛЕПО ПРЕЧЬСТЬНѢ» の解釈について

（三浦　清美）

– 249 –

第 7 章

ふたたび『イーゴリ軍記』とは何か
——A. ウジャンコーフの著作に寄せて

（三浦　清美）

– 303 –

第 8 章

テオーシスとは何か
──パノポリスのノンノスと『ラザロ復活に寄せる講話』から

（三浦　清美）

– 349 –

終　章

「ロシア精神」と向き合うこと

（三浦　清美）

– 401 –

索引 ··· 417

編著者・著者紹介 ·· 425

4　「ロシア精神」の形成と現代

「ロシア精神」の形成と現代
——領域横断の試み

序　章

失われた「ロシア」を求めて
―― 想起と模索の 30 年から

高橋　沙奈美

　私はロシアを愛している。でもそれはあのロシアではないのかもしれない。

亡命ロシア人第二世代ドミトリー・ゲーリング[1]

　ロシアに魂の故郷を感じ、それを熱烈に愛している人々があるのだ。そのような人達が深い感激の目をもって眺めるロシアは、政治的形態や、時代の流れによって千変万化する現象的なロシアではなくて、そういう現象的千変万化の底にあって、常に変わることなく存続するロシア、「永遠のロシア」だ。

井筒俊彦『ロシア的人間』[2] 1953 年

1. はじめに――ロシアとその精神をめぐる個人的な断想

　本書の関心の中心にあるのは、ロシアをロシアたらしめる「精神」のありようである。2022 年 2 月にロシアによるウクライナへの全面侵攻が始まった時、ロシアとは法も制度も軽視して隣国に侵攻するほどまでに暴力的な国家であっ

---

1) ゲーリングは亡命ロシア人がブリュッセルに建設した「聖ヨブ聖堂」の教区民のひとり。聖ヨブ聖堂の公式サイトに掲載されたインタビューより（https://www.egliserussememorial.be/）。以下、本章で参照した URL の最終閲覧日はすべて 2024 年 7 月 19 日。
2) 井筒俊彦『ロシア的人間――近代ロシア文学史』弘文堂、1953 年、1-2 頁。表記を現代仮名遣いに改めた。

たかという衝撃が走った。戦争は研究者の世界にも影響を及ぼさずにはいられない。ロシアの政治経済や国際関係などの社会科学分野のみならず、歴史、文学、文化など人文科学が扱ってきた領域についても、全面的な再検討が迫られることになった。私たち研究者がロシアという国について学ぶとき、好むと好まざるにかかわらずロシアの内に入っていかざるを得ない。いわばロシアの「外」から出発する私たち日本のロシア研究者は、ロシアの内奥に入り込み、内在的な視点を獲得してこそ、より優れた研究ができるものと信じてきた。しかしまさにそのことによって、私たち自身もロシア中心主義的な立場に立ってきたのではないか、私たちのうちにも帝国主義的な視点が無意識に入り込んでいるのではないか、といった問いが突き付けられているのである。

　本書の執筆者をはじめ、日本のロシア地域研究者の多くが、人生の少なくない部分をロシア研究に捧げ、ロシアの文化や人々に関わることでアイデンティティの重要な部分を形成してきた。ロシアとは大きく異なる文化圏に属する日本に生まれ育った人間が、なぜロシアにそれほど深い関心を持つのか、私の友人や調査協力者の多くにとっては不可解だし、私自身にとってもうまく説明できない。「なぜロシアなのか」という問いに対し、相手を納得させることのできるような答えに窮した私は、時に「半分ロシア人だから」と冗談めかして答えたこともあった。そう答えながら、「ロシア人」というのはいったい何なのだろう、と考えさせられた。こういう会話をするときの相手が、民族的なロシア人であるとは限らない。そもそも民族的なロシア人など、誰にとってもよく分からない、定義のはっきりしない存在なのだ。「ロシア人」を自称する人々自体、複数の「民族」の何世代にもわたる移住や民族間結婚の複雑な家族史を持っており、結果として「ロシア人」であることを選択したに過ぎないのだから。ロシア語で話し、ロシア的なメンタリティを感じさせる人々との交流を通じて、私の中の「ロシア人」イメージの多くの部分が形成されている。私はバルト三国にいても、ウクライナにいても「ロシア」的なものを見出し、これらの国々や人々の中にあって、私は自分にとって安心できる「既知のもの」を感じることができた。

　論争的であることを重々承知の上であえて書けば、おそらくこうした感覚というのは、解体後もはや30年以上が経つ旧ソ連圏に住まうロシア語話者の間

でも程度の差はあれ、共有されていたものだ。2012年に、ラトヴィアの首都リガで開催された学会に参加したとき、学会の基調言語はラトヴィア語と英語だった。最後の日の夜、旧交を温める気の置けない人々の集まりに私も居合わせた。そこでは、ロシア語を決して話そうとしない人がいる一方で、多くの人々がロシア語で会話し、誰もが知っている古いロシア語の歌をいくつも合唱していた。プーチン大統領は、2007年に「ロシア世界基金」を創設して、ロシア語とロシア文化の世界的な発信に尽力すると宣言した[3]が、市井の人の「ロシア世界」とは、例えばこのようなものだったのだと思う。ただ単に言葉が通じる、というのではない。それは例えば、子供の頃、あるいは若い日に、世間を魅了した文学や音楽、映画をお互いに共有しているという過去なのだ。皮肉の利いたアネクドート（一口噺）に笑い、公的な制度よりも人間関係というコネクションを信頼し、最新技術を愛しつつ呪術や古い言い伝えを恐れる生き方なのだ。「ロシア世界」に住んでいた人々は、それぞれの依って立つメンタリティの基盤が、人生の経験が、生きる上での知恵が、似通っていたのである。

　ウクライナに対する戦争が始まって、私たちがロシアについて再検討しなくてはならない、と私が書くとき、その再検討の材料となるのは、言葉や数字によって表すことのできる、客観的なデータのみを意味しない。少なくとも私にとって「ロシア」とは、上に書きしるしたような極めて個人的な体験と記憶の上に形成されているものでもあり、そうしたものを無視して「ロシア精神」について検討することは、結局不可能だろうと私には思えるのである。

　ロシアについて真剣に取り組もうと考えたことのある人の間では、あまりによく知られた言葉であるが、19世紀に活躍した詩人で外交官のフョードル・チュッチェフは「ロシアは――頭ではわからない」で始まり、「ただ信じることができるのみ」と結ぶ4行詩を残している。また、日本ではロシア文学についてのエッセイの中で、井筒俊彦が、「ロシア的人間の精神」とは「人間の理性を

3）Указ Президента Российской Федерации о создании фонда «Русский мир»// Информационный портал фонда «Русского мира». 21 июня 2007 г. (https://russkiymir.ru/fund/the-decree-of-the-president-of-the-russian-federation-on-creation-of-fund-russian-world.php#1)

もってしてはどうしても到達できない非合理的な存在と実存の深層」に潜むと書いている。[4] この二つの言葉に共通して響くのは、理性によってロシアをロシアたらしめる精神性を捉え、それを言語化することの、限りなく不可能に近い困難さである。

　本書は、そのような「ロシア精神」を、あえて表題に掲げたものである。「ロシア精神」に迫る試みは、今まで数多の人々によって形を変えて取り組まれ、何層にも積み重ねられてきた。ロシア・ウクライナ戦争は本書の執筆段階で勃発し、2024年現在においても継続中であるが、終わらない戦争という状況下で、「ロシア精神」と向き合うことにどのような意味があるのだろうか。

　「精神」とは「民族性」、「思考様式」、「文化」、「文明」、「アイデンティティ」などとも近接したきわめて漠然とした概念である。ロシア語では「精神」に当たる言葉としてдух（ドゥーフ）が挙げられよう。この言葉は日本語の「精神」と重なる意味も有するが、注意すべきはこれがキリスト教正教の三位一体の神を成している「聖霊」をも指しうるという点だ。つまりこの語には、東方正教の世界観が必然的に付きまとう。それゆえに、この言葉に「ロシアの」という形容詞が付けば、それはどうしてもロシア正教とその周辺の世界に生きる人々の気風や思考様式に焦点が当たる。本書で敢えて「精神」という言葉を取り上げるのは、それが独自の宗教的世界観に裏打ちされたロシアの使命や運命、来し方行く末に馳せる情念に裏打ちされているからだ。私たちはこの情念に迫りたい。この情念こそ、ロシアをロシアたらしめるものではないか。それは、ロシアの底知れぬ深さ、あたたかさと冷たさ、豊かさと貧しさ、笑いと恐怖、そしていったんその沼に足を踏み入れたものを決して放そうとしない力である。

　以下では、ソ連解体後の30余年に焦点を当てて「ロシア精神」の変容について検討する。というのも、「ロシア精神」をめぐる探求は、ソ連時代に歴史の表舞台からいったん姿を消したとみることが可能だからだ。ロシア独自の宗教哲学や神秘主義、ナショナリズム、大国主義などの相克の中で、ソ連解体後のロシアにおける「ロシア精神」は再び構築され、拡大していった。それは現在、

---

4) 井筒俊彦『ロシア的人間』、7頁。

「ロシア世界」と呼ばれる壮大なイデオロギーへと姿を変えた。そのことは結果的に、私たちにとって既知のものであったはずの「ロシア」を分断し、破壊することになったのである。

2.「ロシア精神」再構築の試み

ロシアをロシアたらしめる精神性、その特徴、歴史について、これまでどれだけの哲学者、文学者、思想家、芸術家、宗教者が思索し、それを書き残してきたかということに思いをはせれば、思わず気が遠くなる。思想史の専門家でなくとも、それが15世紀末に書き記された「モスクワ第3ローマ説」に始まり、ロシアの未来の使命を訴えたピョートル・チャアダーエフの『哲学書簡』（1829年）、「スラヴ派」と「西欧派」の対立、ロシアを中心としたスラヴ世界の統合を説く「汎スラヴ主義」、そしてロシア・コスミズム（宇宙精神）と呼ばれる独特の世界観などにつながっていく流れはすぐに思い浮かぶ。「ロシア精神」についての思想的系譜をたどるだけで、数巻に及ぶ書物ができるだろう。

私には「ロシア精神」を語るだけの力量はないし、それが一体いかなるものであるかの定義すらおぼつかない。そもそもそうしたものを定義しようという試み自体、不可能ではないかと考えている。そうした留保の上で、ロシア精神の中核に「独自の宗教的世界観に裏打ちされたロシアの使命や運命、来し方行く末に馳せる情念」があるとあえて想定してみたい。

そのような留保の上で、「ロシア精神」についての思索は、1917年革命後、ソ連という体制が崩壊するまで、いったんロシアの思想界の主流から排除されたとみることができるだろう。社会主義の時代精神なるものを、大胆に単純化してみれば、それは「合理化」、「脱魔術化」、あるいはデカルト的物心二元論を基調とする西欧的近代化を希求し、さらにはそれを超越しようという壮大な試みであったといえよう。そのような時代において、社会の関心は、五感を超越した神秘的な「精神（дух）」よりも、マルクス主義に代表される政治理念や新しい物質文化、技術革新などに向けられた。

だからこそ、「ロシア精神」を希求する人々は、1991年のソ連解体を、社会主義イデオロギーからの解放と、新しい思想、そして同時に伝統回帰をもたらしうる自由の到来として歓迎した。ところが、この頃の急激な市場経済の導入

序章　失われた「ロシア」を求めて　**11**

は、ハイパーインフレをもたらし、人々の生活は困窮に陥った。プーチン大統領でさえ、タクシードライバーをして日銭を稼いだ時代である。こうした現実の中で、ロシアにとって、リベラリズムとはホッブス的自然状態、すなわち「万人の万人に対する闘争」を意味することとなった。ロシア思想研究の乗松亨平は、ポスト社会主義ロシアにおける権威主義的傾向の原点は、「人間がお互いにとって狼となる」、暴力をむき出しにしたリベラリズム導入の失敗であったと指摘する。[5] さらにそのあとに訪れた急速な経済成長は、ロシア文化の大衆化を推し進めた。それは同時に民族主義的な思想や言説の大衆化をも推し進めた。[6] つまり「ロシア精神」についての議論は、19世紀から20世紀初頭にかけてみられたような哲学的思索としては結実しなかった。それに代わって、ロシアの思想界に登場したのが、排外主義的（具体的には反米・反西欧的）でロシア大国主義を掲げる保守派や過激派の運動である。ナショナル・ボリシェヴィズムを立ち上げた作家のエドゥアルド・リモノフや、ネオ・ユーラシアニズムの論客アレクサンドル・ドゥーギンらが代表的だ。興味深いのは、彼らが長年にわたってファシズムと同時に、神学、宗教哲学、神秘主義、オカルティズムなどに耽溺していたという事実である。[7]

1990年代のロシアには、バプテスト、ペンテコステなどのプロテスタント諸派、あるいはハレ・クリシュナ、オウム真理教、エホバの証人のような外来宗教、あるいは新宗教が奔流となって流れ込んだ。また、古いロシアの装いをまとった異教や呪術、新しい予言者が目立って活躍し始めた。つまり、外来のもの、新しいもの、異端的なものとみなされる精神世界がロシアに流入したのである。[8]

こうした動きに激しい抵抗を見せたのが、土着的で、長い歴史を持ち、民族的アイデンティティの根幹を成すとみなされた伝統宗教であった。ソ連解

5）乗松亨平「敗者の（ポスト）モダン」『ゲンロン6』2017年、58頁。

6）東浩紀、乗松亨平、貝澤哉「ロシア思想を再導入する——バフチン、大衆、ソボールノスチ」『ゲンロン6』2017年、23-24頁。

7）チャールズ・クローヴァー（越智道雄訳）『ユーラシアニズム——ロシア新ナショナリズムの台頭』NHK出版、2016年、246-283頁。

体直後の無秩序に流れ込んできた新宗教や外来宗教は、グローバルな資本主義や無抑制のリベラリズムと同じ基盤を持つものとして忌避された。一方で伝統宗教は、ロシア連邦を構成する民族の文化や生活・思考様式と結びつけられる。[9] 伝統宗教は90年代の混沌としたリベラリズムを嫌悪する極めて多様な人々が、こぞって乗り合わせることのできる便利な媒体として機能し始めたのである。

　1993年に定められた憲法では、ロシアは世俗国家であり（14条）、信教の自由が保障され（28条）、宗教的信条に基づく差別や社会的緊張を煽るようなプロパガンダが禁止されること（19条、29条）が謳われている。ところが、1997年9月に採択された宗教法（「良心の自由と宗教団体に関する」連邦法）の前文では、ロシア正教会をヒエラルキーの頂点として、伝統的な民族宗教（キリスト教諸派、イスラーム、仏教、ユダヤ教、シャマニズムなど）、非伝統宗教（新宗教、スピリチュアリティ、異教など）という3層構造が示された。つまり、最大多数派の伝統宗教であるロシア正教を筆頭に、伝統宗教の差異化がこの法の基本的理念となっているのである。また、この時点で15年以上にわたってロシアでの活動実態を証明できない非伝統・非民族宗教は、国家登録を受けることはできないと定められた。[10] この15年規定はその後撤廃されたが、代

8）こうした新宗教や外来宗教の流入の背景には、1990年に制定された極めて自由なロシア宗教法の存在も指摘される。1990年宗教法の詳細と新宗教、外来宗教の流入については、以下を参照。清水望『東欧革命と宗教——体制転換とキリスト教の復権』信山社出版、1997年、289-456頁。

9）Vyacheslav Karpov, Elena Lisovskaya, David Barry, "Ethnodoxy: How Popular Ideologies Fuse Religious and Ethnic Identities," in *Journal for the Scientific Study of Religion* (2012) 51(4), pp.638-655.

10）1997年ロシア宗教法について、以下を参照。高橋沙奈美『迷えるウクライナ——宗教をめぐるロシアとのもう一つの戦い』扶桑社新書、2023年、28-29頁。また、1997年宗教法の制定に伴って、「救世軍」、「イエズス会」、「エホバの証人」、「サイエントロジー」といった宗教団体が再登録を認められず、欧州人権委員会に訴える事態となった。FECRIS и ее члены в России. Православно-клерикальное крыло // Антисектантские движения и государственный нейтралитет. Предмет исследования: FECRIS. СПб.: изд-во Политехнического университета, 2013. C. 133.

序章　失われた「ロシア」を求めて　***13***

わって2009年に「国家宗教専門家審議会」が改組され、宗教法人の国家登録に際しての審議が強化された。これについて、登録を審議する「専門家」たちは、宗教学や法学の専門家ではまったくないことが主に大学などのアカデミズムの場で活躍する研究者らによって批判されている。[11] 審議会の議長はアレクサンドル・ドヴォルキンという「セクト研究者」であるが、彼はロシアにおける非伝統的とみなされる宗教団体を「全体主義セクト」と位置づけたことでよく知られている。[12] この例からも明らかであるように、「伝統的な民族宗教」と認められない宗教団体が、ロシア国内で合法的に活動する可能性は、プーチン政権下のロシアにおいて次第に狭められていったのである。[13]

　時を同じくして、ロシア正教会を筆頭とする「伝統的な民族宗教」が、社会的影響力を増すことのできるような諸制度が整備されていった。1998年にはこれら伝統的民族宗教とみなされる諸団体の連絡会議ともいうべき「ロシア宗教間評議会」が結成された。この組織の実際的な重要性は不明ながら、多民族がそれぞれの伝統的価値観を重視しながら、調和的に対話し、宗教組織や制度を超えて社会的影響を行使する姿勢を示すものとして設立されたことは疑いようがない。[14] ロシア正教会を例に取れば、国防分野では、1995年にモスクワ総主教庁に「軍・法執行機関協力部」が創設され、正教会聖職者の軍隊における奉仕が促進された。[15] 一方、教育分野では2012年より公立学校で学ぶ4年生以降の児童・生徒を対象として、宗教・道徳教育が導入された。[16] 社会分野に進

11）*Лункин Р.Н.* Антиклерикализм в России: народ свободы за честную веру in *Russian Review.* 38 (2009) (https://www.keston.org.uk/rr/38/03-roman-action-against-sektoveds.html), *Смирнов М.* «Если у нас есть социология религии, то вялотекущая…»// Государство, религия, церковь в России и за рубежом. №. 1 (2012). С. 235-246.

12）FECRIS и ее члены в России. С. 147-150.

13）もっともよく知られているところでは、ロシアの最高裁判所が2017年4月に「エホバの証人」を「過激派組織」と認め、その活動の禁止と資産押収という判決を下した。

14）高橋沙奈美『迷えるウクライナ』117-118頁。

15）Dmitry Adamsky, *Russian Nuclear Orthodoxy: Religion, Politics and Strategy* (Stanford University Press, 2019), pp.19-20. 井上まどか「軍隊とロシア正教会」『現代宗教2023』195-212頁。

出することによって、「伝統的な民族宗教」の政治的・経済的発言力はますます増大する。つまり、彼らは国家権力の要請に従っているというよりも、互いに協力／競合しつつ自ら進んで国家権力を扶翼しているのである。私はこれを第二次世界大戦期の日本の状況との類似から、「翼賛的政教関係」であると考えている。「翼賛的政教関係」は、単に憲法で定められた世俗国家に関する規定に抵触するとか、特定の宗教団体の優遇（これら自体非常に大きな問題であるが）にとどまらない帰結をもたらす。国家にとって望ましい価値観が規範化される世界を、国と宗教団体が作り出そうとしていることこそが、「翼賛的政教関係」のもたらす甚大な問題だろう。

　さらには、「ロシア世界」というロシア独自の文明論の存在も指摘される。「ロシア世界」とはそもそも、プーチン政権によって2007年から推進されるようになったイデオロギーで、ロシア語やロシア文化を通じたロシアのソフトパワー拡大を目指した基金として誕生した。ロシア正教会モスクワ総主教キリール（在位2009年—）の定義にしたがえば、「ロシア世界」とはロシア語を話し、共通する歴史的記憶をもち、正教信仰を共有する人々の生きる世界を意味する。[17] また、「ロシア世界」という文明観は、西側世界の行き過ぎた自由主義、個人主義を批判し、個人の人権に優先する共同体への献身、自己犠牲、そしてそれらを支える精神的・道徳的価値観を重視する。現在のロシア連邦の「国家安全保障戦略」では、こうした価値観を守る「魂の安全保障（spiritual security）」が繰り返し強調されていることは注目に値する。[18] ロシア正教会の後援で1993年に組織された、「世界ロシア人民会議」と呼ばれる国際的社会団体があるが、2024年3月に行われた年次大会では、「ロシア世界」の崇高な使命とは、世界を悪から守る抑止者となることであるというマンガじみた宣言が

16）井上まどか、木之下健一「ロシアにおける宗教教育の導入と今後の課題」ロシア・ソビエト教育研究会ほか編『現代ロシアの教育改革』東信堂、2021年、134-153頁。

17）Выступление Святейшего патриарха Кирилла на торжественном открытии III Ассамблеи Русского мира// Официальный сайт Московского Патриархата. 3 ноября 2009 г. (http://www.patriarchia.ru/db/text/928446.html)

18）高橋沙奈美『迷えるウクライナ』101頁。

なされた。[19] そこでウクライナ侵攻が「聖戦」と位置付けられたことはもはや驚くべきことではなかろう。

現代ロシアの排外主義的傾向を示す概念として、「外国エージェント（外国の代理人）」の存在も指摘しておかなくてはならない。ロシア国外から支援や資金援助を受けた人物や法人を、「外国エージェント」として登録するという法律は2012年に登場した。それ以来、「スパイ」、「裏切り者」を暗に意味する言葉として、「外国エージェント」というレッテルが反体制的なメディアや、著名人、作家、芸術家、研究者らに貼られている。[20] 冒頭で述べたような「ロシアらしさ」を感じる知性やユーモアを備えていると私が個人的に敬愛してきた人々が、「私も「外国エージェント」と認められた」と少し悲しそうな笑顔で語るとき、「ロシア」とはもはやバラバラに瓦解した世界にしか存在しない、という暗澹たる気持ちになる。

3.「永遠のロシア」という名の廃墟

「精神」はもとより、「ロシア」という言葉もまた特別な注意を要する。「ロシア精神」が意味するところの「ロシア」という領域は、現在あるいは過去の国境線によって区切られた時空間に限定されるわけではないだろう。また上述した通り、ロシア的なるものが見出されるのは、民族的なロシア人に代表されるものでもない。後者に関しては、そもそも「民族」という概念や帰属意識自体、時代や社会状況によって刻々と変化し続けるものであることを指摘すれば十分だ。

しかし、旧ソ連を構成していた国家すなわち「近い外国」とロシアとの政治情勢が決定的に変化した現在、ロシアの遍在性を語ることは危険だ。いくつか

---

19) Наказ Всемирного русского народного собора «Настоящее и будущее Русского мира»// Официальный сайт Московского Патриархата. 27 марта 2024 г. (http://www.patriarchia.ru/db/text/6116189.html)

20) Veera Laine, Kristiina Silvan. ""Foreign Agent" as an internal representative of the West in Russia's geopolitical discourses," in *Remapping Security on Europe's Northern Borders* (Routledge, 2021).

16 「ロシア精神」の形成と現代

の地域においては、ロシアとの関係を、支配／被支配の二項対立的なコロニアリズムの歴史観の中で捉えることが支配的な見方となりつつある。そのような状況下では、ロシアの「近い外国」にロシア的なるものを見出すような感覚は、ロシア寄りの帝国主義史観と非難されることを免れ得ない。例えば、2021年7月にプーチンが発表した論文「ロシア人とウクライナ人の歴史的一体性について」[21] は、ロシアとウクライナの一体性がロシア大国史観の一方的な押し付けではなく、何世紀にもわたって多くのものを共有した結果、文化的に融合して出来上がってきたことを主張したものである。この論文が数多くの批判を引き起こしたことは言うまでもない。

　21世紀の今日、ロシアとの戦争が起こったジョージアでもウクライナでも、人びとの間には「ロシア嫌い」が蔓延している。ジョージア政府は、2008年のアブハジア戦争をきっかけとして、ロシア語に由来する「グルジア」という国号の呼称を改めるよう日本政府に要求した（その際日本に求められたのが、「サカルトヴェロ」という現地語に由来する国号ではなく、「ジョージア」という英語由来の呼称であることは注意すべき点だ）。[22]

　ウクライナでは、2013年秋に始まったマイダン革命、そしてそれに続くドンバス紛争以降、ロシアとの「共通の歴史」を否定する動きが加速した。このきっかけとなった最も印象的な事件は2013年12月8日の夜にキーウで起こった、反政府デモ隊によるレーニン像の引き倒しだ。これをきっかけとして、ウクライナの様々な都市や農村でレーニン像の撤去が始まった。レーニン像の撤去は、自治体によって粛々と行われる場合もあったが、ナショナリズム志向の強い人々によって象徴的に（そしてしばしば暴力的に）破壊される事例も少なくはなかった。[23] 2015年春にはいわゆる「脱共産主義法」と呼ばれる一群の法

21）Владимир Путин «Об историческом единстве русских и украинцев»// Президент России. 12 июля 2021 г. (http://kremlin.ru/events/president/news/66181)

22）日本政府が国名呼称を「グルジア」から「ジョージア」に変更したのは2015年4月である。

23）Sebastian Gobert, "Lenin's Tumble: The Iconoclasm of Ukraine's Decommunization," *The Odessa Review*. 6 February 2017 (http://odessareview.com/lenins-tumble-iconoclasm-ukraines-decommunization/).

律が公布された。[24] この法律により、共産主義の時代を想起させるシンボルやモニュメントが禁止された。[25]

　さらに2022年にロシアによるウクライナ全面侵攻が開始されると、ロシアとのつながりを想起させるような地名を禁止する法律、いわゆる「脱植民地化法」が採択された。[26]「脱共産主義法」ではソ連的なシンボル（レーニン、10月革命、コムソモール、共産党など）が禁止されたのに対し、「脱植民地化法」では、ロシアとの歴史的・文化的つながりを想起させる表象、すなわち為政者などの公的人物はもとより、作家や音楽家、学者などの文化人にちなんだ記念碑や地名までもが禁止の対象となった。例えば、キーウの中心に位置する「トルストイ広場」は「ウクライナ英雄広場」に名を変えた。またキーウ生まれで、この都市を舞台とした自伝的小説『白衛軍』を書いたロシア人作家ミハイル・ブルガーコフについても、彼の名を冠した文学館の名称変更をめぐって議論を呼んだ。

---

24) この時に採択されたのは以下の4つの法律である。「ウクライナにおける共産主義および国民社会主義（ナチス）全体主義体制の非難とそのシンボルの宣伝禁止に関する法律」、「1917年から1991年の共産主義全体主義政権の抑圧的機関のアーカイブへのアクセスに関する法律」、「1939年から1945年の第二次世界大戦におけるナチズムに対する勝利の永続化に関する法律」、「20世紀にウクライナ独立のために戦った戦士の法的地位と記念に関する法律」。これらは、ソ連のシンボルを禁止し、共産主義体制を非難し、ソ連秘密機関の公文書を公開し、ウクライナ民族主義者組織（OUN）やウクライナ反乱軍（UPA）などの組織をウクライナ独立のための闘士として認めるものである。Порошенко підписав закони про декомунізацію// Українська правда. 15 травня 2015 р. (https://www.pravda.com.ua/news/2015/05/15/7068057/)。なお、OUNのリーダーであったウクライナ独立運動の指導者ステパン・バンデラ（1909-1959年）を国民的英雄として描く動きは、より早い時期に始まっており、とりわけヴィクトル・ユーシチェンコ大統領の時代に顕在化した。David R. Marples (2006) "Stepan Bandera: The resurrection of a Ukrainian national hero," *Europe-Asia Studies*, 58:4, 555-566, DOI: 10.1080/09668130600652118

25) 1926年までは、この地域を開拓したロシア帝国の皇帝エカチェリーナ二世にちなんで「エカテリノスラフ」と呼ばれていた。

こうした動きを単にナショナリズムの行き過ぎであると批判することはできない。ウクライナ国家記憶院の所長アントン・ドロヴォヴィチは「（ロシア連邦による）侵略の根底にあるのは、私たちはひとつの民族であるというテーゼだ。私たちが同じ作家を尊敬し、同じ祝日を祝い、同じ言葉を話すなら、それはすべて、私たちがひとつの民族であり、独立したウクライナ民族など存在しないことの証拠なのだ。ウクライナ文化は存在しないし、独立したウクライナ国家も必要ない」と皮肉を込めて述べている。[27] 彼らは、ロシアに侵略の根拠を与えず、独立したウクライナを守るために、ロシアと共通する政治家や歴史的記念日のみならず、史跡や記念碑、芸術家や芸術作品までをも排除せざるを得ないのである。それは、記憶を書き換えようとするウクライナの問題ではなく、侵略と占領を行っているロシアの問題であることを忘れてはならない。

　しかし、こうしたことを理解したうえで、やはり私はウクライナで展開されている記憶政策を、身をえぐられるような思いで見ている。ロシアの侵攻が国

26）Зеленский подписал закон о запрете географических названий, связанных с Россией// Новая газета Европа. 22 апреля 2023 г. (https://novayagazeta.eu/articles/2023/04/22/zelenskii-podpisal-zakon-o-zaprete-geograficheskikh-nazvanii-sviazannykh-s-rossiei-news), Закон України Про засудження та заборону пропаганди російської імперської політики в Україні і деколонізацію топоніміі (Відомості Верховної Ради, 2023, № 65, ст. 221) // Верховна Рада України. (https://zakon.rada.gov.ua/laws/show/3005-20#Text). ただし、それ以前から、都市や通りの改称は進められていた。よく知られている例としては、革命の指導者フリホリー・ペトロウシキーにちなんで「ドニプロペトロウシク」と呼ばれていた都市の名が、2016年に「ドニプロ」に変更されたことが挙げられる。また、ウクライナ国外においても、固有名詞をウクライナ語に準じた表記へと訂正するよう求める圧力が高まり、日本においても2022年3月に外務省が地名等の名称変更を発表した。例えば、これによって「キエフ」と表記されていた同国の首都は、「キーウ」に改められるようになった。

27）В Украине писателя Булгакова признали «российским имперцем» и «украинофобом». Его памятник в Киеве демонтируют// Настоящее время. 10 апреля 2024 г. (https://www.currenttime.tv/a/ukraine-bulgakova-priznali-rossiyskim-impertsem-pamyatnik-demontiruyut/32897991.html)

際法を無視した言語道断で許しがたい暴挙であることに疑念の余地はない。ウ
クライナの記憶政策は、この暴挙に立ち向かうための戦いである。しかしこの
記憶政策が、ソ連的遺物、ロシア的弊害とみなされてきた腐敗や汚職、経済格
差、画一的規範の押し付け、言論・思想の自由の抑圧、官僚主義、権威主義な
どの根絶とはほとんど関係がないこともまた事実であろう。[28] ソ連解体後の独
立ウクライナで積み重ねられてきた、自らのアイデンティティを確立しようと
する努力が、その歴史認識や政治的言説において、ロシアを「他者」と位置付
け、さらには「ロシア嫌い」を促進する言説を生み出すことに支えられてきた
側面は否定しがたい。[29]

　ウクライナ史を専門とするデイヴィッド・マープルスをはじめとする歴史家
たちは、2015年の「脱共産主義法」の公布に際し、公開書簡を発表した。そこ
で彼らは、ウクライナにおいてもロシアと同様に記憶の政治化が行われること
に対する危機感を表明したのである。歴史認識問題に限らず、言語や宗教にお
いても同様の「政治化」現象が生じている。[30] ウクライナにおいてロシア語で
作品を発表してきた作家が、2022年以後もロシア語を使用することは、ロシ
アとの連帯の表明とみなされかねない。ロシア正教会によって自治権を認めら
れたウクライナ正教会（Ukrainian Orthodox Church）の教区民であり続けること
は、ロシアの協力者（コラボレーター）であることとほぼ同義となった。ロシ
ア連邦の政治体制が「ロシア世界」の名の下に、排外的で画一的な文明世界を

28）Anna Kutkina, *Between Lenin and Bandera: Decommunization and Multivocality in Post-Euromaidan Ukraine* (ibidem Press, 2021), pp.75-76.

29）Victoria Hudson, "The Ukrainian Orthodox Church of the Moscow Patriarchate as a Potential 'Tool' of Russian Soft Power in the Wake of Ukraine's 2013 Euromaidan," in *Europe-Asia Studies*, 70:9 (2918), p. 1357.

30）宗教に関しては、2022年12月にウクライナの政府機関「民族政策と良心の自由
局」の諮問会議が、ウクライナ正教会によるロシア正教会からの独立について判
断を下したことについて、ドイツ、ミュンスター大学の宗教学者トーマス・ブ
レマーが宗教の政治化であると批判する書簡を公開している。Thomas Bremer, *Assessment of the "Experts' Commission Report" on the Ukrainian Orthodox Church.* (https://www.dialogtut.org/wp-content/uploads/2023/09/review-uoc-report-2.pdf).

「防衛」しようと試みた結果、批判精神を有し、複雑で多様な「ロシア精神」を担ってきた人々の多くを現実的に追いつめている。「独自の宗教的世界観に裏打ちされたロシアの使命や運命、来し方行く末に馳せる情念」が厳しく規範化された結果、本章冒頭に掲げた井筒の「常に変わることなく存続するロシア、「永遠のロシア」」は分断され、破壊され、廃墟となった。今や、「千変万化する現象的なロシア」であるはずのプーチン体制こそ、ロシアの本質を体現しているのではないかと考えられるほどである。そしておそらく、プーチン体制のもたらす暴力も「ロシア精神」の一片を成すことは否定できないのだ。それが「ロシア精神」のすべてではないとしても。

4. いま、「ロシア精神」を問うことの意味

　冒頭の問いに戻ろう。「ロシア精神」とは何かという問いへである。

　圧倒的に暴力的で不条理な戦争が突きつける現実の中で、「永遠のロシア」は廃墟となった。戦争反対を訴えるような批判的精神の担い手たる人々は、ロシアでは「外国エージェント」と呼ばれ、ウクライナでは「ロシアのスパイ」と呼ばれうる。[31] 反体制派は力を奪われ、むき出しの暴力と恣意的な権力が、現在のロシアを突き動かしているようにさえ見える。スラヴォイ・ジジェクは、「ウクライナはロシア人の自由をも含む全世界の自由のために戦っている。だからこそロシアの真の愛国者なら、誰しもウクライナに心を寄せるはずなのだ」[32] と訴えた。日本でも、多くの専門家がウクライナを再検討し、政治経済などをはじめとする社会科学のみならず、歴史や文学の人文科学の分野でも、ウクライナに焦点を当てた書籍を数多刊行してきた。ロシア中心的な視点の転

31）例えば、2022年3月14日のロシア国営第一チャンネルのニュース番組で「戦争反対」のプラカードを掲げたマリーナ・オフシャンニコワがそのような批判を受けている。マリーナ・オフシャンニコワ（武隈喜一、片岡静訳）『2022年のモスクワで、反戦を訴える』講談社、2024年。

32）Slavoj Žižek, Pacifism is the wrong response to the war in Ukraine, *The Gardian* on 21 June 2022 (https://www.theguardian.com/commentisfree/2022/jun/21/pacificsm-is-the-wrong-response-to-the-war-in-ukraine)

換、そしてウクライナについて彼ら自身の立場から深く知ることが重要であることは言を俟たない。

　ただし、そのことは同時にロシアについて学び続け、考え続けることを否定するものではない。ウクライナで行使されるロシア軍の目を覆う暴力を前にして尚、ロシアに関心を持ち続けることは、この戦争を遂行するロシアの政治権力を肯定することと同義ではない。ロシアを自分の問題関心として選び取った人間として私たちは、好むと好まざるに関わらずロシアに生まれ育ち、ロシア語を母語とし、自らをロシアから切り離すことのできない人々のことを思う。「西」に身を置く努力を何十年にもわたって積み重ねたにも関わらず、「西」に対して「他者」の意識を持ち続けざるを得ない人々のことを思う。プーチン政権を20年以上にわたって、否定することができなかったことに良心の呵責を覚える人々のことを思う。ロシアの「外」から研究を始めた私たちが、長らくロシア研究を続けることができたのには、彼らの助けがあった。このような状況において、ロシアを「外」から批判するような立ち位置を選び取ることは、これらの人々に対する一種の裏切りの様にさえ感じられるのである。私たちが敢えていま、ロシアについて考え、「ロシア精神」を問うことは、私たちなりの誠実さなのである。

　本書の執筆者たち、宗教学者である井上まどか、歴史学者である高橋沙奈美、民俗学者である藤原潤子、文献学者である三浦清美は、「ロシア精神」というものを漠然と思い描きながら、それぞれ異なる専門分野で異なる仕事をしてきた。「ロシア精神」を問う、ということはつまり、それぞれが持ち寄った断片を通して、暴力性や偏狭な排他性をも含めた「ロシア精神」を再検討する、痛みを伴う作業でもある。すでに述べた通り、私たちが心惹かれた「永遠のロシア」はもはや廃墟である。しかし、そのような批判的な思索を通してこそ、政治的対立によっても、戦争によってさえも破壊しつくされることのない「永遠のロシア」を見出すことが可能になると信じたい。本書は「永遠のロシア」に真摯に向き合おうとしたそれぞれの研究者の努力の痕跡である。

　以上のような意味で、本書は領域横断的な試みとなっている。本章の構成について述べる。

　第1章「人が呪文を必要とするとき」は、民俗学者の藤原潤子によるもので

22　　「ロシア精神」の形成と現代

ある。ソ連崩壊後の宗教復興の動きの中で、ロシアでは、個人の願望を実現さ
せる手段としての「呪文」への関心が高まりを見せている。藤原は、現代の人
気呪術師ナターリヤ・ステパーノヴァの著作にしたがって、呪文を必要として
いるロシアの人々のメンタリティと彼らを取り巻く現実を明らかにしている。
読者は、ロシアの厳しい日常生活のありさまに衝撃を受けるのではないだろう
か。

　第2章「ロシアの愛の呪文」はやはり藤原によるもので、第1章で扱ったロシ
アの呪文のなかで、とくに「愛の呪文」を取り上げ、具体的な呪文テクストの
文体分析をしている。呪文は現実の不確定性を前提するものと言えるが、ごく
ふつうの人間が人生のなかで最も切実な願いをもって現実の不確定性と向き
合うのは、恋愛にほかならないであろう。藤原が紹介する呪文テクストによっ
て、ロシア人が、自分を超えたある力と、どのように向き合っているかが明ら
かになってくる。

　第3章「中世における宗教心のあり方」は、文献学者の三浦清美によるもの
で、中世ロシアで公教会を脅かすほど盛んであった「ロードとロージャニツ
ァ」への崇拝について考察している。キリスト教の教義のなかに、神の御母マ
リアが性の交わりなくイエス・キリストを宿したという処女懐胎の教えがあ
る。キリスト教の到来とともに、天からこの強烈な光が人間に向けて差してき
たとき、その人間の姿が地上に映し出した黒々とした影が、まさにこの異教信
仰「ロードとロージャニツァ」崇拝だったと言える。この章は、ロシアの宗教
的心性の考察となっている。

　第4章「教皇特使アントニオ・ポッセヴィーノが見たイワン雷帝のロシア」
は、宗教学者の井上まどかによるもので、16世紀の後半、イワン雷帝時代の
ロシア（モスコヴィア）を訪れた教皇特使のポッセヴィーノが見たロシア像が
示される。教皇特使ポッセヴィーノは、国家の枠組みと利害にとらわれない外
交主体であるいわゆる非国家エージェントであった。独裁君主中の独裁君主で
あるイワン雷帝のロシア＝モスコヴィアが、西欧の非国家エージェントにどう
見えていたのかに光を当てている。

　第5章「危機の時代のロシアとニコライ2世崇敬」は、歴史学者の高橋沙奈美
によるもので、ロシア革命のなかでその家族と従者とともに処刑されたニコラ

序章　失われた「ロシア」を求めて　**23**

イ2世への崇敬について詳述している。ニコライ2世とその家族は、ソ連崩壊後の混乱の中で、ロシア正教会によって列聖された。高橋は、ニコライ2世の列聖を犠牲者意識ナショナリズムとの関連において論じている。そこで焦点が絞られるのは、ロシアにおける国家と宗教の関係である。

第6章「呪いと祟りをいかに克服するか」は三浦によるもので、ロシア正教で最初の聖人であるボリスとグレープがいかに聖人になったのか、11世紀におけるそのプロセスを再現するものである。若くして、あるいは幼くして殺害されたボリスとグレープは、ロシア民衆の異教的宗教観からは呪われた者と捉えられたが、その当時のルーシ教会はまさにイエス・キリストと同一視して彼らを列聖した。非業の死を遂げた統治者を聖人として祀るという精神性は時を経ても健在で、高橋が論じたニコライ2世の列聖にもつながっていく。

第7章「ふたたび『イーゴリ軍記』とは何か」は三浦によるもので、18世紀末の発見から偽作説さえあったロシア文学史上の名作『イーゴリ軍記』の読み解き方を、モスクワの研究者であるアレクサンドル・ウジャンコーフの最新の研究から明らかにしている。『イーゴリ軍記』は従来、異教的な作品と捉えられてきたが、ウジャンコーフが提唱する新しい読み解き方を援用して、三浦はこの作品は正統キリスト教的な作品にほかならないと論じている。

第8章「テオーシスとは何か」は三浦によるもので、中世ロシア文学の傑作である『ラザロ復活に寄せる講話』の研究史を詳述しつつ、この作品の構造分析によって、その文学的魅力がテオーシスに由来することを明らかにしている。テオーシスとは、イエス・キリストにおいて神が人間になってくださったという恩寵があった以上、人間も神になることができるし、神になろうとする努力のなかに人間救済の唯一の可能性があるとする、独自の身体感覚をもつ思想である。

終章では、以上述べた4人の研究者がここに集結した事情について簡単に記し、現在の活動状況等を報告し、研究についての今後の抱負を述べたい。

第1章

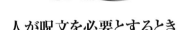

人が呪文を必要とするとき
―― 現代ロシア人の悩みと呪文 [1]

藤原　潤子

1. ベストセラー呪術師ナターリヤ・ステパーノヴァ

　何か困ったことが起こったら、ロシアにはそれを呪文で解決しようとする人がいる、と言ったら信じられるだろうか？　ソ連時代は神を信じるべきではないという無神論政策が行われ、呪術も無知蒙昧なるものとして否定されていた。しかし1980年代後半以降、宗教復興の流れの中で、呪術を含むオカルティックなものへの興味も高まった。書店ではオカルト書が山ほど売られ、新聞紙上では「役に立つ」とされる呪文の教え合いが行われ、新聞広告にはどんな問題も解決するという呪術師たちの広告があふれている。全ロシア世論調査センターが呪術信仰に関する調査を何度か行っているが、呪術を信じると答えた人は7％という結果もあれば、36％という結果もある。[2] 呪術を信じる人は現

---

[1] 本稿は以下の2編の論文を大幅に加筆訂正したものである：*Фудзивара, Дзюнко. Изменения в области востребованности заговоров в современной России// Современная научная мысль о традиционной культуре. Сборник научных статей. V всероссийский конгресс фольклористов. Государственный российский дом народного творчества имени В.Д. Поленова. 2022*; 藤原潤子「救いの呪文を求めて：ロシアの呪術師ナターリヤ・ステパーノヴァへの悩み相談（一）愛と結婚」『なろうど』（ロシア・フォークロアの会会報）84号、2022年、21-37頁。

[2] Новая газета. http://www.newizv.ru/lenta/104224（2009年6月参照）; Газета.ru. (31. 10. 2016, 11:26)《Опрос: более трети россиян верят в колдовство и порчу》https://www.gazeta.ru/social/news/2016/10/31/n_9279221.shtml（2017年10月11日参照）

代ロシアでは少数派ではあるけれど、一定数いることがわかる。本稿では、こうした人たちがどのような場面で呪文を必要とするのかを明らかにしたい。主な資料とするのは、現代ロシアで最も有名な呪術師ナターリヤ・ステパーノヴァの『シベリアの呪術師の呪文』シリーズ[3]である（口絵図1）。

　本稿は『呪われたナターシャ：現代ロシアにおける呪術の民族誌』[4]と深く関わるため、本稿と関連する内容を要約して紹介しておきたい。ステパーノヴァはシベリアのノヴォシビルスク在住の呪術師である。著書の中で本人が語るところによると、高名な呪術師であった母方祖母のもとで7歳の頃から呪術を学んだ。代表作『シベリアの呪術師の呪文』シリーズの基本的なコンセプトは、人生におけるさまざまな問題を呪文で解決しようというもので、彼女の考える呪術師養成プログラムに沿って、毎回100編以上の呪文が紹介されている。巻を重ねるうちに、読者からの相談の手紙も頻繁に掲載されるようになり、ステパーノヴァは解決に必要な呪文を与えるという形で応えるようになった。また各地で活動している呪術師からも、自分の知らない呪文を教えて欲しいとの相談が寄せられるようになり、そうした要望にも応えている。現代ロシア社会には、ソビエト政権の迫害のせいで伝統文化が失われつつあるとする危機感が共有されているが、その中でステパーノヴァは、伝統的な呪術知識を最も完全な

3）*Степанова Н.И.* Заговоры сибирской целительницы. Т.1-52. М.: Рипол-классик, 1996-2020. 本シリーズは各巻何度も再版されており、ページの振り方などに微妙な違いがある。筆者が実際に入手して参照したのは以下の版である。電子版については、「PDF, A4」のようにダウンロードの際のフォーマットを示した：T.1, 1996; T.2, 2003; T.3, 2001; T.4, 2003; T.5, 2003; T.6, 2003; T.7, 2002; T.8, 2002; T.9, 2003; T.10, 2003; T.11, 2003; T.12, 2003; T.13, 2003; T.14, 2003; T.15, 2003; T.16, 2004; T.17, 2005; T.18, 2005; T.19, 2007; T.20, 2006; T.21, PDF, A4; T.22, 2015; T.23, 2014; T.24, 2015; T.25, 2015; T.26, 2013; T.27, 2015; T.28, 2013; T.29, 2011; T.30, 2014; T.31, 2012; T.32, 2012; T.33, 2012; T.34, 2013; T.35, 2013; T.36, 2014; T.37, 2014; T.38, 2014; T.39, 2015; T.40, 2016; T.41, 2016; T.42, 2017; T.43, 2017; T.44, 2017; T.45, 2018; T.46, 2018; T.47, 2018; T.48, 2019; T.49, 2019; T.50, 2019; T.51, 2020; T.52, 2020.

4）藤原潤子『呪われたナターシャ：現代ロシアにおける呪術の民族誌』人文書院、2010年。

形で保持しつづけた者としてふるまっている。

　ロシアの呪文はキリスト教とキリスト教以前の異教文化との混合であり、キリスト教的要素を多く含む呪文は、民間では「お祈り」とも呼ばれる。ロシア正教会はいかなる呪文も悪魔の力を借りる行為だとして禁止しているが、現代ロシアの呪術師の多くは、自身をキリスト者として、すなわち神の力によって人々を救う者と位置付けている。ステパーノヴァは呪文で神と人々を仲介する者として、一部の人々から絶大な信頼を得るようになり、それゆえに相談者が絶えない。

　ステパーノヴァは自身が創作した呪文を、あたかも先祖代々伝えられてきた伝統的呪文であるかのように提示している。すなわち、フォークロアをよそおった偽フォークロアだが、それを古くから伝えられてきた本物の呪文と信じる人々が多数おり、彼らによって利用され、他の人に伝えられることによって、フォークロア化しつつある。読者の相談との相互作用によって、『シベリアの呪術師の呪文』シリーズは新たな呪文が無限に創り出される場となっている。以上が拙書のうち、本稿と関係する部分の要約である。

　1996年から出版されているステパーノヴァの『シベリアの呪術師の呪文』シリーズは、2023年現在、52巻までが既刊で、ベストセラーと言える売れ行きを誇っている。1990年からこれまでにステパーノヴァが出版した本は、このシリーズを含めて計300冊以上、推定累計発行部数は1000万部以上、これらに掲載された呪文は、計1万編を超える。

　では、ステパーノヴァの本の読者はどのような人だろうか？　以下はステパーノヴァへの相談のうち、呪いに関するものをピックアップして集計した結果によるものだが、ステパーノヴァの読者の全体像とも重なると考えて良い。性別で見ると女性が大部分を占めているが、男性からの相談も1割程度ある。相談者の年齢はわからないものが多いが、わかる限りでは未成年から老人まで、すべての年代にわたる。職業もさまざまで、教師、大学教授、裁判官など、大学教育を受けている人からの相談も少なくない。相談者の居住地は概ねロシア国内だが、ロシア以外の旧ソ連諸国や外国からの相談もある。相談者の民族・宗教的属性はほとんど書かれていないが、ステパーノヴァの本がロシア語で書かれていること、ステパーノヴァがロシア正教の信者であり、呪文が効くため

第1章　人が呪文を必要とするとき　**27**

には正教徒であることが前提となっていることから、相談者は概ねロシア語を母語とする正教徒であると推定できる。[5]

ロシア・フォークロア研究における呪文研究はこれまで、呪文のモチーフ、呪文の起源、呪文を含むフォークロアを資料とした古い世界観の再構築などが中心で、[6] ステパーノヴァの呪文のように、ポストソ連時代に創出された呪文には、あまり注意が払われることはなかった。しかし、これほど多くの人に支持されているステパーノヴァの本は、現代ロシアの呪文文化、とりわけ呪文ニーズを知る上で貴重な資料である。彼女によって生み出された多数の呪文は、販売促進のために読者のニーズに丁寧に応えていった結果だからである。

本稿ではステパーノヴァの呪文集から見えてくる現代の呪文ニーズの特徴を明らかにするために、以下の4件の呪文資料と比較する。これらはいずれも、まとまった分量を持つ20世紀初頭までの民族学資料である。

① Л. Н. マイコフ『大ロシアの呪文』[7]
各地で民族学的な調査を行ってきたロシア帝室地理学協会（1845年に創設）

---

5) *Фудзивара, Дзюнко.* Магическое значение порчи в Японии и в современной России// Аспекты взаимодействия культур: Россия - Япония – Швеция. М.: Белый вечер, 2020.

6) こうしたテーマの近年の研究としては、たとえば、以下のものがある。Ryan W.F. *The Bathhouse at Midnight: An Historical survey of Magic and Divination in Russia.* The Pennsylvania state University Press, 1999; *Топорков А.Л.* Заговоры в русской рукописной традиции XV-XIX вв. М.: Индрик, 2005; *Кляус В.Л.* Указатель сюжетов и сюжетных ситуаций заговорных текстов восточных и южных славян. М. :Наследие, 1997; *Кляус В.Л.* Сюжетика заговорных текстов славян в сравнительном изучении. М.: Наследие, 2000; *Агапкина Т.А.* Восточнославянские лечебные заговоры в сравнительном освещении. Сюжетика и образ мира. М.: Индрик, 2010; *Агапкина Т.А. и А.Л. Топорков (авторы-составители).* Восточнославянские заговоры: Материалы к функциональному указателю сюжетов и мотивов. Аннотированная библиография. М.: Индрик, 2014; *Юдин А.В.* Ономастикон русских заговоров. Имена собственные в русском магическом фольклоре. М.: Московский общественный научный фонд, 1997; *Толстой Н.И. и Толстая С.М.* Славянские древности: Этнолингвистический словарь в 5 томах. М., 1995-2012.

のアーカイヴ資料、地方紙などの定期刊行物（主に19世紀半ばに出版されたもの）、民族学の学術書などに記されていた呪文をマイコフが抜粋してまとめた資料集。採集地はシベリアを含むロシア全土で、呪文数は合計372編。愛の呪文、結婚に関する呪文、健康と病気に関する呪文などのように目的別に分類されている。

② П. С. エフィメンコ『П. С. エフィメンコが採集したアルハンゲリスク県のロシア人に関する民族学的資料』[8]

1864-1869年にП. С. エフィメンコによってヨーロッパロシア北部のアルハンゲリスク県で採集された民族学・フォークロア資料集。住居や衣服などの物質文化、民間信仰などの精神文化、昔話や英雄叙事詩などのフォークロアとならんで、約250編の呪文が収録されている。これらにはエフィメンコが直接聞き取ったものの他に、アルハンゲリスク県各地から彼の元に送られてきた古い手稿、アルハンゲリスク県の役場のアーカイヴに保存されていた裁判資料、定期刊行物などに記された呪文も含まれている。

③ Г. ポポフ『ロシアの民間医療』[9]

著者ポポフは医者。近代医療の普及を妨げる民衆の迷信を深く知ることによって、それらと効果的に戦うことができるという信念にもとづき、当時の民間医療の全体像を記述しようとした著作。病気の原因をめぐる民衆の世界観やさまざまな民間療法などが記されており、民間療法のひとつとして161編の治療の呪文が掲載されている。採集地はヨーロッパロシア各地。

7）*Майков Л.Н.* Великорусские заклинания. Записки императорского русского географического общества по отделению этнографии 2, СПб, 1869.

8）*Ефименко П.С.* Материалы по этнографии русского населения Архангельской губернии, собранные П.С. Ефименком. Ч.2. М., 1878.

9）*Попов Г.* Русская народно-бытовая медицина. СПб., 1903.

④ H. ヴィノグラードフ「呪文、魔除け、救いの祈りなど」[10]

　H. ヴィノグラードフ自身が、ヨーロッパロシア北部のコストロマ州と、そ
れに隣接する州で行ったフィールド調査で採集した約300編の呪文。なるべく
フィールド調査で得た情報を生かすという観点から、呪文を目的別に分類して
並べ替えることはせずに、インフォーマントごとに掲載している。

　上記の4件以外にも呪文資料は多数あるが、20世紀初頭までの資料ではどの
ような目的の呪文が多いのか、どのような呪文がより頻繁に用いられたのかと
いう問いに関するおよその傾向は、これらの呪文集で明らかになると考えてい
る。本稿では上記4件の呪文集を合わせて「伝統的な呪文資料」、そこに掲載さ
れている呪文を「伝統的な呪文」と呼ぶこととする。

　ここで伝統的な呪文の基本構造について、V. ライアン[11]の研究を参照しつ
つ、簡単に紹介しておきたい。よくあるタイプとしては、次のようなものが挙
げられる。まず神や聖人、自然（太陽、月、星、風、火など）、霊的存在（天
使、魔物、人格化された病気など）、人（愛の呪文や相手を害する呪文などで）、
呪術をかけられる物（武器やお守りなど）への呼びかけが最初にくる。次に、
呪文を唱える者が呪術をかけるために、どこでどのような儀礼をしているのか
についての描写がくる（例えば、立ち上がり、家を出て広い野原に出て東を向
き、風に向って呼びかけるなど）。次に願望が示されるが、その際、「炎が暖炉
で燃えるように○○の心も愛に燃えよ」、「死人の歯が痛まないのと同じように
○○の歯も痛むな」のように、類似性を持つものに言及しつつ語られることが
多い。そして最後に、〆の文句が来る。これは「父と子と聖霊の御名において、
アーメン」のようなキリスト教の祈りの文句が使われることもあれば、唱えた
呪文が破られることのないように、呪文に「鍵をかける」ことを描写する文句
が来ることもある。以上が呪文の基本構造だが、すべての呪文がすべての要素
をこの順序で含んでいるわけではない。たとえば短い呪文の場合、願望の部分

10）*Виноградов Н.* Заговоры, обереги, спасительные молитвы и проч. // Живая старина,
　　вып. 1-4. М., 1907; вып. 1-4, М., 1908; вып. 4, М., 1909.

11）Ryan 1999, pp.168-171.

のみ、あるいは願望といくつかの要素を組み合わせたものになる。呪文を唱える際には、言葉以外に唱えられるべき時間、場所、行われるべき所作なども重要である。ステパーノヴァの呪文も基本的にこの伝統にのっとっているが、そこに微妙に手を加えることにより、現代における新たなニーズに対応している。この点について詳しくは、次章を参照されたい。

　前置きが長くなったが、以下ではテーマ別にステパーノヴァの呪文集と20世紀初頭までの呪文集を比較する。現代ロシアで具体的にどのような場面で誰が呪文を必要としているのかがわかりやすいように、セクションごとにステパーノヴァへの相談事例を一編～数編紹介した上で、呪文の比較を行う。ただし、呪文ニーズの変化に焦点をあてるため、呪文テキスト自体の紹介は次章にゆずり、本章では呪文の目的をよく表現している呪文の表題に注目したい。

2. 愛の呪文

　以下は夫の浮気に悩む妻からのステパーノヴァへの相談である。

　　相談例①：年取った夫が色恋に狂った[12]
　　　私は不幸な妻です。25年連れ添った夫が、年をとってから色恋に狂い、女をとっかえひっかえしています。最初、夫はこっそり浮気していましたが、しっぽをつかむと開き直って、「嫌なら出て行け！　俺はひとつの骨を一生かじり続けるなんて、まっぴらごめんだ！」なんて言うんです。[…][13]
　　　ある日、ダーチャ［郊外の別宅］[14]に行ったら、夫が20歳ぐらいの裸の女性をふたり、膝にのせていました。売春婦を呼んでいたんです。[…]私はもう死のうと思って、大量に薬を飲んで病院に運ばれました。そこで主治医のヴァレンチーナ先生［女性］と知り合いました。
　　　退院する時、先生があなたの本をくれました。先生の娘さんの夫に女がで

---

12) 呪文の表題は原文になるべく忠実に訳しているが、相談の題は内容を踏まえて藤原がつけている。以下同様。
13) ［…］は中略を意味する。以下同様。
14) ［　］内は藤原による補足説明。以下同様。

第1章　人が呪文を必要とするとき　　**31**

きて出て行った時、あなたの本を使って取り戻したそうです。ナターリヤさん、どうか私のために、そして夫に侮辱されているすべての女性のために、夫に浮気をやめさせる方法を教えてください。[33:45-46] [15]

　愛の呪文は別名、「乾きの呪文」とも呼ばれる。愛の呪文をかけられると、相手に恋焦がれるあまり、身も心も乾ききって、干上がるように衰弱していくとされるからである。伝統的な愛の呪文では、愛させたいと願う相手の体の各所に、「乾き」や「焦がれ」（これらは一種の物質あるいは生き物とみなされる）を入れてくれるよう、風に依頼するというモチーフの呪文が多い。呪文をかけられた者が「私」に恋焦がれてもだえ苦しむ様についての描写や、燃えるような愛との連想から火に言及するモチーフなども頻出する。愛を冷ます呪文では逆に、「乾き」や「焦がれ」を取り去ったり、氷などの冷たさに言及したり、互いがいかに忌まわしく感じられるかを語ったりするモチーフが現れる。こうした愛の呪文のモチーフをステパーノヴァも踏襲している。

　一方、大きく異なるのは呪文の唱え手である。20世紀初頭までの呪文の伝統では、愛の呪文の多くは男性が唱えるものであった。愛する乙女の愛を得るために、未婚の青年が唱えたのである。[16] こうした呪文はステパーノヴァの呪文集にもあるが、彼女の呪文集で多数を占めるのは、夫との関係に悩む妻のための呪文である。相談例①のような、不幸な妻からの相談が多数寄せられ、それに対する呪文が作られたことにより、主な呪文の唱え手が男性から女性へ、かつ未婚者から既婚者へと移ったのである。妻のための呪文の表題例として、以下のようなものがある。

---

15) ここからは繰り返しを避けるために、ステパーノヴァの『シベリアの呪術師の呪文』シリーズからの引用は、ステパーノヴァの名前を記さず、［巻数：頁数］のみを示すこととする。

16) 17-19世紀の呪文を分析したトポルコフによると、97編中78編が、男性が女性の愛を得るためのものであった（*Топорков, А.Л.* Заговоры в русской рукописной традиции XV-XIX вв. М.: Индрик, 2005, C.118）。

夫を乾かす呪文［3:89］

遊び歩く夫を乾かす呪文［3:93］

夫が浮気しないようにする呪文［3:94］

夫が妻を求めるようにする呪文［5:50-52］

夫が妻を憎んで追い出そうとする時の呪文［4:22］

捨てられた妻が夫を呼び戻すための呪文［3:90-91］

子どもたちに父親を取り戻す呪文［3:93］

夫と愛人を仲たがいさせる呪文［9:49-50］

夫が妻と愛人の両方を愛している場合の呪文［10:31-33］など。

　夫婦関係に関する相談と、それに対応する呪文が増えた背景には、かつてに比べて離婚率が大幅に上昇したことがある。19世紀末の離婚率の一事例として、1897年のヴォログダ県の人口調査結果をもとに計算を行った伊賀上のデータを挙げると、結婚経験のある40–49歳の男女のうち、離婚者の割合は0.05％程度と極めて低い。[17]　一方、2020年の離婚件数を婚姻件数で割ると、73％にもなる。[18]　かつてと比べて、婚姻関係は非常にもろい関係に変化したのである。

　愛の呪文の本質は、愛させるか、愛を冷ますかのふたつであり、これらを一編ずつ知っていれば、一見、愛をめぐるすべての問題は解決できそうな気がする。浮気を繰り返す夫が再び自分を愛するようにするには「愛させる呪文」を、夫と愛人との仲を裂きたい時や、自分を捨てた夫を忘れたい時には、「愛を冷ます呪文」を唱えれば良いのである。今回参照した20世紀初頭までの資料には、基本的にこのふたつの区分しかない。しかしステパーノヴァの本では、愛の呪文がすでに多数紹介された後でも相談が絶えない。これらの相談を読んでいて感じるのは、不幸の当事者にとって、それは「夫の浮気」などとして一般化できるようなものではなく、他ならぬ自分に降りかかった唯一無二の苦悩

17）伊賀上菜穂『ロシアの結婚儀礼：家族・共同体・国家』彩流社、2013年、78頁。

18）Росстат (Федеральная служба государственной статистики). https://rosstat.gov.ru/folder/12781（2022年2月28日参照）

であるということである。ステパーノヴァは相談者のこうした気持ちを汲み取り、シチュエーション別に非常に細分化した呪文を伝授している。これにより、同じような、しかし微妙にシチュエーションの異なる相談がさらに寄せられるようになり、それに応えて愛の呪文は増殖し続けているのである。

3. 結婚に関わる呪文

　以下は再婚を望む人、及び結婚式に呪いをかけられた人からの、ステパーノヴァへの相談である。

　　相談例②：再婚できない
　　夫の死後、誰からも結婚を申し込まれませんでした。もう18年も、ひとりぼっちで空っぽの家に住んでいます。もう、愛する人を見つけるのは無理なんでしょうか？　私はまだ40歳なのに。[…] [18:73]

　　相談例③：姑に呪われた
　　[要約：16歳の頃にヴォロージャという男性と強く惹かれ合うように。姑となる人に強く反対されていたが、それをたいして気にしていないヴォロージャに押し切られ、結婚することが決まる]　にぎやかな結婚式の最中のことです。ヴォロージャが友人と煙草を吸いに行っている間に、姑が小声で私に言いました。
　　「喜ぶのはまだ早い。どっちが勝つか、見てみようじゃないの」
　　そう言って、姑はなにごともなかったかのように私から離れました。
　　2週間後、ヴォロージャは荷物をまとめて家から出ていきました。まるで他人のような冷たい態度でした。私は3か月間、泣いて泣いて、そして精神病院行きになりました。以来、もう2年も入退院を繰り返しています。両親は私の悲しみを見るにたえず、心臓発作を起こして相次いで亡くなりました。
　　さて、私がまた発作を起こして入院し、しばらくして退院した時のことです。私は帰り道の途中にある小さな公園のベンチに座っていました。家には帰りたくありませんでした。おそろしく静かで空っぽだからです。私はまともな人間の顔を見るのが久しぶりだったので、ただ座って道行く人を眺めて

いました。すると、隣に見知らぬ老女が座りました。私は最初、お金をせびられるのだと思いました。最近はどこに行ってもそういう人がいますから。でも、老女は私を見て言いました。

「気を悪くしないで聞いて欲しいんだけど、あんたは呪いを解いてもらわないといけないよ。結婚式でかけられた呪いを。でないと、あんたの頭はずっと苦しみ続けることになる。まだ若くて、これからも生きていかないといけないのに」

老女が立ち去った後、私は露店でテレビの番組表を買おうとしました。そこであなたの本を見つけて買って帰り、一気に読みました。それからまた同じ店に行き、あなたの本を全部買いました。ヴォロージャを取り戻してほしいとは言いません。ただ、もういちど健康になりたいのです。この世で精神病院ほど恐ろしい場所はありませんから。[19:98-100]

相談例④：犬の頭の呪いをかけられた

親愛なるナターリヤさん！　私は奇妙な出来事の目撃者になってしまいました。秋に私は、家族以上に親しくしている友人カーチャの息子の結婚式に行きました。[…]料理が得意なので、結婚式の料理も私が作りました。式の前、カーチャの息子は花嫁と知り合う前に、実は別の女性に子どもを産ませていたけれど、その人とは結婚しなかった、ということをカーチャから打ち明けられました。この捨てられた女性の母親に、決して忘れられない結婚式にしてやると言われ、カーチャはひどく心配していました。

結婚式の前日、私が煮こごり料理を作るためにカーチャの家に行くと、カーチャが涙にくれていました。誰かが家の前に、犬の頭が入った袋を置いていったというのです。新郎新婦にはこのことは知らせないことにしました。幸せな気分を台無しにしたくなかったからです。

結婚式の日は忙しいものです。私たちは休みなく動き回り、脅しや犬の頭のことはすっかり忘れていました。ところがその後…。私は長らく生きてきて、いろんなものを見ましたが、この結婚式で起こったようなことは初めてですし、二度と見たくありません。結婚式が盛り上がって、みんな庭に出て踊ったり歌ったりしていた時のことです。突然、どこからか、何匹もの犬が

走ってきて、新郎新婦に襲いかかったのです。人はたくさんいたのに、犬は
カーチャの息子とその花嫁にだけ襲いかかりました。恐ろしい光景でした。
縫わなければいけないほどのけがで、ふたりは救急車で運ばれました。皆、
この出来事に呆然として、お祝いどころではなくなりました。犬は現れた時
と同じように、突然姿を消しました。

　次の日、私はカーチャと一緒に、地元の呪術師エリザヴェータのところへ
行きました。彼女は98歳で、もう長らく誰の相談も受けつけていません。皆
に尊敬されると同時に恐れられている人物です。[…] エリザヴェータに犬と
犬の頭のことを言うと、彼女は深いため息をついて言いました。「新郎新婦は
一緒には暮らせない、別れるだろう」と。そして、「今はもう、そういう仕事
はやってないから、何もできない」とのことでした。[…] お願いします、犬
の頭の呪いとはどういうもので、どうしたら呪いを解くことができるのか、
教えてください。[…] [9:74-77]

　以上、結婚にまつわる3件の相談を紹介した。ここで結婚に関わる呪文につ
いて説明したい。結婚に関わる呪文とは、結婚をめぐる一連のプロセスの中で
唱えられる呪文であり、20世紀初頭までの呪文集に掲載されている呪文を結
婚のプロセスに沿って挙げると、以下のようなものが含まれる。まず、「求婚
者を引き寄せる呪文」で結婚相手を見つけ、「仲人のための呪文」で話をまと
め、式の前に「花嫁を美しくする呪文」で魅力を増し、「結婚式を守る呪文」で
新郎新婦や参加者を呪いや邪視から守るのである。また、「夫婦円満の呪文」
や「子宝の呪文」や「女性が上に立つための呪文」などもある。このうち、まず
「求婚者を引き寄せる呪文」に注目したい。

　20世紀初頭までの呪文集では、「求婚者を引き寄せる呪文」は未婚の乙女が
花婿を見つけるために唱えるものであった。結婚できるようにしてほしいと聖
母マリアに願うというのが特徴的なモチーフとなっている。しかしステパーノ
ヴァの呪文集には、未婚の女性だけでなく、離婚者、寡婦、妊娠して捨てられ
た女性や、息子が結婚しそうになくて困っている母親などのための呪文なども
ある。以下はその表題例である。

障害のせいであなたの娘の貰い手がない場合の呪文 [2:54]

　オールドミスがすぐに結婚できるようにする呪文 [14:33]

　男性に遊ばれただけで結婚してもらえない場合の呪文 [2:195]

　離婚後に再婚するための呪文 [6:79-81]

　男性を寡婦に引き寄せるための呪文 [17:29-30]

　息子がずっとフラフラしていて結婚しようとしない場合の呪文 [2:54]

　主(しゅ)が良い花嫁を送って下さるように唱える呪文 [14:35] など。

　20世紀初頭までと比べて離婚や再婚が増加したこと、婚前交渉が珍しいものでなくなったことなど、男女関係の在り方の変化に応じて新たなニーズが生まれ、それに合わせた呪文が作られていることがわかる。

　次に、「結婚式を守る呪文」についてである。かつて、結婚式は人生においてもっとも呪いがかけられる可能性が高い瞬間であると考えられていた。20世紀初頭までの民族学資料には、結婚式に招待されなくて腹を立てた呪術師に式を台無しにされた、性生活が成り立たないようにされたというような語り、あるいは式の参列者全員が呪いによってオオカミに変えられてしまったという語りが存在する。[19] こうした危険に備えるため、結婚式には守りの呪文が必須であると考えられていた。新郎新婦のまわりに天まで届くような丈夫な柵があることを語る、というのが呪いを予防する呪文の典型的なモチーフであり、20世紀初頭までの呪文集にはこうした呪文が多数収録されている。

　その一方で、結婚式で呪われてしまった人のための呪文は、少なくとも今回参照した4件の伝統的な呪文集にはない。呪いでオオカミに変えられてしまったという話が何の救いもなく終わっていることも合わせると、結婚式で呪いをかけられることは致命的であり、そのようなことが起こってしまった場合は手の施しようがないと考えられていたことがうかがえる。ところがステパーノヴァの呪文集には、結婚式を守る呪文だけでなく、結婚式で呪われてしまった人のための呪文もある。例えば以下のような表題の呪文である。

---

19) *Максимов С.В.* 1903. Нечистая, неведомая и крестная сила. СПб., 1903, С. 117.

花嫁から呪いを祓う呪文 [16:96-98]
新郎新婦の家の近くでなされた呪いを祓う呪文 [34:177-178] など。

　こうした呪文が新たに出現した背景には、結婚式の際には必ず予防的に呪文をかけておく、という伝統が衰退したことを指摘できるだろう。相談例③、相談例④の語り手も、呪いから身を守るために、あらかじめ呪文を唱えておくというような予防処置は講じていない。このような伝統はほとんど消えているのである。しかし、もし新郎新婦に何か不幸が起こった場合、まわりの人間が「原因」を探しはじめ、その結果、呪いがかけられたことが「発見」される——その程度のレベルでは、呪術をめぐる世界観は今も生きている。こうして結婚式で呪われた者の救済に特化した呪文へのニーズが生まれ、それに応えてステパーノヴァが創出することになったのである。

　なお、結婚式で呪いをかけるのは誰なのかという点に関しても、20世紀初頭までの資料と現在では大きく異なる。かつて恐れられていたのは、前述のように何らかの理由で新郎新婦に悪意を持った呪術師であった。しかしステパーノヴァへの相談では、相談例③、相談例④のように、嫁のことが気に入らない姑による呪いと、花婿をめぐる恋敵（またはその親族）による呪いが多数を占める。これは、かつては仲人から親への申し込みを経て結婚が成立したのに対し、現在では自由恋愛によって結婚相手が選ばれるようになったという変化によるものであろう。

4. 家庭問題に関わる呪文

　以下は、寂しい思いをしているひとりの母親からのステパーノヴァへの相談である。

　　相談例⑤：成人した子どもが冷たい
　　　親愛なるナターリヤさん、こんにちは。この手紙を書いているのは、絶望の淵にある人間です。一級障害者で、5人の子の母親でもあります。自分が子供のことで泣いたり不平を言ったりする時が来ようとは、考えたこともありませんでした。

私は大変苦労して子どもを育て上げました。［…］それなのに、子どもたちはだれひとりとして私を訪ねてくれません。誰も来ないし、電話さえありません。年金はスズメの涙で、薬代にも足りません。最後にリンゴが買えたのはいつのことだったか、もう忘れてしまいました。幸い、子どもたちは良い暮らしをしています。子どもたちは何でも持っています。学歴も車もダーチャ［郊外の別宅］も、素晴らしい家も。

　私は子どもには一切、頼みごとはしません。でもなぜ、他に頼る人もいない、年老いた病人の生活が苦しいことがわからないのでしょう？　祝日はいつもひとりぼっちです。私は新年やその他の祝日には、子どもたちのために人並みに祝おうと努力してきたのに。みんなに新しい服を縫い、枕の下にプレゼントを置きました。子どもを傷つけたり罵ったり、きつく叱りつけたことはありません。でもきっと甘やかしすぎたんですね。

　自分はもう長くはないだろうと思うとぞっとしますが、子どもたちが優しく慰めてくれることもないのです。私は誰にも必要とされていません。子どもたちが母を憐み、母を捨てないようにするお祈りがあると聞きました。ナターリヤさん、お願いします、そのお祈りを教えてください。

　私はあなたの本を1冊持っています。郵便局員から買いました。ボロボロになるまで読みました。読みながらずっと泣いています。最後のお金でもう1冊買いますので、私への返事を載せてください。［…］［24:59］

　20世紀初頭までの呪文集には、家族関係に関する呪文は少ない。前節で挙げた「夫婦円満の呪文」や「子宝の呪文」や「女性が上に立つための呪文」など、結婚式の際に唱えられる呪文がわずか数編あるのみである。結婚式以外の場面で唱えられるべきものは、少なくとも今回参照した4件の資料集にはなかった。家庭内での問題は基本的に、呪文で解決されるべきものではなかったのである。一方、ステパーノヴァの本には、家族関係に関して、必要に応じて唱えることのできる呪文が多数ある。以下はその表題例である。

夫に対して恐怖を感じる場合の呪文［3:105］
夫に殴られないための呪文［24:43］

第1章　人が呪文を必要とするとき　**39**

夫がその姉妹の言いなりになっている場合の呪文 [5:60-61]

姑がひどい嫌がらせをする場合の呪文 [5:69-72]

嫁姑が仲良くなるようにする呪文 [10:79-80]

怠け者の嫁にきちんと家事をさせる呪文 [3:107]

嫁が家出をしないようにする呪文 [15:26-27]

息子との仲を嫁に裂かれないようにする呪文 [10:79]

妻の母親が娘婿に嫌がらせをしないようにする呪文 [4:11-12]

妻の強欲な母親から身を守る呪文 [3:102]

娘婿を怒らせないための呪文 [3:107-108]

娘婿が働きたがらない場合の呪文 [6:67-68]

夫婦の親同士の仲が悪い場合の呪文 [10:82-83]

兄弟姉妹間の憎しみを消す呪文 [10:65-67]

子どもが親の言うことを聞くようにする呪文 [5:66-67]

離婚後も父親に子どもの援助をさせる呪文 [5:67-69]

義父が継子を殴らないようにする呪文 [6:70-71]

子どもたちが親を殴らないようにする呪文 [10:63]

子どもが母親を憐れむようにする呪文 [3:100-101]

娘が母親を忘れないようにする呪文 [3:101]

母親が邪魔するせいで息子が誰とも結婚できない場合の呪文 [14:51-52]

家族全員が憎しみ合っている場合の呪文 [3:102-103] など。

　レフ・トルストイの『アンナ・カレーニナ』の出だしに、「幸せな家庭はどれも似ているが、不幸な家庭はそれぞれに不幸である」という言葉があるが、こうした個別の不幸が見事に呪文に反映されていて興味深い。こうした呪文群が新たに出現したのは、ステパーノヴァの本に掲載される相談と呪文を通して、家庭問題も呪文で解決可能であるということが徐々に読者に「学習」されていった結果であろう。それにより、ますます相談が寄せられるようになり、呪文が作られ続けるという循環が生まれたのである。

5. 家庭外の対人関係に関わる呪文

以下は隣人関係に悩む人からのステパーノヴァへの相談である。

相談例⑥：困った隣人

親愛なるナターリヤさん！　信じていただけるかどうかわかりませんが、私は泣きながら手紙を書いています。私はこの家で暮らし始めて以来、ずっと苦しんでいます。下の階に女性が住んでいるのですが、彼女はもしかして頭がおかしいのかもしれません。うっかりスプーンを落としただけで、怒鳴り込んできます。私のせいで身も心も休まらないと、ひどい言葉で罵ります。彼女がわめきちらすので、近所の人には、私が騒音で彼女を殺そうとしているかのように思われています。怖いので、私は家の中では裸足でいます。スリッパは履きません。そんなことをしたら、馬みたいな音を立てて歩いていると、たちまち大騒ぎになりますから。彼女はあちこちに私に関する苦情を申し立てたり、悪口を言ったりしています。議員や社会保障局や住宅管理局や新聞などにです。引っ越したいですが、お金がありません。だから床下のネズミみたいに小さくなって暮らしています。

偶然、あなたの本を見かけて読み、あなたになら助けていただけるのではないかと思いました。苦情屋に対する呪文を教えてください。よろしくお願いします。[…]［24:84］

20世紀初頭までの呪文集において、家庭外の対人関係に関わるものとして最も多いのは、役人、警察官、裁判官などの地位の高い人と接触する際の呪文である。その他、悪意を持つ人に対する呪文、頼みごとがうまくいくようにする呪文、人を自分の意思に従わせる呪文、尊敬されたり恐れられたり好かれたりするための呪文などが含まれる。対人関係の呪文では、自身が太陽や月や星などを身にまとうことや、自分のまわりに高い柵を張り巡らすことを語るモチーフが頻繁に見られる。これらは自身の立場を圧倒的に優位にする、あるいは悪意を持つ相手から身を守ることを意図している。呪文をかけられるべき相手については、いかに弱々しく従順であるかが、さまざまな比喩で語られる。

ステパーノヴァの呪文集にも役人、警察官、裁判官に対する呪文はあるが、

第1章　人が呪文を必要とするとき　**41**

新たに数多く出現しているものとして、職場の上司に対する呪文がある。これは20世紀初頭までと比べて都市人口が増加したことにより、賃金労働に就く人が増えたことによるニーズの変化を反映している。以下がその呪文例である。

厳しい上司に唱える呪文 [5:82]

意地悪な上司に唱える呪文 [13:72]

上司に対する恐怖を消す呪文 [20:65-66]

上司にかわいがられる呪文 [9:32-33]

上司に尊敬される呪文 [31:15]

職場で誰にも嫌なことを言われないようにする呪文 [14:69-70]

就職できるようにする呪文 [3:62-63]

仕事をクビにならないための呪文 [10:173]

職場での不愉快なことを避ける呪文 [31:16]

あなたの仕事が評価されるようにする呪文 [32:28-29]

出世の呪文 [4:52]

給料を増やしてもらえる呪文 [31:15] など。

こうした上司に対する呪文も、圧倒的に地位の高い者に対して唱えるという伝統に連なるものだが、ステパーノヴァの呪文集ではそれに加えて、基本的に対等であるべき人に対する呪文も出現している。隣人に対する呪文や、子ども同士の人間関係に関する呪文である。こうした関係性の相手を名指しした呪文は、伝統的な呪文集にはないものである。

ひどい隣人から身を守る呪文 [4:103-104]

隣人から嫌がらせをされないようにする呪文 [38:29-30]

子どもが学校でいじめられる場合の呪文 [26:102-104]

子どもが学校で殴られないようにする呪文 [30:37]

子どもが悪い友だちと付き合うようになった場合の呪文 [44:143] など。

隣人、同級生など、近い地位にある人に対する呪文の出現は、傾向として
は、前節で紹介した、家族関係に関する呪文群の出現と類似している。圧倒的
に高い地位との関係だけでなく、身近な人間関係の問題さえ呪文で解決したが
る人が出現しているのである。

6. 兵士の呪文

　以下は、息子を兵役に送り出す（または送り出した）母親からのステパーノ
ヴァへの相談である。

　　相談例⑦：兵役に行く息子を守りたい
　　　息子の兵役をひかえて、私は心配でたまりません。あなたの本を読んで、
　　お祈りが驚くほど効くことを知りました。息子を守ってくれる呪文かお祈り
　　を教えてください。ひとり息子なんです。昨今では、兵士は戦いで死ぬので
　　はなく、仲間に殺されるような時代ですから。どうぞよろしくお願いします。
　　[…][27:90]

　　相談例⑧：軍隊でのいじめ
　　　[…]息子が経験したのは、第一に飢え、第二に軍曹からの絶え間ない侮辱
　　でした。息子はありとあらゆる理由でひどく殴られました。靴の履き方がお
　　かしいと殴られ、銃弾の込め方が違うと殴られ、素早く課題を遂行しなかっ
　　たと殴られ、死ぬほど殴られたんです。[…]常におなかが空いているせいで、
　　兵士たちはまともに動くこともできないのに、ちょっとでも何かが遅れたら
　　殴られます。[…]息子は精神分裂症になってしまいました。私の人生はめち
　　ゃくちゃです。昼も夜も心に喜びはありません。以前の生活を失い、家族全
　　員が苦しんでいます。それなのに誰も責任を取ってくれません。これから先、
　　どうやって生きていけばいいんでしょう？　どうやって力を取り戻せばいい
　　んでしょう？[…][7:29-30]

　伝統的には兵士の呪文は、怪我や死を避けるためのものであった。銃や刀な
ど、さまざまな武器を列挙し、そのいずれからも守られることを神や聖人らに

祈願するといったモチーフや、自分の周囲に高い柵をめぐらして身を守ることを語るモチーフなどが見られる。ステパーノヴァの呪文集にも同様の呪文は見られるが、それに加えて新たに出現しているのが、軍隊でいじめられないための呪文である。

　　　兵士が上官に優しくしてもらえるようにする呪文［36:16-18］
　　　兵士がいじめられないようにする呪文［6:110-111］
　　　兵士が難癖をつけられないようにするための呪文［1:76］

　上記のような相談及び新たな呪文出現の背景には、ソ連崩壊後、軍隊の規律が悪化し、新兵いじめが横行するようになり、それによる死亡者や自殺者が出ていることがある。国を守るために兵役に行った息子が仲間に傷つけられたり殺されたりする——そんな理不尽な現実を訴える母親たちの相談から、新たな呪文が生み出されたのである。

7. 犯罪と関わる呪文

　以下は泥棒に入られた人、および殺人によって娘を亡くした母親からのステパーノヴァへの相談である。

　　相談例⑨：泥棒にすべてを盗まれた
　　　親愛なるナターリヤさん、私は泣きながら手紙を書いています。
　　　私は54歳で、何か新しいことを始めるのは、もう難しい年です。それなのに、私が長年つらい仕事に耐えながら手に入れてきたものが、すべて盗まれてしまったのです！
　　　3か月前に姪から電報を受け取りました。母親［話者の姉］が重い病気だから、最後のお別れをするためにできるだけ早く来てほしいと書かれていたので、私はもちろん、出かけました。姉は私の腕の中で亡くなりました。姉と一緒にこれまでどれほどの苦労を乗り越えてきたことでしょう！
　　　葬式の後、私はがっくりきて寝込んでしまい、姪のところにさらに2週間滞在しました。その後、家に帰ったのですが、自分の目を信じることができ

ませんでした。家が全く空っぽになっていたんです。一体どうやって、誰の注意も引かずにこんなことができたのか、理解できません。泥棒たちは部屋から大量の荷物を持ち出し、車に積み込んだはずなのに。隣人たちは、私が引っ越しするのだと思ったと言っていました。

　私を助けてくれた親切な人たちには感謝しています。タンスをくれた人、椅子をくれた人、古い冷蔵庫をくれた人、ソファーをくれた人…。こうやって家具をそろえました。でも、私は盗まれた物が惜しくてたまりません。この気持ちがわかっていただけるでしょうか。

　一か月前にあなたの本を知り、私の身に起こったことをお話しすることにしました。親愛なるナターリヤさん、私は特に高価なものを持っていたわけではありません。なのに、売ってわずかなお金を得るために盗みをはたらく麻薬中毒者やアル中が山ほどいます。彼らは何でもかんでも盗みます。どうかお願いします、泥棒除けの呪文をあなたの本に載せてください。年をとってから、泥棒に入られて空っぽになった部屋に取り残されるのはつらいです。［…］［19:84］

相談例⑩：娘を殺された

　［…］1年前、1人娘を殺されました。殺される前にレイプされ、ひどい暴力を受けていました。遺体には煙草の火による火傷の跡があり、全身を殴られ、目はくりぬかれていました。娘はまだ16歳でした。私の悲しみは言葉では言い表せません。どれほど苦しんだことでしょう！　昼も夜も、泣いて助けを求める娘の声が頭に響いています。この1年、復讐することだけを望んで生きてきました。それなのに、ふたりの犯人は罪を逃れたのです。犯人の母親たちは最初、お金で解決しようと私に提案してきました。後にそれは脅しに変わりました。人でなしどもは、自白は取り調べ官に強要されたものだとして無罪を主張しました。そして、誰にお金を払ったのか、何をしたのか知りませんが、結局、彼らは釈放されたのです。

　昨日、そのふたりにばったり会いました。周りには誰もいませんでした。ふたりは私をあざ笑いながら、こう言いました。

　「おまえにもうひとり娘がいないのは残念だな。あの子はいい体だった。最

第1章　人が呪文を必要とするとき　**45**

高だったよ。もうひとりいたら、またかわいがってやれたのにな」

　私はどうすればいいかわかりません。これから先、どうやって生きていけばいいんでしょう？　お金を受け取って犯人を解放した人たちのせいで、また誰かの娘が犠牲になるでしょう。殺人犯たちは用心深くなり、より見つかりにくい場所に、より深く遺体を埋めることでしょう。

　ナターリヤさん、あなたのお噂はかねがね聞いております。あなたが人助けをしていらっしゃることは、たくさんの人が知っていますから。どうかお願いします。娘たちを守るお祈りか呪文を教えて下さい。そして不幸が起こってしまった場合に、流された血に対する復讐の方法を教えてください。[…]　[8:42-43]

　伝統的な呪文集には犯罪から身を守るための呪文は少なく、数編しかない。これは、以前はこのような目的のためには、犯罪に特化した呪文を唱えるのではなく、「聖母の夢」と呼ばれる、ユニバーサルな効力を持つとされる呪文を唱える（あるいは携帯する）習慣があったからである。一方、ステパーノヴァの呪文集には、泥棒や殺人など、特定の犯罪の特定の状況に特化した呪文が多数ある。以下はその表題例である。

　　泥棒除けの呪文 [3:64]
　　家に泥棒が入らないようにする呪文 [4:57-58]
　　ダーチャ［郊外の別宅］に泥棒が入らないようにする呪文 [4:60-61]
　　車が盗まれないようにする呪文 [4:61-62]
　　旅に出た際に強盗から身を守るための呪文 [4:60]
　　財布を守る呪文 [3:65]
　　泥棒が鞄に手を突っ込まないようにする呪文 [3:65]
　　鳥小屋から卵を盗まれないようにする呪文 [4:58]
　　置いているものを誰にも盗られないようにする呪文 [4:61]
　　強盗に襲われた時の呪文 [4:68]
　　泥棒が盗った物を返してくれるようにする呪文 [3:64-65]
　　泥棒に復讐するための呪文 [38:17-19]

殺人から身を守る呪文［10:107］

殺人犯を罰する呪文［2:174］

子ども殺しを罰する呪文［39:74］

殺人犯を思い通りに操る呪いの呪文［42:93-94］

殺人犯を破滅させる呪文［2:235］

殺された者の後を追って殺人犯が死ぬようにする呪文［39:76］など。

　このような呪文のニーズが高まった背景には、ソ連崩壊後の治安の急激な悪化がある。ソ連末期の1987年の殺人件数は9,200件だったが、その後、増え続け、ピークの2001年には33,600件となった。その後は減少傾向にあり、2018年には8,600件まで下がったが、[20]　それでも日本と比べると殺人件数は非常に多い。2018年の人口10万人あたりの殺人発生件数で比較すると、日本が0.26件に対し、ロシアは8.21件、[21]　つまり日本の30倍以上である。そのせいであろう、ロシア人と話していると、ほとんど誰でも身内や知り合いが殺人にあった経験を持っているのではないかという印象を受ける。

　犯罪件数の多さと並ぶもうひとつの問題が、警察の腐敗である。私の知人にも、相談例⑨の語りと同じく、留守中に泥棒に入られ、ほとんど何ひとつ残っておらず、ショックで心臓が止まりそうになったという経験を持つ女性がいる。しかし彼女が警察に捜査を依頼したところ、ミュージックコンポをくれるなら捜査してあげてもいいと言われ、頭にきて、占い師に犯人捜しをしてもらったとのことであった。賄賂がないと、まともな捜査は期待できないのであ

20）Рукперт «Статистика: Численность убийств в России» https://ruxpert.ru/%D0%A1
　%D1%82%D0%B0%D1%82%D0%B8%D1%81%D1%82%D0%B8%D0%BA%D0%B
　0:%D0%A7%D0%B8%D1%81%D0%BB%D0%B5%D0%BD%D0%BD%D0%BE%D1
　%81%D1%82%D1%8C_%D1%83%D0%B1%D0%B8%D0%B9%D1%81%D1%82%D
　0%B2_%D0%B2_%D0%A0%D0%BE%D1%81%D1%81%D0%B8%D0%B8?ysclid=ln
　s9ig9agx678602718（2023年10月16日参照）

21）Gobal note「世界の殺人発生率：国別ランキング・推移」https://www.globalnote.
　jp/post-1697.html（2021年6月9日参照）

る。相談例⑩では、レイプの後に少女を殺した犯人らは、賄賂で罪を逃れたことが語られている。盗まれる、殺される、そして犯人がわかっていても罰せられない——こういった理不尽でどうしようもない状況に置かれた場合、コネも金もない弱者が望みを託せるものは呪文ぐらいしかない。呪文によって犯人が罰せられるはずだと信じる以外に救いがない、という現代ロシアの悲しい現実が、ステパーノヴァの呪文集を通して見えてくるのである。

8. 事故・災害に関わる呪文

　以下は、事故や凍傷についてのステパーノヴァへの相談である。

　相談例⑪：トラック運転手の夫が心配
　　私たちの住む町は小さくて、仕事は全くありません。それで夫は仕方なく長距離トラックの運転手を始めました。夫がこの仕事に就くまで、これほど多くの男性が道中に亡くなるとは知りませんでした。夫からは、事故死した同僚の名前を次々聞かされます。私は夫が心配で胸がはりさけそうです。親愛なるナターリヤさん、長い距離を移動する人のためのお祈りを次の本に載せてください。［…］［36:10］

　相談例⑫：凍傷で手足を失った
　　うちの娘は友だちと一緒に手足に凍傷を負い、切断になってしまいました。凍傷になったのは、村にパーティーに行って帰ってくる途中のことでした。何という不幸でしょう！　障害を負った娘を見るにつけ、もう誰の身にもこのようなことが起こってほしくないと思います。祖父から聞いた話なのですが、戦争の時に出会ったひとりの兵士が、凍死や凍傷をふせぐお祈りを知っていたらしいです。自分の祖母から教わった祈りで、彼はそのお祈りを、私の祖父や他の兵士にも唱えてあげていたとのことです。あなたの本にもそんなお祈りを載せていただけるとうれしいです。［34:38］

　犯罪に関する呪文と同じく、20世紀初頭までの呪文集には、個別の事故や災害に特化した呪文も少ない。これはやはり、「聖母の夢」と呼ばれるユニバ

48　　「ロシア精神」の形成と現代

ーサルな呪文に頼ることが多かったからである。一方、ステパーノヴァの呪文集には、交通手段別にさまざまな事故除けの呪文が掲載されている。

事故で死なないための呪文 [8:66-69]
車にかける守りの呪文 [12:63-64]
ドライバーのための守りの呪文 [12:64-65]
死亡事故があった車を買ってしまった場合の呪文 [38:39-41]
車にかけられた呪いを祓う呪文 [12:62-63]
事故の加害者が賠償金を払おうとしない場合の呪文 [36:41-43]
鉄道事故を避けるための呪文 [2:125]
船での事故を避けるための呪文 [9:60-61] など。

自家用車での移動が一般的になるなど、交通手段の変化によって新たなニーズが生まれ、これらの呪文が創り出されたのである。
次に自然災害に対する呪文についてである。20世紀初頭までの呪文集には、自然災害に対する呪文としては、干ばつ除け、雨除け、植物が極寒でやられるのを防ぐといった目的に限られる。しかしステパーノヴァの呪文集には、これらに加えて洪水除けの呪文が新たに出現している。

嵐や大洪水の際に唱える呪文 [48:84-86]
家が水で破壊されないようにする呪文 [48:84]
洪水で死なないための呪文 [48:82]

ロシアでの洪水には、雨によるものに加えて、春の雪解け水による洪水、解氷が川で詰まることによる洪水、永久凍土の融解による洪水などがある。災害特集として洪水の呪文がステパーノヴァの本で大きく取り上げられたのは、2018年刊の第46巻と48巻だが、これは近年、ロシアでは大洪水が頻発していることによる。水に関する2018年のロシア政府による報告によると、ロシアでは洪水被害を受ける可能性のある都市は300以上、村は数万あり、さまざまな自然災害のうち、洪水は最も多くの物的被害をもたらしている。洪水による

被害額は増える傾向にあり、21世紀終わりまでに自然災害は現在の3倍になると予想されている。[22] ステパーノヴァはテレビなどで頻繁に繰り返される洪水報道からニーズを察知し、これまでになかった洪水の呪文を創作したと思われる。

　ステパーノヴァの呪文集には、人が凍傷を負ったり凍死したりしないようにするための呪文も出現している。これらも今回参照した20世紀初頭までの呪文集にはなかったものである。

　　凍死しないための呪文［48:79］

　　凍傷除けの呪文［48:79-80］

　　吹雪で死なないための呪文［48:78-79］

　凍傷や凍死を防ぐ呪文を掲載するにあたってステパーノヴァは、近年の異常気象により、急激な気温の変化が増えていることを語っている［21：PDF101］。異常な寒さの例としては、例えば大寒波に見舞われた2012年は、ロシア厚生省の発表によると、1月1日から2月13日の間に、低体温症または凍傷にかかった人は5,500人以上、凍死者は200人以上に上った。[23] また特に寒い冬となった2017年、平年よりはるかに低い気温が各地で記録され、ベロヤルスキー地方（ハンティ・マンシ自治管区）では80年ぶりの記録更新となるマイナス62度を記録した。[24] ロシアで地球温暖化について語られる際にしばしば話題になるのが、温暖化ではなく寒冷化しているのではないか、という話であるが、こうした状況が、凍傷・凍死を避ける呪文のニーズにつながったのであろう。

22）Государственный доклад «О состоянии и использовании водных ресурсов Российской Федерации в 2018 году»　https://water-rf.ru/water/gosdoc/601.html（2021年6月3日参照）

23）YTRO.NEWS «Аномальный холод погубил сотни россиян»　https://ytro.news/articles/2012/02/13/1028521.shtml（2021年6月7日参照）

24）Vawilon (2020.01.18) «Статистика морозов» https://vawilon.ru/statistika-morozov/（2021年6月7日参照）

9. 生業、商売、富などに関わる呪文

　以下は、畜産や漁労や商売にかかわる人々からのステパーノヴァへの相談である。うち、漁労に関する相談は男性からのものである。

　相談例⑬：乳しぼりがうまくできない

　　最近買った牝牛は、乳はよく出るのですが、どうしてもうまく搾れません。動いたり蹄でバケツをけとばしたりするので、ミルクがこぼれてしまいます。私の苦労を見かねて、夫は肉にしてしまえと言っています。でも私はかわいそうで、できません。乳搾りの時に牝牛がおとなしくしているようにする呪文があると聞きました。そんな呪文をひとつでもあなたの本で紹介してくださったら、喜ぶ主婦や搾乳婦がたくさんいると思います。[…] [10:182]

　相談例⑭：魚をたくさんとりたい

　　ナターリヤさん、こんにちは！　姉からあなたの本を借りて、夢中で読んでいます。私の手紙は取るに足らないものと思われるかもしれませんが、私にとっては大問題です。私の村では実質的に仕事はありません。町では居住登録証なしには雇ってもらえませんし、雇ってもらえるとしても、給料はごくわずか、あるいは騙されるだけです。それに町で働くためには住む場所が必要ですが、部屋代はとてつもなく高いです。

　　母とどうにか暮らしていくために、私は魚を取って売っています。でも、どうもツキがありません。ところが私の友人リョーハは毎日バケツ一杯取っています。リョーハは以前、魚がたくさん取れる言葉を教わったんだと言っていました。私にもその言葉を教えてくれと頼みましたが、「それはしてはいけないことになっているから、頼まないでくれ」と言われました。私がライバルになるのを恐れて嘘を言ったのかと思いましたが、あなたの本を読んで、そうではないとわかりました。それであなたに手紙を書くことにしました。フナ類がたくさん取れるようになる言葉を載せてください。[28:96-97]

　相談例⑮：商売繁盛

　　商売をしているのですが、もう長い間、私の店には全くお客が来ません。

商品に全く興味を持ってもらえないのが悔しいです。私と商品のそばを、ま
るで空っぽの場所のように人が通り過ぎていきます。司祭を呼んで店と商品
を清めてもらいましたが、やっぱりお客は来ません。場所代として大金を払
っています。借金はかさむし、税金もあるし、どうやって払えばいいのかと
考えると恐ろしくなります。[21:115]

　生業に関わる呪文には、牧畜と関わる呪文、狩猟と関わる呪文、漁労と関わ
る呪文、農耕と関わる呪文、養蜂と関わる呪文などがある。生業に関わる呪文
に関しても、ステパーノヴァの呪文集では、20世紀初頭までの呪文集と比べ
て、テーマが各段に細分化している。例えば牧畜に関しては、かつては基本的
に野生動物除け、呪い除け、病気一般を避ける呪文、行方不明になるのを避け
る呪文などの種類しかなかったが、ステパーノヴァの呪文集では、例えば牝牛
に関する呪文だけで、以下のように多数の呪文がある。

　　牝牛の乳の出が非常によくなる呪文［10:181］
　　牝牛があまり乳を出さない場合の呪文［34:163-164］
　　牝牛が乳を出し切らない場合の呪文［34:165］
　　脂肪分の高い乳が出るようにする呪文［20:58］
　　脂肪の少ない、水のような乳しか出ない場合の呪文［34:164-165］
　　牝牛の乳が出なくなることがないようにする呪文［10:181］
　　牝牛が乳を出さなくなった場合の呪文［10:181-182］
　　乳しぼりの際に牝牛がおとなしくしているようにする呪文［10:182-183］
　　牝牛が搾乳桶を蹴らないようにする呪文［32:34-35］
　　牝牛が病気になった場合の呪文［34:160-161］
　　牝牛のヘルニアを治す呪文［19:73］
　　牝牛の皮膚病を治す呪文［10:179］
　　牝牛の腫物を治す呪文［34:162］
　　牝牛が足を痛めた場合の呪文［34:161-162］
　　牝牛の下痢を止める呪文［10:178］
　　牝牛が蛇に嚙まれないようにする呪文［39:40-41］

52　　「ロシア精神」の形成と現代

牝牛が鳴き喚く時の呪文 [10:182]

牝牛が邪視された場合の呪文 [19:74]

牝牛が死にかけている時の呪文 [34:163]

牝牛が雄牛を寄せ付けない場合の呪文 [14:155]

牝牛が全く妊娠しない場合の呪文 [34:163]

牝牛が死産を繰り返す場合の呪文 [10:181]

子牛が牝牛のそばを離れないようにする呪文 [20:60]

牝牛が放牧地からちゃんと家に帰って来るようにする呪文 [10:185]

牝牛が盗まれないようにする呪文 [19:75]

牝牛が早く売れるようにする呪文 [38:41] など。

　生業に関わる呪文が細分化して増殖する大きな理由として、ソ連崩壊に伴う経済転換が挙げられる。ソ連時代は農村部では、コルホーズ、ソフホーズが最大の雇用の場であったが、ソ連崩壊に伴い解体され、相談例⑭で語られているように、村には仕事がほとんどない。現在、村で安定的に現金収入を手にすることができるのは、村の学校で勤務する教師と、役場の職員と、温熱供給システムの職員と年金受給者ぐらいであり、その額も十分とはいえない。そのため、相談例⑬のように牛などの家畜を飼う、相談例⑭のように川で魚を捕る、家庭菜園で野菜を育てる、森でベリーやキノコを集めるといった活動が、食べるために非常に重要である。経済的にぎりぎりのこうした生活の中で、どうにか食べていくためにも、さまざま呪文が必要とされているのである。

　失業者が増えたことに伴い、生産物を売ってささやかな現金収入を得る、あるいは店を持って仕入れを行って売るなど、小さなビジネスをはじめる人も少なくない。しかし相談例⑮のように、何をしても商売がうまくいかない場合は呪術頼みとなる。伝統的な呪文集には、商売や富に関する呪文はごくわずかしかなかったが、ステパーノヴァの本にはこれらに関する呪文も多数掲載されている。

10. 治療の呪文

　以下はアルコール中毒の息子を持つ母親からのステパーノヴァへの相談であ

る。

相談例⑯：アルコール中毒の双子の息子
[…] 私には双子の息子がいますが、どちらもアルコール中毒です。双子に唱
える場合は特別な呪文があると聞きました。息子たちは20歳ですが、なんで
もかんでも飲んでしまいます。工業用アルコールも、オーデコロンも、私の
メイク落としのローションさえもです。

　ふたりが飲むようになったのは、15歳の時からです。夫とは離婚している
のですが、私は息子たちをちゃんと見れなかったんですね。最近は、酒を買
う金をよこせと言って、私に手をあげるようになりました。まわりの人から
お金を借りて飲むので、みんな私のところに借金を取り立てにきます。息子
たち自身もたぶん苦しんでいるのですが、やめられないようです。[25:49]

　治療の呪文は愛の呪文と並んで、かつても今も、呪文全体の中で大きな領域
を占めている。治療の呪文には、物質化あるいは人格化された病気を追い払
う、あるいは体から出ていってもらうよう頼むといったモチーフがよく見ら
れ、ステパーノヴァの呪文集でもそれは踏襲されている。しかし、どのよう
な病気を治すための呪文が多いかという観点から見ると、20世紀初頭までと
ステパーノヴァの呪文集では大きく異なる。かつての治療の呪文で最も多いの
は、血止めの呪文と熱病の呪文であったが、ステパーノヴァの呪文集では、か
つてはほんの小さな位置を占めているにすぎなかったアルコール中毒治療の呪
文が大量に出現している。以下がその表題例である。

　アルコール中毒治療の呪文［4:44-45］
　息子が飲まないようにする呪文［4:45］
　夫が飲まないようにする呪文［4:45］
　女性が飲まないようにする呪文［4:45-46］
　アルコール中毒に対する最強の呪文［4:46-47］
　名無しの墓で行うアルコール中毒治療の呪文［4:47-48］
　娘が飲まないようにする呪文［7:22-24］

酒瓶に唱えるアルコール中毒治療の呪文［7:25］

子どものアルコール中毒治療の呪文［7:25-27］

寡婦の指輪でアルコール中毒を祓う呪文［7:28］

アルコール中毒の呪いを祓う呪文［9:26-27］

母親が息子や娘に飲ませないようにする呪文［10:103-104］

姑が飲む場合の呪文［11:66-67］

家族全員が飲む場合の呪文［16:42-46］など。

　20世紀初頭までのアルコール中毒治療の呪文では、誰に唱えるかという指定は特にないことが多かったが、ステパーノヴァの呪文集では、誰に唱えるのか、またはその他の要素によって細分化している。相談例⑯は息子が飲むという相談だったが、それ以外にも、夫が飲む、娘が飲む、姑が飲む、幼い子どもが飲むなどの相談が大量にステパーノヴァに寄せられており、それぞれのシチュエーションに特化した呪文が生み出されたのである。

　ステパーノヴァの呪文集でアルコール中毒治療の呪文と並んで多いのが、20世紀初頭までの呪文集にはなかった癌の呪文である。以下はその表題例である。

皮膚癌の呪文［3:30］

肺癌の呪文［3:30-31］

骨癌の呪文［3:31］

胃癌の呪文［3:31］

前立腺癌の呪文［3:32］

乳癌の呪文［3:32］

血液の癌の呪文［6:12］

子宮癌の呪文［7:19］

咽頭癌・舌癌の呪文［20:28］

甲状腺癌の呪文［20:29］

どこにできた癌も治す呪文［22:33］など。

かつて最も多かった血止めの呪文と熱病の呪文に代わって、アルコール中毒の呪文と癌の呪文が上位を占めるようになったのは、医療の近代化の影響である。19世紀末〜ソ連時代初期においては医療レベルは低く、新生児の27〜30％が1歳未満で死亡していたと言われる（1920年現在）。[25] また医師は人口1万人あたり1.8人しかおらず（1913年現在）、[26] ロシアのヨーロッパ部における平均寿命はわずか32歳で（1896-1897年現在）、[27] 病気の際には医師より呪術師を頼る人が少なくなかった。しかしソビエト政権下において国民の健康状況は大幅に改善され、平均寿命は1926–1927年に44歳（旧ソ連のヨーロッパ部で）、1958–1959年には69歳に達し（旧ソ連全土で）、[28] 以後1980年代までほぼ同じ水準が維持された。

　こうしてソ連時代後期には、人々は呪術よりも近代医療に圧倒的な信頼を置くようになった。血止めや熱病は近代医療によって治療できるようになったため、ニーズは減った。しかし、アルコール中毒や癌は現代医療によっても治療が難しい病気である。現在では治療の呪文は、こうした病気への代替医療としてのニーズを吸い上げているのである。

　ちなみに現代ロシアで呪文に関する情報が最も活発に交換されているのは、病院だと言われる。病に苦しむ人への同情から、たまたまその場に居合わせた人が自分の知っている呪文を教えたり、ステパーノヴァの本を勧めたりする。また、医者や看護師に呪文の使用を勧められたという話も時に聞かれる。さらにステパーノヴァへの相談には、医者自身によるものさえある。一部の医療従事者の間でも、呪文の力が信じられているのである。

25）*Арский А. и др.* (ред.). Р. С. Ф. С. Р. Советский календарь. М.: Гос. Издательство, 1920, C. 86.

26）*Петровский Б. В. и др.* (ред.). 60 лет советского здравоохранения. М.: Медицина, 1977, C. 103.

27）СССР в цифрах в 1961 году. М.: ЦСУ СССР, 1962, C. 371.

28）СССР в цифрах, C. 371.

11. 呪い除け・邪視除けの呪文

以下は呪いに関するステパーノヴァへの相談である。

相談例⑰：写真を墓に埋められた

　財産分与のことで、夫の姉妹と口論になりました。それで彼女は私の写真を墓に埋めました。私はどんどん衰弱し、しょっちゅう気を失うようになりましたが、医者はどうすることもできません。

　ある時、彼女は酒を飲んでうちに来て言いました。

　「あんたの具合がずいぶん悪そうだから、墓地に行ってきたんだけど、お墓が見つからなかったの。どのお墓にあんたの写真を埋めたのか忘れちゃった。まあ、あんたが死んだら、私のせいだから、私のお金で葬式を出してあげるわ」

　こんな慰めを言ったんです。あなたの住所は知り合いの女性から聞きました。彼女は、あなたにずいぶん助けていただいたと言っていました。お願いです、私を助けて下さい。[30:158-159]

　呪い除け、邪視除けの呪文は伝統的な呪文集に多数あるが、ステパーノヴァの呪文集でも多い。伝統的な呪文集ではこうした呪文はシンプルに「呪い除けの呪文」「邪視除けの呪文」などと呼ばれていたが、ステパーノヴァの呪文集ではテーマがより細かくなっている。例えば呪いについては以下のような呪文がある。

　　死者を洗った水を飲まされた場合の呪文 [3:46-48]

　　生きているのに死者儀礼をされた者を助けるための呪文 [18:142-143]

　　写真を使って呪いを送り込まれた場合の呪文 [14:118-119]

　　教会で呪いをかけられた場合の呪文 [14:85-86]

　　風呂小屋で呪いによって誰かに病気をうつされないための呪文 [14:87]

　　追善供養の際に送り込まれた呪いを祓う呪文 [25:63-64]

　　洗礼式でかけられた呪いを祓う呪文 [9:83-84]

　　復活祭でかけられた呪いを祓う呪文 [14:106-107]

第1章　人が呪文を必要とするとき　**57**

「非婚の冠［結婚できないようにする呪い］」を祓う呪文［3:104-105］

「苦しみの冠」と呼ばれる呪いを祓う呪文［17:121］

「眠りの呪い［常に眠くて何もできなくなる呪い］」を祓う呪文［32:105-113］

「黒い寡婦の呪い［何度結婚しても夫に死なれる呪い］」を祓う呪文［13:134-135］

非業の死の呪いを祓う呪文［6:9-10］

奴隷の呪い［奴隷的に他人に従ってしまうようになる呪い］を祓う呪文［6:10］

孤児の呪い［幼い子どもが親を亡くす呪い］を祓う呪文［14:91］

自殺の呪いを祓う呪文［14:107-111］

子どもにかけられた呪いを祓う呪文［23:122-123］

男性から呪いを祓う呪文［25:85-86］など。

何で呪われたか、どこで呪われたか、いつ呪われたか、誰が呪われたか、呪いの結果何が起こったかなどによって、呪い除けの呪文も細分化していることがわかる。

12. 不吉な予兆や予言、破られた誓いによる不幸を避けるための呪文

以下は、不吉なジンクスや予言におびえる人々からの相談である。

相談⑱：葬式の不手際

葬儀の日に遺体を家から運び出した後は、再びこの家に死が訪れることがないように、何よりもまず床を洗わなければならないことは知っています。8月に甥が亡くなりました。遺体が運び出された後、私はほかの2人の女性と一緒に、追善の食事の支度をするために家に残りました。その時、残った女性のうちの1人が、急いで食事を作らないと間に合わないと言って、やるべきことをさせてくれませんでした。そのせいで、床は洗われないままになってしまいました。ちょうど1か月後、2人目の甥が死に、さらに4か月後、彼らの父親も亡くなりました。こんな間違いをおかしてしまった場合は、どうすればいいのでしょうか？［…］［13:48］

相談⑲：不吉な予言をされた

　[…]もうずっと昔、私が16歳の時のことです。私は友だちのターニャと一緒に占い師のところに行きました。最初に彼女はターニャを占って言いました。[…]「あんたは2回結婚するだろう。[…]1人目の夫とは法律にのっとって籍を入れる。でも彼は5年後に亡くなるだろう。2人目の夫とは教会婚をするが、うまくいかないだろう。その後、別の出会いもあるが、みんなヒモかアル中だ」

　ターニャを占った後、占い師は私を占うためにカードを広げました。[…]「あんたにはたくさんの子が産まれるだろう。悪魔の1ダース[13という数字]が見える。私の知る限り、13人目の子は家庭に不幸をもたらす。この子がもし朝か昼に生まれれば、そんなに問題はないが、日が沈んだ後か夜中に生まれると不幸が起こる。あんたの子どもたちは皆、次々に死んでいくだろう。もし死を逃れられたとしても、悲しみの中で一生過ごすことになるだろう」[…]

　時は過ぎ、私はこの占い師のことなど忘れていました。その後、夫となる人と出会いました。幸せな交際期間を経て結婚することになったのですが、籍を入れに行く前に、彼の母親が私と話したがっていると言われました。彼の家族が古儀式派教徒[17世紀教会分裂で発生した敬虔な宗派]だということは、彼からすでに聞いていました。彼の母親は私に言いました。

　「私たちの信仰では、中絶は禁じられている。もしあなたが違う考えを持っているのなら、アンドレイとは結婚させられない。結婚するなら、神が与えてくださっただけ、必ず産むと約束してほしい」

　私は姑となる人に、決して中絶はしないと約束しました。でも私はもちろん、これほどたくさんの子を産むことになるとは思いませんでした。

　13人目の子がうまれた時、私は他の子どもたちの身に何かが起こるのではないかという恐怖にとらわれました。占い師の言ったことを思い出したからです。占い師の言葉を信じないわけにはいきません。占い師がターニャに言ったことはすべて的中したからです。ターニャは本当に2度結婚しました。最初の夫とは5年後に死別しました。次に、ミハイルと言う名の男性と教会婚をしましたが、離婚しました。その後、彼女には何人かの男性がいました

第1章　人が呪文を必要とするとき　　**59**

が、どうにもならない男ばかりでした。

　ナターリヤさん！　もしも私の子どもたちを不幸から守る祈りをご存じなら、あなたの本に載せてください。あなたがいつも、奇跡のようなお祈りや守りの呪文を教えて下さっていることに感謝しています。[24:137-139]

相談⑳：断酒の誓いを破ってしまった
[要約：話者の夫は善良でまじめに働く人間だったが、仕事のお礼として、あちこちで頻繁に酒をふるまわれたことにより、酒におぼれてしまう。幼い子ども3人の目の前で繰り返される悪夢のような日常に、話者は困り果てている]
私は子どものことを考えて何度か家を出ました。しかし夫が、戻ってきてくれ、さもないと自殺すると泣いて懇願するので、言いなりになっていました。しかしある時、もう決して夫のところには戻らないと決めて出ていった時のことです。夫はイコンの前に跪き、我が家で最も大切なものにかけて、もう決して飲まないという誓いを立てました。そして、もしまた酒におぼれるようなことがあったら、自分や子どもたちの健康も家も、まともな暮らしも安らぎも、すべてなくなってしまえ、と言ったのです。

　[…]しかし夫は前よりもひどく飲むようになりました。[…]すると、誓い破りによる呪詛が実現しはじめたのです。火事で家を失いました。[…]さらに次々と不幸に見舞われました。半年のうちにふたりの娘を失いました。病気になり、医者も手の施しようがなかったのです。夫は壊疽により、腕を切断しました。最後に残った子どもと自分と不幸な夫がどうなるか、心配でたまりません。夫は恐ろしい誓いを守ることができず、破ってしまいました。お願いします、夫が誓いを破ったせいで生じている不幸から逃れる方法を教えて下さい。[38:172-173]

　20世紀初頭までの呪文集には、悪い予兆や予言を覆す呪文はない。また、1度たてた誓いを破ってしまった場合に起こるとされる不幸を避ける呪文もない。かつて人々は、呪文を使ってこうした運命から逃れようとはしなかったようである。これらは呪文の力で正せるものではなかったのである。ところがステパーノヴァの呪文集には、このような目的の呪文が多数ある。以下に例とし

て、葬式に関連した悪い予兆を正すための呪文を挙げる。禁忌を犯したせいで
さらなる死者がでることを防ぐための呪文である。

　遺体をまたいでしまった場合の呪文 [8:70-71]

　遺体を運び出した後に床を洗わなかった場合の呪文 [13:148-149]

　遺体のそばで居眠りをしてしまった場合の呪文 [17:162-163]

　生きている人間が死者のために用意された装束を試着してしまった場合の呪
　　文 [17:169-170]

　猫が棺の下を通り抜けてしまった場合の呪文 [13:149-150]

　猫が棺の中に入り込んでしまった場合の呪文 [23:186-187]

　子どもが棺の下に入り込んでしまった場合の呪文 [24:95-96]

　棺の蓋を墓地に持って行くのを忘れてしまった場合の呪文 [23:187]

　葬式の際に火事が起こった場合の呪文 [27:159-161]

　以上では葬式と関連したもののみを挙げたが、その他に誕生や結婚と関連し
た凶兆を正すための呪文などもある。現在では、このような呪文によって、凶
兆を取り消せると考えられているのである。

おわりに

　ここまで、ステパーノヴァの呪文をテーマ別に見てきた。その結果をまとめ
ると、第1に、離婚率の増加、治安の悪化、医療の近代化といった社会変化に
より、呪文のニーズが大きく変わり、多くの新しい呪文が生まれている。第2
に、かつては個々の呪文の目的は、比較的大まかなものだったが、ステパーノ
ヴァの呪文集ではシチュエーション別に非常に細分化する傾向にある。そのた
め、かつてと比べてより多くの呪文を知らなければならなくなっており、呪文
が増殖する原因となっている。第3に、かつては逃れられないとされた不幸な
運命さえ、呪文の力で逃れられると考えられるようになり、呪文の守備範囲が
大きく拡大している。これは呪文の質的な変化である。これに連動して、凶兆
や予言などへのまなざしも変化したと言えよう。

　以上、現代ロシアにおける呪文ニーズを見てきた。無知蒙昧な迷信としてソ

第1章　人が呪文を必要とするとき　**61**

連時代の無神論政策によって否定された呪文は、時代の変化の中で見事に変化を遂げ、一部の人々の間でしぶとく生き続けているのである（口絵図2、図3）。

第 2 章

人の心を燃え上がらせ、冷ます
―― ロシアの愛の呪文[1]

藤原　潤子

　本章では、20世紀初頭までに採集された伝統的な愛の呪文を紹介した上で、前章で登場した現代ロシアの呪術師ナターリヤ・ステパーノヴァがこれらを利用して、どのように新たな呪文を創作しているのかを紹介したい。[2] さまざまなテーマの呪文がある中で、今回、事例として取り上げるのは、昔も今も最もポピュラーな愛の呪文である。愛の呪文については前章の第2節で簡単に紹介したが、ここではテキストを提示しつつ、より詳しく紹介したい。

---

1) 本章は以下の論文を元にしたものである：藤原潤子「ロシアの呪文（一）：愛の呪文」『神戸外大論叢』75巻1号、2022年、123-167頁。
2) 20世紀初頭までの伝統的呪文として参照するのは、前章と同じ4件の資料（*Майков Л.Н.* Великорусские заклинания. Записки императорского русского географического общества по отделению этнографии 2, СПб, 1869; *Ефименко П.С.* Материалы по этнографии русского населения Архангельской губернии, собранные П.С. Ефименком. Ч.2. М., 1878; *Попов Г.* Русская народно-бытовая медицина. СПб., 1903; Виноградов Н. Заговоры, обереги, спасительные молитвы и проч. // Живая старина, вып. 1-4. М., 1907; вып. 1-4, М., 1908; вып. 4, М., 1909）、ステパーノヴァの呪文について参照するのも、前章と同じ『シベリアの呪術師の呪文』シリーズ（*Степанова Н.И* . Заговоры сибирской целительницы. Т.1-52. М.: Рипол-классик, 1996-2020）である。

1. 伝統的な愛の呪文

1.1. 愛させる呪文

以下は愛させる呪文の一例である。

　①＜愛する女性に贈る糖蜜菓子に唱える＞[3]

　②父と子と聖霊の御名において。　③私〇〇[4]は祈りを捧げつつ立ちあがり、十字を切りつつ歩き出す、家から扉を抜け、扉から門を抜け、塀を超えて広き野へ。そこで三人の風に、風の三兄弟に祈る。

　「④風のモイセイよ、風のルカよ、荒れ狂う風よ、突風よ！　吹け、吹き荒れよ、世界中を、キリストの民の間を。銅のはんだで◎◎を焼き、乾かせ、私に恋焦がれるように。彼女を私に結びつけよ、心と心を、体と体を、肉と肉を。世界を吹き渡る時に、⑤その強い〈乾き〉を落とすな、水にも、森にも、大地にも、家畜にも、墓にも。水に落とせば水は干上がり、森に落せば森は枯れ、大地に落せば大地は燃え尽き、家畜に落せば家畜は痩せ細り、墓に落とせば骨が墓で飛び跳ねる。⑥［〈乾き〉を］運べ、届け、入れよ、美しき乙女◎◎の白き体に、熱き胸に、情欲に、肉に。⑦美しき乙女が私〇〇なしには生きられず、いてもたってもいられず、一日も、一時も過ごせぬように。私〇〇を想って悲しみ、恋焦がれるように」

　広き野に取り持ち女がおり、取り持ち女のそばには⑧レンガのペチカがあり、レンガのペチカの中には1リットル入りの水差しがあり、その水差しではありとあらゆるものが煮えたぎり、燃え、燃え尽き、乾き、ひからびている。このように◎◎も私〇〇への想いに胸をたぎらせ、血を燃やし、身を乾

---

[3]＜＞内は呪文を唱える際に行うべきことなどについての説明である。以下同様。

[4]自分の名前や呪術をかけたい相手の名前を入れるべき箇所は、〇〇または◎◎で示した。〇〇としたのは当該箇所が文法的に男性形となっている場合、あるいはコンテキストから男性と推測される場合、◎◎はその逆で女性の場合である。名前を入れるべき箇所の前には、原文ではほぼすべての個所で「神の僕なる」という言葉が入っている。しかしそれらをすべて入れると、日本語では煩雑で意味が取りにくくなるため、訳文では省略した。以下同様。

64　「ロシア精神」の形成と現代

かせ。⑨私○○なしには生きられず、いてもたってもいられず、一日も一時も過ごせぬように。私と離れては食べるものも食べられず、飲む物も飲めず、ため息もつけず、祭りにも行けず、風呂にも入れぬように。⑩教会で十字を切るがごとく、我が言葉に鍵をかけ錠を下ろす。父と子と聖霊の御名において、アーメン、アーメン、アーメン。[…] 5)

以下、番号順に解説していきたい。まず、呪文を唱える際にすべきことについての説明である。

①＜愛する女性に贈る糖蜜菓子に唱える＞

愛させる呪文はこの例のように、呪文をかけたいと思う相手の食べ物か飲み物に唱える、あるいは相手の足跡に唱えることが多い。これにより、相手の体の中で呪文が作用すると考えられている。
次は呪文の出だしである。

②父と子と聖霊の御名において。

前章で紹介したように、ロシアの呪文はキリスト教とそれ以前の異教文化との混合であり、民間では、治療などの良い目的で唱えられる呪文は、キリスト教における神の力によって成就すると考えられていることが多い。そのため、愛の呪文のみならずロシアの呪文は全般に、このようにキリスト教の祈りの文句で始まるものが多い。出だしとして、他に以下のような例もある。

主よ、祝福し給え。父と子と聖霊の御名において。アーメン。 6)

主よ、祝福し給え！ 主イエス・キリストよ、神の息子よ、我らを憐れみ給

---

5) Майков 1869, No.1.
6) Виноградов 1907, No.37.

第2章　人の心を燃え上がらせ、冷ます　**65**

え。アーメン。[7]

　いずれもキリスト教の祈りの典型的な文句である。

　次に、出だしに続く儀礼の描写部分を見ていきたい。この部分では、呪文
を唱える者がどのような行為をして、どこに行き、誰に（または何に）出会う
のかが語られる。ただし、必ずしも実際にこうした行為が行われるわけではな
い。多くの場合、こうした言葉を唱えることによって、儀礼を行ったとみなさ
れる。

　③私○○は祈りを捧げつつ立ちあがり、十字を切りつつ歩き出す、家から扉
　を抜け、扉から門を抜け、塀を超えて広き野へ。そこで三人の風に、風の三
　兄弟に祈る。

　上記の例では、儀礼において、まず祈りを捧げ、十字を切ったことが語られ
ている。こうした描写もロシアの呪文一般に見られるものであり、キリスト教
における神の力によって、呪文が効力を発することが期待されている。出かけ
ていった先で誰に出会うのかについては、さまざまなバリエーションがある。
愛の呪文では上記の例のように、風に何かを依頼することが多いので、ここで
は風への依頼を含む他の呪文例を示しておきたい。

　私○○は起き上がり、家から扉を抜け、扉から門を抜け、広き野に、東に、
　東の方に向かう。そこで七人の兄弟に、七人の荒れ狂う風に出会う。[8]

　私○○は祈りを捧げつつ、十字を切りつつ起き上がり、清き十字架で十字を
　切り、聖母に祈り、お辞儀する。私は門を抜けて通りに出て、広き野へ、広
　きひろがりへ、東へ、西へ、南へ、北へ向かう。広き野に、広きひろがりに
　十二人の風が、十二人の荒れ狂う風の兄弟がいる。私は十二の兄弟にお辞儀

7）Виноградов 1907, No.124.

8）Майков 1869, No.3.

66　「ロシア精神」の形成と現代

して祈る。[9]

　私は祈りを捧げつつ立ち上がり、十字を切りつつ外に出て、広き野に、広きひろがりに向かう。その広き野で、広きひろがりで、私は七十の強風と、七十の竜巻と、七十の強風の息子たちと、七十の竜巻の息子たちに出会う。彼らは緑の森の木を根こそぎなぎ倒し、石の洞窟を焼くために、聖なるルーシ[10]へ向かっていた。そこで私〇〇は彼らにお辞儀して祈る。[11]

一口に風と言っても、さまざまな風が登場することがわかる。
次の部分では、出会った者に依頼する内容が語られている。

　④風のモイセイよ、風のルカよ、荒れ狂う風よ、突風よ！　吹け、吹き荒れよ、世界中を、キリストの民の間を。銅のはんだで◎◎を焼き、乾かせ、私に恋焦がれるように。その強い〈乾き〉を落とすな、水にも、森にも、大地にも、家畜にも、墓にも。水に落とせば水は干上がり、森に落とせば森は枯れ、大地に落とせば大地は燃え尽き、家畜に落とせば家畜は痩せ細り、墓に落とせば骨が墓で飛び跳ねる。[〈乾き〉を] 運べ、届け、入れよ、美しき乙女◎◎の白き体に

　前章で紹介したように、愛させる呪文は別名「乾きの呪文」とも呼ばれる。このように呼ばれるのは、愛させる呪文をかけられると、相手に恋焦がれるあまり、身も心も乾ききって、干上がるように衰弱していくとされるからである。上記の例では「乾き」が持ち運びできる物、相手の体に入れることができる物として物質化されている。また、水に落とせば水は干上がる、といった表現により、その「乾き」の並外れた威力が強調されている。
　愛の呪文では「乾き」と並んで、「焦がれ」や「悲しみ」や「号泣」なども物質

9）Виноградов 1907, No.124.

10）ロシアの古称。

11）Ефименко 1878, A1.

第2章　人の心を燃え上がらせ、冷ます　**67**

化され、愛したいと思う相手の体に送り込まれる。「焦がれ」とは、ロシア語の
「トスカー（тоска）」の便宜的な訳で、相手を恋い焦がれる気持ち、あるいは
深い憂いを意味する。「焦がれ」は愛の呪文に頻出するため、愛の呪文は「焦が
れの呪文」とも呼ばれる。以下が「焦がれ」などが物質化されて登場している
例である。

　　七人の風よ、世界中の後家やみなし子や幼子から焦がれる〈焦がれ〉を集め、
　　美しき乙女◎◎の熱き胸に運べ。[12]

　　十二人の風の兄弟よ、私○○（あるいは◎◎）の願いを聞き入れ、助け給え。
　　私から〈焦がれ〉と〈悲しみ〉と大いなる〈乾き〉を取り出し、◎◎（または
　　○○）の体に送り込め、彼女が乾き、私○○（あるいは◎◎）に恋焦がれるよ
　　うに[13]

「乾き」や「焦がれ」などは物質化されるだけでなく、人格化されて語られる
こともある。以下がその例である。ある種の感情や状態などが呪文中で物質
化・人格化されている場合は、〈焦がれ〉、〈乾き〉などのように〈　〉付で記して
いる。

　　広き野で三人の焦がれる〈焦がれ〉と、三人の乾く〈焦がれ〉と、三人の眠ら
　　ぬ〈焦がれ〉に出会う。[14]

　　青き海に白きアラティル石[15]があり、白きアラティル石の下に三つの板があ
　　り、その板の下に三つの焦がれる〈焦がれ〉と、号泣する〈号泣〉がある。私

12）Майков 1869, No.3.

13）Виноградов 1907, No.124.

14）Виноградов 1907, No.45.

15）ロシアのフォークロアにおいて、世界の中心、大地の臍に位置する、不思議な力
　　を持つとされる石。ラティル石、白き燃ゆる石などとも呼ばれる。

68　　「ロシア精神」の形成と現代

は近づき、深くお辞儀する。「母なる三人の焦がれる〈焦がれ〉と、三人の号泣する〈号泣〉よ、起き上がり給え、自らの燃えさかる炎で乙女◎◎を焼き給え、昼も夜も夜中も、朝焼け時も夕焼け時も。[16]

「焦がれ」について詳細な研究を行ったトポルコフは、人格化される「焦がれ」はロシアの呪文の大きな特徴であること、上記のように「焦がれ」の居場所としてしばしば語られる「板」は棺の板を連想させるものであり、生と死の境界を象徴するものであること、「焦がれ」を送り込まれた者は肉体的にも社会的にも死に近い状態に陥ると考えられていること、また以下の呪文のように家の空間すべてを占める「焦がれ」は棺の中の死者を思わせることを指摘している。[17]

朝、私ヴァシーリーは祈りを捧げつつ立ち上がり、十字を切りつつ外に出る、門から門を抜け、広き野に、広きひろがりに、青き海のほとりに、聖なる島に出る。島には樫の木で作られた新しい家があり、樫の新しい家には壁から壁まで隙間なく板があり、樫の新しい板の上には焦がれる〈焦がれ〉と乾ける〈乾き〉があり、手足を壁に、頭を長椅子にぶつけている。私ヴァシーリーは祈り、請う。[18]

次は「乾き」や「焦がれ」をどのように相手の体に送り込むかについての描写である。

⑤ [〈乾き〉を] 運べ、届け、入れよ、美しき乙女◎◎の白き体に、熱き胸に、情欲に、肉に。

16）Майков 1869, No.14.

17）Топорков А.Л. 2005. Заговоры в русской рукописной традиции XV-XIX вв. М.: Индрик, 2005, С.153-182.

18）Виноградов 1907, No.56.

第2章 人の心を燃え上がらせ、冷ます **69**

このように、「乾き」や「焦がれ」などを入れるべき体の部位をいくつも列挙するのも、愛の呪文に頻繁に見られるモチーフである。より多く体の部位が語られている例として、以下のようなものがある。

　　母なる三人の〈焦がれ〉よ、入り込み給え、彼女の熱き胸に、肝に、肺に、考えに、想いに、白き顔に、輝く瞳に[19]

　　三人の焦がれる〈焦がれ〉と、三人の乾く〈焦がれ〉と、三人の眠らぬ〈焦がれ〉は◎◎の上に落ちる、その熱き胸に、柔らかな肺に、黒き肝に、熱き血潮に、理性と知性に、輝く瞳に、体の肉欲に、七十二のすべての関節に、七十二のすべての血管に。[20]

　　鋼の斧で彼女の熱き胸を切り裂き、焦がれる〈焦がれ〉と乾ける〈乾き〉を入れよ、その熱き血に、肝に、関節に、七十七の関節と小関節と、もうひとつの関節に、七十七の血管に、背骨に。[21]

「七十七の関節」などの表現から、余すところなく体のすべてに「乾き」や「焦がれ」を入れたいという執念が感じられる。
　次は、愛の呪文をかけられた人がどのような状態に陥るかを語った部分である。

　　⑥美しき乙女が私○○なしには生きられず、いてもたってもいられず、一日も、一時も過ごせぬように。私○○を想って悲しみ、恋焦がれるように」

　　⑨私○○なしには生きられず、いてもたってもいられず、一日も一時も過ごせぬように。私と離れては食べるものも食べられず、飲む物も飲めず、ため

19）Майков 1869, No.14.

20）Виноградов 1907, No.45.

21）Майков 1869, No.3.

息もつけず、祭りにも行けず、風呂にも入れぬように。

　このように、抗いがたい感情にとらわれて苦しみもだえることを語るのも、愛させる呪文の典型的なモチーフである。より詳しい例としては以下のようなものがある。

　　◎◎が私○○なしには生きていけず、いてもたってもいられず、飲むことも食べることもできず、言葉を交わすこともできぬように。彼女が私を見るたびに、私の声を聞くたびに、彼女の白き体も、熱き胸も、記憶も知性も、黒い肝も、熱い血潮も、骨も血管も、すべての関節も喜ぶように。[22]

　　○○が◎◎なしには生きていけず、いてもたってもいられず、一時間も、一時も過ごせぬように。乾きに乾け、太陽の照る昼間も、月の照る夜も、月が欠けゆく時も、月が満ちゆく時も、満月の時も、月が見えぬ時も。しおれにしおれろ、太陽の照る昼間も、月の照る夜も、月が欠けゆく時も、月が満ちゆく時も、満月の時も、月が見えぬ時も。[23]

　次は、火や熱さと関係するモチーフである。

　　⑧レンガのペチカがあり、レンガのペチカの中には1リットル入りの水差しがあり、その水差しではありとあらゆるものが煮えたぎり、燃え、燃え尽き、乾き、ひからびている。このように◎◎も私○○への想いに胸をたぎらせ、血を燃やし、身を乾かせ。

　愛させる呪文では燃えるような愛との連想で、火や熱さについてもしばしば言及される。その際には上記のようにペチカ（ロシアの暖炉兼オーブン）が登場することが多い。以下はそのバリエーションである。

22）Ефименко 1877-1878, A1.

23）Виноградов 1907, No.41.

広き野には、青き海のほとりには三つの燃えさかるペチカがある——タイルのペチカと鉄のペチカと鋼のペチカが。三つのペチカでは樫の薪が、ヤニを含んだ薪が燃え、燃えさかっている。このように、◎◎の熱き胸も○○に恋焦がれて燃え、燃えさかり、溶けよ。[24)]

私○○は森の白き白樺に近づき、白き皮をはぎ、燃えさかるペチカに投げ入れる。この白樺の皮が火の中で焼け、赤々と燃えるように、◎◎の（あるいは○○の）胸は私○○（または◎◎）に恋焦がれて焼け、赤々と燃えよ、愛の呪術が解かれるまで、とこしえに。[25)]

　熱さを語るモチーフではペチカ以外に、炎のドラゴンや炎の矢、熱い鉄を鍛える鍛冶屋なども登場する。

「炎のドラゴンよ！　山や谷や、早瀬や錆色の沼や、ワシやミサゴの親子を焼かずに、美しき乙女◎◎を焼き給え、その七十七の関節と七十七の血管と背骨と彼女の情欲に火をつけよ」[26)]

「炎の矢よ、どこへ飛んで行くのか？」
「暗き森に、ぬかるむ沼に、湿った木の根に！」
「炎の矢よ、引き返し、私が言うところへ行っておくれ。聖なるルーシに◎◎という名の美しき乙女がいる。彼女の中に入れ、その熱き胸に、黒き肝に、熱き血に、背骨に、甘い唇に、輝く瞳に、黒き眉に、彼女が［私に］恋焦がれるように」[27)]

24）Виноградов 1907, No.37.

25）Виноградов 1907, No.122.

26）Майков 1869, No.7.

27）Майков 1869, No.6; Ефименко 1878, A9. 出典がマイコフとエフィメンコの両方となっている資料があるが、これは、エフィメンコが自身のフィールド資料を刊行する前に、マイコフがアーカイヴ調査を行い、アーカイヴに保存されていたエフィメンコの資料を先に自身の呪文集に入れて発表したことによる。

海には島があり、島には柱があり、柱の上には七十七人の兄弟がいる。彼らは昼も夜も、鋼の矢を鍛えている。私は彼らに密かに頼む。「七十七人の兄弟よ、私に矢を与え給え、どんな矢よりも熱く早い矢を」 私はその矢で乙女◎◎を射る、その左胸を、肺を、肝を。[28]

いずれの例からも、相手の心に愛の炎を燃やしたいという願いが伝わってくる。

愛させる呪文では、ここまで述べてきた以外にもさまざまなメタファーが使われる。以下がその例である。

広き野にいと清らかなる聖母がおられる。聖母が我が子を想って苦しみ、心を痛めるように、◎◎は○○を想って苦しめ、心を痛めよ[29]

西ではヨセフが妻を、聖母を眺め、見つめている。同じようにあの人も私をとこしえに見つめ、眺めよ。[30]

人々が主の祝日と、聖なるキリストの復活と、教会の鐘の音を待ちわびるように、彼女◎◎は私を待ちわびよ。[31]

魚が水なしには生きられぬように、○○は◎◎なしには生きられぬ。クマが母なる大地なしには生きられぬように、○○は◎◎なしには生きられぬ。鳥が森なしには生きられぬように、○○は◎◎なしには生きられぬ。幼子が母親なしには生きられぬように、○○は◎◎なしには生きられぬ。この言葉が誰にも止められぬように、○○を◎◎から引き離すことはできぬ。[32]

28）Майков 1869, No.21.

29）Майков 1869, No.10.

30）Ефименко 1878, A20.

31）Ефименко 1878, A1.

32）Виноградов 1907, No.41.

この世のすべてがすばらしいように、彼女にとって私が輝く太陽よりも美し
く、明るい月よりも明るくあれ。母が子を恋うるように、彼女は私に恋焦が
れよ、その胸は悲しみに沈め。赤ん坊が乳房を恋うるように、彼女は私に恋
焦がれよ、その胸は悲しめ。母馬が子馬を、母牛が子牛を恋うるように、彼
女は私に恋焦がれよ、その胸は悲しめ。母犬が子犬を、母猫が子猫を恋うる
ように、彼女が私に恋焦がれよ、その胸は悲しめ。親鴨が小鴨を、雌鶏がひ
よこを恋うるように［彼女は私に恋焦がれよ］。彼女は食べるものも食べられ
ず、飲むものも飲めず、祭りにも行けず、眠ることもできぬ、一年も、半年
も、昼も夜も、一時も、半時も、一分も、半分も」[33]

　上記の最初の例のように聖書の出来事に例えるというのは、愛の呪文のみな
らず、ロシアの呪文一般でよく見られる手法である。親子の愛などへの例えか
らは、求める愛の強さがよく伝わってくる。
　次は結びの部分である。

　⑩教会で十字を切るがごとく、我が言葉に鍵をかけ錠を下ろす。父と子と聖
　霊の御名において、アーメン、アーメン、アーメン。

　ここでは、唱えた呪文の強さを語る文言とキリスト教の祈りの文句が、セッ
トになって結びの文句となっているが、どちらか一方のみで結びの言葉とする
ことも多い。出だしと同じく、結びの文句もロシアの呪文全般に共通する。唱
えた呪文の強さを語る文言としては、以下のような例もある。

　我が言葉よ、固く強くあれ、とこしえに、永久に。固い錠で言葉を閉じ、鍵
　は水に投げ入れる。[34]

　我が言葉よ、固く強くあれ、石よりも鋼よりも。私はおまえたち［言葉］を

33）Майков 1869, No.2.
34）Майков 1869, No.8.

74　　「ロシア精神」の形成と現代

三十の錠で閉じ、三十の鍵で封じる。我が言葉には過剰も不足もなく、いかなる曲者にも賢者にも変えられぬ。[35]

私は三十の言葉と三十の詩と三十の祈りを唱える。私は三十の錠と三十の鍵で［言葉を］閉じ、その鍵を持ち去る。私は海から海へ行き、その金の鍵を海に投げ込む、あの白き燃ゆる石の下に。この海には誰も近寄れぬ、その水は誰にも飲めぬ、その砂は誰にも食いつくせぬ、あの金の鍵は誰にも取り出せぬ、私が生きている限り、私が死ぬまで。[36]

我が言葉よ、石よりも鋼よりも強く硬くあれ。我が言葉への鍵は天の高みに、錠は海の深みのクジラの元に。私〇〇を除いて、このクジラは誰にも捕らえられぬ、この錠は誰にも開けられぬ。このクジラを捕らえ、錠を開ける者は、雷に打たれた木さながらとなる。[37]

　唱えた呪文を破ることがいかに難しいかが、さまざまな形で語られている。
　以上、愛させる呪文について解説した。ロシアの愛の呪文をギリシャの愛の呪文と比較したトポルコフは、愛を炎に例えるモチーフ、愛の呪文をかけられた人が陥る、食べられない、飲めないなどの状態を語るモチーフ、体の各部を列挙するモチーフなど、両者に多くの共通点があることを指摘する。そしてその理由について、聖書をギリシャ語から古代スラヴ語に翻訳する過程で、ギリシャの愛の呪文の伝統がスラヴ世界に取り入れられたのであろうとしている。[38]

1.2. 愛を冷ます呪文
　愛を冷ます呪文には、愛し合うふたりを引き裂くために唱える呪文と、報われない愛に苦しまないために唱える呪文が含まれる。以下は愛し合う二人を引

---

35) Майков 1869, No.14.

36) Майков 1869, No.2.

37) Майков 1869, No.3.

38) Топорков 2005, C.121-135.

き裂く呪文の例である。

⑪私○○は祈りを捧げず立ち上がり、家から扉を抜けず、玄関から門をくぐらず、十字を切らずに外に出る。広き野に、青い海のほとりに出て、地下の丸太の上に立ち、北を見る、見渡す。⑫北には氷の島があり、氷の島には氷の家があり、氷の家には氷の壁、氷の床、氷の天井、氷の扉、氷の窓、氷のガラス、氷のペチカ、氷のテーブル、氷の椅子、氷のベッド、氷の布団があり、氷の王がいる。⑬氷の家の氷のペチカには、ポーランド猫と舶来犬がそっぽを向いて座っている。ポーランド猫とその舶来犬は、顔を合わせれば血が流れるまで引っかきあい、嚙みあう。このように○○と◎◎もかじりあい、嚙みあえ、青あざができるまで、血が流れるまで。どんな時も、どんな瞬間も、○○は◎◎を見ることも眺めることもできぬ。どんな時も、どんな瞬間も、◎◎は○○を見ることも眺めることもできぬ。⑭おお、氷の王よ、川や湖や青き海を冷やすな、凍らせるな！　○○と◎◎の熱き胸を冷やせ、凍らせ給え。⑮二人が共に食べることも、飲むことも、見つめあうことも、相手を想うことも、考えることもできぬように。○○が◎◎にとって、森の獣より恐ろしく、地を這う蛇より冷酷に感じられるように。○○にとっての◎◎も同じであるように。アーメン、アーメン、アーメン。

＜唱えた後、三度唾を吐く＞。[39]

以下、番号順に解説していきたい。まず、儀礼の描写についてである。

⑪私○○は祈りを捧げず立ち上がり、家から扉を抜けず、玄関から門をくぐらず、十字を切らずに外に出る。

ここでは「祈りを捧げず」と述べて、キリスト教的な儀礼がひっくり返されている。愛し合う者を引き裂くことは呪いであるため、反キリスト教的な文言となっているのである。こうしたモチーフは、ロシア及び西欧における、悪魔

39）Виноградов 1907, No.32.

76　「ロシア精神」の形成と現代

に魂を売る契約についての語りとの類似性が指摘されている。[40]

　ただし、愛を冷やす呪文が必ず反キリスト教的モチーフとなるわけではない。祈りを捧げ、十字を切ることを述べる呪文もある。また、愛を冷ます呪文のみならず、愛させる呪文でもこのような反キリスト教的モチーフが現れることもある。これは、相手の意思に反して愛させるという行為は呪いの一種である、という考えが存在するからである。反キリスト教的モチーフの例としては、他に以下のようなものがある。ひとつめは愛を冷ます呪文から、あとのふたつは愛させる呪文からの例である。

　　悪魔の僕なる私○○は祈りを捧げず立ち上がり、十字を切らずに歩き出し、
　　扉から扉を抜け、門から新居の門を抜け、広き野に、悪魔の沼に出る。広き
　　野には小さなモミの木々があり、モミの木の上には四十の四十倍の悪魔がい
　　る。[41]

　　私は祈りを捧げず起き上がり、十字を切らずに外に出て、広き野に向かう。
　　広き野にはリンボクの茂みがあり、茂みには太った女が、サタンの手先がい
　　る。[42]

　　私は祈りを捧げず起き上がり、十字を切らずに外に出る、扉から扉でない
　　ところを抜け、門から門でないところを抜け、広き野ではないところに出
　　て、西に背を向けずに立つ。西にはサタンが、残忍なヘロデ王[43]が住んでい
　　る。[44]

---

40) Топорков 2005, C.141-144.

41) Майков 1869, No.48.

42) Майков 1869, No.24; Ефименко 1878, A16.

43) 新約聖書『マタイによる福音書』2章に登場するユダヤの支配者（在位：紀元前37
　　年〜紀元前4年）。新たにユダヤの王となる子、すなわちイエス・キリストが生
　　まれたと聞いて、ベツレヘムの2歳以下の男児をすべて殺害させた。ロシアの呪
　　文では悪魔的な存在として扱われ、特に熱病の呪文によく登場する。

44) Виноградов 1907, No.41.

いずれの例でも、悪魔的な存在と出会ったことが語られている。これらの呪文は悪魔的な力により成就すると考えられているのである。

次に冷たさについての描写である。

⑫北には氷の島があり、氷の島には氷の家があり、氷の家には氷の壁、氷の床、氷の天井、氷の扉、氷の窓、氷のガラス、氷のペチカ、氷のテーブル、氷の椅子、氷のベッド、氷の布団があり、氷の王がいる。

⑭おお、氷の王よ、川や湖や青き海を冷やすな、凍らせるな！　○○と◎◎の熱き胸を冷やせ、凍らせ給え。

愛させる呪文が火や熱さに言及したのとは反対に、冷たさが繰り返し強調されていることがわかる。

次は、引き裂かれたふたりがどのような態度を取るようになるのか、どのような状態になるのかについての描写である。

⑬氷の家の氷のペチカには、ポーランド猫と舶来犬がそっぽを向いて座っている。ポーランド猫とその舶来犬は、顔を合わせれば血が流れるまで引っかきあい、噛みあう。このように○○と◎◎もかじりあい、噛みあえ、青あざができるまで、血が流れるまで。どんな時も、どんな瞬間も、○○は◎◎を見ることも眺めることもできぬ。どんな時も、どんな瞬間も、◎◎は○○を見ることも眺めることもできぬ。

⑮二人が共に食べることも、飲むことも、見つめあうことも、相手を想うことも、考えることもできぬように。○○が◎◎にとって、森の獣より恐ろしく、地を這う蛇より冷酷に感じられるように。○○にとっての◎◎も同じであるように。

このように、強くいがみ合うこと、あるいは一緒にいられないことを語るのは、愛を冷ます呪文の典型的なモチーフである。他に以下のような例がある。

78　「ロシア精神」の形成と現代

悪魔が水辺を、オオカミが山を歩いている。ふたりが出会うことはなく、互いについて考えることも、想うことも、子をなすことも、愛をささやくこともない。同じように○○と◎◎も、互いに想うことも、子をなすことも、愛をささやくこともなく、とこしえに猫と犬のように不仲であれ。[45]

私○○は祈りを捧げず起き上がり、十字を切らずに歩きだす、扉から扉を抜けず、門から門を抜けず、畑の穴を抜けて。私は広き野にも、東の方向にも向かわず、日が沈む方を向く。日が沈むところには臭い川が流れ、臭い川には臭い丸木舟が浮かび、臭い丸木舟には大男が乗っていて、その顔は悪魔、肌は緑、目はフクロウ、口はオオカミ、まなざしはクマで、姿は野獣、吐く息は蛇さながら。この大男が怖く恐ろしく、忌まわしく煩わしいように、○○は◎◎にとって怖く恐ろしく、忌まわしく煩わしくあれ、昼も夜も、朝も夕も、正午も昼過ぎも、真夜中も真夜中過ぎも、月が欠けゆく時も、満ちゆく時も、月が見えぬ日も、いつの時も、時を超えて。暗き森を走る獣と、広き野を這う蛇のように、○○と◎◎が互いを想うことも考えることも、見つめ合うことも、言葉を交わすこともない。殴り合い、ひっかき合い、いがみ合って血が出るまでひっかき合い、会いたくもなくなり、互いを忘れよ、とこしえに、永久（とわ）に。[46]

　ひとつめの例からは互いの無関心さが、ふたつめの例からはどれほど互いが嫌になるかがよく伝わってくる。
　愛の呪文は「乾きの呪文」、「焦がれの呪文」とも呼ばれることを述べたが、愛を冷ます呪文は逆に、「乾きを取り去る呪文」、「焦がれを取り去る呪文」などとも呼ばれる。以下の呪文では、「乾き」や「焦がれ」が体の各部から取り出され、遠くに運び去られることが語られている。

　「流れ早き○○川よ、私は焦がれる〈焦がれ〉と、泣きわめく〈乾き〉を携え、

45）Ефименко 1878, А25.
46）Виноградов 1908, No.73.

第2章　人の心を燃え上がらせ、冷ます　**79**

朝焼け時に三度、夕焼け時に三度、ここへ来て、白き顔を洗う。私の白き顔から泣きわめく〈乾き〉を落とすために、私の熱き胸から焦がれる〈焦がれ〉を落とすために。流れ早き○○川よ、早き水の流れと共に運び去り、深き川底に沈め給え。二度と私○○のところに戻らぬように」[47]

　また、以下は死人に例えて愛を冷まそうとする呪文であるが、こうした死人にあやかる呪文は、愛の呪文のみならずロシアの呪文全般に見られる。

　　海の大海原のブヤンの島[48]に柱があり、その柱の上に樫の霊屋があり、そこに美しき乙女が、〈焦がれ〉の魔女が横たわっている。彼女の血潮はたぎらず、足は動かず、目はあかず、口はひらかず、胸は張り裂けぬ。同じように○○の胸も張り裂けず、血潮たぎらず、悶えることも恋焦がれることもない。[49]

　他にもさまざまなテキストがあるが、愛の呪文の主なモチーフは以上である。

2. ステパーノヴァの愛の呪文

2.1. 不幸な妻のための愛の呪文

　次に現代の実用呪文集を代表するステパーノヴァの呪文を見ていきたい。前章の第2節で述べたように、20世紀初頭までの呪文の伝統では、乙女の愛を得るために男性が唱えるものが多かったが、ステパーノヴァの呪文集でニーズが高いのは、夫との関係に悩む妻のための呪文である。こうしたニーズに応えるため、ステパーノヴァは伝統的な愛の呪文のモチーフを使いつつ、テキストの中に「夫」や「妻」などの言葉を挿入している。以下の2編がその例である。

---

47) Майков 1869, No.30.
48) ロシアの呪文や昔話に登場する神話的な島。呪文ではそこで神話的な存在に出会い、望みをかなえてもらう。
49) Майков 1869, No.32.

80　「ロシア精神」の形成と現代

父と子と聖霊の御名において。

私は広き野に、広きひろがりに出て、

七十七の風と七十七の竜巻を呼ぶ、呼び寄せる。

竜巻と風の兄弟よ、四方八方へ、

地から天まで吹きまわる者よ、

〈焦がれ〉と〈悲しみ〉を集め給え、

すべての後家と孤児から、泣く子らと寂しがる母親たちから。

〈焦がれ〉と〈悲しみ〉を集め、

〇〇の胸に入れ給え。

〈焦がれ〉と〈悲しみ〉がそこで巣を作り、住み着き、

とこしえに居ついて、

彼が私を、

自らの妻を恋焦がれるように。

太陽の下でも、月の下でも、

晴れの日も、雨の日も。[50]

夫〇〇は私なしには安らかに過ごせぬ、

七年間、彼は眠れず、

食べることも飲むことも、教会に行くこともできぬ、

神に祈ることも、おもてを歩くこともできぬ。

いつも私を、

自らの妻を想え、

昼も夜も朝も、

夜中も。

幼子が乳房を欲しがるように、

人々が死者を想って悲しむように、

夫は私に、自らの妻に恋焦がれよ、

この世のすべてに興味を失え。

---

50) Степанова, Т.15, С.8.

第2章　人の心を燃え上がらせ、冷ます　**81**

父と子と聖霊の御名において、

アーメン。[51]

　これらの例では、風が「焦がれ」を集めて相手の体に入れるモチーフ、何を
することもできずに相手を想いつづけるモチーフなど、伝統的な呪文のモチー
フがふんだんに使われている。これに「妻」、「夫」の語が挿入されることによ
り、実に自然に夫が妻を愛するようになる呪文となっている。こうした手法
は、愛を冷ます呪文についても同じである。以下は、夫と愛人との仲を冷ます
呪文である。

広き野に氷のペチカがあり、

氷のペチカの上に猫と犬がいる。

二匹は吠え、嚙みつき、目玉をくり抜きあう。

二匹は血を流し、仲良く一緒にはいられぬ。

同じように我が夫○○は、

◎◎のそばでは凍りつけ。

夫にとって彼女は氷のように冷たくあれ、

私の後ろの氷のペチカのように。

ふたりは争い、ののしり合い、

一時も一緒には過ごせぬ。

夫がナイフを持てば、彼女は斧を持て。

我が呪文に鍵をかける。

鍵は川へ、錠は砂へ。[52]

　氷が頻出する点、犬と猫が登場する点は伝統を踏襲しつつ、「夫」という語
が挿入され、愛人との仲を裂く呪文になっている。

　次に、定番モチーフを通常とは違う形にずらして使うことで、新しい呪文が

51）Степанова, Т.27, С.93-94.

52）Степанова, Т.24, С.49.

82　　「ロシア精神」の形成と現代

作られている例を紹介したい。以下は肉をかじりとった骨を夫の愛人の家のそばで投げ捨てて唱える呪文である。

　　父と子と聖霊の御名において。
　　この骨が肉と一緒にいないように、
　　この家に私の夫はいられぬ、
　　ここでパンは食べられぬ、水もワインも飲めぬ、
　　◎◎（愛人の名を入れる）を抱くこともできぬ。[53]

　伝統的な愛の呪文には、相手に恋焦がれるあまり、食べることも飲むこともできないと語るモチーフがあったが、この呪文ではそれが流用され、浮気相手の家では食べられない、飲めない、という内容となっている。
　夫に浮気して欲しくないという妻の気持ちが、より直接的に織り込まれた呪文もある。

　　我が言葉よ、実現せよ、
　　今この時から、とこしえに。
　　私は門から門を抜け、北に向かう。
　　北には
　　高い石壁の下に
　　石レンガがある。
　　レンガはぴくりとも動かず、
　　起き上がりもせず、誰かの体に乗ることもない。
　　同じように私の夫○○のモノは
　　誰に対しても勃たぬ、
　　夫は誰の体にも乗らぬ。
　　夫は私の傍では立派な大佐であれ、
　　別の女の傍では冷たい死人であれ。

───────────────

53）Степанова, Т.24, С.51.

夫は唖であれ、めくらであれ、
すべての若い女と年取った女に対して、
黒髪と栗毛と白髪の女に対して。[54]

　妻たちのニーズに寄り添って、性的不能にまつわる伝統的な呪文のエッセンスが取り入れられた呪文となっている。
　伝統的呪文のところで述べたように、聖書の出来事や死人に例えて願望を述べる手法はロシアの呪文一般でよく見られるが、ステパーノヴァはこうした手法も取り入れて新たな呪文を作っている。

主よ、すべての悪きものを、呪いを取り除き給え、
我が家から、我が夫から。
我らがとこしえに
愛し合い、互いに忘れぬよう、導き給え、
イブがアダムを愛したように、
アダムがイブを追って天から地上に降りたように。
父と子と聖霊の御名において。アーメン。[55]

死人は棺の中で安らかに横たわり、
誰かを想って苦しむことも、ため息をつくこともない。
誰かを想って泣くことも苦しむこともなく、
誰かを胸に抱きよせることもない。
同じように我が夫○○は
◎◎を想って苦しんだり、悲しんだりすることなく、
◎◎にやさしい言葉をかけることもなく、
自らの熱き胸に、
広き胸に抱きよせることもない。[56]

54）Степанова, Т.21, С.65.
55）Степанова, Т.12, С.115.

84　「ロシア精神」の形成と現代

ステパーノヴァはこの他にも、何かに例えて願望を述べるという伝統にのっとりつつ、自在に新たなメタファーを創り出し、より読者の感性に訴えようと努めている。

糸よ、汝らが縒り合されたように、
私と愛する人は結婚し、結ばれた。
糸よ、汝らが共にいるように、
我らはとこしえに共にいる。[57]

○○は私を愛せよ、
アル中が酒を愛するように、
蛆虫が糞を愛するように、
母が最初の子を愛するように、
母馬が子馬を愛するように。[58]

糞に群がる蛆虫を見ると吐き気がするように、
○○は◎◎のことが嫌になる、
あっという間に。[59]

かぶよ、お前がバラの花を咲かせ、
うぐいすのように歌い、甘い蜜の香りを醸さぬ限り、
○○は◎◎と一緒にはなれぬ。
アーメン。[60]

---

56) Степанова, Т.21, С.73.
57) Степанова, Т.12, С.23.
58) Степанова, Т.5, С.176.
59) Степанова, Т.28, С.78.
60) Степанова, Т.12, С.34.

以上、ステパーノヴァが創作した愛の呪文テキストの一部を紹介した。現代のニーズに合わせつつ、たくみに伝統的な要素が利用されており、代々伝えられてきた「本物の呪文」として流通してしまうのもうなずける。今回、例として挙げたのは、主に夫の浮気に悩む妻のための呪文だが、妻の浮気に悩む夫のための呪文や、その他の呪文もこうした手法で作られている。

2.2. 流用されるモチーフ

　ステパーノヴァの本では、伝統的な愛の呪文のモチーフは愛の呪文の枠にとどまらず、別の目的の呪文にも流用されている。以下はその一例で、成人した子どもの心に母親に対する憐れみの気持ちを呼び起こし、子どもが母親を捨てないようにする呪文である。子どもが冷たいと孤独に苦しむ女性からの相談に対してステパーノヴァが与えた呪文で、愛させたいと思う相手に「焦がれ」を送り込むモチーフ、及び親を求める幼子を引き合いに出して「焦がれ」の強さを語るモチーフが流用されている。

　　天を覆いつくせる者はおらず、
　　輝く朝焼けや夕焼けを消せる者はおらず、
　　空いっぱいの星を数え挙げられる者もおらぬ。
　　同じように我が子は決して、
　　私を、自らの母を傷つけぬ、侮辱せぬ、
　　悪意を抱かぬ、手を挙げぬ、
　　罵らぬ。
　　主よ、子どもたちに私への〈焦がれ〉を、
　　彼らの母である◎◎への〈焦がれ〉を送り込み給え。
　　子どもたちが泣いて乳をせがんだ頃のように、
　　私の服の裾をつかんで離さなかった頃のように、
　　いつも私の後を追いかけ、
　　私の腕から離れなかった頃のように私に焦がれよ。
　　私がいなくなれば泣き、戻れば喜び、
　　ママ、ママとまとわりついた頃のように私に焦がれよ。

幼子らにとって私が食べ物であり、飲み物だったように、

これからもずっと、とこしえに、永久にそうあれ。

子どもたちは私を恋しがり、

喜んで私の世話をし、

ママ、ママと呼んで瞳を見つめ、

私から離れるな。

主よ、天上の王よ、

あなたが自らの母を、聖母を愛するように

子どもたちは私を大切にせよ。

我が言葉よ、固く強くあれ。

今この時からとこしえに、永久に。アーメン。[61]

　愛の呪文のモチーフを流用しつつ、相談者の願望や、どんな母親も持っている子どもとの思い出が巧みに呪文の文句に取り入れられていることがわかる。前章第4節で、家庭問題に関する呪文は伝統的にはほぼなかったにもかかわらず、ステパーノヴァの呪文集では一大領域になっていることを述べたが、上記のような手法で新たな呪文が創出されているのである。

　次の例は、愛を冷ます呪文の流用例で、酒への「焦がれ」と「乾き」を取り去る呪文である。互いにいかに憎しみ合うようになるかを語る伝統的なモチーフは、酒がどんなに嫌になるかを語るのに、愛の「焦がれ」を体の各部から取り去る伝統的モチーフは、酒への渇望を取り去ることを語るのに使われている。

　　父なるドドン[62]よ、ドドンの聖母よ、

　　しらふでいられるよう、○○を支え給え。

　　酒への〈焦がれ〉を取り去り給え、

61）Степанова, Т.24, С.61.

62）А.С.プーシキン『金鶏物語』に登場する王の名前（Юдин А.В. Ономастикон русских заговоров. Имена собственные в русском магическом фольклоре. М.: Московский общественный научный фонд, 1997, С.150）。

第2章　人の心を燃え上がらせ、冷ます　**87**

ウォッカに近づけ給うな！［…］

彼は酒のことを考えぬ、酒に焦がれぬ、

いつの日も、いつの時も、飲まぬ、宴会に行かぬ。

彼にとって酒は、

死人の匂い、

死んだ犬の匂い、

ずぶ濡れの雌熊より忌まわしい。

酒の湖があり、

湖には悪魔たちと、

猫と犬とずぶ濡れの雌熊がいる。

彼らは互いに唾を吐き合い、痰を吐きあい、

○○を酒に近づけぬ。

この獣らが互いに愛さず、憎み合うように、

あるいは糞の入った盃を口に運ぶ者がいないように、

○○は酒を憎め。

酒への「焦がれ」はこの者から去れ、

すべての生ける髪と死せる髪[63]から、

頭頂から、思考から、息から、

肺から、血から、肝から、唾から、

彼の記憶からとこしえに去れ。

我が言葉に鍵をかけ、錠を下ろす。

とこしえに。

アーメン。[64]

　この例では愛の呪文を流用することによって、断酒のイメージが非常に効果的に語られている。

63）健康な髪と白髪のことか。

64）Степанова, Т.10, С.102.

88　「ロシア精神」の形成と現代

以上のように、伝統的な愛の呪文のテキストは現代のニーズに合わせて進化しつつ、別の目的の呪文を創出するための資源としても使われているのである。

第3章

中世ロシアにおける宗教心のあり方 [1)
——異教信仰「ロードとロージャニツァ」とは何か

三浦　清美

「ロードとロージャニツァ」信仰に関する問題は、もっとも謎めき、錯綜した問題の
一つである。N. M. ガリコフスキイ

1. 「ロードとロージャニツァ」信仰をめぐるさまざまな学説

　文献学者I.スレズネフスキイと神話学者であり、フォークロア学者であった
A.アファナーシエフが1855年に公刊された論文雑誌『ロシアにまつわる歴史

---

1) 本論文の一部は、ロシア科学アカデミーロシア文学研究所の中世文学部門が刊
行する以下の学術誌に掲載された。К. Миура, Языческий культ Рода и Рожаниц в
Древней Руси по памятникам учительной литературы. // Труды отдела Древнерусской
Литературы (Дальше ТОДРЛ). Т58., СПб., 2007, С.513-533. また、1.～5.の日本語で
の初出は以下である。三浦清美「中世ロシアの異教信仰ロードとロジャニツァに
ついて」『ロシア民話研究』4号、1996年、1-39 頁。文部科学省の在外研究員に
採用され、2004年2月から9月までサンクト・ペテルブルグで研修を行ったさい
に、ロシア人研究者のレビューを受けつつ写本を含む文書館史料にあたり、この
日本語論文に大幅な加筆を施してロシア語論文を完成させた。その全体は未公表
であるが、その一部（1.から4.までの文献学的部分）が前述のロシア語論文とな
っている。在外研修のさいに完成させたロシア語論文の日本語による全訳が以下
の2論文で、本章はこの2論文に若干の修正を施したものである。三浦清美「中
世ロシアの異教信仰ロードとロジャニツァ日本語増補改訂版（前編　資料）」『電
気通信大学紀要』第17巻（通巻33号）、2005年、73-96頁。三浦清美「中世ロシア

法文集』でこれら謎めいた神格を議論の俎上にのせて以来、「ロードとロージャニツァ」は多くの学者、文献学者、歴史家、言語学者、民俗学者らの関心を引いてきた。本論は、この「ロードとロージャニツァ」信仰の実態に迫ることを目的とするものであるが、まずは「ロードとロージャニツァ」がどう捉えられてきたか、この信仰にまつわるさまざまな学説について概観することからはじめたい。

　アファナーシエフはI.サハロフ、O.ボジャンスキイ、A.テレシチェンコらによって収集され、人文科学研究の場にもたらされたフォークロア、民俗学資料によって、「ロージャニツァ」のことを人間の運命をつかさどる天の星を人格化したものと考えた。彼の仮説は、炎と同様に星を多産性、生命を創る力を象徴するものと考え、これを人間と同一視することによって成り立っている。アファナーシエフの論考には、ロードに関する言及はなく、この信仰と祖先崇拝との関連を否定している。[2] アファナーシエフはのちに主著『スラヴ人の詩的自然観』のなかでまるまる一つの章（25章『運命の乙女』）を割き、補足的な資料を付して運命の女神としての「ロージャニツァ」についての自らの考えをあらためて述べている。[3] インド・ヨーロッパ神話の広いコンテクストにおいてこの信仰を捉えるロシア人文科学のはじめての試みは、さまざまな学者たちに影響を与えた。

　スレズネフスキイは、資料の比較語源学的な研究を足がかりにロージャニツァを（ギリシア神話のモイラ、ローマ神話のパルカのように）人間の運命を

の異教信仰ロードとロジャニツァ日本語増補改訂版（後編　分析）」『電気通信大学紀要』第18巻（通巻34号）、2006年、59-88頁。6.はICCEES幕張大会でのロシア語での口頭発表を日本語に翻訳したものである。Kiyoharu MIURA, "A Study of Awareness of Medieval Russian Authors of Impeach Documents of Pagan Customs" The 9th World Congress of ICCEES (International Council for the Central and East European Studies). 8.8.2015. Kanda University of International Studies, Building 4-205.

2）*Афанасьев А.Н.* О значении Рода и рожаниц // Архив историко-юридических сведений, относящихся до России. Кн.2. М., 1855, С. 123-142.

3）*Афанасьев А.Н.* Поэтические воззрение славян на природу. Т. 3. М., 1869, С.318-412.

92　　「ロシア精神」の形成と現代

司る情け容赦のない女神と捉えたが、そのさいにロードについては言及しなかった。ロージャニツァは生命を与える乙女とも女性の守り神とも捉えられている。ロージャニツァ信仰は人間の活動への星の影響に対する信仰と習合した。[4]

A.ヴェセロフスキイは、A.ギリフェルディング、N.ルィブニコフらによるルーシの資料だけではなく、西欧のフォークロア資料をもその足がかりにして、「ロードとロージャニツァ」信仰を祖先崇拝と結びつけて考えた。「『ロードとロージャニツァ』崇拝はこのように祖先、『生む者』、ヴィーラそのほかへの崇拝の一種である。[5]…ロードは生産者であり、新しい世代の母親であるロージャニツァを所有してもいる種族の男性構成員の総体であった。」[6] この研究者は、同様にギリシア、ローマ、ユダヤ、ゲルマンそのほかの信仰の比較神話学的考察を行なっている。

L.ニーデルレは、「スディチカ」、「スディニツァ」と呼ばれることもあるロージャニツァを、運命を神格化した存在と考え、スラヴ人の古俗とは一線を画した比較的新しい現象であるとする。この現象において、ロージャニツァは祖先の霊とみなされ、新生児の誕生を支配し、新たに生まれた子供の運命を差配する。その一方で、ニーデルレは、ロードは陣痛を軽減する神格であったかもしれないと考えている。[7]

E.アーニチコフは、教会文献に現れるロージャニツァの第二祭壇に関する言及に注意を払いながら、西ヨーロッパのフォークロアとの比較分析を根拠にして、ロージャニツァは「私たちみんながペローのおとぎ話と非常に人気の高いその翻案によって子供の頃から知っている、新生児誕生の折に現れる妖精である」と述べている。同時に、アーニチコフはロージャニツァと神の御母（聖母）

4）*Срезневский И.И.* Рожаницы у славян и других языческих народов // Архих историко-юридических сведений, относящихся до России. Кн.2. М., 1855, С.97-121.

5）*Веселовский А.Н.* Разыскания в области русского духовного стиха. XI-XVII // СОРЯС. СПб., 1889. Т. 46. С.180.

6）Там же. С. 185-192.

7）*Нидерле Л.* Славянские древности. М., 1956. С. 269-276.

第3章　中世ロシアにおける宗教心のあり方　**93**

を同一視している。[8]

　A.ブリュクネルは「運命」という概念がスラヴ人のあいだで存在したかという問題を論じるさいに、有名なビザンツの文筆家プロコピオスの証言（のちに詳述する）の信憑性を否定しながら、「ロージャニツァ」を運命の女神と考えている。また、15世紀以前の教会文学における「第二祭壇」に関する言及を根拠に、ブリュクネルは次のように考えている。「ロージャニツァは、スレズネフスキイが考えたほど無慈悲なわけではない。なぜなら、もしも彼らが無慈悲であるならば、そのご機嫌を取ったって始まらないではないか。古代スラヴ人たちもそのために祭壇を設けたりはしなかったであろう。」[9]

　E.ゴルビンスキイは、ルーシの人々の信仰、習俗、宗教心を論じた箇所で、「ロードとロージャニツァ」信仰にかんして論じ、自らの意見を次のように述べている。「ロードとドモヴォイは家族全体、あるいは、家々の守護神であり、ロージャニツァは家、家族、個々人の神、個々人の守護神（キリスト教の守護天使に符合する）である。」[10]

　V.コマロヴィチは、父祖への祈り、新生児の最初の髪の毛、祖父の名を孫につけるといった、年代記に反映された公の家族の習慣に注意を払いながら、ロードは生きていると死んでいるとに関わらず種族のあらゆる成員全体の神格化であると考えた。その一方で、ロードに対する信仰は、新しい時代にドモヴォイへの信仰に変容し、ロージャニツァ信仰は母なる湿れる大地信仰に呼応すると考えた。[11]

　H.ウォヴミャンスキは、「セマルグル」という神格に関して議論を展開するにあたって、ダジボーグ、ストリボーグ、ヴォロスとならんで、人間の運命を差配する神格としてロードについて間接的に触れている。[12]

---

8) *Аничков Е. В.* Язычество и Древняя Русь. СПб., 1914. С. 163-164.

9) Brükner A. *Mitologia Slowianska*. Warszawa, 1980. P. 168-175.

10) *Голубинский Е. Е.* История русской церкви. М., 1904. Т. 1, ч. 2. С. 843.

11) *Комарович В. Л.* Культ рода и земли в княжеской среде XI-XIII вв. // ТОДРЛ. М.; Л., 1960. Т. 16. С. 84-104.

12) Łowmiański H. *Religia słowian i jej upadek w VI-XII*. Warszawa, 1979, S. 120-121; *Ловмянский Г.* Религия славян и ее упадок. СПб., 2003, С. 99-100.

V. イワーノフとV. トポロフは宗教百科事典『世界諸民族の神話』のなかで、ロードは一人の祖先に遡ることのできる子孫全体の神格化と見なしている。この信仰は、インド・ヨーロッパ族のHord(h)u信仰に遡る。Hord(h)uという言葉は種族全体あるいは子孫を指している (2.3. 参照)。一方で、ロード信仰は男性社会で保たれ、他方、ロージャニツァは女性のあいだで保たれ、二重信仰時代の末期には、種の保存と新生児の運命を差配する神と融合した。[13]

V. コーレソフは「ロード」という言葉の多面性を強調している。[14]

G. ヴェルナツキイは中世ロシアの社会について記述する際に次のように書いている。「ロシア人たちは公式的にはキリスト教徒であったが、古代からの神格、ことに『ロードとロージャニツァ』を崇拝していた。」彼はほとんど議論を展開することなく「ロードとロージャニツァ」がスラヴ人の主神格であったと考えている。[15]

B. ルイバコフは、中世ロシアの文献のなかでロードが占星術との関連において言及されることがなかったことを根拠に、ロード信仰と人間の運命が関係あるとする考え（人間の運命と関係があるとされたのは、ロージャニツァのほう）を否定している。彼はロードとドモヴォイのような小神格との関連性も否定している。この否定の根拠は、第一に、この信仰は、正教会がかなり長い期間にわたってロードとロージャニツァに捧げられた儀礼的な酒宴を糾弾し続けるほど大きな意義をもっていたためであり、第二に、15世紀以前の教会文献においてロードが、オシリスとかアルテミドといった、かなり格の高い神格と比較されていたためである。『人間に魂を吹き込むことについて』という説教を根拠に、ルイバコフはロードをゼウスに似た天空の神格であると考えた。[16]

最後に、N. ガリコフスキイであるが、彼はこの信仰のさまざまな側面、たとえば、古代スラヴ諸民族の種族崇拝、ロージャニツァに捧げられた「第二祭

---

13) *Иванов В. В., Топоров В. Н.* Род // Мифы народов мира. М., 1988. Т. 2. С. 384-385.

14) *Колесов В. В.* Мир человека в слове Древней Руси. Л., 1986. С. 26-27.

15) Vernadsky G. *Russia at the dawn of the modern age* (New Haven, 1959), p. 9; *Вернадский Г.* Россия в средние века. Тверь-Москва, 1997. С. 16.

16) *Рыбаков Б. А.* Язычество древних славян. М., 1981. С. 448-451.

壇」や占星術そのほかに対する論難などに注意を払いながら、この信仰は全体として占星術と関係があるという結論に達したように見える。彼は「ロードとロージャニツァ」信仰に特別に割かれた章に「占星術的信仰」という副題をつけた。しかしながら、上記に挙げた諸側面は占星術という枠組みに収まりきらないことに私たちは注意を払わなくてはならない。ガリコフスキイの学説は諸学者の学説のなかでもっとも重要なものなので、中世ロシア文献におけるロードとロージャニツァに関する情報の検証と再検討を行ったのちに、私たちはふたたびガリコフスキイの見解の検討に戻り分析を行うことにする。[17]

　上述のことから、「ロードとロージャニツァ」信仰に関して、研究者のあいだで本質的な説の相違が存在することが明らかであるが、にもかかわらず、もっと注意深く諸学者の説を検討してみると、種々の学説は一見すると相違しているかに見えて実は、「誕生」、「運命」、「祖先崇拝」、「占星術」のように共通のキーワードが存在していることがわかる。キリスト教正教会の活動家たちが盛んに論難した中世ロシアの「ロードとロージャニツァ」への信仰は、中世スラヴ人の宗教心のあり方を考えるうえで大きな意義をもっているにもかかわらず、その本質はいまだ解明されていない。本論は、中世ロシアの文献に記録された「ロードとロージャニツァ」崇拝に関する情報を総合して、その本質を明らかにすることを課題とする。

2. 中世ロシア翻訳文献における「ロージャニツァ」：運命の神

2.1. コルムチャヤ（舵の書）における「ロージャニツァ」

　コルムチャヤはギリシア語では「ノモカノン」と呼ばれ、キリスト教正教会で流通していた翻訳文献で、使徒、公会議（全地公会と地方公会議）、教会教父らの規範（カノン）が収められている。

　「ロージャニツァ」という言葉は、コルムチャヤのさまざまな写本において、クィントセクストゥス公会議決議61条のなかで言及されている。この公会議は、691年から692年にかけてユスティニアヌス2世によって開催され、議場となった宮殿（蝸牛＝トゥルロの間）にちなんでトゥルロ公会議とも呼ばれて

---

17) *Гальковский Н. М.* Борьба христианства. Т. 1. С. 153-191.

96　「ロシア精神」の形成と現代

いる。また、第5回 (553年)、第6回 (680-681) 全地公会の補完をするという
その使命ゆえに、しばしば「クィントセクストゥス (5-6回)」という名称も用
いられる。第5回公会議、第6回公会議は異端問題の解決のために開催された
が、教義の問題を論ずることに終始し、規範は何一つ決議しなかったのに対
し、クィントセクストゥス公会議は教会、社会生活の規則を採択した。その
なかには、魔術、占い、占星術に関する規則 (61条、62条、65条) が含まれ、
1284年のリャザン・コルムチャヤに採り入れられた。[18]

　コルムチャヤのリャザン写本では、«иже въ получаи вѣрують и в родословие,
рекше въ рожаница»「偶然や運命 (ロドスロヴィエ) をロージャニツァと名付
けて信じる者」となっている。「ロージャニツァ」という言葉は「ロドスロヴィ
エ (運命)」と同一視されており、スレズネフスキイはこの語をギリシア語の
«γενεαλογία»、ラテン語の «genealogia» と同義と考え、「誕生に際しての運命の

リャザン・コルムチャヤ [19]

リャザン・コルムチャヤ Рязансая Кормчая (1284 г).
.....се не изреченьное нечто увѣдети от инихъ 6 лѣт запрещение да приимуть. Тако же и къ хранящи медвѣдь, ко обавникомъ и облакыгощимъ, прилѣпляющиися и в родословие и въ получаи вѣрующеи от церкви да ижденуться.
ТОЛК. Тако же и кормяще и храняще медвѣди или иная некая животная и на глумление и на прельшение простѣйшихъ человекъ, <u>иже въ получаи вѣрують и в родословие, рекше въ рожаница</u> и во баяния.
...何らかのことを聞き出そうとして (魔術師に近づいた者は－三浦注) 6年間の教会禁足措置を受ける。同様に、熊を連れ歩く者、魔術師、雲を払う魔術を使う者に近づく者、運命や偶然の辻占を信じる者も教会から遠ざけられる。
解釈。素朴な人々を慰んだり、喜ばせたりするために熊やその他の動物を餌づけしたり、飼ったりする者、辻占を信ずる者、運命をロージャニツァといって信ずる者、魔術を信ずるものも同様である。

---

18) Константинопольские соборы // Энциклопедийческий словарь Брогауза и Эфрона.

19) *РНБ*. F.п.II. № 1 Толстовской библиотеки, I, №311, Л.155об.-156.

第3章　中世ロシアにおける宗教心のあり方　**97**

予言」と捉えている。[20]

　以上のことから私たちは、コルムチャヤ・クニーガにおいて「ロージャニツァ」は「新生児に振り当てられた運命」を意味していると結論づけることができる。

2.2. パレメイニクにおける「ロージャニツァ」

　パレメイニクの例を見てみることにしよう。パレメイニクは、一年サイクルのすべての教会典礼に用いられ、それに対応した儀礼歌や詩文が収められた聖

『1271年パレメイニク』[21] «Паремейник 1271 года» с разночтениями из других списков	『70人訳（セプトゥアギンタ）』ギリシア語テクスト[22] Греческий текст （Ησαιας =Книга Исайи, 65, 11-12)	『イザヤ書』ロシア語テクスト[23] «Книги пророка Исаии» из Русской Библии.
Людии моих иже възискаша Мене, вы же оставѣшей Мя и забышеи гору с(вяту)ю Мою, и готовающей рожаницям тряпезу и испольняющеи дѣмонови чьрпание. Аз прѣда вы во оружия вси заколениемь падете.	Ὑμαις δε οἱ ἐγκαταλιπόντες με καί ἐπιλανθανόμενοι το ὅρος το ἅγιον μου καὶ ἑτοιμαζοντες τῷ δαίμονι τράπεζαν καὶ πληρούντες τῇ τύχῃ κέρασμα, ἐγὼ παραδώσω ὑμας εἰς μάχαιραν.....	А вас, которые оставили Господа, забыли святую гору Мою, приготовляете трапезу для Гада и растворяете полную чашу для Мени. Я мечу, и все вы преклонитесь на заклание.....
おまえたち、主を捨て、私の聖なる山を忘れ／禍福の神に食卓を調え／運命の神に混ぜ合わせた酒を注ぐ者よ／わたしたちはおまえたちを剣に渡す／おまえたちは皆、倒され屠られる（『イザヤ書』65章11-12節）。[24]		

20）Рожаница // *Срезневский И.И.* Материалы для словаря древнерусского языка по письменным памятникам. Т. 3.Ч.1. СПб., 1912.

21）*РНБ.* Q. п .I.13, л .156-157.

22）Septuaginta T.2 (Stuttgart, 1971), p.653.

23）Книги Священного Писания Ветхого и Нового Завета. М., 1995.「ガド гад」（バアル）と「メニ Мени」（マヌフィ）はカルデアの太陽と月の神々の名。Там же. С. 727.

24）以下、聖書からの引用は『新共同訳』に拠る。

書、ことに旧約聖書からの抜粋文集のことである。パレメイニクは、ギリシア語の「パロイミア」に由来する語で、キリスト教黎明期には「諺」、「俚諺」、「寓話」を意味していたが、のちに«λόγος ἀπόκρυφος»、すなわち、「深い高められた意味を隠している言葉」と理解されるようになった。たとえば、『ソロモンの箴言』は«Παροιμίαι Σαλωμόντος»と訳されている。[25]

このテクストでは、«δαίμων=дѣмон=Гад=Ваал»、«τύχη=рожаница=Мени=Мануфи»という等価関係が存在し、ロージャニツァは運命の神テュケーとして捉えられている。

2.3. お産の守り手、運命と多産の女神としてのロージャニツァ

15世紀までの翻訳文献という枠組みのなかでは、「ロージャニツァ」は「ロード」を伴わず、単独で現れ、人間の意志によってはいかんともしがたい「運命の神」を意味していた。スレズネフスキイは、南スラヴ諸国でロージャニツァが乙女の格好をした運命の神として知られ、スドニツァ、オリズニツァ、スディッケと呼ばれていたことを報告している。[26] ロージャニツァ信仰は、あきらかに汎スラヴ的起源をもっていた。

「ロージャニツァ」という語は、«род»「種族」、«рождать»「生む」、«рождение»「誕生」と同根であり、「生む」という自然の営みと密接な関係がある。インド・ヨーロッパ祖語からrod-という語根がどう生じたのかに関して、A.プレオブラジェンスキイは、「スラヴ語のrod-、red-はバルト諸語のred-、rad-と関係があることが疑う余地はないが、その関連をどう説明するかは議論の余地がある」と述べ、3つの論点を提示している。

1. «uredh-»、«urodh-»（サンスクリット語 vranhant = 突き出る、秀でた、vardhati = 盛り上がる、大きくなる。ギリシア語 ὀρθός = まっすぐにした、正

25）*Евсеев И.Е.* Книга пророка Исаии в древне-славянском переводе. СПб., 1897. С.31-36.

26）*Срезневский.* Рожаницы у славян. С. 108-109.

第3章　中世ロシアにおける宗教心のあり方　**99**

しい。ラトヴィア語Rasme＝豊富、収穫。リトアニア語Rasme＝収穫。バル
ト・スラヴ語では、r,1の前のu-は落ちると考えられている。）

　　2.《erdh-》,《ered-》（ギリシア語ὀροθύνω＝かき立てる、ὀρόδαμνος＝枝。ラ
テン語Arduus＝高い。アイルランド語Ard＝高い）

　　3.《er-》,《or-》（ラテン語orior＝わたしは登る、ordior＝生じる）　語根《er-》,
《or-》がdh-によって拡大する。[27]

　　M.ファスマーは、rod-という語根の語源を1.の見解、《uredh-》,《urodh-》説に
よって説明しようとしているが、O.トルバチョフはこの解説に2.の見解を補
い、「スラヴ語のrodがアルメニア語のordi『息子』、ケット語のhardi-『ひ孫』
と類縁性があり、インド・ヨーロッパ語のe-ordh-『高い、成長した』に遡るも
のであり、ロシア語のrasti『成長する』やラテン語のarbor『樹木』もこれと関
連すると考えることは可能である」と述べている。[28]

　　その一方で、「ロージャニツァ」という語は、ギリシア・ローマ古典神話に
おいて正確な類似を見いだす。ガリコフスキイが述べているように、「ロージ
ャニツァ信仰は非常に古い起源をもち、スラヴ人のあいだでのみならずイン
ド・ヨーロッパ語諸族に広範に広まっていた。ロージャニツァはホメーロス
においてイリフィア（エイレイテュイア）の名で言及される。」[29]「イリフィア
Илифия」という語はギリシア語の《εἰλείθυια》のスラヴ語への訳語で、陣痛を
軽減するお産の守り女神を指す。ヘロドトスの『神統記』が伝えるところによ
れば、ゼウスはヘラによって3人の子、ヘベ、アレス、エイレイテュイアをも
うけた。[30] エイレイテュイアはホメロスの『イーリアス』において4回、『オデ

27）Род // *Преображенский Г.* Этимологический словарь русского языка. Т.2. СПб.,
　　1914. С. 154.

28）Род // *Фасмэр М.* Этимологический словарь русского языка. Т. 3. М., 1987. С. 490-
　　491.

29）*Гальковский Н.М.* Борьба Христианства с остатками язычества в Древней Руси. Т. 1.
　　Харьков. 1916. С. 156-157.

30）ヘシオドス『神統記』岩波文庫、1986年、114頁。

ュッセイア』において1回、ヘシオドスの『神統記』において3回、言及されている。

『イーリアス』からその例を引こう。

　あたかも産褥にある女が、産の女神エイレイテュイアたち、すなわち鋭い陣痛を司るヘレの姫神たちが放つ、身を刺す痛みに襲われる如く、豪勇アトレウスの子は鋭い痛みに襲われて、戦車に跳び乗るや、船陣さして馬を駆れと命じた。[31]

　今日は産の女神エイレイテュイアが、ゆくゆくは近隣の民をことごとく統べるべき男子を、光明の中へ現わしてくれる筈だが、この男はわしの血筋を引く一族の一人なのだ。[32]

ローマ神話において「エイレイテュイア＝ロージャニツァ」は「ルキーナ」、「ニクシー」、「ゲニタリス」と一致を見る。ホラティウスにおいて、この女神は次のように現れる。

　おお、エイレイテュイアよ。祭儀に則り、然るべき時に生みの恵みをもたらし、母を守る。汝ルキーナと、ゲニタリスと呼ばれる時に。[33]

オヴィディウスの『変身物語』9巻292-294節において次のように歌われている。

　苦痛に疲れはてて、天に向かって腕をさしのべると、大声で、『助産神(ルキーナ)』さまと、三人おそろいの『産神(ニクシー)』たちを呼びました。『助産神(ルキーナ)』さまは、なるほど来てはくださったのですが、あらかじめ言いふくめられていて、わたしに敵意

---

31) 『イリアス上』岩波文庫、1992年、344頁。
32) 『イリアス下』岩波文庫、1992年、231-232頁。
33) C.E. Bennett, *Horace, The Odes and Epodes* (Loeb Classical Library 33, 1968), p.350.

第3章　中世ロシアにおける宗教心のあり方　**101**

をもつユノー女神に、わたしの命を引き渡そうとのつもりだったのです。[34]

　ニクシーは三柱の産褥の女性の守り神であり、ローマのミネルヴァ神殿のまえには跪いた姿勢のニクシーの像が建っていた。3世紀アレクサンドリアの詩人カリマコスの詩では、エイレイテュイアはアルテミスと同一視されている。

　　女性のお産が重いときには、アルテミスの名を呼ぶ。アルテミスは処女だとはいえ。それは、その母がアポロンを生んだときに陣痛を取り除いたのがこのアルテミスにほかならなかったからなのだ。[35]

　アルテミスは、ローマ神話においては、ディアナと同一視された。アルテミスはゼウスとレトの娘であり、アポロンの双子の妹である。多産を象徴する植物の神であるアルテミスの聖所は、しばしば泉や沼の近くにあった。アルテミスは、「リムナスティス」すなわち「沼の女神」としても崇拝された。冥界と関わりをもつアルテミスの奔放さは、神々の母としての小アジアのキュベレのイメージに近く、ここからこの神の多産さを讃える崇拝の狂宴的な要素が生まれた。小アジアの有名なエフェソス神殿では、たくさんの乳房をもつアルテミスの像が崇拝されていた。[36] アルテミスとディアナは、エイレイテュイアとルキーナと同様にお産の守り女神と見なされた。アルテミスには、生まれかかったアポロンを引きずりだして母親を助けたというエピソードがある。[37]
　ガリコフスキイは次のように述べる。

34）オヴィディウス『変身物語下』岩波文庫、1984年、27-28頁；Frank Justus Miller, *Ovid, Metamorphoses II* (Loeb Classical Library 43, 1977), p. 22-23.

35）C.A. Trypanis, *Callimachus, Aetia. Iambi, Hecale and other Fragments* (Loeb Classical Library 421, 1968), p.64-65.

36）*Тахо-Годи А.* Артемида // *Иванов В.В., Топоров В.Н.* Мифы народов мира. Т. 1. М., 1988. С. 107.

37）Там же.

102　「ロシア精神」の形成と現代

人間の出生を夜から昼への登場になぞらえて考えていたので、人々は（月の神である－三浦注）アルテミスにお産の苦しみを代表し、これを助ける存在を見ていたのだ。アルテミスはギリシア人にとって、まず第一に、月と夜の神格化だったからである。同時に、アルテミスは死の女神でもあった。というのも、死のなかに人々はいわば逆さまになった生誕、すなわち、夜への回帰を見ていたからだ。[38]

　このように、ギリシア・ローマ古典古代神話では、エイレイテュイア－アルテミス－ルキーナ－ディアナ－ゲニタリス－ニクシーの同一性の連環が存在していた。この連関は、スラヴ神話にも存在した。『パイーシイ文集』のなかには、次の文言がある。「ここから、ギリシア人たちはアルテミドとアルテミジアに、ロードとロージャニツァに、といって捧げものをする習いとなった。」[39] ロージャニツァはアルテミスと同一視されていたのである。【観察A】
　また、スレズネフスキイの指摘も重要である。運命の女神はスラヴ人（ことに南スラヴ人）のあいだでもギリシア人のあいだでもローマ人のあいだでも、糸を紡ぐ女性の姿で描かれ、捧げ物として動物の血が混じらない食物が捧げられた。
　古典古代の文学において、アルテミスもエイレイテュイアも «ἐυλῖνος=よき紡ぎ手» という枕詞とともに現れる。スレズネフスキイは、また同様に次のように述べている。

　　アルテミスという名前は、考え方としては «γενετυλλίς=出産の助け手» に近く、ラテン語の同様の女神の名称 «Naxio» と近似している。この一連の女神は、人間の生命の糸を操るパルキの一つでもある。運命の女神パルカ parca は語根に «pario=生む»、«partus=生誕» をもつが、この形成因はスラヴ語の「ロ

---

38) *Гальковский.* Борьба Христианства. Т. 1. С. 154-155.
39) *Гальковский Н.М.* Борьба Христианства с остатками язычества в Древней Руси. Т. 2. М., 1913. С. 24.

ージャニツァ」の場合と同じである。[40]

　スレズネフスキイが示しているように、運命の女神はスラヴ人（ことに南スラヴ人）のあいだでもギリシア人のあいだでもローマ人のあいだでも、糸を紡ぐ女性の姿で描かれた。[41] そして、ギリシアでもローマでもエイレイテュイアやルキーナには、捧げ物として動物の血が混じらない食物が捧げられた。中世ロシアでも、同様に、ロージャニツァには血の混じらない捧げ物が捧げられたことは、ノヴゴロド人キリクが証言している。[42]

3.「ロードとロージャニツァ」信仰

　コルムチャヤやパレメイニクは、原典テクストに忠実であることを指向する翻訳文献だったが、時間が経つにつれて、そうした翻訳文献のなかから、写字生の解釈によってテクストが部分的に改変されたり、文筆家の編纂意図によってまったく新しいテクストが挿入されたりして、もはや翻訳と名付けることができないルーシ独自のオリジナル・テクストが現れた。ギリシア語の原典テクストとルーシ独自のテクストとのあいだの継承関係については、3.4.で取り上げる『その注釈に見出されたるグレゴリオスの講話』を題材に、6.で詳しく見たいと考えている。

　ギリシア語のテクストから変容した、そうしたルーシ独自のテクストのなかに、中世ロシア民衆の異教的風習を論難した一連の文書がある。これらの文書はもはや翻訳の域を超えているが、その表題においては、ビザンツ教会の権威ある教父たち、金口ヨハンネス、ナジアンゾスのグレゴリオスらの名前が冠された。A.オルロフは自らの著書のなかでこうした異教糾弾文書に一章を割き、次のように述べている。

　　偽りの名前が書かれていることに関しては、権威づけのために特別によく

40）*Гальковский.* Борьба Христианства. Т. 2. С. 155-156.
41）*Срезневский.* Рожаницы у славян. С. 108-109; Мифы народов мира. Т. 2. С. 472.
42）本論3.1.参照。

104　「ロシア精神」の形成と現代

知られた説教師の名前が使われたと考えることができる。これはビザンツ帝国でもスラヴ人のあいだでもよく行われたことである。多くの説教が金口ヨハンネスの名前のもとで書かれたが、それは明らかに金口ヨハンネスによって書かれたものではない。10世紀から15世紀にかけての説教文集の『説教』の文学性に関していえば、もっとも芸術性に富んでいたのは、ギリシア起源の金口ヨハンネスとナジアンゾスのグレゴリオスの説教であり、それらは古典古代の雄弁術の影響を強く受けていた。[43]

　これらの文献においては、ロージャニツァが単独で現れることはなく、つねに「ロードとロージャニツァ」、あるいは、「ロードとロージャニツィ（複数形）」というペアのかたちでのみ現れる。

3.1. 『キリクの質問状』

　「キリク、サヴァ、イリヤの質問とノヴゴロド主教ニーフォントそのほかの高位聖職者の回答」という長い表題をもっているこの史料は、ノヴゴロドのアントーニイ修道院の輔祭であったキリクが、ノヴゴロド大主教ニーフォントに宛てた100項目に及ぶ質問と、それらに対するニーフォントの答えから成っている。制作されたのは1136年のことで、正しい信仰生活とは何か、教会法によって許される生活とはどんなものかという問題意識による教会法典的な文章である。その33項に「ロードとロージャニツァ」が言及されている。

『キリクの質問状』33項　«Вопросы Кирика»[44]
Аже се роду и рожаницѣ крають хлѣбы, и сыры, и медъ? --- Бороняше велми: нѣгде, рече, молвит: «горе пьющимъ рожаницѣ»!
「ロードとロージャニツァにパン、チーズ、蜂蜜（酒）を捧げることや如何？」「ところかまわず浮かれ騒ぐ者らがいるが、『ロージャニツァのために飲むものに禍あれ』と、仰せである。」

---

43) *Орлов А.Н.* Древняя русская литература. М., 1945. С. 50-55.

44) *Павлов А.С.* Памятники древнерусского канонического права. СПб., 1880. Ч. 1. РИБ Т. 6. С. 21-62.

キリクはここで、ロードとロージャニツァにパン、チーズ、蜂蜜などの血の混じらない捧げ物（食物）が捧げられていたことを証言している。【観察B】前述したように、古典古代においてもスラヴ人のあいだでも、運命の女神へは血の混じらない捧げ物が捧げられていた。このことはロージャニツァが出産の守り手で運命の女神であったことを証明している。ニーデルレは何の根拠も示さずに、ロードを、陣痛を軽減する神としているが、一見奇妙に見える同一視は、この文献を根拠としていたことがわかる。[45]

3.2. 『預言者イザヤの講話』における「ロード」と「ロージャニツァ」

『預言者イザヤの講話』は、「聖ヨハンネスによって解釈された預言者イザヤの講話　ロードとロジャニツィに第二祭壇を捧げることについて」という長い表題をもっている。ガリコフスキイはパレメイニクと『預言者イザヤの講話』のテクストの比較対照をおこなっているが、『預言者イザヤの講話』テクストの三分の一以上が1271年のパレメイニクのテクストと内容的に一致している。『預言者イザヤの講話』の作者は、1271年のパレメイニクのテクストに、当時の北東ルーシの文化的、宗教的レアリアを反映した挿入を加え、その上で偉大なるビザンツの教父金口ヨハンネスの権威を求めた。挿入がいつおこなわれたかを正確に知ることは難しい。ガリコフスキイは、この説教はモンゴルの侵寇のあとの時代のものとするゴルビンスキイの意見を引いている。[46] このテクストは15世紀にはすでに存在していた。パレメイニクと『預言者イザヤの講話』で、「ロードとロージャニツァ」がどう現れるかを見てみよう。『預言者イザヤの講話』のなかには、次の三箇所の引用がある。

45）*Нидерле Л.* Славянские древности. М., 1956. С. 269-276.

46）*Гальковский* Борьба Христианства. Т. 2. С. 86.

106　「ロシア精神」の形成と現代

『預言者イザヤの講話』 «Слово Исаия пророка»	『1271年』パレメイニク «Паремейник 1271 г.» [47]
Вы же отставльшей Мя, и забывающе Мя, и забывающе гору с(вят)ую Мою и готовяще трапезу родя и рожаницамъ, наполняще чрпаниа бѣсомъ, Азъ прѣдам вы на оружие и вси заколениемь падете. То заколение есть смерть, а оружие мука вѣчная.	Людии моихъ иже възискаша Мене, вы же оставьшеи Мя и забышеи гороу с(вяту)ю Мою, и готовающеи рожаницямъ тряпезу, и исполъняещеи дѣмонови чьрпание. Аъ прѣда вы во оружиа, вси заколениемь падете.
おまえたちは私 (主－三浦注) を捨て、私を忘れ、私の聖なる山を忘れ、ロードとロージャニツァに食卓を調え、運命の神に混ぜ合わせた酒を注ぐ。私はおまえたちを刃にさらす。おまえたちは捧げ物として屠られる。供犠とは死であり、剣は永遠の苦しみである。	私を捜す私の人々よ、おまえたちは (主である－三浦注) 私を捨て、私の聖なる山を忘れ、ロージャニツァに食卓を調え、悪魔に混ぜ合わせた酒を注ぐ。私はおまえたちを刃にさらし、おまえたちは捧げ物として屠られる。

　ここでは、パレメイニクにおける運命の女神としての「ロージャニツァ」が、そのまま「ロードとロージャニツァ」に入れ替わっている。

『預言者イザヤの講話』	『1271年パレメイニク』 [48]
Вы же постыдитеся. Со играющими возрастуются в веселии сердца. Вы же работающе бѣсомъ, и служаще идоломъ, и ставяще трапезу Роду и рожаницамъ и взопиете в болѣзни сердца своего.	Вы же постыдитеся. Се работающей мнѣ възрасдуются в веселии с(е)рдця. Вы же възыпиете за болѣзнь с(е)рдца вашего.
おまえたちは恥を受ける。私のために戯れる者らは心の喜びに声を上げる。おまえたちは悪魔のために働き、偶像に仕え、ロードとロージャニツァのために食卓を調え、心の病のために飲み狂う。	…おまえたちは恥を受ける、／（見よ、）私の僕らは心の喜びに声を上げるが／おまえたちは心の痛みに叫びをあげる。 [49]

47）Там же. С. 88.

48）Там же.

49）『イザヤ書』65章13-14節参照。

ここには、「悪魔のために働き、悪魔に仕え、ロードとロージャニツァに食卓を調え」という中世ロシアのレアリアの具体的言及がある。中世ロシアの人々は「ロードとロージャニツァ」という神格のために祭壇を設け、偶像の前で宴を繰り広げた【観察C】。このレアリアは、「ところかまわず騒ぎまわっているが、ロージャニツァのために（酒を）飲むものに災いあれ、と主はおっしゃっている」というノヴゴロドのキリクの証言と一致している。

『預言者イザヤの講話』	『1271年パレメイニク』[50]
Васъ же убиеть Г(оспод)ь Б(ог)ъ. А работающии Ми возвеселяться, поюще Богородицу истинною, а вы поете пѣсню бѣсовскую идолу Роду и рожаницамъ и велику погубу вводите исвествие книжное и велико зло, еже не разумѣти почитаемаго и велико зло, еже не слушати разумѣиша себѣ или разумѣвая не творити воля Божиа по писаному закону. Се слышавше, останите, братие, того пустошнаго тварениа и службы сотонины и ставлениа трапезы кумирьскыя Роду и рожаницамъ и творите, братие, волю Божию.....	Васъ же убиеть Г(оспод)ь Б(ог). А работающимъ емоу наречеться имя иово, еже благословится по всеи земли. Благословять бо Бога истинного.
主なる神はおまえたちを滅ぼす。私のために奴隷となる者たちは、真実なる神の御母に歌い、喜ぶだろう。だが、おまえたちはロードとロージャニツァという悪魔の偶像に歌を歌い、書物に書かれていることに大いなる破滅をもたらしている。崇拝されるべきものを理解しないということは、大いなる悪である。理解の行き届いた者の言うことに聞きしたがおうとせず、それとわかっていながら、書かれた律法にしたがって神の意志をおこなおうとしないということは、悪である。兄弟たちよ、これを耳にする者は、この虚しい振舞いと、サタンの勤めと、ロードとロージャニツァの偶像への食卓を備えることを止めるがよい。兄弟たちよ、神の意志を行うがよい。	主なる神はおまえたちを破滅させるだろう。神の奴隷となる者たちのために、神の御名を唱えるがよい。その御名は全土で讃えられる。というのは、真実の神が祝福されているからである。

108　「ロシア精神」の形成と現代

以上の文言からは、神の怒りが襲うと読者を脅しているのは、読者であるその人々が「ロードとロージャニツァ」の偶像をつくり、その偶像の前で歌を歌うからであったことがわかる。【観察 D - 1】

3.3. 『キリストを愛する者の講話』における「ロードとロージャニツァ」

　『キリストを愛する者の講話』という説教は、「キリストを愛し、真の信仰を渇望するある者の講話」という表題をもっている。この作品は、異教的風習を糾弾した中世ロシアの文書のなかでもっともよく知られたものである。ガリコフスキイはその起源に関して次のように述べている。

　　　『キリストを愛する者の講話』のもっとも古い写本は14世紀のパイーシイ写本のものである。しかしながら、この講話はまちがいなくずっと以前の時代に属するものである。E.ゴルビンスキイは、『キリストを愛する者の講話』をモンゴル侵寇以前の時代に遡るものであると考えている。…『キリストを愛する者の講話』は中世ロシアにおける異教糾弾説教のなかでもっとも長大で内容的にも充実したものであった。この説教の作者は、中世ロシアを性格づけるもっとも典型的な宗教現象である二重信仰を意識的に照準に入れている。それがよく現れているのは、この説教の冒頭である。「ティシュベ人エリヤが信仰への熱誠ゆえに偶像をまつる300人の祭司と僧侶を殺害したように、[51] 万能の主への信仰を熱く求める私は、キリスト教徒たちがペルーン、ホルス、モコシ、シム、リグル、30いるというヴィーラ（女の妖精）を信じる二重信仰に我慢をすることができない。[52]

　この文書で糾弾の対象となるのは、民衆の宗教儀礼だけではない。これらに参加したり、あるいは、少なくとも黙認していた教会関係者たちも糾弾の対象となっている。教会関係者に対しては、糾弾ののち懐柔が行われる。

50）Там же. С. 88-89.

51）『列王記上』18章20-40節。

52）*Гальковский.* Борьба Христианства. Т. 2. С.40- 41.

もしも学のある者らはこのようなこと（狂宴－三浦注）をしなかったとして
も、祈りをおこなった代価として飲み食いをするのである。よしんば、飲
み食いをしなかったとしても、悪しき振舞いを見ているのである。よしんば、
見ていなかったとしても、聞いても教え諭そうとしないのである。[53] …汝ら
ゆえに私は我が神を讃える。恩寵により神の賜物が汝らにありますように。
汝らが、神と相まみえる日が来ることを忘れず、何の賜も失なわず、神の到
来をひたすら待ちわびるならば、神は汝らを永遠の生の宮殿に住まわせるだ
ろう。いついかなるときも、そして、永遠に。[54]

　威嚇から晦渋へと移行するこのテクストからは、責任ある課題のまえで緊張
し、高揚した作者の精神が感じられる。ガリコフスキイは、このテクストのな
かに「世紀の終わりに」という表現があることに着眼している。

　　西欧でも我が国ロシアでも、世界の終わりが近いという信仰が蔓延してい
　た。黙示録に次のような箇所がある。「以上すべてを証する方が言われる。然
　り、私はすぐに来る。アーメン、主イエスよ、来てください。」（『ヨハネ黙示
　録』22章20節）敬虔な人々はいつもこの世の終わりが近いことを待ちわび、
　自分たちが終末の時代、世紀の終わりに生きていると考えていた。[55]

　世の終わりを意識する文章は、11世紀末に書かれた『フェオドーシイ伝』に
も見いだされるが、この意識がことさら高まったのは、天地創造紀元7000年
である西暦1492年の100年くらい前からである。本稿の筆者はこのことから、
この作品は、モンゴル襲来による滅亡期の以降、モスクワが勃興する時代まで
に書かれたと考えている。

　この説教において、著者は民衆の異教的風習を網羅しようとしているが、そ

53）Там же. C.41-42.

54）Там же. C. 45.

55）Там же. C. 37-38.

のなかで「ロードとロージャニツァ」は次のように現れる。

パイーシイ写本テクスト Паисиевский вариант	『金の鎖』テクスト Вариант «Златой Цепи»	ノヴゴロド・テクスト Новгородский вариант
Не тако же просто зло творимъ, <u>но и мѣшаемъ нѣкыи чистыя молитвы с проклятымъ моленьем идольскымъ</u>, иже ставятъ лише кутья ины тряпезы законнаго обѣда, <u>иже нарецаються безаконная тряпеза мѣнимая Роду и Рожаницам и въ гнѣв.</u>	Не тако же просто зло творимъ, <u>но смешаемъ нѣкыи чистыя молитвы с проклятымъ моленьемъ идольскымъ</u>, иже ставятъ лише тряпезы кутиныя и законьнаго обѣда, <u>иже нарицаеть(ся) незаконьная тряпеза и мѣнимая Роду и рожаницам в гнѣв Богу.</u>	Не тако же простотою злѣ служимъ, <u>нъ смѣшаемь съ идольскою тряпезою пречестыя Богородици съ рожаницями в прогнѣвание Богу.</u> [56]
たんに悪を行っているばかりではなく、<u>清き祈りを呪われた偶像への祈りと混ぜ合わせ</u>、規則にしたがった食事とは別に余分なクチヤ（蜜飯）を捧げ、<u>ロードとロージャニツァのためと称する無法な祭壇を設けて怒りをかき立てている。</u>	たんに悪を行っているばかりではなく、<u>清き祈りを呪われた偶像への祈りと混ぜ合わせ</u>、規則にしたがった食事とは別に余分なクチヤ（蜜飯）を捧げ、<u>ロードとロージャニツァのためと称する不法な祭壇を設けて、神の怒りをかき立てている。</u>	たんに悪しき行いをしているばかりではなく、<u>偶像の祭壇と取り替え、清らかな神の御母とロージャニツァを混同し、神の憤りをかき立てている。</u>

　「清らかな祈りと、呪われた偶像への祈りとを混ぜ合わせる」というフレーズは、ロードとロージャニツァ信仰の実態を示している。キリストや神の御母マリアに捧げられた「清らかな祈り」が異教の偶像に捧げられたということを示すからである。異教的な呪文がキリストや神の御母マリアに捧げられた可能性が排除されるわけではないが、次に扱う『その注釈に見出されたる聖グレゴリオスの講話』は、異教の偶像の前でキリストや神の御母マリアへの祈りが唱えられたことを裏づけている。このことは、『その注釈に見出されたる聖グレゴリオスの講話』の証言とも合致するのである。ここでは、ロードとロージャ

---

56) Там же. С. 43.

ニツァに捧げられた第二祭壇のまえで、時折、キリスト教の祈りが唱えられ、儀礼歌が歌われたことに注目しよう。【観察D−2】

3.4.『その注釈に見出されたるグレゴリオスの講話』における「ロードとロージャニツァ」

　この説教は、「注釈に見出されたる聖グレゴリオスの講話　かつて異教徒たちが偶像を崇拝し、それに捧げ物を捧げており、現在もこれを行っていること」という長い表題をもっている。この作品は、4世紀のカッパドキアの神学者グレゴリオスの名のもとに、中世ロシアの異教的風習を糾弾したものである。このテクストの特性をアーニチコフは次のように定義している。

　　私たちがここで相対しているのは説教ではなく、講話の著者の主なる狙いは、何かを知らせることであるようだ。だが、習慣上、説教のかたちをとってこれを行っているのである。…聖グレゴリオスの名前が表題に冠されていて、作者の情報源として明示されている。表題自体が、その作者が神学者グレゴリオスから借用をおこなったと断りを入れている。すなわち作者は独自に「見出した」のである。そのゆえに作品は注釈的なもの、すなわち「注釈に見出されたる」となる。[57]

　この作品は、①パイーシイ文集、②ノヴゴロド・ソフィア集成、③チュードフ修道院集成写本、④「金の梁」写本、⑤ベロオゼロのキリル修道院集成の17世紀写本№43/1120の5種のテクストがあるが、③と④はほぼ同じテクストで、プスコフで筆写されたことがわかっている（185-186頁参照）。ここでは、パイーシイ、ノヴゴロド、プスコフの3つのヴァリアントを比較しながら、具体的にテクストを見ていきたい。

---

57) *Аничков Е.В.* Язычество и древняя Русь. СПб., 1914. С. 58.

112　　「ロシア精神」の形成と現代

パイーシイ写本テクスト Паисиевский вариант	ノヴゴロド・テクスト Новгородский варинт	プスコフ・テクスト [58)] Псковский вариант（Чуд. №270）
Бесяться жруще матери бѣсовьстѣи Афродитѣ богинѣ, и Корунѣ, <u>и Артемидѣ, проклятѣи Деомиссѣ.</u>	Бесяться жруще матери бѣсовьстѣи Афродитѣ богинѣ, и Корунѣ, Коруна же будеть и антихрисця матери, <u>и Артемидѣ, проклятѣи Деомиссѣ.</u>	Высятся жруще матери бѣсовьстѣи, Афродитѣ богини, Корунѣ, и <u>Артѣмидии, проклятѣи Деомиеси</u>
悪魔の母、女神アフロディーテー、コルナ、<u>アルテミダ</u>、すなわち、<u>呪われたるディオミッサ</u>に捧げ物をして乱痴気騒ぎにおよぶ。	悪魔の母、女神アフロディーテー、コルナ（コルナはアンチキリストの母である）、アルテミス、すなわち、<u>呪われたるディオミッセア</u>に捧げ物をして乱痴気騒ぎにおよぶ。	悪魔の母、女神アフロディーテー、コルナ、<u>アルテミス</u>、すなわち、<u>呪われたるディオミエサ</u>に捧げ物をして乱痴気騒ぎにおよぶ。

　ノヴゴロド・ヴァリアントでは、«Корунѣ»の次にこれを補足するフレーズ«Коруна же будеть и антихрисця матери»「コルナはアンチキリストの母である」が存在する。ギリシア語原典を参照すると、「コルナ」という語は、神々の偉大なる母レアに仕える者たちを意味する「コリュバニテス«corybantes»」[59)]に由来することがわかる。しかしながら、このテクストのなかでは、何らかの混同が生じ、「コルナ」が女性単数形であることから、おそらくは偉大なる神々の母そのものを指し、それは「アンチキリスト」であると考えられる。

　同様の言い換えの関係が、«Артемидѣ»「アルテミダに」と«проклятѣи Деомиссѣ»「呪われたるディオミッサ（ディオミッセア、ディオミエサ）に」とのあいだにも存在する。«Артемидѣ»と«проклятѣи Деомиссѣ»のあいだには、接続詞иが存在しないが、このことが示すのは、«проклятѣи Деомиссѣ»「呪われたるディオミッサに」が先行する«Артемидѣ»「アルテミダに」の同義語になっているということだ。アルテミダはアルテミスのことと考えて間違いないだ

58）*Гальковский* Борьба Христианства. Т. 2. С. 88.
59）corybantes // Encyclopaedia Britannica (CD 98)

第3章　中世ロシアにおける宗教心のあり方　**113**

ろう。ここでアルテミダ、すなわちアルテミスは、謎めいた神格ディオミッサと注解されている。中世ロシア語において、mの音とnの音がしばしば交替することから、私たちはこの神「ディオミッサ」を古代ギリシアの神「ディオニュソス」と関わりのあるものだと考えることができる。つまり、中世ロシアの文筆家はアルテミスを、男性神ディオニュソスの女性版であると見なしていた。【観察E】

パイーシイ・テクスト	ノヴゴロド・テクスト	プスコフ・テクスト
Нарицяемая праведная проклятого же Осирида рожение. М(а)ти бо его ражающи оказися. И того створиша б(ого)мъ собѣ и требы ему силны творяху оканьнии. И от тѣх извыкоша древле халдѣи, и начаша трѣбы творити своима богома, Роду и Рожаници по того рожению проклятаго и сквьрньнаго б(ог)а их Осирида.	Нарицяемая праведная проклятого же Осирида рожение. М(а)ти бо его ражающи оказися. И того створиша б(ого)мъ собѣ и требы ему силны творяху оканьнии. И от тѣх извыкоша древле халдѣи, и начаша трѣбы творити своима богома, Роду и Рожаници по того рожению проклятаго и сквьрньнаго б(ог)а ихъ Осирида.	Нариця праведная проклятаго Осирида рожение. М(а)ти бо его ражающи окакися. И того створиша б(ого)мъ., и требы ему творяху оканьнии. От тѣх же древле извыкше халдѣи, начаша творити требы велики Роду и рожаницам, по рожьнию проклятаго и сквѣрненаго б(ог)а Осирида. [60]
オシリスを生んだ母親がちゃんといるから、という理由で、呪われたオシリスの誕生を本当のことだと信じている。そして、オシリスを神と見なして、呪われたる者どもは大いなる供物を捧げている。太古の時代に、カルデア人はこの者らから習い、自らの神々、ロードとロージャニツァに、呪われた、けがらわしいオシリスの誕生を祝って捧げ物を行うようになった。		

　この箇所では、異教的信仰の歴史的変遷が述べられる。中世ロシアの文筆家は、「ロードとロージャニツァ」信仰の起源は、エジプトのオシリス信仰であると考えている。「ロードとロージャニツァ」信仰は、オシリスとイシスの信仰に非常に近い。【観察F】

60）*Гальковский.* Борьба Христианства. Т. 2. С. 24.

パイーシイ・テクスト	ノヴゴロド・テクスト	プスコフ・テクスト
Откуду ж изъвыкоша елени класти требы Артемиду и Артемидѣ, рекше Роду и Рожаницѣ. Тации же игуптяне, тако и до словѣнъ доиде. Се словити начаша требы класти Роду и рожаницам, преже Перуна, бога ихъ, а преже того клали требу упирем и берегиням.	Оттуда же начаша елени ставити трапезу Роду и рожаницямъ. Таже егюптяне, таже римляне, даже и до словѣнь доиде. Се же словенѣ начали тряпезу ставити Роду и рожаницам. Преже Перуна, бога их, а преже того клали требы упиремь и берегынямъ.	Оттуда же изъвыкоша елени класти требы Роду, рожаницамъ. Таче егуптяне, таче римляне, тоже и до словенъ доиде. Се же словени начаша требы класти Роду и рожаницамъ Перуна, бога их. А преже того клали упиремъ требы и берегынямъ. [61]
ここから、ギリシア人たちはアルテミドとアルテミジアのために、ロードとロージャニツァのためにと称して供物を捧げるようになったのである。 エジプト人たちも同様で、それはスラヴ人にもおよんだ。 スラヴ人たちは、彼らの神、ペルーンを崇拝する以前に、ロードとロージャニツァに供物を捧げじめたが、それ以前には、ウピリとベレギニャに供物を捧げていた。	ここから、ギリシア人たちは、ロードとロージャニツァのために供物を捧げるようになったのである。 エジプト人たちもローマ人たちも同様で、それはスラヴ人にもおよんだ。 スラヴ人たちは、彼らの神、ペルーンを崇拝する以前に、ロードとロージャニツァに供物を捧げはじめたが、それ以前には、ウピリとベレギニャに供物を捧げていた。	ここから、ギリシア人たちは、ロード（と）ロージャニツァのために供物を捧げるようになったのである。 エジプト人たちもローマ人たちも同様で、それはスラヴ人にもおよんだ。 スラヴ人たちは、彼らの神、ペルーンを崇拝する以前に、ロードとロージャニツァに供物を捧げはじめたが、それ以前には、ウピリとベレギニャに供物を捧げていた。

　引用したテクストにおいて、中世ロシアの文筆家は「ロージャニツァ」をギリシアの女神アルテミスに似たものとして捉えている。ガリコフスキイはこれら謎めいた神格「アルテミドとアルテミジア」に関する言及を次のように説明している。「ロードとロージャニツァと平行的なものとして、敬虔な糾弾者は、

61）*Гальковский.* Борьба Христианства. Т. 2. С. 24.

第3章　中世ロシアにおける宗教心のあり方　　**115**

アルテミドという神がいないということには気がつかずに、アルテミドとアルテミジアの名を挙げている。」[62] かくして、私たちは「ロージャニツァ」はギリシアの神格「アルテミス」に近いものであるという結論にいたった。【観察G】

　この異教的な「捧げ物」の風習の歴史的変遷をたどったこの記述の結論部分から、私たちは【観察H】を引き出すことができる。それは、すなわち、はじめスラヴ人たちは「ウピィリとベレグィニャ」を崇拝し、それに捧げ物を捧げていたが、のちに「ロードとロージャニツァ」に捧げ物をするようになり、最終的には「ペルーン」に捧げ物をするようになったというものである。

パイーシイ・テクスト	ノヴゴロド・テクスト	プスコフ・テクスト
Сего не могуть ся лишити проклятого ставленья вторые тряпезы, нареченыя Роду и рожаницам, велику прелесть вѣрным христианом и на хулу святому крещенью и на гневу Б(ог)у.	Сего же не могуть ся лишити вторыя тряпезы Роду и рожаницѣмъ на прѣлесть вѣрнымъ христьяномъ и на хулу святому крещению и на гнев Богу.	Сего же не могуть ся лишити проклятаго ставления вторыя тряпезы Роду и рожаницамъ на великую прелесть вѣрнымъ крестьяномъ и на хулу святому крещению и на гнѣв Богу. Вѣрують упирем и младенци знаменают мертвы и берегынямъ их же нарицають 7 сестриць. [63]
	И череву работни попове уставиша тропарь прикладати Рождества Богородици къ роженицьнѣ тряпезы отклады дѣюче. Таковии нарицаются кармогузьци, а не раб Б(о)жьи. И недели д(е)нь кланяются написавше жену в ч(е)л(е)чьск(и) образъ тварь	

---

62) *Гальковский.* Борьба Христианства. Т. 2. С. 18.

116　「ロシア精神」の形成と現代

ロードとロージャニツァのためであるといって第2祭壇（＝共食卓）をもうけることをやめようとせず、敬虔なキリスト教徒をペテンにかけ、聖なる洗礼を侮辱し、神のお怒りを招いている。	ロードとロージャニツァのためであるといって第2祭壇（＝共食卓）をもうけることをやめようとせず、敬虔なキリスト教徒をペテンにかけ、聖なる洗礼を侮辱し、神のお怒りを招いている。	ロードとロージャニツァのためであるといって第2祭壇（＝共食卓）をもうけることをやめようとせず、敬虔なキリスト教徒をペテンにかけ、聖なる洗礼を侮辱している。<u>ウプィリを信じたり、死んだ赤ん坊を特別に扱ってみたり、7姉妹と名付けてベレギニャを信じたりするのである。</u>
	<u>司祭たちは、奴隷の腹をくちくするために、神の御母生誕のトロパリをロージャニツァのために捧げ、捧げ物の一部をロージャニツァに割くようになった。</u>そのような者たちは神の僕などではなく、寄食者というのである。<u>日曜日には、人間の姿をした女の絵を描いたこしらえものをも拝んでいる。</u>	

　以上のテクストから、私たちは【観察I】「ロードとロージャニツァに第二祭壇がもうけられた」を導き出すことができる。このほか、ノヴゴロド・ヴァリアントから、第二祭壇のまえで、時折キリスト教の祈り、ことに神の御母生誕のトロパリが歌われていた【観察J】ことがわかる。そして、キリスト教聖職者たちは、神の御母生誕のトロパリを歌い、ロージャニツァへの第二祭壇からキリストや神の御母マリアへの捧げ物を取り分けた。【観察K】さらに、日曜日には、人間の姿をした女の絵を描いたこしらえものをも拝んでいた。【観察L】

　以上で、私たちは中世の文献において見いだされる「ロージャニツァ」信仰

---

63) *Гальковский.* Борьба Христианства. Т. 2. С. 25.

第3章　中世ロシアにおける宗教心のあり方　　***117***

および「ロードとロージャニツァ」信仰に関する情報のすべてを汲みつくした。徐々に収集した情報の分析に移りたいと思うが、そのまえに15世紀にこの信仰が経験することになった変容について触れておかなくてはならない。

4. 15世紀におけるロージャニツァ信仰の変容

　ロードとロージャニツァ信仰に対する論難は、17世紀にいたるまで写本の伝統のなかで生きつづけるが、モスクワによる統一国家の樹立、ロシア正教の成立などの時代の変化によって、15世紀を境にこの信仰の力がみるみる失われていったことは疑い得ない。この事実を証言するのは、『アズブコヴニク』と呼ばれる辞書である。『アズブコヴニク』は、16世紀から17世紀にかけてあらわれた一連の語彙集を指し、アルファベット（アズブク）順に項目がならぶ、広範な領域をカバーする辞書であった。

　『アズブコヴニク』は、「ロージャニツァ」という語彙に「惑星」という意味を与えている。『アズブコヴニク』には、次のようなテクストがある。

> 　ギリシア人たちはロージャニツァを惑星という名前の7つの星（アレス、ヘルメス、ゼウス、太陽、アフロディテー、クロノス、ヘカテー）と考えていた。誰かがある惑星のもとで生まれたとき、その惑星にしたがって新生児の運命を占ったり、どのような性質の情熱に身を任せやすいかを知るのである。…ロージャニツァは異教徒たちが誕生の魔術と名付けていたギリシアの偶像である。…ロージャニツァとはスティヴェであり、これで悪の宝石である両目を飾ったり、目や顔に塗るのである。[64]

　スティヴェ στίβη とは、古代においては眉を塗るために用いた物質である。眉は、ルキーナ＝ユノナの特別の庇護を受けた場所であった。ルキーナ＝ユノナが出産のさいの女性の庇護者であったことは、2.3. で確認したとおりである。コフトゥンによれば、『アズブコヴニク』は、ルーシの教養を生え抜きの原理として擁護し、それを西欧の思想的影響に対抗させようとするものであった

64）*Гальковский*. Борьба Христианства. Т. 1. С. 186.

が[65]、そのことが西欧の影響を排除することには繋がらず、それが完成された形態に近づくにしたがって、逆に西欧起源の情報を引きつけることになった。「ロージャニツァ」という語の記述には、明らかな西欧の影響がある。ガリコフスキイは次のような指摘をしている。

　　ロードとロージャニツァにかんする文学的見解の変容が起こったのは、15世紀のことであると考えられる。すなわち、それらは星であり、運命の分配者となって、「ロード」、「ロージャニツァ」という名詞そのものは忘却に任せられた。[66]

ロードとロージャニツァ信仰の民衆に対する影響が弱まるにつれ、「ロージャニツァ」という語は、キリスト教受容後の数世紀間と同じように、運命 родословие と同一視され、ロードは姿を消した。ガリコフスキイはこの変化を次のように説明している。

　　したがって、ロードとロージャニツァは、もともとは、星である。この信仰は、教会が戦っていたギリシアの占星術のおかげで、文献のなかにもその反響を見いだすことができた（民衆の意識のなかではつねに存在していた）。13世紀のルミャンツェフ博物館所有のコルムチャヤ（ウスチューグ・コルムチャヤ）のなかにも、占星術師についての記事がある。14世紀に遡る「禁書」のなかにも、占星術師（アストロノム）、星見師（ズヴェズドズレツ）その他の名前が見いだされる。わが国の文筆家の趣味で流入したギリシアの占星術の文献に、西欧の影響が合流し、占星術的な迷妄は影響力を拡大していった。この西欧の影響はノヴゴロドやプスコフを経由してわが国に流入した。この影響の原動力となったのは、ユダヤ主義異端であった。周知のように、ユダヤ主義異端は、「星にしたがって人間の生誕や人生を見たり、変えたりする

65）*Ковтун Л.С.* Азбуковники // Словарь книжников и книжности Древней Руси. Кн. 2. Вып. 1 (Вторая половина XIV в. – XVI в). Л., 1988. С. 10-20.

66）*Гальковский.* Борьба Христианства. Т. 1. С. 185.

第3章　中世ロシアにおける宗教心のあり方　　**119**

ことができる」という星の法則の教えをもっていた。[67]

　ロシアでは、16世紀から17世紀にかけて占星術が隆盛したが、これは西欧からの思想の洪水のような流入と深い関わりがある。東方正教会修道制の中心地アトスからモスクワに招聘された16世紀の学僧、マクシム・グレクは、西欧起源の占星術の流入にかんして批判的な態度を保持していた。マクシム・グレクは次のように書いている。

　　私たちをお造りになったあの方をのぞいて、私たちの上に立たれる主はいない。天使も悪魔も星も黄道帯も惑星も運命の車輪もでっち上げられた鬼たちも、私たちの主ではない。…あらゆる善き営みは、星からでも黄道帯からでもなく、創造主その方から湧き出づるものである。[68]

　そのほかにも、占星術への論難は、『ストグラフ（百章）』にも『ドモストロイ』にも存在する。[69] しかしながら、マクシム・グレクらのこうした批判的な姿勢にもかかわらず、占星術そのものはだんだん広まり、根づいていった。17世紀の大貴族ゴリツィンは、太陽占い師シーリンを抱えていた。ピョートル1世の改革ののちは、「教会の懸命な弾圧を受けてきた占星術信仰が突然市民権を得た。」しかしながら、占星術信仰に対する公的な認証は、逆にこの占星術信仰の力を失わせることになった。なぜなら、「ピョートルによって蒔かれた本当の意味での啓蒙の思想が、占星術信仰を打ち砕いたからである。ピョートルの時代以来教育を受けた人々は、黄道帯や惑星の運命的な影響力を信じなくなった。」[70]
　ロシアの中世は、このとき終焉を迎えたのである。

67）Там же. С. 185.

68）Там же. С. 189.

69）Там же.

70）Там же. С. 187-188.

5. 分析：『ロードとロージャニツァ信仰』とは何か？

5.1. 分析の3つの方向性

　私たちはここまででおもに3つの方向性にしたがって中世ロシアのロードとロージャニツァ信仰について検討してきた。それぞれの方向性を、「語源探求」、「翻訳文献のテクスト」、「中世ロシアのオリジナルなテクスト」と名づけることにしよう。

　「語源探求」と「翻訳文献のテクスト」の方向性の課題は、インド・ヨーロッパ語の神話的な土壌においてこの信仰と通底する諸側面を探し求めることだった。この二つの方向性において、私たちが出会う語は「ロージャニツァ」のみであった。一方、中世ロシアで創作されたテクストでは、つねに二つの神格が「ロードとロージャニツァ」としてペアで現われた。この観察は、「ロージャニツァ」信仰と「ロードとロージャニツァ」信仰を別物として考えなくてはならないことを教えている。

　語源探求による方向性によって私たちは、ロージャニツァが「産む」という自然の営みと密接な関係をもつ一連の女神たち、すなわち、エイレイテュイア－アルテミス－ルキーナ－ディアナ－ゲニタリス－ニクシーと関わりがあると結論づけることができた。これらの女神たちは、いわば、「生と死」、「昼と夜」、「この世とあの世」のあいだに立ち、出来事に強力な影響をおよぼす。これらの女神は出産の守り手であり、人間の運命を定めた。翻訳文献において、「ロージャニツァ」という語は運命を差配する女神の意味で用いられていた。

　これらの現象が意味するところは、南スラヴ人や東スラヴ人たちがキリスト教を受容した時代には、「運命の神」に「ロージャニツァ」という翻訳語をあてがうようにさせる共通の理解がすでに出来上がっていたということである。このインド・ヨーロッパ的基盤のうえで、「ロージャニツァ」は出産の守り手、出生時から変えることのできぬ人間の運命を定める女神と理解されていた。キリスト教改宗以前から、「ロージャニツァ」が運命の女神だったことは疑う余地がない。このことから、アファナーシエフ、スレズネフスキイ、ヴェセロフスキイ、ブリュクネルなどの多数の学者たちが、比較神話学の研究手法をとりつつロージャニツァやロードを運命の神々としたが、この学説は、スラヴィストたちの熱のこもった議論の出発点となった。

第3章　中世ロシアにおける宗教心のあり方　***121***

運命の女神としての「ロージャニツァ」の概念は、スラヴ人の古代のもっとも質の高い観察者であるとみなされてきたカエサレアのプロコピオスの証言と食い違っていたからである。アーニチコフは次のように述べている。「フォークロア学者たちや神話学者たちがロードとロージャニツァに関心をもったのは、なによりもまず、われわれの祖先たちには運命の予言を信じる習慣がそもそもなかったというプロコピオスが正しいのか否かという問題をめぐってであった。」[71] プロコピオスは古代スラヴ人の宗教観について次のように証言している。

　　運命というものを彼らは知らないし、少なくともそれが人間との関係においていかなる意味をもつのかを総じてわかっていない。が、彼らが病気になったり、戦場に出たりして死に近づくと誓いを立て、もしもそうして死を免れることができたときには自らの命を救ってくれたことに感謝して神に供儀をおこなうのである。死を免れた者は、誓願のときに約束したものを捧げ、この犠牲で救いを購うのである。[72]

　運命の女神としての「ロージャニツァ」が存在するのならば、上記のプロコピオスの証言が覆されることになる。愛郷心に促されて彼らスラヴィストたちは、ガリコフスキイが述べるように、「運命 – 割当てへの信仰はルーシ民衆の心理的な気分であり、彼らには、人間以上の何らかの力、すなわち、運命、定めが存在するという内的な確信があった」[73]という結論に立ち到ったのである。
　以上が、「語源探究」と「翻訳文献のテクスト」から導かれる結論である。ロージャニツァには、インド・ヨーロッパ神話体系の最古層に属する「運命の女神」の側面があった。私たちはこの時点まで、ウスペンスキイの言う「プロスペクティヴな方法」によって探究をおこなってきたが、この手法が適用できる

71）*Аничков.* Язычество. С. 161.

72）Свод древнейших письменных известий о славянах ((I-V вв). Т.1.М., 1991. С. 182-185.

73）*Гальковский.* Борьба Христианства. Т. 1. С. 181.

122　「ロシア精神」の形成と現代

範囲の限界まで来てしまった。これからは探究の方法を徐々に「レトロスペクティヴな方法」へと転換してゆかなくてはならない。[74] 断片的な情報を理解するために、必要に応じてフォークロア、民俗学資料を使用してゆくことにしよう。手はじめに、教会糾弾文書から汲みとることができた情報を以下に列挙したい。

【観察A】ロージャニツァはアルテミスと同一視された。

【観察B】「ロードとロージャニツァ」には、血の混じらない捧げ物（食物）、たとえば、パン、チーズ、蜜（酒）が捧げられた。

【観察C】人々は「ロードとロージャニツァ」のために祭壇を設え、その偶像の前で酒宴を繰り広げた。

【観察D】人々は「ロードとロージャニツァ」の偶像をつくり、偶像の前で歌を歌った。偶像は何らかの描画であった。

【観察E】ロージャニツァであるアルテミダ（＝アルテミス）は、男性神ディオニュソスの女性版であった。

【観察F】「ロードとロージャニツァ」への崇拝はオシリスとイシスへの崇拝に非常に近い。

【観察G】「ロージャニツァ」はギリシアの女神「アルテミス」と非常に似ている。

【観察H】スラヴ人は当初、「ウプィリとベレギニャ」を崇拝し、捧げ物をあげていたが、その後、「ロードとロージャニツァ」に捧げ物をするようになり、その後、ペルーンを崇拝し、捧げ物をするようになった。

【観察I】「ロードとロージャニツァ」には「第二祭壇（食卓）」が設けられた。

【観察J】第二祭壇のまえで、キリスト教の祈禱、ことに神の御母生誕のトロパリが歌われた。

---

74) ウスペンスキイのいう「プロスペクティヴな方法」とは、研究対象の当該時代の史料が乏しい場合、より古い時代の情報から当該時代の状況を推し量る方法を指す。「レトロスペクティヴな方法」とは、より新しい時代の情報から遡及して当該時代の状況を推し量る方法を指す。Успенский Б.А. Филологические разыскания в области славянских древностей. М., 1982. С.3-5.

第3章　中世ロシアにおける宗教心のあり方　**123**

【観察K】キリスト教聖職者は経済的な理由からこれら民衆の宗教儀礼に参加していた。彼らは神の御母生誕のトロパリを歌い、キリストや神の御母マリアへの捧げ物のなかから、「ロージャニツァ祭壇」の取り分を取り分けた。

【観察L】日曜日には、人間の姿をした女の絵を描いたこしらえものをも拝んでいた。

5.2. ロードは天空の神ではない

　「ロードとロージャニツァ」信仰は、汎インド・ヨーロッパ的神話的コンテクストのうえに然るべき場所を見いだすことは、【観察A】(ロージャニツァはアルテミスと同一視された)、【観察B】(「ロードとロージャニツァ」には、血の混じらない捧げ物(食物)、たとえば、パン、チーズ、蜜(酒)が捧げられた)、【観察E】(ロージャニツァであるアルテミダ(＝アルテミス)は、男性神ディオニュソスの女性版であった)から明らかである。

　パン、チーズ、蜂蜜などの血を流さない捧げ物は、ロージャニツァへの捧げものであると同時に、エイレイテュイアールキーナへの捧げ物を性格づけているものであり、このことはロードとロージャニツァ信仰の根底には、インド・ヨーロッパ神話の土壌があることを示している。この神話的土壌において、ロージャニツァは出産の守り神であり、運命を差配する存在であった。しかしながら、ロードとロージャニツァ信仰の本質は、こうした比較神話学的手法だけで解明することはできない。なぜなら、異教糾弾文書においては、この信仰の危険への深刻な認識が浸透しているにもかかわらず、ロージャニツァの運命の女神としての側面に特別な注意が払われていないからである。それどころか、【観察H】が示しているとおり、この信仰は運命の女神としてではなく、雷神でありスラヴ神話の主神であったペルーンに類比するものとして捉えられている。

　B.A.ルイバコフはかつてロードとカナンの神バアルを比較してみせたことがある。

　　それに対する信仰が世界宗教であったとはっきりと言明されている『偶像についての講話』(『その注釈に見出されたるグレゴリオスの講話』のこと——

三浦注）と、ロードが「空をあるく」強力なバアルと比肩されている『預言者イザヤの講話』から、私たちがロードに関して知ることができるあらゆることと照らし合わせて、この史料でもまたロードがキリスト教の聖書の神＝創造主の競争相手とされていることに、私たちはもはや驚くことはない。[75]

　ルイバコフは、ロードを「空をあるく」強力なバアルであると結論づけているようである。その思考の道筋をできるだけ詳細に検討してみることにしよう。この研究者は、二つの史料（『その注釈に見出されたるグレゴリオスの講話』、『預言者イザヤの講話』）を引用している。そのうちの一つ、『預言者イザヤの講話』は『イザヤ書』からの抜粋であるが、ロシア語訳聖書『イザヤ書』に現れる「ロージャニツァ」という語は、その注釈において触れられているとおり、バアル神ないしはガド神のスラヴ語訳にほかならない。[76] とはいえ、その一方で、そこで現れる ロージャニツァという神には、カナンでもっとも力のある神であったバアル神の実体がまったく反映されていないことに注意を払うべきである。なぜなら、「ロージャニツァ」という語はギリシア語「テュケーτύχη ＝運命の神」の翻訳語として導かれたものにすぎず、聖書のもともとのコンテクストにおいて、それがかつて古代パレスチナの豊饒神であったバアル神を指す語であったことはすでに忘れられているからである。
　また、ルイバコフは、別のテクスト『人間に魂を吹き込むことについての講話』に依拠しつつ、ロードが天空の神であるという断を下そうとするが、この断定にもかなりの無理がある。この『人間に魂を吹き込むことについての講話』を見てみることにしよう。テクストは、ガリコフスキイによって選文集に収められたものである。16世紀に書かれたと考えられる該当箇所は以下のとおりである。

　　ロードは空中にいて地面に土塊を投げ、そうすると子供が生まれると言う

75）*Рыбаков.* Язычество. С. 449-450.

76）Библия: Книги священного писания Ветхого и Нового Завета. М., 1995, С.727.

第3章　中世ロシアにおける宗教心のあり方　**125**

が、…このようなことを言うのは、サラセン[77]とボゴミール派の書物がいうことを真に受けた異端者たちであり、連中の心は灰と同じで、彼らがかける望みは塵ほどの値打ちもなく、その命は土塊ほどにもつくられない。人間を創り、それに生の息吹を吹き込み、魂に活力を送りこんだ自らの創造主のことを知らないからである。こうしたすべてのことをおこなったのは、神なる創造主なのだ。[78]

ここで引いたテクストにはじめて関心を払った研究者は、K.ベストゥージェフ・リューミンである。彼は次のように書いている。

　ロードについていえば、そのなかに先祖の姿を探し出したとしてもむだである。N.B.カチャロフに引用された17世紀の一写本に収められた証言に立ち止まって考える必要がある。…ロードは種gensの擬人化であり、創造主そのものなのである。[79]

ルイバコフはこの説を支持して次のようなコメンタリーを加えている。

　残念ながら、このスラヴの神格（ロードのこと）を理解するために重要で正しい観察は、なんらかのかたちでロードの問題に関わった後続の研究者によって完全に忘却されてしまった。[80]

しかしながら、ロードとロージャニツァに関わる問題の研究史を検証してきた私たちには、なにゆえに16世紀に書かれた『人間に魂を吹き込むことについての講話』において、ロードが天空と結びつけて考えられたかという問いに答える準備ができている。16世紀にはすでに、ロージャニツァが占星術との関

---

77) ムスリムのこと。

78) *Гальковский.* Борьба Христианства. Т. 2. С. 97.

79) *Бестужев-Рюмин К.Н.* Русская история. СПб., 1872. С.24.

80) *Рыбаков.* Язычество. С. 448-449.

連において空の惑星と見なされるようになっていた。したがって、「ロードとロージャニツァ」信仰が力をもっていた15世紀以前の時代に、ロードが天体との結びつきをもっていたという結論を導くことはできない。16世紀にロージャニツァが運命を司る星々と同一視されるのにともなって、ロードも天空の存在と考えられるようになったに過ぎないからである。ここで引かれた「空中（天空）にいて地面に土塊を投げると子供が生まれる」という文言については、ガリコフスキイは次のように指摘している。

> 中世の著作家がデウカリオーンとピュラーの神話[81]を念頭においていたことは考えられない。もっとかんたんにここでロードの名で呼ばれているものは星であると考えるべきであろう。学士院会員A.N.ヴェセロフスキイはこの箇所をそのように考えている。[82]

「ロードとロージャニツァ」がデウカリオーンとピュラーでないことはもちろんだが、前述したように、星であることもあり得ない。

5.3. ロードとロージャニツァ信仰と祖先崇拝
5.3.1. 文献学者、歴史家、神話学者の見解
　ロードがいったい何者であるのかという問題を解くカギは、【観察H】が握っている。ここでは、「ロードとロージャニツァ」が「ウプィリとベレグィニ

---

81) デウカリオーンはプロメテウスの子、ピュラーはプロメテウスの弟エピメーテウスとパンドラの娘で、デウカリオーンの妻。ゼウスは青銅時代の人類を滅ぼすために洪水を起こし、デウカリオーンとピュラーだけが生き残った。悲嘆に暮れた彼らはテミス神に祈りを捧げると、「母の骨を歩きながら後ろに投げよ」という神託を得た。彼らは、「母の骨」を大地の心を形づくる岩と考え、肩越しに石を投げた。デウカリオーンの投げた石は男の子となり、ピュラーが投げた石は女の子になり、新たな人類の祖となった。呉茂一『ギリシア神話上』新潮文庫、73-78頁。

82) *Гальковский.* Борьба Христианства. Т. 2. С. 185.

第3章　中世ロシアにおける宗教心のあり方　**127**

ャ」と比較されている。[83]「ウピィリ」に関しては、ガリコフスキイが次のように述べている。「真夜中に墓場から起きだして人々の生き血をすするウピィリ、吸血鬼に関する信仰は世界のいたるところで存在している。したがって、ウピィリというのは亡者、死者である。」[84] スレズネフスキイは自らの中世ロシア語辞典の「ウピィリ」の項目においてこの語を次のように規定している。「ウピィリとは、中世ロシアの信仰によれば死者である。」[85]

「ウピィリとは何か」という定義に関しては、われわれはこれ以上議論に深入りすることはせず、この語が男性形であることを指摘しておくことにしよう。その一方で、「ベレグィニャ」に関しては、ガリコフスキイが「ベレグィニャとはどんな神格であったのか、明確な定義はない」と述べている以上、短いコメンタリーが必要になってくる。この神格に注意を払い、この問題に仮説的ながら答えを用意した学者の一人は、スレズネフスキイだった。しかしながら、スレズネフスキイは中世ロシア語辞典には、「ベレグィニャ」という語の項目は立てていない。

スレズネフスキイはラウジッツ語の「ブレギニャ brëginja」、「ボレギナ bregina」、（bとvが交替して）「ヴレギナ wregina」、（その多数形として）「ヴレギヌィ wreginy」との連想によって議論を展開した。これらの語は、ラウジッツ語で「アリパ」、すなわち、「悪しき霊」を意味する。さらにこの学者は次のように指摘している。

> 議論のために、「ブレグ」、「ベレグ」（いずれも『岸』の意）のもっとも古い意味は「山」、「断崖」であり（cf. ドイツ語の Berg、ケルト語の brig）、それゆえベレギニャ＝ベレグィニャという語は、オレイアデス[86] など山の精の意で用いられていた可能性がある。[87]

---

83) *Зеленин Д.К.* Избранные труды: Очерки русской мифологии. М., 1995. С. 305-306.

84) *Гальковский.* Борьба Христианства. Т. 1. С. 69.

85) Упырь // *Срезневский* Материалы. Т. 3. Ч.2. С. 1238.

86) 古代ギリシアの山の精のこと。

87) *Срезневский И.И.* Свидетельство Паисиевского сборника о языческих суевериях русских // Москвитянин. No.5.M., 1851. Ч.2. С.62-63.

128　　「ロシア精神」の形成と現代

アファナーシエフは、山に住むとされ、スラヴ民衆の想像力において山や稲妻と結びつけられてきた、さまざまなタイプの神話の蛇を紹介しながら、その典型的な例としてクラクフのバベルの丘の洞窟に生息していたが、クロク公[88]によって殺された竜に関する有名な伝説を引用して次のように述べている。

　　　クロクは姦計を用いた。彼は牛の毛皮を手に入れ、樹脂、硫黄、そのほかの可燃性の薬物を塗りたくったのち、そこに導火線を埋め込んで火をつけてから、竜のいる穴の前に置いた。竜は這い出すと牛の毛皮を飲みこんだ。炎が竜の腹のなかで燃えさかり、竜は息絶えた。[89]

　預言者ダニールと竜の聖書の伝説（『ダニエル書補遺』「ベルと竜」）を思い起こさせるこの伝説は、アファナーシエフによれば、「竜がむさぼり食らった牛の毛皮は、読者にとってすでに周知の雲の暗喩であり、蛇がそれを貪り食えば食うほど、散文的な表現をすれば、雲が濃くなり、集まれば集まるほど、稲光は力強く燃えさかり、竜は自らの貪欲さという雷雨に打たれて死ぬ」のである。このように、アファナーシエフは、ベレグィニャは、「雷鳴と稲妻と関係をもつ、神話的雲のかたちをとった女性」だという仮説を提起している。このような神話的イメージの比較から出発して、アファナーシエフは次のように述べている。

　　　民衆叙事詩には、山全体を根こそぎ覆すゴリィニャがでてくるが、「ベレグィニャ」はこうした雲の女性と結びついたスラヴ語名称の一つであり、民衆のブィリーナに登場する「ゴルィニャばあさん」、「アラツィルカばあさん（アラツゥイリ＝石）」などの名前と同一視されうる。なんといっても、「ベレグ（ブレグ←Berg（ドイツ語））」という語のもっとも古い意味は「山」なので

---

88) 「クラクフ」という都市の名前は、この公に由来し、「クロク公のもの」という意味である。

89) *Афанасьев.* Поэтические мировозрения. Т.3. С.529-530.

第3章　中世ロシアにおける宗教心のあり方　　**129**

あるから。[90]

別の場所で、アファナーシエフは次のように書いている。

　井戸、川、海にルサールカが住んでいたことは雨の泉が天にあったことの
おぼろげな記憶であったことは、民衆の幻想においては山や森（黒雲の古め
かしい比喩）にもルサールカが住んでいたことからも確証することができる。
ルサールカは水の精だけではなく、山の精、森の精、すなわち、雷雨の精た
ちとも親類関係にあるのである。ルサールカが住む山に関する伝説は、広大
な平原地帯にあるルーシでは忘れられてしまった。なぜなら、ルーシには山
地がないため、古代の神話的想像にその成立に不可欠な状況が奪われ、この
ため他のスラヴ人たちに見られるような詩的な物語には発展しえなかったの
である。[91] …

　「ブレグ（ベレグ）」という語のもっとも古い意味は山であり（ドイツ語の
Berg、ケルト語のbirg = mons = 山と比較せよ）、それゆえにベレギニャがオ
レイアデス、ゴルィニャの意味で用いられ（ドイツ語では、山を意味するalp,
alpe, alpunに対して、alpinn, elpinnaが山の精を意味する）、…川岸や急流にさ
まよう女の水の精を意味するのにも用いられていた可能性がある。[92]

ゴルビンスキイはその膨大な著書『ロシア教会史』第1巻の、ロシア民衆の
信仰、道徳性、宗教性を扱った第8章において、ブヤキニャ、ウプィリ、レチ
ニク、ヴィラ、ペレプルト、トロヤンなどの神話的形象を概括しつつ、アファ
ナーシエフを引いて次のように自らの意見を述べている。

　ベレギニャは、おそらく、ルサールカが水から川岸に上がり、そこに座っ
て時を過ごすことからついた、その別の名称であろう（アファナーシエフは、

90）Там же.
91）Там же. С. 124.
92）Там же. С. 125.

130　「ロシア精神」の形成と現代

bregという語が太古には山を意味していたことから、山に住む女性的存在と考えている）。ある物語のなかでは、ベレギニャは「30の女たちと呼ばれている」と述べられている。[93]

ガリコフスキイはゴルビンスキイと見解を共有しつつ次のように述べている。

　　おそらくこれはもっとも頻繁に川や湖の岸辺に姿をあらわすルサールカなのであろう。…ルサールカが水から離れて遠くに行くことができず、そうすると干からびて死んでしまうことはよく知られている。もしもルサールカが水辺から離れるときには櫛を携行し、その濡れた下げ髪を梳かすときには、その周りを水浸しにしてしまう。当然のことながら、ベレギニャはキリスト教の枠からはみでた精霊であると考えるのが自然である。[94]

この説は、『その注釈に見出されたるグレゴリオスの講話』プスコフ・ヴァリアントの一節、「（民衆は－三浦注）ウプィリを信じたり、死んだ赤ん坊を特別に扱ってみたり、7姉妹と名付けてベレギニャを信じたりするのである」[95] に依拠しているが、ガリコフスキイはこの一節に次のようなコメンタリーをつけている。

　　ここでは、死んだ赤ん坊はウプィリという語とベレギニャという語のあいだに置かれている。それは、明らかに洗礼を受けずに死んだ赤ん坊がウプィリやベレギニャと関係があったからである。[96]

「ベレギニャ」という語がウプィリや死んだ赤ん坊のような存在と並列され

93）*Голубинский Е.Е.* История русской Церкви. Т.1, Ч.2. С. 844.

94）*Гальковский.* Борьба христианства. Т. 1. С. 69.

95）*Гальковский.* Борьба христианства. Т. 2. С. 33.

96）*Гальковский.* Борьба христианства. Т. 1. С. 69. 注2）参照。

第3章　中世ロシアにおける宗教心のあり方　**131**

ている以上、ベレギニャはそれらときわめて近い関係にあるとみなすべきで
あろう。ガリコフスキイのこの思考過程はきわめて当を得たものである。

　アーニチコフも同様にベレグィニャがルサールカの一種であると考えてい
る。彼は書いている。

　　ベレグィニャはふつうわが国のおとぎ話の登場人物で詩的想像力を刺激し
　つづけてきた娘、ルサールカの遠い祖先であると理解されている。月光に照
　らされた静かな水面と抜けるほど肌の白い裸の女性が、おとぎ話的な遊戯に
　ふけるために岸辺に出てきて秘密めいた円舞へと若者をいざなう。これらの
　形象は詩人の想像力のなかで溺死した美女のイメージと合流し、娘の落ちた
　不幸な恋に思いを馳せさせたのであった。民衆の俗信は、これらの娘たちを、
　洗礼を受けずに死んだ子どもたちの魂であると規定している。ヴェセロフス
　キイもおそらくは私たちに子どもの頃からなじみの深い空想の呪縛から逃れ
　ることはできずに、ベレグィニャ＝ルサールカを崇拝されるはずの祖先であ
　ると考えている。彼は現代のルサールカ追いの儀礼をそのように考えている
　のである。[97]

5.3.2. 民俗学者の見解

　ベレグィニャとは何者かという問題に、研究経験と想像力によって文献学者
たちが与えた回答に対して、民俗学者たちはフォークロア資料に依拠しつつ答
えている。D.ゼレーニンは文献学者や民俗学者たちのさまざまな見解を紹介
しつつ、自らはベレグィニャをルサールカ、すなわち、残置された死者（ザロ
ジュヌィエ・ポコイニキ）の仲間であるリホラトキ姉妹であると考えている。

　　14・15世紀の写本によって知られている中世ロシアの二つの説教（『キリス
　トを愛する者の講話』、『その注釈に見出されたるグレゴリオスの講話』－三
　浦注）には、ベレグィニャに関する言及がある。ゴルビンスキイによって提
　唱された仮説にしたがえば、「ベレグィニャはおそらくルサールカの別の名で

---

97) *Аничков.* Язычество. С. 293.

132　「ロシア精神」の形成と現代

ある。」[98] ルサールカはしばしば川岸に現れるので、ベレグィニャの名前がつけられたのであろう。しかしながら、民衆の方言においてこれがどう呼び習わされるかは不明である。言説のコンテクストから判断して「ベレグィニャ」の名前で了解されているのはルサールカではなく、それと非常に近い関係にあるリホラトキ姉妹なのであろう。「ウピィリとベレグィニャのことを30の姉妹たちと名づけている。」[99]「ベレギニャは7人の姉妹と名づけられている。」[100] 7とか30という姉妹たちの数は、ロシア民衆にとって、あらゆる点でルサールカに近いリホラトキを想像させるものだった。リホラトキには川岸で捧げものが行われたのである。このことを根拠に私たちは中世ロシアの『ベレグィニャ』がリホラトキ姉妹にかかわるものであり、ルサールカそのものを指すのではないと考えてよいものと思う。[101]

　リホラトキ姉妹が「残置された死者」に属するものであることに関しては、ゼレーニンが直接的な言及の不在を認めながらも間接的証言をもとに、彼らが「残置された死者」の仲間であることを認め、リホラトキ姉妹を次のように定義している。

　　リホラトキは、「長くて白いルバシカをまとい、髪を振り乱した娘であり、（百姓の死者たちがしばしばそうしているように）白装束を身にまとい、帯もなく、被り物をせず振り乱した髪をしている。」[102] 彼らは水のなか、あるいは、水辺にいるので、森や川に捧げ物を持ってゆくのである。[103]

---

98) *Голубинский.* История. C.843.

99) *Гальковский.* Борьба христианства. Т. 2. C.33. ただしこれはゼレーニンの誤り。正しいページ数は59頁。

100) *Гальковский.* Борьба христианства. Т. 2. C.33; *Аничков* Язычество. C. 72.

101) *Зеленин.* Избранные труды. C. 305-306.

102) *Высоцкий Н.Ф.* Очерки нашей народной медицины, вып.1 // Записки Московского археологического института. 1911. T.2. C.89-90.

103) *Высоцкий Н.Ф.* Лихорадка, ее происхождение и способы ее лечения по народным воззрениям // ИОАИЭ. 1907. T. 23б, вып.4. C.261.

ゼレーニンはリホラトキ姉妹について民衆が思い描いてきた形象のタイプを4つ挙げている。[104]

1-a. 自分の良心に呪われたために世界を徘徊し、人々を苦しめる、名も知られぬ姉妹たち。[105]

1-b. ソロモン王に呪われた12人の娘たち。彼らは白昼の世界をさまよい、その呪いゆえの苦しみにもだえ、他の人間たちも苦しむように仕向ける。[106]

2. 自らの父親とともに海に沈んだエジプト王ファラオの12人の娘。[107]

3. カインの娘。このゆえにリホラトカは震えている。[108]

4. 洗礼者ヨハネの死の咎を負って生きたまま大地に飲みこまれた、すなわち、「地下に消えた」不敬な王ヘロデの娘たち。[109]

このようにゼレーニンによって列挙、分類されたリホラトキは、不幸な死を

---

104) *Зеленин* Избранные труды. С. 227-233.

105) *Логиновский К.Д.* Материалы к этнографии забайкальских казаков // Записки Общества изучения Амурского края Владивостокского отделения Приамурского отд. РГО. Владивосток, 1904. Т.9, вып.1. С.68.

106) Описание рукописей ученого архива РГО. Пг., 1915. Вып.2.С.801.

107) *Гарелин Я.П.* Город Иваново-Вознесенск, или бывшее село Иваново и Вознесенский посад (Владимирской губернии). Шея, 1884. Ч.1. С. 59; *Богословский Н.* Материалы для истории, статистики и этнографии Новгородской губернии, собранные из описания приходов и волостей // Новгородский сборник. Новгород, 1866. Вып.5, Отд.1. С. 37.

108) *Попов Г.И.* Русская народно-бытовая медицина. По материалам Этнографического бюро князя В.Н. Тенишева. СПб., 1903. С.18.

109) Летописи русской литературы и древности, издаваемые Николаем Тихонравовым. М., 1862. Т.4. С.79.

遂げた聖書の登場人物であった。すなわち、彼らはみな聖書のコンテクストにおける「ザロージュヌィエ・ポコイニキ Заложные покойники（残置された死者）」(後述－三浦注) だったのである。ゼレーニンはリホラトキ姉妹のために割かれた章の終わりで、次のような結論に達している。

　　　リホラトキ姉妹の誕生に関する引用した物語は多様な形を取っているが、それらに共通した特性が一つだけ存在する。それは、彼らがすべて「残置された死者」だということである。[110]

　以上のことから、『その注釈に見出されたるグレゴリオスの講話』にあらわれる「ベレグィニャ」は「残置された死者」である。ただし、「ベレグィニャ」が女性名詞であることに注意を払うことにしよう。『11-17世紀ロシア語辞典』においては、「ベレグィニャ」が「ルサールカ」と説明され、『11-14世紀ロシア語辞典』においても、「神話的存在、ルサールカ」と説明されており、「ベレグィニャ」を「残置された死者」の一種と見なしても差し支えないであろう。

5.3.3.「残置された死者」、セミーク、「ロードとロージャニツァ」信仰

　以上のように、「ウプィリ」と「ベレグィニャ」の概念を概括してみると、両者が「残置された死者」であり、前者が男性、後者が女性であることがわかる。「残置された死者」とはロシア民俗学の概念で、不幸な死を遂げたためにこの世に残した悔いのゆえに汚れていると見なされ、土中への埋葬を拒否され、野原や村はずれに残置された死者のことを指す。ゼレーニンは「残置された死者」について次のように説明している。

　　　19世紀はもちろん、20世紀に入っても、そのような死者は不浄で、生者にとって危険であると考えられて埋葬されなかった。基本的に、そのような者たちは、暴力によって殺された者たちや、ことに自殺者、さらに若くして生まれたときに定められた年齢に達さずに死んだ者らであった。ロシア北部で

110）*Зеленин.* Избранные труды. С. 232.

第3章　中世ロシアにおける宗教心のあり方　　**135**

は、そのような死者をザロシュヌィエ・ポコイニキ Заложные покойники、すなわち、「残置された死者」と呼んでいる。この名称は、死者が埋葬される方法、すなわち、地中に埋められず、粗朶をかけられて地上に残置されたことと関連している。東スラヴ人の非常に古い異教的な習慣は「残置された死者」を地中に埋めないように要求していたのである。おそらくは、このことによって不浄な死体で大地を冒瀆しないようにしたのである。このような冒瀆に関する考え方は、東方のゾロアスター教徒たちのあいだで広く浸透していたが、現代の東スラヴ人たちのあいだで広まっているそれはゾロアスター教徒のそれとは全く別物である。東スラヴ人たちのあいだに見いだされるのは、不浄な死体が地中に埋葬されることによって穢された大地が怒るという考え方である。この「大地の怒り」は非常に様々な表現で示される。なかんずく、怒った「母なる大地」は不浄な死体を受けつけない。そのような死者は、何度埋葬しようとつねに地上に戻ってくる。その時に埋葬された死体は腐敗せず、このため夜ごとに墓からはい出してさまよい歩くのである。…

「大地の怒り」の第3の兆候は、生きた人間にも感じとることができるものである。大地は、蒔いたばかりの穀物の芽を枯らす春の寒さと寒の戻りによって、自らの怒りを表現した。春の寒さに対する上記の考え方は、現在も広まっているが、ウラジーミルのセラピオンの説教にも現れているし、マクシム・グレクの著作のなかにもそれを見いだすことができる。このゆえに、太古の時代スラヴ人たちは「残置された死者」を墓のなかには葬らず、遺体を人里離れた場所、たとえば、谷間や沼地に放置したのである。…しかしながら、埋葬の欠如といっても過言ではない、そのような類の不浄な死体の埋葬は、「嫌悪すべき結末」をももたらした。普通の埋葬を拒絶された死者たちは、生きたる者たちに復讐をおこなったからである。彼らの復讐は穀物が実る夏に農民たちを脅かした。復讐の念に駆られた死者たちは、畑にやってきては穀物を枯らしたからである。[111]

---

111) *Зеленин Д.К.* Восточнославянская этнография. М., 1991. C.352-353.

中世ロシアの民衆は、残置された死者と母なる大地、双方からの復讐の悪意の二重苦に苦しんでいたが、次のようにうまく立ち回ってそれを回避したのである。

　　東スラヴ人はいまだ異教時代から、こうした場合に彼らを脅かした二重の危険を次のような方法で回避していた。彼らは寒の戻りを引き起こさないように「残置された死者」を埋葬しないままにしておいたが、しかしながら、春もたけなわを過ぎ、穀物が花を咲かせ、もはや寒の戻りがそれほどおそろしくなくなる頃に、彼らは「残置された死者」のために特別の供養を催すのである。この追善供養は「残置された死者」にとってふつうの葬儀の代わりとなり、同時にこれら不浄な遺骸はちゃんとしたかたちで埋葬されたのである。遅い時代、少なくとも16世紀以降はこのようであった。キリスト教時代に入ると、そのような追善供養はいわゆるセミークと合流した。セミークは、最も早い場合は復活祭後の第7木曜日、しばしばさらに遅いこともある。[112]

　中世のルーシでは、キリスト教初期に存在したこの残置された死者の複雑な埋葬方法は、死者たちを土中に埋葬することを要求した教会によって中断されることがあった。キリスト教の教えにしたがえば、何よりも憐憫と憐れみに値するはずの存在こそ、そうした不幸な死を遂げた死者であり、そうした遺骸に対する残酷な仕打ちは何としても許されるべきはずはない。しかしながら、大地の怒りは非常に執拗なものであったがゆえに、民衆たちが不浄な遺骸を掘り起こして人里離れた場所に捨て置くこともまれではなかった。そのようなケースは、13世紀と16世紀に（ウラジーミルとモスクワで）すでに記録されている。このような出来事が頻繁に起こったことは明らかで、こうした事態を避けようとすれば教会の聖職者も妥協に走らざるをえず、古いモスクワでウボーギイ・ドム（貧者の家の意）、まれではあるが、スクデリシャ、ブイヴィシェ、グノイシェという名で知られた特別な施設を作らなくてはならなかった。[113]

112）Там же. С. 353.
113）Там же. С.353.

第3章　中世ロシアにおける宗教心のあり方　**137**

「残置された死者」はボリスとグレープの列聖を考えるうえでも重要な概念なので、第6章でもう一度取り上げる（280-284、295-297頁）。

因みにセミークは、復活祭から50日目にあたる聖霊降臨祭のまえの木曜日のことである。セミークは残置された死者ばかりではなく、死者一般のための祝日であったと考えるべきである。

　　広範に広まっていた俗信によれば、春、ヴェリーキイ・チェトヴェルク（＝復活祭直前の木曜日－三浦注）には死者たちが冬の深い眠りから目覚めると考えられていたからである。彼らとともに、当然のことながら、「残置された死者」も眠りを覚まされるのである。しかしながら、眠りについた祖先たちが自らの生きたる末裔の庇護をし、夏のあいだの仕事や労働の手助けをするとするならば、残置された死者はその反対に生きた者たちに害を与えるのである。[114]

こうした春の追善供養は、ヨーロッパ部のロシアばかりではなく、シベリアでもいたるところ、非常に広い範囲でおこなわれていた。アーニチコフは次のように書いている。

　大ロシアでもシベリアでも古い時代からこの追善供養はおこなわれてきたが、それは親たちや祖先一般のためであった。モスクワでもヴェリーキイ・ウースチュグでもイルクーツクでもほかの場所でも、人々はセミークや五旬節に祈りを捧げてトリズナを執りおこなうために死のまえに聖体礼儀を受けることができなかった人々が葬られている、いわゆるウボーギイ・ドム、スクデリニツァ、ブイヴィシェあるいはグノイシャに足を運んだのである。伝統的な一般追善供養のときに彼らの魂のために祈り、捧げ物を捧げるのは、あきらかに神の御心にかなう振舞いであると考えられたのである。[115]

---

114) *Зеленин*. Избранные труды. С. 137.

115) *Аничков Е.В.* Весенняя обрядовая песня на Западе и у славян // СОРЯС. 1903. Т. 74, № 2, ч.1. С. 297.

セミークに代表されるような、そのような春の祝日のときには、もっとも活発な浮かれ騒ぎがおこなわれた。アンティオキア総主教マカーリイによれば、17世紀のモスクワでは、ツァーリ、モスクワ総主教、ツァーリの家族が五旬節の木曜日、すなわち、セミークに郊外に出かけ、大変なお祭り騒ぎをしながら、あらゆる死者、水で溺れ死んだ者、殺された者、行き倒れのために施しを与えたり、ミサと追善の行事をおこなったりした。町や市場の商人たちは、商品を郊外へと持ちだしたのだった。[116]

　ゼレーニンによれば、部分的には太古のトリズナの名残であるこの陽気なお祭り騒ぎがおこなわれたのは、民衆が次のように考えていたためである。「『残置された死者』は、彼らが生きていた頃の習いを保って、春ごくふつうに村の若者たちが遊山をおこなうことを欲しており、もしもこの遊山がおこなわれないと、寂しさを感じてきっと復讐におよぶであろう、と。」[117] セミークには血を流さない食材でつくった捧げ物（卵、バター＝目玉焼き）が料理されたが、これらの捧げ物はロージャニツァへの捧げ物と一致している。[118]

　ゼレーニンは、既婚、未婚を問わず女性たちによるビール醸造の儀礼について伝えている（このように煮られたビールは、【観察C, D, E】と密接な関係をもつ）。[119] ゼレーニンによれば、「獣の捧げ物が猟師の、牛や羊の肉が牧畜業者の捧げ物であるとすれば、ビールは農耕者の捧げ物である。これは、共同体全体でおこなわれていた太古の供犠の名残である。」[120]『その注釈に見出されたるグレゴリオスの講話』プスコフ・ヴァリアントのなかでは、そうした儀礼的なビールの醸造が難詰されている。ゼレーニンは次のように考えている。

　　セミークやトロイツァの儀礼のなかに、植物崇拝と残置された死者崇拝の
　　二つの崇拝の混淆も見いだされる。時期の遅れた残置された死者の埋葬は、

---

116) *Зеленин.* Избранные труды. С. 136-137.

117) Там же. С.137.

118) *Зеленин.* Восточнославянская этнография. С. 389, 395.

119) Там же. С. 382.

120) Там же. С. 384.

かつてはまさにセミークに行われていたのである。[121]

　以上のことに鑑みて、セミークは、残置された死者崇拝も含む祖先崇拝と、「母なる大地」崇拝とが合流したシンクレティズムの所産であると言うことができるであろう。

5.3.4. 信仰の変遷と豊饒祈願－ウプィリとベレグィニャからロードとロージャニツァを経てペルーンへ

　【観察H】に戻ることにしよう。ここで、次の二つの状況に注意を払わなくてはならない。まず第一に、すでに指摘したとおり、「ロードとロージャニツァ」崇拝の規模と強さはペルーン崇拝に比肩するものであったこと、第二に、民俗学資料においてふつう並列して用いられることがない二つの語、「ウプィリ」と「ベレグィニャ」が、このテクストにおいてはペアで用いられていることである。この講話の作者は、残置された死者のさまざまな名称のなかから、「ロードとロージャニツァ」と類似させる意図をもって、男性の代表である「ウプィリ」と女性の代表である「ベレグィニャ」を選び出してきたと考えるべきであろう。ウプィリとベレグィニャへの崇拝は、「ロードとロージャニツァ」信仰の原型であった。不幸な死者への崇拝をも含む祖先崇拝と一体になったことが、「ロードとロージャニツァ」崇拝が、スラヴ神話の主神であるペルーン崇拝に比肩する勢いを得た理由である。またここでは、「ウプィリとベレグィニャ」→「ロードとロージャニツァ」→「ペルーン」という信仰の変遷が追いかけられている。

　インド・ヨーロッパ神話の主神で、雷の投げ手である神ペルーンは、ゼウスやユピテルやトーラにあるのと同じような、政治的な方向性をもっている。このことは、『原初初代記』において、キリスト教受容の8年前にあたる980年の項が伝えるところの、ウラジーミル聖公による「宗教改革」の試みが証言している。一方で、アーニチコフやガリコフスキイが指摘するように、中世ロシアの文筆家の関心は、家庭的な慣習や儀礼に向けられており、ロードとロージャ

121）Там же. C. 394.

140　「ロシア精神」の形成と現代

ニツァ信仰が家庭的な性格をもつ信仰の代表だった。[122]

　信仰の変遷を扱ったこの短い記述は、私的で家庭的でうちわの信仰と、公的で政治的で外向きの信仰の対比を含み、多面的な性格をもっている。ここではまず、「ウプィリとベレグィニャ」から「ロードとロージャニツァ」への信仰の変遷のプロセスが扱われている。ウプィリとベレグィニャは「残置された死者」であり、復讐の念から人々に悪影響をおよぼす可能性があり、彼らに対しては、なだめたり遠ざけたりして慎重に対処しなくてはならなかった。それは崇拝の対象などではなく、交渉の相方である。ところが、「ロードとロージャニツァ」は神格であり、崇拝の対象となる。

　作者である中世ロシアの文筆家は、「ウプィリとベレグィニャ」から「ロードとロージャニツァ」への信仰の変遷に関するこの記述によって、中世ロシアの宗教的感性の発達を示そうとしたものと思われる。すなわち、中世ロシアの民衆がマニスティシズム、すなわち単純素朴な祖先崇拝の枠組みを超え、「ロードとロージャニツァ」というような祖先の人格化に到っていたことを指摘しようとしていたのである。

　祖先崇拝は、深く根を張った民衆の宗教的感情である。そればかりではなく、ロシアにおいては、この感情は、とりわけセミークにおいてそうであるように、植物の生育を促がす自然の神秘的な力に対する敬虔の気持ちと深く結びついていた。ガリコフスキイはそれをインド・ヨーロッパ宗教の根源に求めて次のように言っている。

---

122) アーニチコフは次のように述べている。「（中世ロシアの文筆家たちの）興味を引いたのは、いまだに衰えずに力をもって存在していたものである。当該の説教師たち、写字生たちの関心が集中した根本的現象は、執拗で根深いものであった。そのような現象は家庭に根ざすものであり、公的な信仰や儀礼ではなかった。それらは家族や経済的共同体の日常的な慣習の中にその意義を有するものだった。」*Аничков. Язычество.* C. 293. ガリコフスキイは次のように述べている。「わが国の作家や文筆家たちは長いあいだロージャニツィ崇拝に気がつかなかった。初期に教会が戦う対象としたのは、公式の場にあった異教残滓との戦いであった。ロードとロージャニツィ崇拝は、家族の私的な事柄だった。このためにロードとロジャニツィ論難にはなかなか順番が回ってこなかったのである。」*Гальковский. Борьба христианства.* T. 1. C. 177.

第3章　中世ロシアにおける宗教心のあり方　**141**

アーリア人たちは自らの祖先に大いなる愛と敬虔の念とをもって対し、死という事実、親兄弟や友人たちからの離脱が、彼らとそれらの人間たちを結びつけてきた紐帯を断ち切ることができるとは信じていなかった。死者たちの魂（ピトリ）には偉大なる力があると信じられていた。それらは自らの子孫に対してたくさんの善とたくさんの悪をなした。が、その一方で、彼ら自身の幸福と不幸も、生きた人間の彼らに対する愛情と記憶によって左右されたのである。…ヴェーダの教えによると、しかるべき食べ物の捧げ物を受けない祖先たちは、その神々の王座から転落し、その種族はその末裔ともども没落するのである。[123]

5.4.「ロードとロージャニツァ」信仰とは何か——ヴォロスとモコシの聖婚（ヒエロスガモス）

5.4.1. オシリスとイシス崇拝との比較

では、これらの神格とはいかなるものであったのかを、【観察A】（ロージャニツァはアルテミスと同一視された）、【観察F】（「ロードとロージャニツァ」への崇拝はオシリスとイシスへの崇拝に非常に近い）、【観察G】（「ロージャニツァ」はギリシアの女神「アルテミス」と非常に似ている）から見てみることにしよう。

【観察F】の検討からはじめよう。[124] オシリスはエジプト神話の最も重要な神々の一人で、冥界の王である。オシリスは、下エジプトのブシリスの土着神で地下の豊饒多産を司るものと考えられていた。紀元前2400年までには、オシリスはあきらかに、豊饒多産の神であり、かつ、死者の化身である復活した王という二重の役割をもっていた。伝説によれば、オシリスはエジプト中を巡回し、「よき王」として民を裁いた。彼は民に神々の崇拝と農耕を教えたが、そのことで弟神のセトに妬まれた。セトはオシリスを殺し、その体をバラバラ

---

123) *Гальковский*. Борьба христианства. Т. 1. С. 170.

124) Osiris // Encyclopaedia Britannica; *Редер Д.Л.* Осирис // Мифы народов мира. М., 1988. Т. 2. C.267-268;「オシリス」『平凡社世界大百科事典』；プルタルコス『エジプト神イシスとオシリスの伝説について』岩波文庫、1996年、32-47頁。

142　「ロシア精神」の形成と現代

に引き裂き（プルタークによれば、14の塊）、その権力を奪い取った。その妹であり、同時に妻であったイシスは、その遺骸の断片を麻袋に入れ、それに生命を吹きこんだ。オシリスは蘇り、イシスはホルスを生んだ。ホルスはセトと戦って勝ち、権力を奪い返し、新しいエジプトの王になった。ホルスは天空の神となった。

　オシリスは死者たちの王であるばかりではなく、芽吹きから毎年のナイルの氾濫にいたるまであらゆるものを、然るべきときに地中からひきだす力のすべてを統御した。紀元前2000年頃までには、オシリスは王であるだけではなく、死に際にあるふつうの人間とも結びつけられて考えられるようになった。オシリス崇拝は、この普遍的形態でもってエジプト中に広まり、それぞれの地方の地下の神々への崇拝と習合した。中エジプトでは、オシリスへの祭儀はもっとも古くかつ重要な政治的・宗教的中心地であるアビュドスで営まれ、オシリスはケンティ・イメンティンと同一視された。

　一方、ギリシア・ローマ的伝統はオシリスをデュオニュソスと結びつけて考えた。オシリス信仰のなかには、ディオニュソス崇拝と同様のものが認められる。いずれの信仰も死者と深い繋がりをもっている。いずれの信仰も「生と死」、「昼と夜」、「この世とあの世」のあいだに立ち、人々に多産をもたらすものである。公的で政治的で外向的な性格をもつラーやペルーンへの信仰と異なり、「ロードとロージャニツァ」信仰もオシリス信仰も軍事との結びつきはなく、私的で家族的で家内的で内向的な性格をもっていることは、ガリコフスキイが指摘するとおりである。[125]

　うえに引用した資料と共通性のある事項を、私たちは【観察E】（アルテミダは男性神ディオニュソスの女性版であった）にも、【観察G】にも見いだすことができる。

　【観察E】によれば、アルテミダはディオニュソスと深い関係を持っている。古代ギリシアの神ディオニュソスとは、いかなる神格であったろうか。[126]

125）*Гальковский*. Борьба христианства. Т. 1. С. 177.

126）Dionisus // Encyclopaedia Britannica ; см. также: *Лосев А.Ф.* Дионис // Мифы народов мира. М., 1988. Т. 1. С.380-381.

第3章　中世ロシアにおける宗教心のあり方　　***143***

ローマ神話においてはバッカスの名で呼ばれるディオニュソスは、自然、豊饒多産、植物の神である。ギリシア神話においてディオニュソスは、ギリシア神話の主神ゼウスと、テーバイの王カドモスの娘セメラとのあいだに生まれた息子である。セメラはそもそものはじめはフリギアの大地母神として崇拝されていた。ちなみに、「セメラ」の語源は、ロシア語の「земля＝大地、地球」と同じである。[127] ディオニュソスの誕生に関してはギリシア神話は私たちにとって重要なエピソードを伝えている。ゼウスの妻ヘラにそそのかされたセメラは、ゼウスに真の姿を現してくれと懇願する。ゼウスは彼女の望みを叶えてやるが、その威力はあまりにも桁外れであったのでセメラは雷に打たれて死んでしまう。けれども、ゼウスは息子ディオニュソスを自らの腿に縫いつけて死から救い出すことには成功する。ゼウスは自らの腿のなかでディオニュソスが成人になるまで大切に守った。このようなわけで、ディオニュソスは二度生まれるものとされたのである。このエピソードは『その注釈に見出されたるグレゴリオスの講話』ノヴゴロド・ヴァリアント、プスコフ・ヴァリアントのテクスト中、«стегнорожание»（«стьгно»は「腿」）「腿の誕生」という語において反映されているが、この語をパイーシイ写本は落としている。[128]

　伝説のいくつかの異本において、ディオニュソスはのちにゼウスの息子として不死の存在となってハーデース、すなわち、冥界に下り、セメラを連れ戻し、万神殿の神々の列に加えさえした。このエピソードはディオニュソスと地下世界の繋がりを示唆している。エレウシスの秘儀において、ディオニュソスはイアッコスと同一視されたが、イアッコス、デーメーテール、ペルセポネーへの呼びかけとともに人々はアテネからエレウシスまでの儀礼的な行進を練り歩いたのである。イアッコスは当初ゼウスとデーメーテールの娘ペルセポネーの息子で、蛇の姿をとるものであったが、時間がたつにつれてザグレウス（ディオニュソスのまたの名）と同一視されるようになった。ヘラは夫の愛人への嫉妬のためにタイタンたちにザグレウスをずたずたに引き裂くように唆す。タイタンたちは心臓以外の彼の身体をむさぼり食ってしまう。このことに気づい

127）*Ярхо В.Н.* Семела // Мифы народов мира. М., 1988. Т. 2 С.425.

128）6.3. も参照。

144　「ロシア精神」の形成と現代

たゼウスはタイタンを罰し、ザグレウスの心臓によってセメラの身体に子を孕ませる。すでに指摘したように、この点でディオニュソスはエジプトのオシリスと同一視されるのである。ずたずたに引き裂かれて復活するディオニュソスは、秋に枯れて春によみがえる植物の生長を司る神であり、地中からこの世に生命をもたらす力を象徴する。

　上記に述べたことを考慮に入れながら中世ロシアのテクストを検討してみよう。ここでは、アルテミスが謎めいた言葉「ディオミッサ」の名前で呼ばれている。このことから、私たちはディオミッサがディオニュソスと緊密な関係をもつという結論を導くことができるが、「ディオミッサ」という語は女性形であるから、「ディオミッサ」は男性神であるディオニュソスの女性の対であると考えることができる。

　ギリシア神話において、上記に述べた「ディオミッサ」の役割を果たしうる神格は二つだけである。一つはディオニュソスの母であるセメラである。セメラは、前述のとおり、もとはフリギアの大地母神であり、その名はロシア語のземляと同一のインド・ヨーロッパ祖語の語根に遡る神格である。[129] もう一つの神格は、エレウシスの秘儀との関連において、デーメーテールである。エレウシスの秘儀において、デーメーテールはバラバラに切断されたディオニュソスの復活を助けた。エレウシスにおいて、ディオニュソスは自らを供儀に委ねた救済者として崇拝されていた。イギリスの神話学者であるバーバラ・ウォーカーはエレウシスの秘儀に関して次のように書いている。

　　救世主は、穀物のように、デーメーテール＝大地から生まれ、飼い葉桶や
　　箕の中に置かれた。彼の肉体は穀物の最初の、あるいは、最後の束から作
　　られたパンという形で、拝領者に食された。彼の血液は葡萄酒として飲まれ
　　た。[130]

---

129) Семела // Мифы народов мира. Т. 2 С.425.

130) デメテル // バーバラ・ウォーカー『神話・伝承事典』大修館書店、1988年、
　　179-180頁；Demeter // Walker Barbara G. The Woman's Encyclopedia of Myths and
　　Secrets (Harper: San-Francisco, 1983), p.238.

エジプト神話における「オシリスとイシス」のペアは、ギリシア神話の「ディオニュソスとセメラ」、あるいは、「ディオニュソスとデーメーテール」にあたる。オシリスもディオニュソスもずたずたに引き裂かれ、女性の力、すなわち、大地の力によって蘇る。いずれも死者たちの王であり、地下世界と密接な繋がりをもち、植物の生育や収穫の成否を司る力を手中にしている。スラヴ神話においては、大地や地下世界と密接な関わりをもつ死者たちの王としてヴォロスが知られている。

5.4.2. ロード＝ヴォロス

ボリス・ウスペンスキイは、家畜の神としてのヴォロスについて次のように書いている。

　神々のうちのある者が死者の魂を牧している放牧地という、インド・ヨーロッパ的な死後世界のイメージは、家畜の神としてのヴォロスの機能と一致を見ている。埋葬や追善供養に際して家畜を捧げ物に捧げる儀礼的風習は、「トリズナ」、あるいは、「トリズニシェ」といった言葉の大元の意味内容を規定していたが、それは上に述べた事柄と関係がある。[131]…ヴォロスは、民衆の昔話や呪文にあらわれた東スラヴ人の観念において、死後の世界の入り口にいた神話の蛇や黄金（当然のことながら、お金）と関係があった。[132]…

　死後の世界においては、30番目の国と関係があるすべての物は金色をしていた。というよりも逆に、金色に塗られたすべての物は、金色をしているがゆえに、別の世界への帰属を露呈しているのである。金色は別の世界の刻印なのである。黄金との結びつきはヴォロスにとっても特徴的であるが、それはとりわけ『原初年代記』971年の従士たちの誓い、すなわち、「…家畜の神ヴォロスに呪われ、黄金のごとく打ち割られ、おのが武器により斬られるであろう」の箇所において明瞭である。[133]…

131）*Успенский.* Филологические разыскания. М., 1982. C.57.

132）Там же. C. 57-60.

133）Там же. C. 60-62.

したがって、ヴォロスは死の観念とも、その反対の豊饒、蓄積、利益など
の観念とも結びつきがあるのである。このことに加えて、ヴォロスの重要な
機能は多産をもたらす機能であり、かくして、ヴォロスは死とも誕生とも結
びつくのである。こうして、まったく反対の機能が同居しているのは、死者
の国とヴォロスとの関連づけによって生じたことといえる。もっとも一般的
な意味において、この関連づけは下記のような状況、すなわち、死後の世界
ではあくせく働いたり、死ぬことがないという状況によって条件づけられて
いる。死後の世界は死の彼岸にあり、このゆえにここでは豊饒は途絶えるこ
となく続くのである。[134]

　このように東スラヴ人の神話において、死後の世界の王たる神はヴォロスで
ある。これにもまして、ヴォロスの「継承者」である聖人ニコラは「残置され
た死者」の追善と関わりがある。[135] すなわち、ヴォロスはオシリスの系譜を引
くスラヴの神なのである。ロードとヴォロスは同じ存在なのではないであろう
か。もしそうならば、死後の世界の王としてのヴォロスは、人類の始祖と同
一視されていたのではないだろうか？　ここで、「子供たちはロードから逃げ
るが、主人は酔っぱらいから逃げる」という『聖者ダニイルの祈り』の一節を
思い出すのはふさわしいことである。死者たちの領袖を恐れない者があろう
か。[136]
　「ロードとロージャニツァ」信仰と「残置された死者」の祭りであるセミーク
とのあいだには密接な関係がある。重い罪を何も犯したわけではないのに、不
自然な死を遂げたがゆえに大地に受け入れられず打ち捨てられる「残置された
死者」は、「救済者」の原型であるところのオシリスやディオニュソスと近い関

---

134) Там же. С. 64-66.

135) Там же. С. 70-71.

136) «Дѣти бѣгають Рода» 「子供はロードから逃げる」というフレーズは、『囚人ダニ
　　イルの祈り』第1編纂本のトルストフスキイ写本、ポクロフスキイ写本のなかに
　　のみ存在する。この二つの写本において、写字生が«уродъ»と書くべきところを
　　誤って«Родъ»と書いたものだとする説が存在するが、語彙学者はこの説を否定
　　している。Лексика и фразеология «Моления» Данила Заточника. Л., 1981. С.172.

係がある。

　上記の私たちの結論を裏づけてくれるのは、【観察G】(「ロージャニツァ」は
ギリシアの女神「アルテミス」と非常に似ている) である。「ここからギリシア
人たちは、ロードとロージャニツァへと言いながら、アルテミドとアルテミジ
アに捧げ物をするようになった。」この箇所では、われわれがすでに多かれ少
なかれある程度のことを知っている女神アルテミダ (アルテミジア) とならん
で、中世ロシアの神格ロードのギリシア名であるアルテミドの名前が言及され
ている。ギリシア神話にはないアルテミドという男性の神格はいかなるものな
のだろうか？　2.3.で、古代ギリシアにおいては、アルテミスがエイレイテュ
イアと同一視されており、この同一視から出発して、ロージャニツァ－エイレ
イテュイア－アルテミス－ルキーナ－ディアナ－ゲニタリス－ネクシーという
女神たちの同一性の連環があることを確認した。この一連の女神たちは、「生
と死」、「昼と夜」、「この世とあの世」のあいだに立って地下から豊饒をもたら
す存在であった。「アルテミダ (アルテミジア、アルテミス)」がもつこのよう
な意味は、地下世界の王である「ロード＝アルテミド＝オシリス」との関係を
示してはいないだろうか。

　さて、ロード崇拝に関して、今度は別の側面から検討を加えることにしよ
う。『その注釈に見出されたるグレゴリオスの講話』の次の部分に注目しよう。

　　　悪魔の母、女神アフロディテー、コルナ (コルナはアンチクリストの母で
　　ある)、アルテミス、すなわち、呪われたるディオミッサに捧げ物をして乱
　　痴気騒ぎにおよぶ。[137]

『その注釈に見出されたるグレゴリオスの講話』ノヴゴロド・ヴァリアント
によれば、コルナは「アンチキリストの母」である。この一節では、「悪魔の
母」として愛と豊饒の女神で婚姻を司るアフロディテーの名前が挙げられてい
る。アフロディテーはゲネトリクス Genetrix、すなわち、「生み出す者」の別名
をもち、「大いなる母＝大地」の側面を併せもっている。[138]

───────────────

137)　*Гальковский.* Борьба христианства. Т. 2.C.33; РНБ, Соф. № 1285.

148　「ロシア精神」の形成と現代

「大いなる母＝大地」信仰は、インド・ヨーロッパ語族の人々ばかりではなく、その主たる生活手段が農耕であるすべての民族に共通のものである。ギリシア神話においては、われわれによって検討されてきたアルテミス・サイクルに属する女神たち（アルテミス－エイレイテュイア－ルキーナ－ディアナ－ゲニタリス－ネクシー）は、その運行が女性の生理周期と一致する月の女神である。また、その名称がそもそも語源的に「大いなる母＝大地」を意味するデーメーテールは、「大いなる母＝大地」の典型である。

　このようなわけで、『その注釈に見出されたるグレゴリオスの講話』の引用部分では「大いなる母＝大地」崇拝のことが言及されていることが明らかになる。ギリシア神話においては、この信仰の代表例をフリギア起源のキュベレ崇拝に見ることができる。[139]

　アフロディテーにもキュベレにも、その美しさによって深く愛された伴侶の若者がいることは興味深い。アフロディテーにはアドニス、キュベレにはアッティスがそれにあたる。二人の若者も同様に不幸な死を遂げる。前者は狩猟のさいに猪に、後者はあまりにも強力な恋人＝伴侶の嫉妬のために殺され、そののちに、いずれもが伴侶である女神の懇願によって神々の列に加えられる。死んだのち蘇るこれら若者＝神は、冬になると死に絶え、春を迎えると復活する自然のシンボルであり、そのために特別に設えられた神殿で盛んに崇拝された。[140] 別言すれば、アドニスもアッティスもオシリスと同様に、殺されて蘇り、冥界の王となる神々なのである。ロードも同じような神々の一人であったと見なすことはできないであろうか？

5.4.3. ロージャニツァ＝モコシ

　『その注釈に見出されたるグレゴリオスの講話』の主たる目的は、「ロージャ

---

138) Great Mother of gods // Encyclopaedia Britannica; Earth Mother // Encyclopaedia Britannica; Mother Goddess *Рабинович Е.Г.* Богиня-мать // Мифы народов мира, М., 1988. T. 1. С.178-180.

139) Great Mother of gods // Encyclopaedia Britannica; Aphrodite // Encyclopaedia Britannica; Adonis // Encyclopaedia Britannica; Attis // Encyclopaedia Britannica.

140) *Иванов В.В., Топоров В.Н.* Мокошь // Мифы народов мира. М., 1988. T. 2. С.169

第3章　中世ロシアにおける宗教心のあり方　　**149**

ニツァ－エイレイテュイア－アルテミス－ルキーナ－ディアナ－ゲニタリス－
ネクシー－デーメーテール－アフロディテー－コルナ－キュベレ」からなる一
連の「大いなる母＝大地」崇拝の論難であった。中世ロシアにおいては、そう
した「大いなる母＝大地」なる神としてモコシが知られている。イワーノフと
トポロフによって、モコシは次のように定義されている。

　　モコシは中世ロシアの万神殿のなかで唯一の女性神であり、その影像がキ
　エフの神殿の丘の上にペルーンやその他の神々のそれとともに建てられてい
　た。「モコシ」の名は、「モークルィ＝湿った」、「（水に）濡れる」の語根と結び
　つきをもっている（さらに、「モコス＝紡ぎ、紡績」とも結びつく可能性があ
　る）。キリスト教正教受容以後モコシのイメージを継承したのは、パラスケ
　ーヴァ＝ピャートニツァであった。タイポロジー的には、モコシはギリシア
　神話のモイラ、ゲルマン神話のノルマに近く、運命の糸を紡ぐ者である。[141]

　モコシは「紡ぐ女性の姿をした運命の女神」であり、明らかにロージャニツ
ァ－パルカ－モイラと類縁性がある。モコシもまたパルカ、モイラ同様、家畜
の誕生や植物の生育に関連した側面をもち、そのためにロージャニツァと見な
されるようになったのではないだろうか。
　その一方で、ゼレーニンが指摘しているように、「母＝大地」崇拝が一定の
変容を被ったことを認めないわけにはいかない。セミークという祭りが、大地
の怒りと残置された死者たちのあいだのジレンマを解決するために現れたとす
るならば、ゼレーニンがハリコフ県で発見した事例には、本来相容れないはず
の、大地の女神と残置された女性の死者が同一視されているからである。ゼレ
ーニンは、ハリコフ県のヴァルコフスキイ郡でパラスケヴァ・ピャトニツァが
ルサールカ、すなわち、残置された死者と考えられていたという事例を紹介し
ている。この研究者は次のように書いている。

　　この証言はほかに類例が見いだせないものであるが、それはあらゆる点に

141）Там же.

150　「ロシア精神」の形成と現代

おいてピャートニツァに関する民衆の俗信と合致しており、この俗信のなか
で説明を施すことが可能である。[142]

　ピャートニツァがルサールカと見なされたという事実は、水の精（ヴォジャ
ノイ）と母なる大地への崇拝と祖先崇拝のシンクレティズムが生じていたこと
を証言するものである。[143] 重要なことは、死後の世界の王としてのロードと
「母なる大地」としてのロージャニツァが、死後の世界と結びつきをもってい
たということである。さらに重要なのは、ロージャニツァにおいては神の御母
とのシンクレティズムが生じていたということである。【観察J】（第二祭壇のま
えで、キリスト教の祈禱、ことに神の御母生誕のトロパリが歌われた）、【観察
K】（キリスト教聖職者は経済的な理由からこれら民衆の宗教儀礼に参加してい
た）を見てみよう。このことが証言する内容は、「大いなる母＝大地」たる「ロ
ージャニツァ＝モコシ」と神の御母とのあからさまな同一視である。ロージャ
ニツァと神の御母との同一視に関しては、ガリコフスキイは次のように書いて
いる。

　　上に述べたように、ロージャニツァの祭壇のまえで神の御母生誕のトロパ
　リを歌うという不敬な混同がおこなわれたということは、何を意味するのだ
　ろうか。それは、『キリストを愛する者の講話』に明らかに見てとれるように、
　神の御母がロージャニツァ（出産したばかりの女性）と混同されていたとい
　うことである。…キリスト教の影響で、古い信仰は死に絶えようとしていた
　か、変容しようとしていた。ロージャニツァに関しても同様のことが起こっ
　たのだ。死者への信仰は力を失いかけていたが、母－出産したばかりの女性
　－ロージャニツァ崇拝に関する記憶は保たれていた。こういった事情のため
　に、無学な者たちがロージャニツァと神の御母とを混同するようになったの
　である。[144]

142）*Зеленин.* Избранные труды. С. 227.

143）*Успенский.* Филологические разыскания. С.134-138.

144）*Гальковский.* Борьба христианства. Т. 1. С.163-164.

第3章　中世ロシアにおける宗教心のあり方　　***151***

ガリコフスキイが述べていることのなかで、「死者崇拝が力を失った」という点は疑わしい。なぜなら、ガリコフスキイ自身が「ロージャニツァ崇拝は非常に力の強いものだったので、それを民衆の記憶から追い払うことは不可能だった。そのために、キリスト教信仰の純粋性を重んじるその当時の最良の人々は、神の御母生誕のトロパリの、場にそぐわない朗唱だけはやめさせようと心を砕いた」と述べているからである。[145] この感覚、すなわち、祖先崇拝は現代ロシアにおいても根強い民衆の宗教的感情であるが、すでに別の、キリスト教的なかたちを取っている。

5.5. 中世ロシア人の生活のなかのロードとロージャニツァ信仰—豊饒を祈る奔放な宴

5.5.1. 第2祭壇（＝共食卓）をめぐる二つの学説

では、この信仰は中世ロシアで具体的にどのようなかたちをとっておこなわれていたのであろうか？　私たちはこの問題の理解への鍵を、以下の【観察】に見いだすことができる。

　【観察D】人々は「ロードとロージャニツァ」の偶像をつくり、偶像の前で歌を歌った

　【観察J】第二祭壇のまえで、キリスト教の祈禱、ことに神の御母生誕のトロパリが歌われた

　【観察K】キリスト教聖職者は経済的な理由からこれら民衆の宗教儀礼に参加していた

　【観察L】日曜日には、人間の姿をした女の絵を描いたこしらえものをも拝んでいた。

すなわち、「ロードとロージャニツァ」のために偶像が作られた。これらの偶像は描画であった。この描画が何であったかは後述する。ロードとロージャニツァのために「第2祭壇（＝共食卓）」が設えられた。「第2祭壇（＝共食卓）」

145）Там же. С. 163.

152　「ロシア精神」の形成と現代

はあきらかに、古代スラヴの伝統にしたがって死者たちに捧げられた（儀礼食クチヤの）祭壇に遡る。祭壇の前では、キリスト教の祈禱、とりわけ、神の御母生誕のトロパリが歌われた。下層キリスト教聖職者らはしばしば積極的にこの儀礼に参加していた。以上が、ロードとロージャニツァ信仰の見取り図である。

　ガリコフスキイは、どのような道筋をたどってロージャニツァの祭壇の前で神の御母生誕のトロパリが歌われる習慣ができたのかという問題に対して、3つの可能性を提示している。

　1. たんに概念を混同した。

　2. 太古の儀礼を駆逐し、それにキリスト教的な色合いを与えるために、キリスト教聖職者階層によってこの儀礼の導入は意識的におこなわれた。

　3. 古代スラヴの異教的伝統とキリスト教儀礼の習合。同様の事例をヘルモルド[146]が引いている。たとえば、杯を回しながら宗教的な意味合いをもつ言葉を唱える異教的儀礼は、「いと清らかなる神の御母の祈り」、「父祖の祈り」の名前のもとに教会の儀礼となった。[147]

　ガリコフスキイは異教とキリスト教の融合過程を次のように描き出している。

　　このような信仰と儀礼は次のようにできたと考えられる。ロージャニツァの祭壇をもうける習慣は太古から存在していたが、キリスト教の影響のもとにこの信仰は力を失い、宗教的な性格をもつこの共食儀礼のさいにキリスト

146）12世紀の歴史家で聖職者でもあったボサウのヘルモルドのこと。『スラヴ人の年代記Chronicon slavorum』で、古代スラヴ人の一つであるヴェンド人の宗教について記した。Гельмольд // Энциклопедия Ф.А.Брокгауза и И.А.Эфрона.

147）*Гальковский.* Борьба христианства. Т. 1. С. 172.

教の祈りが唱えられるようになった。その後、ロージャニツァと神の御母が同一視されるようになり、ロージャニツァの祭壇（共食卓）で神の御母生誕のトロパリが歌われるようになった。下層聖職者層は、異教とキリスト教とのそのような混同を認めていた。[148]

　さて、謎めいた言葉「第2祭壇（＝共食卓）」はいったい何を意味していたのだろうか？　この問題に関しては、ガリコフスキイとルイバコフが異なる説を提示している。まずガリコフスキイは、『その注釈に見出されたるグレゴリオスの講話』パイーシイ写本テクストの「余分なクチヤ」というフレーズに着眼して次のように考えている。

　　「余分なクチヤ」とは、夜にロードとロージャニツァ（祖先）がやってきてこの食べ物を食べるという前提のもとに、夜食卓に残されたクチヤの残りの意味であると理解できる。そのような風習は、現在も存在している。スモレンスク県では、現在でもマースレニツァの精進入り直前の日に、「親」のために食べ残しの食べ物を食卓の上に残しておく。しかしながら、「残りのクチヤ」が、追善の食事で故人や祖先のために残された、第2の、「残りの」料理（皿）であることも十分考えられる。[149]

　ガリコフスキイの見解に対して、ルイバコフは激しく反論している。

　　「夜にロードとロージャニツァ（祖先）がやってきてこの食べ物を食べるという前提のもとに、夜食卓に残されたクチヤの残りの意味である」とするガリコフスキイには、断じて同意することができない。もしも真相がそのようであったならば、説教師たちの憤りを買うことなどあり得なかったであろう。…ロージャニツァの祭壇に関するガリコフスキイのそのような定義は、ロードとロージャニツィ（ロージャニツァの複数形－三浦注）を各家の竈の下か

---

148) Там же. С. 164-165.

149) *Гальковский.* Борьба христианства. Т. 2. С.38.

154　「ロシア精神」の形成と現代

どこかに住んでいるとされる家の精（ドモヴォイ）と同一視することから発している。[150]

こう述べたあとで、ルイバコフは次のように述べている。

ロージャニツァのための宴はつねに「第2祭壇（＝共食卓）」と名づけられている。それは「クチヤによる余分な祭壇（＝共食卓）」として祝われ、「法に則った食事」、すなわち教会によるお祝いのあとに、教会によって許された祝宴とは別個に、神の御母の生誕のために、あきらかにその翌日に行われたのだった。[151]

神の御母生誕の日の翌日におこなわれたとされる民衆の祭りに関しては、筆者は民俗学的史料に基づく情報を何も得ることはできなかったが（この謎めいた仮説に関してはのちに触れることにする）、[152]ルイバコフによって言及された仮説はたいへん誘惑的である。この研究者はさらに次のように書いている。

1年の暦サイクルにおけるロージャニツァの位置は、その祝日の意義や、その永続性、丸い茶碗をもってすごすロージャニツァの「集い」の盛大さを説明してくれる。神の御母生誕は、9月8日に教会によって祝われる。あらゆる東スラヴ人にとって、これは収穫の祝日であった。…収穫の祝日の異教的な本質は、中世期の厳格な原則主義者たちの抵抗にもかかわらず、最終的には教会の慣習のなかに入りこんだ。12世紀から14世紀にかけての司祭たちがロージャニツァの祭壇で神の御母のトロパリを歌ったのとまったく同じように、現在でも「パンの祝福」のために祝日のトロパリが3度朗誦される。[153]

150）*Рыбаков. Язычество.* С.468-469.

151）Там же.

152）179頁参照。

153）Там же.

第3章　中世ロシアにおける宗教心のあり方　**155**

二人の学者の説は、実際、「第2祭壇（＝共食卓）」が誰に捧げられたかをめぐって異なっている。ガリコフスキイによれば、「第2祭壇（＝共食卓）」は祖先のために設えられたのであるが、ルイバコフはガリコフスキイを批判しつつ、「第2祭壇（＝共食卓）」と神の御母生誕の祝日との関係を強調している。

5.5.2. 第1祭壇に遡って考える

ここで、問題は次のように提起されなくてはならない。「第2祭壇（＝共食卓）」が存在するのであるかぎり、第1祭壇が存在するはずである。それでは、第1祭壇とはいったいいかなるものなのか？と。

スレズネフスキイは中世ロシア語辞典において、«трапеза» の語について次のような意味があると記している。1.テーブル。2.祭壇。3.宝座（至聖所の中央に置かれる方形の祭台）、至聖所の祭壇。4.食卓。5.食事。（修道院での）食事。6.食べ物、飲み物。7.食事、栄養補給。8.供儀。9.犠牲に供されたもの。10.修道院の食堂。11.両替店、商取引。[154] もしも私たちがこの語の意味を「2.祭壇」、または、「3.宝座（至聖所の中央に置かれる方形の祭台）、至聖所の祭壇」と取るならば、「第1祭壇」は教会の至聖所に設えられるものであり、その儀礼は聖体礼儀でなくてはならない。そのようなことがありうるであろうか？

«трапеза» は、「2.祭壇」、「3.宝座（至聖所の中央に置かれる方形の祭台）、至聖所の祭壇」のほかに、「1.テーブル」、「4.食卓」、「5.食事」とも結びついている。それでは、中世ロシアの教会生活において、食べ物や飲み物のあるテーブルとはなにを意味しうるだろうか？

S.フローロフはその論文のなかで、中世ロシアの嗟嘆詩『アダムの嘆き、飲み物をまえにしての古き歌』[155] に見出される謎めいた詩句 «за пивом» の意味を考究している。従来 «за пивом» は «напев»、すなわち「歌、旋律」と解釈されてきたが、フローロフはこれに反論しつつ次のような結論に到った。

この «за пивом» という詩句は、修道士たちによる、年ごとの追善供養の食

154）*Срезневский*. Материалы. Т. 3. С. 985-987.

155）РНБ, Кирилло-Белозерское собрание. No.9/1086 (в 1470х годах). л.17.

156　「ロシア精神」の形成と現代

事をさしているのである。この共食行事は喜捨と喜捨をおこなった者とその近親者の魂の救済のためにおこなわれるものである。そのような食事の席において、天国の扉のまえで嘆き声をあげるアダムの歌は、とりわけその場に相応しいものであった。[156]

この研究者は、この結論に至る過程で、14世紀の中葉に始まったいわゆる荒野修道院創設運動ののち、教会生活に定着した祝祭儀礼の慣行について次のように述べている。

14世紀後半のルーシでは、エルサレム・ティピコンと呼ばれる新しい修道規則が広まった。この新しい規則の導入による帰結のなかで最も重要なことは、修道規則集（ウスタフ＝ティピコン）第2部「服務規定」にもとづく共住式修道院生活における数多くの儀礼の発達であった。これらの儀礼の基盤を構成するのは、儀礼的な行進とアルコール飲料をともなった共食であった。[157]…キリスト教の忠実な信奉者たちはスカマロフ（異教楽師）的な形態の異教は根絶やしにしようと考えながらも、中世文化のある種の債務であったところの、非公式的な儀礼の必然性は否定しようとしなかった。彼らはそうした儀礼の刻印を教会の習慣のなかに引き寄せて変容させようとしただけである。少なくとも修道院においてこのために彼らにとって都合のよい前提となったのは、修道院の典礼と食卓の厳格な規範化を伴うエルサレム・ティピコンの諸規則の導入であり、同時にまた、この修道規則の創作者であるサッバスの、修道生活における祝祭的な共同食事、つまりは、奉神礼とは関係のない非公式的な儀式の役割と意義に関する遺言であった。[158] エルサレム修道規則の公式の儀式において、アルコール飲料の儀礼的な摂取は、毎日の共通の規則から特定の日の個々の奨励にいたるまで、非常に重要な位置を占め

156） *Фролов С.В.* «Стих-старина» за монастырском «пивом» // ТОДРЛ. СПб., 1993. Т. 48. С.196-204.

157） Там же. С. 200.

158） Там же. С. 201.

ていた。[159] …儀礼的飲食に関する修道規則の規定は時が経つにつれて特別な
儀礼や教義に発展した。たとえば、「健康祈願の杯」、「君主の健康のための
祈りの儀式」、「神の御母の杯」そのほかがそうした例である。こうした規則
やそのほかの規則において、アルコール飲料の奨励は何らかの具体的な儀礼
的要因と密接に結びついていた。[160]

　ガリコフスキイがその規則を紹介している「トロパリの杯」も、このような
タイプの儀礼的な飲食に属する。ガリコフスキイの研究によれば、この語は
教会のなかでは洞窟のフェオドーシイが作ったものとされているが、実際に
は12世紀バルカン半島の文筆家の手になるものである。そのなかで「パナギ
ア（至聖なる神の御母への）」[161]、「プレスベイア（祖先への）」[162] 杯に関して、
「1杯目は食事の最初に神が讃えられるために、2杯目は食事の終わりに神の御
母マリアのために、3杯目は君主のために飲まれるべきこと」と述べられてい
る。[163]

　そこには、また、「トロパリはこの3回以上歌われてはならない」旨が書かれ
ている。教会におけるこのような宴会はスラヴ人たちのあいだばかりではな
く、ビザンツでも「パナギア」、「プロスベイア」の名前で広まっていた。「パナ
ギア」、「プロスベイア」の儀式の説明のために、ガリコフスキイは、ビザンツ
皇帝コンスタンティン・ポリュフィロゲネトス（在位905-959年）の著作に付
されたコメンタリーを引用している。そこでは、この教会の儀式について次の
ように述べられている。

159）Там же. С. 203.

160）Там же.

161）Πανᾰγής：「至聖なる」、「聖なる」、「手に触れがたい」、「犯しがたい」の意。
　　Πανᾰγία：「至聖なる」は、神の御母に捧げられる定型形容辞。Πανᾰγής // *Вейсман
　　А.Д.* Греческо-русский словарь. СПб., 1899

162）Πρέσβῠς：「年老いた」、「老人」、転義して、「年上の」、「敬われた」、「頭」の意。
　　οἱ πρεσβύτεροι　「年長の者たち」は、新約聖書では「先祖」、「族長」、「キリスト教
　　徒の長老」あるいは「長司祭」を意味する。*Вейсман.* Греческо-русский словарь.

163）*Гальковский.* Борьба христианства. Т. 2. С.172.

158　「ロシア精神」の形成と現代

彼らはパナギアと呼ばれるパン（bucellum）を持っている。神の御母マリアのために飲み干される杯の前に食されるこのパンと、諸聖人への崇敬と庇護を求めて杯を干す儀礼に関しては、Du Conge（Charles Du Fresne Du Conge, Glossarium ad scriptores mediae & infimae Graecitatis, Paris, 1688.）に多くのことが書かれている（«παναγία», «πρεσβεία» の諸項参照）。どんなワイン（どんなぶどうからできたワイン）をどの程度飲むのか、そのとき聖ヨハネ、大天使ミカエル、神の御母マリアそのほかの聖人への愛のために、どのような言葉が唱えられるのかが明らかになるように、そのなかから私は一つ二つ事例を引用しないではいられない。Ducas の 143 頁で語られているところによると、人々は無秩序に生のワインをなみなみと注いだ杯を手にもって修道院の扉から群れになって雪崩れこみ、（ラテン人や、ラテン人に同情的なギリシア人の）住民に呪詛を宣告しながら、神の御母イコンのために飲み、それが町の庇護者、守り手になってくれるように呼びかけをおこなうのである。宴の場所を選ぶと、代表が杯を取り、杯をみなが見守るなかでみなに回して大きな声で次のようなことを言うのである。われわれは、至聖なる大天使ミカエルのために、私たちの魂を永遠の至福の世界に導いてくださいますようにと熱烈にお願いをするのである。すべての敬虔なる人々がアーメンと答えると、その者は杯を飲み干し、そこにいるすべての者たちに接吻をする。…ここから、中世ゲルマン人やそのほかの北方の人々のあいだで、愛と神の救いのために飲む習慣がなにを意味していたのかを知ることができるだろう。[164]

このコンスタンティン・ポリュフィロゲネトスの著作から私たちが知ること

---

164) *Гальковский.* Борьба христианства. T. 1. C. 172. 注 1) 参照。同様に以下も参照。Patrologia. Seria graeca. T.CXII. Constantini Porphyrogenti scripta, tom.prior. C.1122. ヨハン・ヤコブ・ライスケによってなされたこのコメンタリーは、ビザンツ皇帝コンスタンティノス 7 世ポリュフィロゲネトスの著書『儀典の書 Ἐθεσις της βασιλείου τάζεως』16 章に取材したものである。この著作はビザンツ宮廷の日常生活を詳細に描いたきわめて重要な史料である。その 16 章は、コンスタンティノープルにいる帝国 4 部隊の各部隊長が競馬場に入場するさいの儀礼について述べたものである。

ができる重要なことは、神の御母のための献杯（パナギア）と祖先のための献杯（プレスベイア）がごく自然に隣り合わせに共存していたことである。周知のとおり、諸聖人の日（正教会では、復活祭の57日後、聖霊降臨祭の次の日曜日、カトリックではall saint's day、すなわち、11月1日）には、おのおのの聖人の名前を名づけられたすべての死者たちの魂の記憶が祀られることを思い出そう。ロシアでは、個々人の誕生日以上に自らの名の聖人の記念日（名の日）のほうが盛んに祝われた。このほか、フローロフが述べるように、修道士たちは年ごとの追善食事会に喜捨を受けることになっており、修道士たちは喜捨をした人々とその近親者の魂の救済を祈った。教会が催すこの宴は、死者の供養のためにおこなわれたのである。そのような儀礼的な宴において、神と人間の取りなしをおこない、死者の魂を導く神の御母の祈り（たとえば、『神の御母の地獄巡り』）が唱えられることは決して偶然ではないのである。[165]

おそらくは、そのように死者の魂のために催される非公式な教会の宴席こそが、「第1祭壇（共食卓、宴会）」と名づけられていたはずである。フローロフが指摘しているように、そのような宴席においては、あらゆる種類の集団的な追善行事、たとえば、「前夜祭（カヌン）」や「宴会（ブラチナ）」がそうであったように、儀礼的、魔術的な意味合いが明らかに看取される。

ロシア国立図書館（ペテルブルグ）所蔵ノヴゴロド・ソフィア写本 No.1285[166] に収められたテクストの断片を次に挙げるが、このテクストは私たちのこの視点の正当性を補強してくれるであろう。

　　　主は「私は始めであり、終わりである」とおっしゃって、晩の食卓で始めと終わりに二度祈りを唱えるように使徒たちに教えを垂れた。はじめにはキリストへの祈り、終わりには神の御母への祈りであり、第1の食卓はあるが、第2の食卓は存在しない。金口ヨハンネスは、次のように述べている。「私たちははじめに神を誉め讃え、終わりに主に感謝を捧げなくてはならない。こ

165）*Фролов.* «Стих-старина». С.203.
166）この写本には、『その注釈に見出されたるグレゴリオス講話』、『キリストを愛するある者の講話』が収められている。

160　「ロシア精神」の形成と現代

の行いをする者は、けっして酩酊や淫蕩に陥ることはなく、祈りに望みをかける者は手綱をしっかり握る者のごとくであり、十分な節制をもって飲みかつ食う者は、魂も身体も福音に満ちるであろう。」[167]

　フローロフが指摘するところによると、アルコール飲料は、この時期（15-16世紀）に次第に儀礼から離れ、「教会の独立的な糧食」となり、儀礼と関わる（あるいは関わらない）あらゆる動機づけと任意に関連づけられるようになったらしい。上掲のソフィア写本1285（15世紀末）のテクスト、「この行いをする者は、けっして酩酊や淫蕩に陥ることはなく」に反映されたのは、上記のような状況である。

　以上のようなことから、私たちは次のような結論に立ち到った。すなわち、「第1祭壇（共食卓）」という言葉で中世ロシアの文筆家たちが理解していたものは、故人の魂の安寧のために設えられた、非公式的な性格の教会の儀礼食であり、そうした場で人々は神の御母やあらゆる聖人に対して祈りを捧げたのである。

　それでは、「第2祭壇（共食卓）」とは何であろうか。それは、おそらく、「母なる大地」女神と同一視されるロージャニツァのために捧げられた、祖先の魂の追善のための宴席であり、それは教会の枠を超えて異教的な性格をもつものであった。したがって、「第2祭壇（＝共食卓）」を祖先崇拝と結びつけるガリコフスキイと、それを神の御母生誕の祭りと関連づけるルイバコフとのあいだの学説の相違は、初見において見受けられるよりも、はるかに小さいのである。二人の研究者は、同じ現象の別々の側面に関して述べているにすぎない。

5.5.3. キリスト教聖職者も参加する二重信仰の実態

　上で検証した教会の宴席の習慣が実際におこなわれていたことから、下層聖職者たちばかりではなく、中世ロシアの教会の全般において、杯を回して飲んだり、儀礼的な性格をもつ言葉を発声したりといった習慣は、教会法の権威により認められ、是認されていたことがわかる。『キリストを愛する者の講話』か

---

167)　*РНБ, Соф.*1285. Л.32а-33а.

第3章　中世ロシアにおける宗教心のあり方　**161**

ら以下の語句を引用する。

　　信仰や洗礼においてこのようなことが繰り返されているが、それは無学な
　者たちばかりではなく、学のある司祭や文筆の輩にいたるまでこのような振
　舞いを繰り返しているのである。よしんば学のあるものはこのようなことを
　しないにしても、祈りの代償に食を受け、飲み食いをおこなっているのであ
　る。よしんば飲み食いをしていないにしても、その悪しき振舞いを見て見ぬ
　ふりをしているのである。よしんば見ていないにしても、話を聞きながら誤
　りを正そうとしないのである。[168]

　また、『その注釈に見出されたるグレゴリオスの講話』プスコフ・ヴァリア
ントでは、次のように糾弾がおこなわれている。

　　無法なるギリシア人やカルデア人たちは多くの神々に祈っていたが、それ
　は彼らが神を知らなかったからであるが、この輩ども（中世ロシアの民 − 三
　浦注）は神を知らぬばかりか、自らを平然とキリスト教徒と名乗り、悪魔の
　所業をおこなっているのである。[169]

　キリスト教と異教の融合、あるいは、キリスト教における異教的伝統の同化
吸収は、この時代の正教会全体の問題だった。中世ロシアの民衆ばかりではな
く、聖職者階層にとっても二重信仰という現象は非常に身近なものであったの
で、特別な注意が払われなかったわけである。別の観点からすれば、中世ロシ
アの民衆は異教的な伝統を堅持しつつ、自らはキリスト教徒であるということ
につゆほどの疑いももっていなかった。しかしながら、民衆の異教的伝統のな
かには、キリスト教の本質に関わり、その信仰の本質を歪曲する危険性をもっ
たものがあり、そうした要素が敬虔な信仰を持する人々の注意を引きつけ、一
連の異教糾弾説教が書かれたのであった。『キリストを愛する者の講話』におい

---

168) *Гальковский*. Борьба христианства. Т. 2. С.41.
169) *Гальковский*. Борьба христианства. Т. 2. С.34.

162　「ロシア精神」の形成と現代

て、その名が伝わらない作者は、正しい信仰を求める熱烈な思いのあまり300人の異教司祭を殺害したエリヤ（イリヤ）[170]を引き合いに出しながら、「ペルーン、ホルス、モコシを信じ、二重信仰に生きる『キリスト教徒たち』に我慢がならないのだ」[171]と述べたのであった。

　それでは、「ロードとロージャニツァ」の偶像とはいかなるものだったのであろうか？「ロードとロージャニツァ」の偶像とは、男性神と女性神のペアの描像であり、人々はそのまえで宴席をもうけ、多産、すなわち、植物の生長と大なる収穫とを祈っていた。さらに人々がこの描像を、豊饒多産をもたらすヴォロスとモコシの「聖婚（ヒエロス・ガモス）」と見なしていたことは十分に考え得ることだと思われる。私たちはそのような偶像の名残を中世ロシアの図像の伝統のなかに見いだすことができる。『プスコフ第1年代記』の1540年の項を引くことにしよう。

　　　この年の神の御母就寝祭が近づく頃、町の長老たちとよその土地から来た者たちが、彫り物の聖ニコラと聖ピャートニツァをお宮に入れて持ち込んだ。すると、プスコフ人たちは顔を上げることができなくなった。というのも、プスコフにはそのような彫り物のイコンがなかったからである。多くの無学な人々はこのイコンを偶像であるかのごとく拝し、人々のあいだで噂が広まり、騒ぎが起こった。[172]

B.A.ウスペンスキイはこの一節に次のようなコメンタリーを加えている。

　　　まず間違いなく、プスコフ人たちはこのイコンの図像のなかにヴォロスとモコシの偶像を見出したのである。このモジャイスクのイコン像は今日まで伝えられ、プスコフ博物館に所蔵展示されている。聖ニコラはかなりの程度ヴォロス崇拝の名残をとどめており、聖パラスケーヴァ＝ピャートニツァは

170）『列王記上』18章20-40節。

171）*Гальковский.* Борьба христианства. Т. 2. С.43.

172）Псковская летопись. М.; Л., 1941. Вып.1. С.109.

第3章　中世ロシアにおける宗教心のあり方　**163**

モコシの流れを直系で継承するものである。聖ニコラと聖パラスケーヴァが一つのイコン画のなかに描かれる事例は、中世ロシアのイコン画の伝統のなかに見いだされる。P.コリナのコレクションのなかで14世紀の「神の御母生誕」のプスコフ・イコンの上余白に、そうした描画が存在する。この描画において、ニコラはデイススの構図で女性と一つに統合されているが、この女性像をアナスタシア（ニェジェリャとしてのモコシの継承者）と考える研究者もいれば、ピャートニツァと考える研究者もいる。[173]

5.5.4. ロージャニツァ（単数形）か、ロージャニツィ（複数形）か

さて、ここで「ロードとロージャニツァ（単数形）」がこの信仰の本質を映す正しいかたちなのか、「ロードとロージャニツィ（複数形）」が正しいかたちなのかという難しい問題に光を当てるときがやってきた。文献では、かなり多くのケースにおいて、ロージャニツァが複数形をとる「ロードとロージャニツィ」のかたちが現れる。『キリストを愛する者の講話』において、あるいは『その注釈に見出されたるグレゴリオスの講話』パイーシイ写本において、同じ一つのテクストで両者のあいだに揺れを見せるケースも存在する。ガリコフスキイをも含む多くの学者たちは、その出現頻度の多さゆえに「ロードとロージャニツィ」を正しいかたちと認めてきた。ヴェセロフスキイはかつて「ロードとロージャニツァ」のかたちを例外と認めつつ、神の御母とロージャニツァを引きつけて考えることによって複数形のロージャニツィから単数形のロージャニツァが出現したのだと見なした。[174] ガリコフスキイはこのヴェセロフスキイの学説を継承している。[175] しかし、私たちの見立てによれば、これら研究者の思考経路は誤りである。すなわち、単数形のロージャニツァが複数形のロージャニツィから出現したのではなく、複数形ロージャニツィが単数形ロージャニツァから生まれたのである。

173） *Успенский.* Филологические разыскания. С.33-34.

174） *Веселовский А.Н.* Разыскания в области русского духовного стиха // СОРЯС. СПб., 1889. Т. 46, вып.5. С.178-179.

175） *Гальковский.* Борьба христианства. Т. 1. С.163, 182.

私たちがすでに検証したように、中世ロシア文学において異教糾弾文書を除いた大部分の場合、ことに翻訳文献の場合がそうだが、「ロージャニツァ」が複数形「ロージャニツィ」のみで現われ、このとき「ロージャニツィ」は「運命の女神」を意味していた。この語結合に引きずられるかたちで、学者たちは「ロードとロージャニツィ」のほうを正しいかたちと見なしてきたが、ロードとロージャニツァがペアとなっている場合には、かなりの頻度でロージャニツァが単数形で現れるのである。

　「ロードとロージャニツィ」というかたちが比較的時代の遅い写本に出現するということは注目に値する。パイーシイ写本（14世紀）や『キリクの質問状』（1136年）など、より古い時代の伝統において現われるのは、単数形による「ロージャニツァ」のかたちである。『その注釈に見出されたるグレゴリオスの講話』パイーシイ・ヴァリアントでは、「ロードとロージャニツァ」が「アルテミドとアルテミダ（アルテミジア）」というフレーズで言い換えられ、アルテミダは単数形であるから、単数形の「ロージャニツァ」のほうがレアリアを反映していると考えられる。男性神と女性神のペアが崇拝されていたのである。

　今日に到るまで学者たちが犯してきた誤りのなかで尤なるものは、彼らが「ロードとロージャニツァ」信仰の理解のための鍵を天空に求めてきたことにあると思われる。この思考経路のおかげで、つねに混乱が惹起されてきた。この領域においてもっとも功労のある学者であるガリコフスキイでさえ、結局のところ、中世ロシアの「ロードとロージャニツァ」信仰においては、ロージャニツァは明らかに星を指すのではないにもかかわらず、この信仰を占星術、すなわち、天体の現象と結びつけてしまった。この信仰は、汎インド・ヨーロッパ的なものでも汎スラヴ的なものでもなく、中世ロシアに特有のものなのである。

5.5.5. 大地母神の二重の配偶関係－雷神と季節再生の神

　私たちは直接的・間接的なさまざまな証言を積み上げながら、「ロード－ヴォロス－聖ニコラ」の系列の男神は「男性の犠牲者」の神として同一視し、「ロージャニツァ－モコシ－パラスケーヴァ」の系列の女神は「女性の庇護者」として同一視しつつ、この男神と女神のペアを「季節による再生の男神と母なる

第3章　中世ロシアにおける宗教心のあり方　**165**

大地の女神」のペアと考えることがふさわしいという結論を得るにいたった。

ところが、スラヴ神話研究のなかには、「ロージャニツァ－モコシ－パラスケーヴァ」の系列の女神の配偶者を天空の雷神とするものがある。[176] この定義にしたがえば、「ロージャニツァ－モコシ－パラスケーヴァ」の系列の女神の配偶者は、ゼウス、トール、ペルーンの系列の天空の雷神なのであって、「ロード－ヴォロス－聖ニコラ」のタイプの「季節による再生の男神」ではない。この点について、精査して行こう。

概していえば、マケドニアのアレクサンドロス大王によって征服されたバルカン半島からインダス川にいたる領域、そのなかにはエジプトもメソポタミアも、のちにギリシア文化の影響下に入り、やがてヨーロッパと呼ばれるようになる地域も含め、いわゆるヘレニズム文化圏という名で呼ばれる広大無辺の領域において、たがいに異なる二つの聖婚のパターンが存在していたと考えることができる。

一つは、インド・ヨーロッパ起源の「天と地」の結婚というべきもので「雷

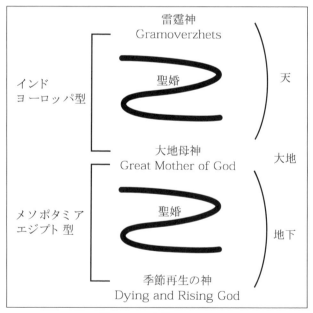

図1　二つの聖婚のパターン

神と母なる女神」の結婚、もう一つは、「季節の再生の神と母なる大地」の結婚
であり、こちらのペアはエジプトやメソポタミアのような古代からの農業的中
心地にその起源をもっていた。

　第一のペアによる聖婚を提唱する学者の代表はアファナーシエフであり、イ
ンド・ヨーロッパ的なアルカイックな世界観に通底するものを探求しつつ、次
のように述べている。

　　　太陽の光線と天から降る雨の豊饒をもたらす力は、大地の生産性をもたら
　　し、大地は暖められ、湿り気を与えられながら、草、花、樹木を成長させ、
　　人間や動物に食べ物を与える。すべての人間にとって自然で明瞭なこの現象
　　は、天と大地の婚姻という古い神話の源泉となり、そのさいに天は働きかけ
　　をおこなう者、男性的なもの、大地は受容するもの、女性的なものという役
　　柄を与えられたのである。夏の空はその熱い抱擁においてその婚約者か配偶
　　者であるかのごとく大地を抱合し、大地に自らの光線と水という宝物を浴び
　　せかけ、大地は孕み、実を結ばせる。春の暖気によって暖められもせず、お
　　湿りももらえないとすれば、それは何ももたらすことはできない。[177]

　ヘレニズム文化圏の神話的土壌を検証してわかることは、「母なる大地は、
大部分の神話において、死んで蘇る神である夫神、あるいは恋人神と結びつ
いていた（イシスとオシリス、キュベラとアッティス、イシュタルとタンム
ズ）」[178]が、インド・ヨーロッパ的な神話基盤にかぎっていえば、おそらくは
「ゼウスとレア」のような「雷神と母なる女神」の配偶者神のタイプが支配的で
あったであろう。「母なる女神の配偶者として、天空の神（あるいは、雷神）と
季節再生の神とは相互補完的関係にある。すなわち、その配偶者として同時
に現れることがない。」[179]結論としてふさわしいように思われることは、イン

---

176) Мокошь // Мифы народов мира. Т. 2. С.169.

177) *Афанасьев А.Н.* Поэтические возрения славян на природу. Т.1. С.126-127.

178) *Рабинович Е.Г.* Богиня-мать // Мифы народов мира. Т. 1. С.179.

179) Там же.

第3章　中世ロシアにおける宗教心のあり方　　**167**

ド・ヨーロッパ神話に属するスラヴ神話において、原初的に存在していたのは「雷神と母なる女神」のタイプの聖婚だけであり、そもそもの始まりから「季節再生の神と母なる女神」の聖婚、すなわち、「ロード－ヴォロス－聖ニコラ」と「ロージャニツァ－モコシ－聖パラスケーヴァ」のペアがあったと想定することはできない。

　しかしながら、古代スラヴ人のアニミスティックな世界観が、祖先崇拝との接触によって変容を被り、冥界と関連づけられるようになったとき、「雷神と母なる女神」の聖婚のペアは、「季節再生の神と母なる女神」のペアに取って替わられたのではないだろうか。そうだとすれば、「イシスとオシリス」、「キュベレとアッティス」、「イシュタルとタンムズ」など「季節再生の神（死んで蘇る神）と母なる女神」のペアが、太古において当初インド・ヨーロッパ語族とは切り離されて存在していたはずの、大規模な農業経済が活況を呈していた地帯（たとえば、エジプト、メソポタミア）から生まれたことを念頭におけば、この聖婚のペアの転換はスラヴ人の生産手段が採集から農耕へ変容したことを証言していると考えることができるかもしれない。ゼレーニンによって発見されたハリコフ県の事例、すなわち、聖パラスケーヴァがルサールカと見なされた事例は、祖先崇拝と大地崇拝の融合の例として私たちの上記の仮説を傍証してくれる。[180]

　中世ロシアの「ロードとロージャニツァ」信仰は、汎ヨーロッパ的な、星と結びつくロージャニツァ像と切り離して考えることが必要である。中世ロシアにおいては、「ロードとロージャニツァ」への信仰は占星術や人間の運命を左右する機能とはあまり関係をもっていなかった。この信仰はむしろ多産と関係があり、大地と深い繋がりがあったが、天空とはあまり関係をもっていなかったのである。

　一方で、私たちは「ロードとロージャニツァ」への信仰の本質は、ヴォロスとモコシの聖婚への崇拝であるという結論をも導き出してきた。しかしながら、ここで私たちは問題を別の観点から考えてみなくてはならない。正教会のイコノグラフィーにおいて聖なる男性と聖なる女性の像に相当するものは何で

180）*Зеленин.* Избранные труды. С. 227.

168　「ロシア精神」の形成と現代

あろうか？　当然のことながら、この問題に対してはすぐさま、それは、たとえばウミレニエ、オジギトリア、オランタなど神の御母が幼子のキリストを腕に抱く聖像であるという解答が導かれることになるだろう。

5.5.6. イコンがエロティックな画像に変容する

　この糸口から、中世ロシアにおいて「ロードとロージャニツァ」信仰が具体的にどのようなものであったか、考察してみることにしよう。

　ルーシのキリスト教化の過程において、教会は民衆を啓蒙しようとし、民衆もまた教会に近づこうとしていた。アーニチコフは、中世ロシアにおける祭り騒ぎへの教会による論難について次のように指摘している。

　　教会の指導部は、物事の自然から帰結する現実の危険と戦わなければならなかった。しかし、史料から私たちの眼前に立ち現れてくるのは、教会が本物の禁欲への要求を突きつけながら、強い飲み物そのものやあまりにも肉体的な祭り騒ぎを非難しつつも、いわば全面対決の様相でいっさいの妥協なしにそのような風習と戦うことはできなかった姿である。徹頭徹尾戦う気など毛頭なかったし、そんなことをする根拠さえもなく、ただ、キリスト教に改宗した者は肉の要求を斥け、「ギリシア風にではなく霊的に祭りを祝う」ことが大切だと説くにとどまったのである。[181]

　しかしながら、そのような民衆の風習や儀礼のなかには、キリスト教の本質に関わり、論難の対象となるものが存在しており、そうした風習の最たるものが「ロードとロージャニツァ」信仰だった。では、「ロードとロージャニツァ」信仰の何が、それほどの深刻な危機意識を掻きたてたのか？　どんな点において、この信仰はそれほど許されざるものだったのか？

　この問題を解く鍵は、【観察C】（人々は「ロードとロージャニツァ」のために祭壇をしつらえ、その偶像の前で酒宴を繰り広げた）、【観察L】（日曜日には、人間の姿をした女の絵を描いたこしらえものをも拝んでいた）にある。

181）*Аничков. Язычество.* C.169.

第3章　中世ロシアにおける宗教心のあり方　　**169**

「イーグリシェ」とか「ルサーリヤ」といった春から夏にかけての祭り騒ぎの熱い雰囲気のなかで、民衆は神の御母マリアがキリストを抱く聖なる画像に出会った。キリスト教のこの神聖なる画像が、民衆の想像力においていわば換骨奪胎され、何らかの変容を被った結果、神の御母とキリストの図像が、生殖による豊饒多産をもたらす男性神と女性神の聖婚（ヒエロス・ガモス）を前提とした異教的な画像に変容したのではないだろうか。こうしたエロティックな画像が冒涜として捉えられ、激しい糾弾を招くことになったのではないか。

豊饒多産への願望はそれ自体としては至極ふつうのことであり、ただちに糾弾の対象になるわけではない。豊饒多産の根源があらゆる種類の植物と動物の性的な交合であることは、太古からよく知られてきたが、この二つの連想から、豊饒多産への願いは、大地の豊饒、社会の繁栄、宇宙の存続をもたらす聖なる神格どうしの性交という概念からなる聖婚という象徴的な輪郭を取るに到った。太古から、上述のかたちの聖婚への信仰は、メソポタミアでもフェニキアでもカナンでもイスラエルでもドイツでもギリシアでもインドでもインドネシアでもポリネシアでも日本でも、世界中でよく知られている。

ブリタニカ百科事典、『世界諸民族の神話』によれば、「聖婚（ヒエロス・ガモス）」の語は3つの主なる意味をもっていた。[182]

　　1. 神と女神の結婚、女神と司祭王の結婚。

　　2. 神と女司祭の結婚。

　　3. 女神と神の結婚。

ことに3のタイプの「聖婚」は神々の像によく反映されている。中世ロシア民衆がそのまえで跪拝し、このためにキリスト教信仰へ忠実な者たちが論難の対象とした「ロードとロージャニツァ」の偶像描画も、幼児のキリストはロードと、神の御母はロージャニツァと同一視された、女神と（男）神の結婚のタイプの画像だったのではないだろうか。このようにして、ロードとロージャニ

---

182) Hieros gamos // Encycloprdia Britannica. См. также: *Левинтон Г.А.* Священный брак // Мифы народов мира. М., 1988. Т. 2. С.422.

170　「ロシア精神」の形成と現代

ツァはともに描かれ、あるいは、ともにレリーフとして彫り込まれて二つに切り離すことができなかったがゆえに、異教糾弾文書のなかでこれらの神々がつねにペアとして言及されるのではないか。

　豊穣多産をもたらす「聖婚」の概念は、民衆の世界観においては、まず間違いなく善の原理に属していたのである。このような理解のもとで民衆たちは、これらの儀礼的な振舞いがキリスト教の教えの枠の外にあり、それが絶対に許されないことであるとは気づかなかったであろう。教区の聖職者たちはこのことに気がつかないか、あるいは、気がつかない振りをした。『その注釈に見出されたるグレゴリオスの講話』のノヴゴロド・ヴァリアントの著者は次のように伝えている。

　　　聖なる洗礼のあとも、司祭たちは奴隷の腹をくちくするために、ロージャニツァの祭壇のために捧げ物の取りわけをして神の御母生誕のトロパリを唱える。

　アーニチコフの言葉によれば、「生活は、これら二つの相戦う原理、すなわち、キリスト教の世界観と異教的な供儀の古来からのしきたりとに和解を勧告したわけである。」[183]　別の観点から言えば、古来からの異教的な伝統と新しいキリスト教の伝統の融合は、その当時の教区聖職者にとって必要であり、それがゆえに、ガリコフスキイが正しく指摘したように、許容すべきものというよりむしろ奨励されるべきものであった。

　にもかかわらず、神の御母とロージャニツァとの同一視の画像が当時の教会活動家たちに深刻な危機意識を掻きたて、たとえば、『キリストを愛する者の講話』において偶像崇拝への怒りのために300人の異教司祭を殺害したティシュベ人エリヤのイメージとして結実するような猛烈な論難の対象となったのは、神の御母の画像の聖性を冒瀆し、「無原罪の懐胎」というキリスト教の根本的な教義をその本質において歪め、それを何か別のものに変容させてしまったからだと考えられる。

183）*Аничков.* Язычество. С.168.

第3章　中世ロシアにおける宗教心のあり方　　**171**

「キリストを愛する者」に代表されるような中世ロシアの文筆家は、勇気を
もって民衆のいわば「異教化された」キリスト教を糾弾したのだ。したがって、
「ロードとロージャニツァ」信仰を純然たる異教と名づけることはできない。
逆に、ルーシにおけるキリスト教受容にきわめて典型的な一側面を私たちは指
摘することができる。

異教に向けられた中世期の糾弾の言葉は理解しがたく、退屈なものとさえ受
け入れられてきた。たとえば、オルロフは次のように書いている。「分厚い羊
皮紙の写本文集のなかには、異教に向けられた糾弾の『講話』が収められてい
るが、しかしながら、それは非常に理解しがたいものである。」そして、末尾
の部分でオルロフは次のように宣告するのである。「大体において、異教に反
対する説教は貴重な文学資料とは言いがたい。そのなかには、雄弁術の片鱗も
なく、すべてはきわめて不格好なものである。」[184] たしかに、一見すると『そ
の注釈に見出されたるグレゴリオスの講話』には、ヘレニズム時代や中世ロシ
アの退屈きわまりない神格や習俗の列挙しか見出すことができないように見え
る。ヘレニズム時代の神格の場合、一見して明らかな誤りがあり、文筆家のギ
リシア神話に対する無知を露呈するような誤り（アルテミド、コルナ）も散見
される。ルイバコフは、「彼（『その注釈に見出されたるグレゴリオスの講話』
の作者である文筆家）は古典古代の神話に関して、神学者聖グレゴリオスのギ
リシア語原典の糾弾にある、簡潔な情報以上のなにがしかを知っていた可能性
はあるが、12世紀に得られたそうした情報はあまり正確ではなかったかもし
れない」と述べている。[185] オルロフやルイバコフの見解は多かれ少なかれ現今
まで研究者に共通のものであったように思われる。

『キリストを愛する者の講話』の場合、雄弁術の文体として読んだ場合に満
足を得るのがむずかしいのは、過剰とも思える感情的な高ぶりがあまりにも目
立ちすぎるからであると思われる。また、『その注釈に見出されたるグレゴリ
オスの講話』という作品におけるビザンツ文化と中世ロシア文化との伝承関係
については、6.で詳しく扱うが、これらの文書で列挙されたヘレニズム、スラ

---

184) *Орлов.* Древняя русская литература. C.51.

185) *Рыбаков.* Язычество. C.443-444.

172 「ロシア精神」の形成と現代

ヴの神格や儀式についての詳細な情報を精査してみてわかるのは、中世ロシアの文筆家たちがけっしてでたらめを書いているのではないということである。反対に、間違いも少なくないとしても、彼らは現代の人文科学の成果から判断しても本質にかかわる神話的な知識と理解をもっていたように思われる。このことは本章6.でさらに踏みこんで考察する。

　次のように問題を提起してみるのも興味深い。なぜ「ロードとロージャニツァ」信仰について述べられるときに、糾弾の対象となった儀式の細部が叙述されることなく、この信仰の変遷と類似する信仰が言及されるのみにとどまったのであろうか？と。この問いに答えを出すためには、ドゥベンスキイ文集、パイーシイ文集、ソフィア写本集成No.1285のような、『その注釈に見出されたるグレゴリオスの講話』と『キリストを愛する者の講話』を含む選文集写本の性格について考える必要がある。アーニチコフはそのような選文集所収の作品（『全地公会聖教父諸規則』、『全地公会諸規則』）の分析をもとに、次のように述べている。「私たちの前にあるのはさまざまな状況にあたって聖職者たちを指導するための覚書である。それは、とりもなおさず、教会法的な性格を帯びているのである。」[186] 文集は下級聖職者を指導する目的をもち、なにが是であり、なにが否であるかを示す役割を担っていたのである。

　このことを受けて先に提起された問題に回答を導き出すとすれば、次のようなことになるのではないだろうか。すなわち、良心的な教会活動家たちのまえで展開された、中世ロシア民衆の伝統文化とキリスト教の融合の光景は、許容の範囲をはるかに超えるほど、不浄、不潔、冒瀆的であったために、そのような光景をあからさまに文字にすることが心理的にはばかられた。動揺した彼らはあからさまにこの光景を記述することはせず、現象の細部を秘密にとどめおいたまま、現象や神格の名前だけを列挙したのである。その結果、時間が経ってこの信仰が衰え、その内容が忘れられてしまうと、「ロードとロージャニツァ」（あるいは、「ロードとロージャニツィ」）という謎めいたフレーズだけが残った。このように考えなければ、『その注釈に見出されたるグレゴリオスの講話』の実に退屈極まりない神々の列挙や『キリストを愛する者の講話』におけ

186）*Аничков*. Язычество. C.239-240.

第3章　中世ロシアにおける宗教心のあり方　　**173**

る憤怒の爆発は説明がつかない。

　その一方で、教会活動家たちのまえには、下層聖職者たちを指導するという課題も提起されていた。日常的に民衆と接触のある者たちに、何をしなくてはならないか、何をしてはならないかを示すためには、民衆の許されざる儀式と習慣を数え上げて下層聖職者の意識を刺激すればもはや十分であると思われたのであろう。『キリストを愛する者の講話』の次のような印象的なフレーズもまた、下層聖職者たちを「教育」する役割を果たしたはずである。

　　洗礼を受けた者のなかでこのように振舞う者は、異端者より悪い。そして、このようなことを「無学な者」だけではなく、「学のある者」も、知らずにやっている者だけではなく、知っている司祭たちや文筆家たちもやっているのである。もしも学のある者たちが、祈りのための捧げ物、すなわち、供物を飲んだり、食べたりすることまではしていないとしても、飲み食いはせずとも彼らの悪しき振舞いを黙認しているのである。見てはいないにしても、そのことを耳にして彼らを教え諭そうとしないのである。[187]

　このようにして光景の詳細を隠匿しつつ、キリストと神の御母に対する冒瀆を回避させるように努めた結果、「ロードとロージャニツァ」信仰に関する記述が記録されたのではないだろうか。

5.6. キリスト教のなかの「ロードとロージャニツァ」
5.6.1. 途上にある民衆のキリスト教化

　「ロードとロージャニツァ」については、いくつかの注記を記しておきたい。

　第1に、中世ロシアにおけるキリスト教受容の一側面に関する考察である。スラヴ学の学問的伝統において、今日にいたるまで、ルーシのキリスト教化が遅々として進まなかったという見解が一般的であったように思われる。一面では、この見解は疑いもなく正しい。しかし、私たちが論考の対象としてきた説教は、とりもなおさず、下層聖職者において正しいキリスト教徒とはどうある

---

187) *Гальковский.* христианства. Т. 2. С.41-42.

174　　「ロシア精神」の形成と現代

べきかという倫理的な自覚が現われたことを証明するものであるということを、私たちは忘れるべきではない。このことはルーシの真の意味でのキリスト教化、すなわち福音化Евангелизацияの大きな一歩であったように思われる。異教のキリスト教への馴化という観点から見ると、ロードとロージャニツァの論難という歴史的事象は、『ラドネジのセルギイ伝』において、セルギイが異教神でもあった熊を手なずけるエピソードにも通じるものがある。

すでに見てきたように、ゼレーニンに引用されたハリコフ県の事例においては、「母なる大地神」の後継者である聖パラスケーヴァ＝ピャートニツァがルサールカ、すなわち、「残置された死者」の女性の代表例と同一視されていた。民俗学的な知見にしたがうと、民衆の観念においては、当初、「母なる大地神」と汚れた残置された死者が共存することは絶対的に不可能であったわけだが、ここにこそ、中世ロシア民衆の残置された死者に対する関係の変異が認められる。

中世ロシア民衆は、当初、残置された死者たちは、その不浄さゆえに大地に受け入れられないために地中で腐敗せず、地上に戻って生きた人間たちに多くの害をなすと考えていた。この民衆の捉え方には明らかに、残置された死者たちの復讐の念に対する恐怖が看取されるが、キリスト教の聖者、聖パラスケーヴァとルサールカとの同一視のなかには、かつて存在したあの復讐、祟りへの恐怖が存在しない。

キリスト教の教えにしたがえば、不幸な死を遂げた死者ほど、神と人間からの憐憫と慈悲に値する存在はないのではないだろうか。しかし、にもかかわらず、民衆の世界観がこうした不幸な死者に対する否定的な見方から解放されるのはきわめて難しかったのである。このような否定的な世界観を乗り越えるためには、キリストの祝福というものが是非とも必要であった。このことは、ボリスとグレープの列聖について述べる第6章で詳述したい。つまり、キリスト教が浸透する過程においては、福音化と同時に、「ロードとロージャニツァ」の描画のまえで展開されたような冒瀆も回避できなかったのである。冒瀆は、祖先崇拝と大地崇拝とキリスト教的思考のあいだで起こったシンクレティズムのうえで生じていた。

第2は、本論の著者は「文明化」の観点からの論評であり、中世ロシアばか

第3章　中世ロシアにおける宗教心のあり方　**175**

りではなくビザンツにおいても、キリスト教の忠実な信奉者たちが「母なる大地」崇拝の克服の過程で遭遇することになったある障碍に関するものである。この問題を理解するためには、私たちは全地公会でのキリスト論の議論の歴史を瞥見することが必要である。

ニカイア信仰箇条は、「われらは、唯一の神、全能の父にして、天と地の造り主、見えるものと見えざるものすべての創造者」と、「唯一の主イエス・キリスト」、すなわち、「神の独り子にして、あらゆる世に先立って父より生まれ、光からの光、真の神からの真の神」と、「聖霊」の三者への信仰を規定した。そののち、[188] カルケドン信仰箇条は次のようにそのキリスト論を発展させた。

　この故に、我らは、聖なる教父らに倣い、凡ての者が声を一つにして、唯一人のこの御子我らの主イエス・キリストの、実に完全に神性をとり完全に人性をとり給うことを、告白するように充分に教えるものである。主は、真に神であり、真に人であり給い、人間の魂と肉をとり、神性によれば御父と同質、人性によれば主は我らと同質、罪をほかにしてすべてにおいて我らと等しくあり給い、神性によれば代々の前に聖父より生まれ、人性によれば、この終りの時代には、主は我らのためにまた我らの救のために、神の母である処女マリヤより生れ給うた。この唯一のキリスト、御子、主、独子は、二つの性より（二つの性において）まざることなく、かけることなく、分けられることもできず、離すこともできぬ御方として認められねばならぬのである。合一によって両性の区別が取り除かれるのではなく、かえって、各々の性の特質は救われ、一つの人格一つの本質にともに入り、二つの人格に分かたれ割かれることなく、唯一人の御子、独子、言なる神、主イエス・キリストである。これは、はじめから、預言者らまたイエス・キリスト御自身が懇ろに教え、教父らの信條が我らに伝えた通りである。[189]

---

188) *Лебедев А.П.* Вселенские соборы IV и V веков. СПб, 2004. C.37.

189) Там же. C.247. 日本語訳は以下に拠る。『キリスト教古典叢書第一巻　信條集前篇』新教出版社、1955年、7頁。引用は旧字体を現代にふさわしいかたちに直してある。

176　「ロシア精神」の形成と現代

カルタショフによれば、カルケドン信仰箇条として結実したのは、「パレスチナの啓示による古典古代的なギリシア・ローマの魂の新たなる発展」にほかならなかったが、たとえばアラブ人、セム人、ペルシア人などのパレスチナ的東方の人々にとって、このようなかたちで達成された「ギリシア・ローマ的正統固守の精神は、非常に冷たく、その調和は味気ないものに見えたのである。悲劇的な二元的思考と唯心論の悲劇的不協和音が、彼らを否応なく引きつけた。この点に、キリスト教世界全体をも揺るがしたキリスト単性論の感染の根源があったのである。単性論が猛威を振るい、痛ましい消耗をもたらしたのは、その東の半分、ギリシア文化圏であった。」[190)

　ここで注意すべきことは、カルタショフが指摘したように、キリストに神性だけを見ようとするパレスチナの精神性がキリスト単性論とキリスト単意論を発生させたのに対し、その一方で、ギリシア・ローマ的な世界観の根底にあるものがキリストあるいは神の御母を、（通常の）人間にあまりにも緊密に近づけようとしたのである。その結果、イエス・キリストを神性において完全であり、人性においても完全であるというカルケドン信仰箇条の軽視を生ぜしめた。中世期のあいだずっと東方教会は、このカルケドン信仰箇条の軽視と活発に戦ってきたが、このことをよく示すのはクィントセクストゥス（トゥルロ）公会議規定79条である。

　　キリスト降誕ののち神の御母の祝日にお産のお祝いといって麦粉を煮たり、そのほかの料理をつくる者は、破門されるべきである。
　　注釈。これは、永遠の処女、神の御母に対する尊崇の心ではないからである。神の御母の肉への宿りは、私たち人間の本性にならい、ほかのふつうの女の誕生の場合と同じように理解することはできず、知を超え言葉を超えたものだからである。同様に、玄妙なるその生誕について物語ることも何かをなすこともできないからである。このために、誰かがキリスト降誕祭の翌朝に、至純なる処女なる母のためにその出産のあとに、麦粉やその他のものを煮たり、それをほかの人々に配ったりしたならば、それが寺男や堂務者なら

190）*Карташев А.В.* Вселенские соборы. Клин. 2002. C.414-415.

第3章　中世ロシアにおける宗教心のあり方　　**177**

ば追放されるべきであるし、世俗の人間ならば容赦なく破門されるべきである。なぜなら、神の降誕は処女からであり、懐胎は受精によるものではないと教えられているからである。[191]

　この規定は、神の御母マリアの人間の女性たることに過度に注意を払うことに著しく警戒的である。しかしながら、こうした祭りを根絶しようとする教会の努力は実を結ばなかった。教会は神の御母を不敬にもふつうの人間と同一視する、そのような動きと戦う一方で、そのような民衆の感覚を自らの教義体系のなかに取り込まなくてはならなかった。こうしたできた教会の祝日が、「至聖なる神の御母の集い」という名の祝日である。この神の御母の祝日は、東方教会の世界（オイクメネー）全体に広がっており、教会暦（メシャツェスロフ）においてはさまざまな名前で呼ばれている。たとえば、「シュナクシス＝神の御母の集い」、「エピロケイア＝出産祝い」、「エジプトへの逃避」などの名称があり、1295年の韻文教会暦（プロローグ）においては、これらの名称が併記されている。1250年のプロローグによれば、「現在、ツァリグラード（コンスタンティノープル）では、ヴラケルナイ教会において祝われている」と述べられている。[192]『セルギイ・スパスキイの教会暦』によれば、「至聖なる神の御母の集い」の祝日は、たとえば、715年のシナイ福音書、クリプトフェラト修道院の11-13世紀のギリシア語暦聖者伝（ミネイ）、12世紀のスラヴ語典礼暦年代記に言及されている。[193]中世ロシアにおいても、とくに南部で、神の御母の母胎の安寧と出産の無事とを祝う習慣が「神の御母の帷」の名のもとに知られ、12月26日に祝われていた。ガリコフスキイは次のように述べている。

　　神の御母がロージャニツァと混同されるようになったのち、出産を終えたばかりの女性として神の御母を崇拝する習慣が生じ、この混同のために、神

---

191) Рязанская кормчая (1984). *РНБ*, F.п.II. № 1 Толстовской библиотеки, I, №311, Л.159-159об.

192) *Архиепископ Сергий.* Полный месяцеслов Востока. Владимир, 1901. T. 2.C.522.

193) *Архиепископ Сергий.* Полный месяцеслов. T. 2.C.393-394.

178　「ロシア精神」の形成と現代

の御母が出産の助け手と見なされるようになった。[194]

　「第2祭壇（共食卓）」をロージャニツァに捧げられたものと見なすルイバコフは、その祝日は神の御母生誕祭（9月8日）の翌日であると考えていた。[195] このルイバコフの説は、あきらかに、「神の御母の帷」がキリスト降誕祭の翌日に祝われることから着想されたものである。ガリコフスキイは、この祝日が20世紀初頭にどのように祝われていたのかを次のように描き出している。

　　小ロシア（ウクライナ−三浦注）では、今日にいたるまでこの日（12月26日）に聖堂にパンやピローグなどを持ち寄る。これらの捧げ物は、それらをまえにして短い全体向けの追善式（！−三浦）がおこなわれたあとに、聖職者の収入に繰り入れられた。この習慣は南ロシアからモルダヴィアにもたらされた。この習慣が定着すると、出産の苦悶の表情を湛えた神の御母と幼子である救世主を取り上げた産婆の描かれたイコンの図像が現れた。[196] このイメージは子供を取り上げる産婆への祈りのなかに取り込まれた。「主、イエス・キリスト、われらが神よ、千年紀のまえに父より生まれ、女の手で襁褓にくるまれたまえ。」ヴォルイニ県では、「神の御母の帷」のためにお祝いをする習慣が存在しており、それは12月26日の「神の御母の集いの日」におこなわれることになっていた。キリスト降誕祭の二日目に、女性たちが教会にパン、ピローグそのほかのものを聖堂にもって行くのであるが、それは土地の言葉で「お産の神の御母のところに行く」と名づけられていた。[197]

　ふたたびガリコフスキイの述べるところに耳を傾けることにしよう。

194）*Гальковский.* Борьба христианства. T. 1. C.169.

195）*Рыбаков* Язычество. C.468.

196）そうしたイコンの一つとして、14世紀ヴェリーキイ・ノヴゴロドで描かれた以下のイコンが挙げられる。20. Рождество богоматери // Государственная третьяковская галерея. T. 1. Древнерусское искусство X-начало XV века. M., 1995.C.79. 以上は筆者による注。口絵図4参照。

197）*Гальковский.* Борьба христианства. T. 1. C.168.

第3章　中世ロシアにおける宗教心のあり方　**179**

お産のときに神の御母にお願いをする習慣に関していえば、それはどこにでも広まっており、汎キリスト教的ということができる。[198]

5.6.2. 現代に見る「ロードとロージャニツァ」信仰の名残り

「ロードとロージャニツァ」信仰に、多産をもたらす男女神の聖婚のイメージがあったとする仮説を支持する根拠となる事例が、民衆の物質文化のなかにも、正教会の美術的コンポジションのなかにも見いだされる。とはいえ、それは当然のことながら柔和化、適応化した許容されうるかたちで、おのおの洗練された表現をとっている。

膨大な量のロシア民衆芸術の刺繍作品のなかに、内部に鳥、花、人々の像が配されたカエルの図像が見いだされる。フォークロアや民俗学資料におけるカエルのイメージのさまざまなタイプを精緻に研究したD.バラーノフとE.マドレフスカヤによれば、東スラヴ人の神話的世界観においてカエルのイメージは、子宮、大地、冥界と結びつきをもっていた。

> そのふくらむ性質のほかに、子宮とカエルを結びつけるのはその冥界に近しい性質である。カエルの冥界性に関しては、研究論文でも幾度となく論じられている。子宮と地下世界とが同一視されたことは、出産の儀礼において子供が出てくる世界の位置関係に関する考え、すなわち、地下から子供が来ると考えられたことにもよく現れている。…生殖にまつわるカエルの特徴はあまりにも強いので、それは大地のようにあらゆるものを生み出す原理の抽象的なシンボルに変容した。[199]

東スラヴ人の民衆芸術におけるカエルの形象は子宮＝大地をあらわしてお

198）Там же.

199）*Баранов Д.А., Мадлевская Е.Л.* Образ лягушки в вышивке и мифопоэтических представлениях восточных славян // Сборник музея антропологии и этнографии. СПб., 1999. Т. 47: Женщина и вещественный мир культуры у народов России и Европы. С.115.

り、女性原理を視覚化したものとして多産のシンボルとなっている。コンポジションの輪郭としてカエルが用いられたデザインのなかに、カエルの形象によって縁どられた内部に男性と女性がペアで描かれたものがある。バラーノフとマドレフスカヤはその論文のなかで、カエルの輪郭の内部に女性（男性なしで）や動植物が描かれたデザインをいくつか紹介しているが、そこに男性と女性のペアが配されたものはユニークで類例を見ない（口絵図5）。歴史の闇の向こうに隠れたが、民衆の心の意識と無意識のあいだに今に至るまで潜在していた「ロードとロージャニツァ」信仰は、調和そのものと言ってよいこの刺繍のデザインとしてあぶり出されてきたのではないだろうか。

　次の例は、洗礼者ヨハネの誕生に捧げられたイコンで、男女が睦み合い、抱擁する図が描かれている（口絵図6）。描画の主題は洗礼者ヨハネの懐胎をめぐる聖書のエピソードである。神の御母マリアへの無原罪の御宿りの人間世界への投影として非常に重要な意義をもつこのエピソードは、『ルカによる福音書』にのみ現れる。[200] 『ルカによる福音書』自体が、洗礼者ヨハネの懐胎のエピソードで始まり、このエピソードが諸福音書の神の御母の受胎告知の物語とあたかも「双子」のように配置されているのである。この二つの物語、イエスの誕生と洗礼者ヨハネの誕生のおのおのの物語は交互に現れ、神の御母マリアとエリザベト（洗礼者ヨハネの母親）がいとこ同士であるとか、いずれも懐胎を天使が告げ知らせるなど、共通のディテールによって編み合わされて、全体があたかも一つの物語を構成しているかのようである。

　『ルカによる福音書』によれば、洗礼者ヨハネの父ザカリアはその妻エリザベトとともに子宝を授からず苦しんでいたが、そこに天使が現れて妻が妊娠したことを告げ知らせる。天使が訪ねてきた徴としてザカリアは、赤子の誕生まで口がきけなくなってしまう。この部分の語りのすぐあとに、受胎告知の話がつづき、神の御母マリアに天使は次のように言うのである。「聖霊があなたに降り、いと高き方の力があなたを包む。だから、生まれる子は聖なる者、神の子と呼ばれる。あなたの親類のエリザベトも、年をとっているが、男の子を身

200）『ルカによる福音書』1章39-79節。

ごもっている。不妊の女と言われていたのに、もう6か月になっている。」(『ルカによる福音書』第1章35-37節) このエピソードの淵源を尋ねれば、旧約聖書創世記のイサクの誕生にまで遡ることができるのであろう。以上のように、洗礼者ヨハネの懐胎のエピソードは、神的な受胎告知の人間世界への投影であり、受胎告知の祖型としてのザカリアとエリザベト抱擁の図像は、キリスト諸教会の教義体系のなかで然るべき位置を見いだす。

　ちなみに、転義した意味において「キリストと聖母の聖婚」というべき考え方が許されるのならば、それは汎キリスト教的な意味合いをもっていたように思われる。その場合、「キリストと聖母の聖婚」に象徴されるのは豊饒多産ではなく、宇宙の完璧なる調和であった。

　西方のカトリック教会では、周知のように民衆レベルでは東方教会と同様に「聖母マリア＝マドンナ」崇拝が盛んであったが、東方教会と異なり「聖母マリア＝マドンナ」崇拝の公認はきわめて遅かった。それは1950年、ときのローマ教皇ピウス12世が「童貞聖マリア被昇天」の教義を公布したときであるが、この教義において聖母は被昇天ののちに魂だけではなく肉体も天に引き上げられたとされる。前世紀、すなわち、20世紀最大の心理学者、カール・グスタフ・ユングはその著『ヨブへの答え』において、ローマ教皇による聖母崇拝の承認を意味するこの教義の公布を宗教改革以降最大の宗教的事件と捉え、この教義の意義を次のように述べている。

　　それゆえにこそ[201]『黙示録』の結末は、典型的な個性化過程と同じように、聖婚・息子と母−花嫁との結婚である。この結婚は天国で行なわれ、そこは荒廃したこの世のかなたにあって、「不浄なものは何一つ」入り込んでこない。光と光が結合する。これがキリスト教の時代に実現されなければならない目標であり、その後に初めて神は被造物である人間に受肉できるのである。終末のときに初めて、太陽の女の幻視が実現される。この真理を認めたからこそ、そして明らかに聖霊に動かされて、法王は《マリア被昇天》の教義を公

---

201) これに先立つ部分のテクストでC・G・ユングは、『ヨハネ黙示録』においては、「永遠の福音」は「神への愛を超えて神の恐れを内容としている」と述べている。

182　「ロシア精神」の形成と現代

布して、すべての合理主義者を驚かせたのである。それによれば、マリアは天上の結婚の部屋において、花嫁として息子と結ばれ、ソフィアとして神と結ばれるのである。

　この教義はあらゆる点で時宜を得たものである。それは第一にヨハネの幻視を比喩的に実現しており、第二に終末の時の子羊の結婚を暗に指しており、第三に旧約聖書において想起されたソフィアをもう一度想起している。この三つの関係は神の人間化を予言している。すなわち第二と第三はキリストへの受肉を、第一は被造物である人間への受肉を、予言している。[202]

　中世期だけではなく、キリスト教が信仰されている世界のあらゆる地域において、その東西を問わず、受容された教義のいかんを問わず、聖母への民衆の祈りがもっとも切実で、緊要で、真正の祈りであったことを、私たちは忘れるべきではないだろう。

　ここで中仕切りのまとめとして、本稿の結論をもう一度繰り返すことにする。

1. 冥界の王としてのロードは、ヴォロスと同一視されうる。いずれもオシリス、ディオニュソス、アドニス、アッティスの系譜に連なる「男性の犠牲者にして死んで甦る季節再生の男性神」であった。
2. 「偉大なる母＝大地」としてのロージャニツァはモコシと同一視されうる。また、神の御母とも同一視されていた。いずれもイシス、デーメーテール、セメラ、アプロディテー、キュベレに連なる「女性の庇護者にして母なる大地女性神」であった。

---

202) C.G.ユング『ヨブへの答え』、林道義訳、みすず書房、1988年、140-141頁。引用の箇所にユング自身が付した注は以下のとおり——『法王憲章「神の恵みについて」』。『法王庁公文書』1950年、所収。第21節「父が約束していた花嫁は、天上の部屋に住むのがふさわしかった。」－ヨハネス・ダマスケヌス『寝室における賛歌』等。「説教」II－14（ミーニュ『ギリシア教父全集』第96部、742段、参照）。第26節を『雅歌』の花嫁と比較せよ。第29節「この日、処女なる母が天上の花嫁の部屋に迎え入れられたとき、彼が清めておいた箱船も同時に天に昇った。」アントニウス・フォン・パドヴァ『主の説教』等、1895年（上掲書161-162頁）。

3.「ロードとロージャニツァ」信仰は、「男性の犠牲者にして死んで甦る季節再生の男性神」と「女性の庇護者にして母なる大地女性神」の聖婚（ヒエロス・ガモス）をまつる偶像崇拝であった。

4.「ロードとロージャニツァ」信仰は、神の御母と幼児キリストの聖画像から逸脱、発展して描かれたエロティックな偶像を伴っていた。

5.「ロードとロージャニツァ」信仰は、キリスト教と異教の融合形態であり、この信仰のなかでは、祖先への崇拝と母なる大地への崇拝とが融合していた。

6. 祖先崇拝は、冥界の王であるロード＝ヴォロスとその背後にいる男女の死者たちから来たものである。死者のなかには、不幸な死を遂げ、その祟りが恐れられた残置された死者たちも含む。

7. 母なる大地への崇拝は、ロージャニツァ＝モコシから来たものであるが、ロージャニツァが神の御母と同一視されることにより、スラヴ太古の女神から、残置された死者を忌避する特徴が排除され、残置された死者をも含む祖先崇拝とのシンクレティズムが可能となった。

6. 中世ロシアにおけるビザンツ文明の受容──『その注釈に見出されたるグレゴリオスの講話』を題材に

6.1. 中世ロシア文献における『その注釈に見出されたるグレゴリオスの講話』の位置づけ

988年、ルーシ（ロシアの古名）においてキリスト教が受容されて以来、多くのキリスト教文献が翻訳というかたちでルーシの人々のあいだに到来することになった。やがて時代が経つにつれて、そうした翻訳作品のなかから非常に特殊な変種が現われることになる。そのなかの一部は、写字生の解釈によって原典の一部分だけが改変されていただけだったが、また別の作品は、文筆家の編集上の意図によってテクストにまったく新しい部分が挿入されて、もはや単純に翻訳とは言えないほど原典が改変を被ることになった。

同じような傾向は、ルーシの正教会（コンスタンティノープル総主教庁キエフ府主教座）による中世ロシア民衆の異教的風習に対する糾弾文書のなかにも見出される。これらの作品はもはや単純に翻訳とはいえないほど原典が改変さ

れているにもかかわらず、その表題には、ヨハンネス・クリュソストモス、ナジアンゾスのグレゴリオスといった偉大で権威の高いビザンツの教父たちの名前が冠されている。オルロフは自らの著書『中世ロシア文学』のなかでまるまる1章をこうした異教糾弾文書に割き、次のように書いている。

　　こうした虚偽の名前が作品のタイトルにつけられていることに関しては、一部の作品にとりわけよく知られた説教者たちの名前が冠されていることが知られている。このようなことは、ビザンツでもあったし、スラヴ諸国でもよくあることであった。多くの説教が、あきらかにそれらがかの有名なるヨハンネス・クリュソストモスの手になるものでないにもかかわらず、表題にはその名を冠されている。10世紀から14世紀にかけての説教集における『作品』の文学性に関していえば、もっとも芸術性において卓越しているのは、ヨハンネス・クリュソストモスとナジアンゾスのグレゴリオスのギリシア語テクストに由来すると考えられる作品であり、それらは古代の弁論術の影響下にある。[203]

　そうした異教糾弾文書のなかに、次のようなかなり長い名前をもつ作品がある。「その注釈に見出されたるグレゴリオスの講話。太古の民衆たちが異教徒であり、偶像に跪拝し、それらに捧げものをおこない、いまもそれをおこなっていること」がそれである。これからは、それをより短く『その注釈に見出されたるグレゴリオスの講話』と呼ぶことにする。この説教については、3.4.でも扱っている。

　この説教は次の5つの中世ロシアの写本において見出される。

1. *РНБ*, Кирилло-Белозерское соб. №4/1081. л.40-43об (XIV-XVвв.). ロシア国民図書館（サンクトペテルブルグ）所蔵、キリル・ベロゼルスキイ修道院写本

---

203)《Проповеднические сборники и проповедь против язычества》// *Орлов*. Древняя русская литература. C50-55. 第7章注65（p.341）で挙げられた講話の大半が、オルロフが述べているような、高名な説教者の名前を冠したオリジナル作品である。

第3章　中世ロシアにおける宗教心のあり方　**185**

集成 №4/1081、40-43 葉裏、14-15 世紀。

2. *РНБ*, Софийское соб. №1285. л.84об-87 (XVв.). ロシア国民図書館（サンクト
ペテルブルグ）所蔵、キリル・ベロゼルスキイ修道院写本集成№1285、84 裏
-87 葉、15 世紀。

3. *ГИМ*, Чудовское соб. №270. л. 221-224 (в 1470 годах). 国立歴史博物館所蔵、
チュードフ修道院写本集成№270、221-224 葉、1470 年代。

4. *РНБ*, НСРК. F. 314. Л145-148 (в 1470 годах). ロシア国民図書館（サンクトペ
テルブルグ）所蔵、НСРК. F. 314、145-148 葉、1470 年代。

5. *РНБ*, Кирилло-Белозерское соб. №43/1120. л.128об-130 (XVIIв.). ロシア国民
図書館（サンクトペテルブルグ）所蔵、キリル・ベロゼルスキイ修道院写本
集成№43/1120、128 裏-130 葉、17 世紀。

アーニチコフは自らの著書『異教と古代ロシア』のなかで、この説教（『その
注釈に見出されたるグレゴリオスの講話』）に一章を割き、1.『パイーシイ文
集』、2.ソフィア №1285、南スラヴ語の翻訳とを対照して部分的ながらテクス
トの分析をおこなっている。[204] ガリコフスキイは同様に、1.『パイーシイ文
集』と2.ソフィア №1285を対照させる一方、3.チュードフ №270のテクスト
を紹介している。[205] アーニチコフはおそらくチュードフ №270の存在を知ら
なかった。そして、1946年、ダウガフピルスで偉大なる写本収集家V.マール
イシェフによって写本4.『金の梁』が発見されると、発見された写本の総計は5
つとなった。

この説教の特質について、アーニチコフは次のように定義している。

　　私たちが向き合うのは説教であるというよりも、おそらくは研究のような
　　ものである。説教の作者は大雑把にいって何かを知らせたいように見える。
　　ただこの当時の習慣として説教という形態をとっただけである。[206]

204）*Аничков*. Язычество и древняя Русь. СПб., 1914. С. 58-80.

205）*Гальковский*. Борьба Христианства. Т.2. С.17-35.

206）*Аничков*. Язычество. С. 58.

このアーニチコフの見解の当否については、本稿の結論部分でもう一度考えたい。『その注釈に見出されたるグレゴリオスの講話』はナジアンゾスのグレゴリオスの手になるものとされているが、実のところ、この偉大なるキリスト教会教父の説教の原典に由来する部分はあまり多くない。このことについてアーニチコフは次のように述べている。

　聖グレゴリオスの名前が表題に冠されていて、作者の情報源として明示されている。表題自体が、その作者が神学者グレゴリオスから借用をおこなったと断りを入れている。すなわち、作者は独自に「見出した」のである。そのゆえに作品は注釈的なもの、すなわち「注釈に見出されたる」となる。[207]

中世ロシアの異教糾弾文書はしばしば理解するのにむずかしいと見なされ、場合によっては退屈であると考えられてきた。たとえば、オルロフは文字どおり次のように言っている。

　大体において、異教に反対する説教は貴重な文学資料とは言いがたい。そのなかには、雄弁術文学の片鱗もなく、すべてはきわめて不格好なものである。[208]

学者たちは、『その注釈に見出されたるグレゴリオスの講話』のルーシの諸ヴァリアントにおいて、グレゴリオスの原典テクストがほとんど反映されていないと結論づけてきた。しかしながら、こうした結論は、ルーシの諸ヴァリアントとギリシア語原文とのあいだの綿密な比較対照をいっさい行わずに導かれてきたことも否めない。ここから、いま述べたような学者たちの結論がほんとうに正しいのかどうかという問いが必然的に湧き上がってくる。

　本節は、次のような問いに対して一定の回答を与えることを課題とする。すなわち、『その注釈に見出されたるグレゴリオスの講話』のテクストを具体的

---

207) *Аничков.* Язычество. C. 58.

208) *Орлов.* Древняя русская литература. C.51.

第3章　中世ロシアにおける宗教心のあり方　**187**

に検討することを通じて、どの程度そこにギリシア語原典が反映されているのか、どのように原典テクストが翻訳され、改変され、ある場合には歪曲されたのか、どのような内容が挿入されたのか、どんな目的で、また、どんな意識でこれらの翻訳にビザンツ教会の偉大なる教父の名前が冠されたのか、以上のことを明らかにしたい。

6.2. ナジアンゾスのグレゴリオスとその説教『聖なる光のなかへ』

『その注釈に見出されたるグレゴリオスの講話』のギリシア語原典は、ナジアンゾスのグレゴリオスの第39講話のなかに見出される。1990年代にフランスでナジアンゾスのグレゴリオスに関する一連のあらたな研究が上梓された。[209] その研究は、あらたに校訂されたギリシア語テクスト、現代フランス語への翻訳、序文と注釈からなるもので、この新しい研究によってナジアンゾスのグレゴリオスの思考、そのさまざまな感覚と経験に近づくことがより容易にできるようになった。

ナジアンゾスのグレゴリオスは、4世紀の教会教父の一人であり、大ワシレオスの盟友として世に知られている。キリスト教会の歴史においては、381年にローマ皇帝テオドシオス1世によって召集された第1回コンスタンティノープル公会議で、終始一貫して「三位一体」の教義を擁護したことで知られている。彼は59歳でこの世を去るまで、244通の書簡、400篇の詩、45の説教を残した。[210] その説教の多くは、コンスタンティノープル主教であった時期に、すなわち、379年から381年にかけて書かれている。こうした活動ゆえに、彼は後代のキリスト教徒から、「神学者（テオロゴス、ボゴスロフ）」の呼称を捧げられた。キリスト教世界で「神学者」と呼ばれるのは、彼のほかに福音書作者ヨハネと学者シメオン（949-1022）だけである。

209）Gregoire de Nazianz, *Discours 38-41; introduction, texte critique et notes par Clauduio Moreschini, traduction par Paul Gallay :Sources chrétiennes, no 384.* (Paris: Les Éditions du Cerf, 1990).

210）上智大学中世思想研究所・宮本久雄『中世思想原典集成2　盛期ギリシア教父』平凡社、1992年、330-335頁。

188　「ロシア精神」の形成と現代

第39講話『聖なる光のなかへ』は、380年もしくは381年1月6日、すなわち、主顕節の祝日にコンスタンティノープルで行われた説教である。グレゴリオスはこの説教のなかで主顕節、すなわち、主の洗礼の日を祝し、この祝日を迎える喜びを歌いあげ、その意義を説いている。主顕節の祝日はまた「光の祝日」と呼ばれるが、[211] それはキリストがこの世に光をもたらしたことに拠る。この祝日を正しく祝うために、グレゴリオスは確信をこめて次のように言う。

　　私たちは自らのなかに認識の光を灯さなくてはいけません。秘密の隠された神の叡智を広め、ほかの者たちのまえで光とならなくてはならないのです。しかしながら、このためには私たちは自らを清めなければならないし、自らの義務を果たし神に似るためには、あらかじめロゴスに向き合わなくてはならないのです。[212]

　自らを清めるためにはギリシアの異教的な儀礼の狂乱から遠ざからなければならないと、グレゴリオスは主張している。第39講話の最大のテーマである異教的儀礼の狂乱からの離脱という主題は、講話の冒頭部分で明らかに現われている。

　　ふたたびイエスに話を戻しましょう。ふたたびイエスの秘密に戻りましょう。この秘密は偽りのものではないし、醜いものでもありません。それは、ギリシアの誤りをも、ギリシアの陶酔をも含むものではありません。私たちはまともな分別をもつすべての人々とともに、ギリシア人たちの儀式を、欺瞞的で醜い誤り、大酒飲みであると名づけます。必要なのはその正反対のことです。私たちに必要なのは、高められた聖なる秘儀なのです。それは天の輝きを帯びています。なぜなら、光の聖なるこの日、私たちが今日神の憐れみによって迎えることができたこの聖なる日（主顕節を指す－三浦注）は、私のキリストの洗礼にその始まりをもっているのです。聖書にも述べられてい

---

211) Gregoire, *Discours 38-41*, P.12.
212) Gregoire, *Discours 38-41*, P.168-169.

第3章　中世ロシアにおける宗教心のあり方　**189**

るように、「キリストはまことの光で、世に来てすべての人々を照らすので
ある。」[213] この光が私に浄化を与えるのです。[214]

説教のこの冒頭につづく部分で、作者は自己浄化をつうじてあらゆる人間が
原初のアダムにもどることができると述べている。

> 今こそが、再生の時なのです。私たちは上から生まれます。今こそが、復
> 活の時なのです。私たちは、最初のアダムを受け容れます。私たちはいまあ
> る私たちに留まってはいけません。私たちは、かつて私たちがそうあった者
> に戻らなくてはいけません。「光は暗闇のなかで輝いている」[215] のです。そう
> すれば、私たちは闇を振り払い、この光に到達し、完全なる光となり、完全
> なる「光の息子」になれるでしょう。[216]

神学者グレゴリオスはこのために、異教的な儀礼を根絶やしにすることによ
って、自己浄化する必要性を強調するが、これこそが第39講話の中心テーマ
となっている。

6.3. ナジアンゾスのグレゴリオスとギリシア神話

『その注釈に見出されたるグレゴリオスの講話』がギリシア語原典と関係す
るのは、異教的神話と儀礼を排斥しなければならないとグレゴリオスが強く主
張する部分であり、それは第39講話のなかで6分の1を占めている。この部分
において、ナジアンゾスのグレゴリオスはギリシア神話を一つ一つ取り上げ
て、それらを退けている。まずギリシア語原典でこの部分を詳しく見てみよ
う。

まずグレゴリオスの論難の矛先は、ギリシアの神々の王、ゼウスの生誕神話

---

213)『ヨハネによる福音書』1章9節。
214) Gregoire, *Discours 38-41*, P.150-151.
215)『ヨハネによる福音書』1章5節。
216) Gregoire, *Discours 38-41*, P.152-153.

190　「ロシア精神」の形成と現代

に向かう。

> 私たちには、ゼウスの生誕と誘拐はありません。[217]

　ゼウスの父、クロノスは、自分が自らの息子によって王座から追われるであろうという予言を信じて生まれてくる息子たちを憎み、生まれるたびに息子たちを次々と呑みこんだ。ところが、クロノスの妻レアがゼウスを生んだとき、レアは生まれてきたゼウスをクロノスから救うためにクレタ島に隠した。そのとき、クレーテースという名のレアの召使いたちが、踊りと武具を打ちつける音とで、新生児ゼウスの泣き声を聞こえなくしてゼウスをクロノスから匿った。クレーテースは、もともとはクレタ島の植物の神と考えられ、のちに述べるコリュバンテスと近い関係にある。[218] グレゴリオスはこの神話の要点（「生誕」と「誘拐」）のみを捉え、それが信じるに値しないことを宣言している。

> フリギア人のもとには、（男性器の－三浦注）切断はなく、フルートも、コリュバンテスも、自らの信仰のなかに新たに信者を引きいれ、自らもまたこの神々の母の信仰のなかに深く入るために女神レアの周りで行われるすべてのでたらめなこともありません。[219]

　キュベレの愛人であったフリギアの青年神、アッティスが話の中心になっている。神話によれば、美青年アッティスはアグディスティス[220]に永遠の愛を誓うが、あるニンフの誘惑に身を任せてしまう。アグディスティスは嫉妬のためにアッティスを狂気に陥れる。狂気に陥ったアッティスは自らを去勢して死ぬ。のちにアグディスティスはこのことを後悔し、アッティスを神にするため

217）Gregoire, *Discours 38-41*, P.154-155.

218）呉茂一『ギリシア神話　上』新潮文庫、375頁；Куреты // *Кузищин В.И.* Словарь античности. Перевод с немецкого. М., 1992; Корибанты // Словарь античности.

219）Gregoire, *Discours 38-41*, P.154-155.

220）キュベレの別の名前。

第3章　中世ロシアにおける宗教心のあり方　**191**

に奔走する。アッティスの祝祭は春におこなわれるが、狂った乱痴気騒ぎを伴っていた。[221]

　ここでもふたたびテクストに現われるコリュバンテスは、キュベレ＝レアにつき従う神＝人としてアッティスの類型に属している。先に登場したクレーテースも、ここに現われるコリュバンテスも、音楽と舞踏とで野性的に活気づく神々の従者でなおかつ祭司である。コリュバンテスは狂乱に陥り踊り狂いながら、自分の身体の一部を切り刻み、性器の切断にいたることもあったと言われている。

　グレゴリオスのテクストに注釈を付したポール・ガレイによれば、フリギアはレア崇拝の揺籃の地であり、レアは「偉大なる母」と呼ばれていた。[222] さらにつけ加えるべきなのは、古代ギリシアにおいてレア崇拝とキュベレ崇拝は、「神々の母」崇拝としてかなり前から一つのものになっていたということである。[223] また、踊り狂う宗教の激しさという点で、キュベレ崇拝はディオニュソス崇拝と通じるものがあったと指摘されている。[224] 神々の母崇拝との関連でいえば、神学者グレゴリオスは、デーメーテールとペルセポネー [225] をも論難の対象に加えている。

　説教のこの部分から、グレゴリオスの論難の対象になったのは、ギリシア人の宗教の狂的な習俗と「神々の母」の崇拝だったことがわかる。原典テクストは、次のように続く。

　　ディオニュソスは、あたかも腿に縫い込まれたかのごとく言われていますが、腿から生まれたわけではありません。頭から生まれた者も誰もいません。アンドロギュノスという神はいません。この神を信じるフリギア人の狂乱な

221）Аттис // Словарь античности.

222）Gregoire, *Discours 38-41*, P.155.

223）Кибела // Словарь античности; Рея // Словарь античности; 呉茂一『ギリシア神話　上』375-380 頁。

224）呉茂一『ギリシア神話　上』378 頁。

225）Деметра // Словарь античности; Персефона // Словарь античности.

192　　「ロシア精神」の形成と現代

どありません。…かたちも見てくれも醜く、恥ずかしいファロスもイフィファロスもありません。[226]

　ここで話がおよんでいるのは、ディオニュソス、アテナ、ヘルマアフロディトスとテーバイにおけるその崇拝、ファロス崇拝である。ディオニュソスはゼウスの息子で、テーバイの王女セメラの娘である。ディオニュソスはブドウ栽培とワイン醸造の神であり、バッカスと称されることもある。ディオニュソス崇拝は祝祭の行進をともない、そのさいは、人々はディオニュソスのために野山を叫びながら、踊りながら練り歩く。ここでも私たちはふたたび宗教的熱狂という問題に逢着する。

　神話はディオニュソスの生誕について次のように語る。セメラはゼウスの子どもを孕んでいたが、ゼウスの妻ヘラはこれを憎み、セメラを唆してゼウスに神としての本当の姿を見せてくれるようにせがませる。この姿というのは、稲妻にほかならなかった。セメラはこの稲妻のために焼け死んだが、ゼウスはセメラの死体から月足らずの子を取り出し、自分の腿のなかに縫いつける。この赤ん坊がディオニュソスだった。赤ん坊のディオニュソスは無事に生まれ、セメラの妹イノが養育にあたった。[227]

　さらにグレゴリオスは、神話によれば、ゼウスの頭から完全武装で生まれてきたアテナのことを念頭に置いて論難をしている。アンドロギュノスという神は、ヘルメスとアフロディテーの息子であるヘルマアフロディトスのことである。伝説によれば、サルマキスの泉のニンフが、あるときヘルマアフロディトスに思いを寄せるが、ヘルマアフロディトスのほうはそれほどニンフを好きだと思っていなかった。この若者が水浴をしているとき、神々はこのニンフの願いを受けいれて、ヘルマアフロディトスとニンフをそれぞれの性をもったまま合体させる。ヘルマアフロディトスは、両性具有の、すなわち、オスでありなおかつメスであるような生物の個体のことを指す用語としても用いられる。ファロスと、イフィファロス（ファロスをかたどった人形のようなもの）は、ガ

---

226) Gregoire, *Discours 38-41*, P.156-157.
227) Дионис // Словарь античности; 呉茂一『ギリシア神話　上』325-328頁。

第3章　中世ロシアにおける宗教心のあり方　**193**

レイによれば、ギリシアでは豊穣多産のシンボルだった。[228]

　ここで重要になってくるのは、グレゴリオスがオシリスに対して特別な関心を抱き、それについて言及していることである。この点にかんし、原典テクストは次のように述べている。

　　エジプト人のもう一つの不幸である、オシリスの八つ裂きはないし、イシスの不幸な冒険も存在しません。[229]

　この一節は、オシリスとイシスについて述べている。プルタルコスによれば、オシリスはエジプト神話の英雄にして王で、その弟セトの奸計によって殺され、身体は八つ裂きにされた。しかしながら、妹で妻であるイシスによって蘇る。このため、オシリスは地下世界で死者たちの王となった。ギリシア人は、オシリスをディオニュソスと同一視していた。[230]

　オシリスがディオニュソスと同一視されていたということは、私たちにとって重要である。オルフェウス教の神話によれば、ディオニュソスと同一視されるザグレウスは、巨人族によって八つ裂きにされ、呑みこまれてしまう。アテナがその心臓だけを助け、ゼウスがそれを呑みこみ、セメラの子宮に孕ませて、ザグレウスに2度目の誕生を与えた。すなわち、ディオニュソスはオシリス同様に、死んで蘇る神なのだ。[231]

　さらにグレゴリオスは、アフロディテー、ペロプス、ヘカテー、デルフォイの神殿、カスタリアの泉、カルデア人の天文学、ラケダイモンの残酷な習慣、フリギア人の宗教的熱狂、オルフェウス教の秘儀、ミトラ教の祭儀、聖牛アピス、ナイル崇拝そのほかについて言及している。説教のこの部分は、あたかも古典古代の異教に関する小百科事典の様相を呈している。[232]

228）Gregoire, *Discours 38-41*, P.157.

229）Gregoire, *Discours 38-41*, P.158-159.

230）Осирис // Словарь античности;「オシリス」『平凡社世界大百科事典』;プルタルコス『エジプト神イシスとオシリスの伝説について』岩波文庫、1996年、32-47頁。

231）呉茂一『ギリシア神話　上』104-105頁。

194　　「ロシア精神」の形成と現代

6.4. ギリシア語原典とルーシ版とのあいだの共通点と相違点

『その注釈に見出されたるグレゴリオスの講話』は、ギリシア語原典をどのように反映しているのだろうか。グレゴリオスの原典とルーシの諸ヴァリアントとのあいだの共通点を抽出してみると、そこには、「宗教的熱狂－酩酊」、「神々の母」、「死んで蘇る神」というキーワードが浮かび上がってくる。

しかしながら、まず私たちが強調すべきなのは、原典、ルーシ版両テクストともに百科事典的性格をもっているということである。神学者グレゴリオスが古典古代の異教神話を論難しているように、中世ロシアの作者たちはグレゴリオスにならい、その古典古代神話への論難を補うかのように、スラヴの古来からの異教的な神話や習俗を、自己浄化の必要性という観点から論難しているのだ。古典古代の異教的遺産が何か不浄なものとして描かれ、できるだけ早い段階で清められるべきものとされている。

『その注釈に見出されたるグレゴリオスの講話』のすべてのヴァリアントは、次のような同じフレーズではじまっている。

> 汚らしい呪われた異教徒ギリシア人によって行われる、この呪われた汚らしい勤めをそなたたちは見るだろうか。そなたたちは、悪魔の使嗾と悪霊の思いつきによって行われる、嘘偽りの供犠を見るだろうか。この連中は悪しきでたらめに捧げものをおこなっている。信仰の穢れた者たちが偽りを真実と見なして偶像に勤めをおこない、跪拝しているのだ。[233]

ルーシの諸ヴァリアントにおけるこのフレーズは、これからはじまる文章が、異教的習俗の論難という神学者グレゴリオスと共通するテーマにかかわることを宣言している。この論難の趣旨は、ギリシア語原典を比較的正確に反映する次のような文章の断片によく現われている。

> 連中は鬼に憑かれたように乱痴気騒ぎをして悪の母アフロディテーに、

---

232) Gregoire, *Discours 38-41*, P.151-161.

233) *Гальковский*. Борьба Христианства. Т.2. С.17-35.

コルナ（コルナはアンチ・キリストの母である）に、アルテミスに、忌まわしいディオミエサに生贄を捧げるのだ。腿からの誕生や月足らずの赤ん坊を崇めることをやめよう。男女神（おとこおんながみ＝アンドロギュノス）を崇拝することをやめよう。テーバイ人は男女を神のごとく崇拝して狂ったように酩酊する。ファロスやイフィファロスを崇拝することをやめよう。連中は身体の恥ずかしい部分を崇拝し、それに跪拝して捧げものを捧げている。

テクストは、異教徒たちが悪魔の母に供犠をしながら、乱痴気騒ぎをすると言っている。悪魔の母として作者が名を挙げているのは、アフロディテー、コルナ、アルテミス、ディオミエサである。コルナはアンチキリストの母と注釈がつけられているが、おそらくは原典の「コリュバンテス」に由来するものだろう。コリュバンテスは、神々の母の崇拝と直接の関係をもち、宗教的な熱狂と酩酊を伴うものだったが、「神々の母」そのものではなく、神々の母に仕える者たちだった。ここでルーシ版の作者は「混同」を来していると言わざるを得ない。

アルテミスは月、植物、豊穣多産の女神であり、婚姻関係と出産の守り手である。エフェソスのアルテミス像は、たくさんの乳房をもつ母にして守り手の姿で形象されている。アルテミスも大地母神の一つの型であったと考えることができるだろう。[234]

ディオミエサという女神は謎に満ちている。中世ロシアの作者たちはおそらく、女神のこの名前をギリシア神話の神ディオニュソスとの関連で思いついたものであろう。ディオミエサという女神は、オシリスとともに「死んで蘇る神」であるディオニュソスとの連想において現れ出てきたのである。したがって、私たちはディオミエサという名前において、イシスやアテナのような冥府の神のパートナーとなる女神を想定すべきだと考える。

以上述べてきたことは、重要な意味をもつ。というのは、この箇所は中世ロシアの作者たちがかなり正確な古代ギリシア神話の知識をもっていることを証立てており、これらギリシア神話への言及は中世ロシア社会に確実に存在した

---

234) *Тахо-Годи А.* Артемида // Мифы народоа мира.

神学的論争の実態を示していると考えられるからである。すなわち、ここでキリスト教の側から糾弾の対象となっているのは、「宗教的熱狂と酩酊」、「神々の母への崇拝」、「死んで蘇る神への崇拝」だったのである。

「腿からの誕生 стегнорождение」、「月足らずの赤ん坊 недоношеные породыи」がディオニュソスの生誕について述べていることはすでに触れたとおりであるが、中世ロシアの作者たちにはこれらの語が何を意味するかはすでに判然としなくなっていた。というのも、もっとも古いパイーシイ写本では、「腿 стьгно からの誕生 стегнорождение」という語がないからである。

面白いのは、神である「男女 мужьженъ」という語である。これはギリシア語の «androgynos» のスラヴ語への直訳で、«manwoman»、«hommefemme»、«MenschFrau» というような語感だ。これに続くフレーズでは、テーバイ人がこの「男女」神を崇拝していたという原典の正確な情報が伝えられている。しかしながら、中世ロシアの作者たちはおそらくグレゴリオスがここで何を言いたかったか、すでに分からなくなっており、ギリシア語の単語を機械的に翻訳していたと考えるべきである。神である「男女 мужьженъ」がヘルマアフロディトスを示していることを、中世ロシアの作者が理解していたとは考えにくい。ファロス崇拝に関する言及はギリシア語原典にも中世ロシア版にもあるが、中世ロシア版では、内容が読者（あるいは聴衆）にわかるようにパラフレーズされ、「身体の恥ずかしい部分」と記述がより具体的になっている。ここから、中世ロシアにおいても、おそらく同様な宗教現象があったことが窺われる。

これ以降の部分では、論難の対象はスラヴ神話におよんでいく。

　　聖なるキリスト教の洗礼を受けたのち、ペルーンは放逐され、人々は神キリストを信じはじめたが、しかし、今にいたるまで辺境では、ペルーン、ホルス、モコシ、ヴィーラどもに祈りを捧げている。しかも、これをひそかに行うのである。ウプィリ（吸血鬼）を信じ、赤子が生きているのに死んだふりをしてみたり、七人姉妹と名前をつけてベレギニャを信じている。スヴァロジチを信じる者、アルテミドとアルテミジアを信じる者がいる。無学な者たちがこれら神々に祈りを捧げ、鳥を潰したり、血迷った者たちは自分がそれ

を食べたりしている。おお、かわいそうな鶏よ、おまえたちは聖者たちのために生まれてきたのでも、敬虔なる者たちのために生まれてきたのでもない。おお、かわいそうな雛鳥よ、おまえたちは偶像の贄になるために切り殺される。[235]

　この部分はすべてが、中世ロシアの作者たちの挿入からなっている。ペルーン、ホルス、モコシ、スヴァロジチは年代記『過ぎし年月の物語』でも登場するスラヴ神話の主神格の神々である。ヴィーラはゲルマン神話のワルキューレに対応するスラヴ神話の妖精女神である。

　男神アルテミドは謎の神格としか言いようがない。女神アルテミジアはギリシア神話のアルテミスに由来することがまず間違いがないとすれば、この大地母神と何らかのかたちで対応する男神であると考えるべきだろう。本稿5.4.2.では、アルテミドをオシリス、ディオニュソスに類する「死んで蘇える冥界の王」である男神と結論づけた。女神アルテミジアと男神アルテミドがペアで崇敬される宗教的な状況が、中世ロシアには確実に存在したということを、この一節は示唆しているが、このことは5.の全体で詳細に論じてきた。切り殺されたニワトリに対する同情の言葉も印象的である。中世ロシア版のテクストでは、こうした挿入からなる個所は、全テクストの3分の2を占めており、作品にスラヴ神話の小百科事典という性格を与えている。

6.5. 結論

　アーニチコフ、ガリコフスキイ、オルロフそのほかの学者たちは、中世ロシア版の作品『その注釈に見出されたるグレゴリオスの講話』が原典をあまり反映していないと考えてきた。しかしながら、子細に検討してみると、ギリシア語原典とスラヴ語版とのあいだには、にもかかわらず、多くの共通点が見出されることがわかった。

---

235) *РНБ*, НСРК 1946г. 35/F. Сборник «Златая Матица» 146об.; 三浦清美「『聖グレゴ
　　リオス講話』伝承史のテキスト学的考察（前編）」『スラヴ研究』44号、1997年、
　　43-44頁。

198　　「ロシア精神」の形成と現代

第一に、中世ロシア版『その注釈に見出されたるグレゴリオスの講話』は、神学者グレゴリオスの「自己浄化による救済」という精神を継承しているということだ。『その注釈に見出されたるグレゴリオスの講話』もまた、グレゴリオスのように、その当時の社会に支配的であった汎神論的、多神教的信仰の状況を、自己を清めることによって乗り越えようとしたのである。彼らが克服しようとしたものは、「宗教的熱狂＝酩酊」であり、「神々の母」崇拝であり、「死んで蘇る神々」崇拝だった。

　中世ロシア版の作者たちはまず間違いなく、グレゴリオスの時代のギリシアの宗教的雰囲気と、自分たちと同時代の中世ロシアの宗教的雰囲気のあいだに、多くの共通点があることに気づいていた。すべての中世ロシアの作者たちは、神学者グレゴリオスと同じように、上に述べた宗教現象を排除することによって自己浄化しようと懸命に努力したのだ。彼らは、自分たちがかつてグレゴリオスの行ったこととまったく同じことをしていると確信して、誇りをもって何らの疑念を抱くことなく、自分たちの作品に神学者聖グレゴリオスの名前を冠したのである。

　第二に、神学者グレゴリオスも中世ロシアの作者たちも、「列挙」という雄弁術の方法を意図的に選びとって、自己浄化という自らの思想を実現しようとしたことだ。これは、聴衆も読者も書き手たちもできるだけ少なく異教に関与しつつ異教糾弾をするために戦略的に選びとられた方法だった。この方法によって、テクストは百科事典的な性格を獲得したのだ。こうした百科事典的方法でつづられたテクストは、あるいは直接的に挿入というかたちで、あるいは混同がないとは言えないものの、ギリシア神話からの類推によって、彼らにとって同時代の宗教的慣習を描いた。このようにして、中世ロシア民衆の宗教的習俗のまたとない価値をもつ記述が生まれたのである。

第3章　中世ロシアにおける宗教心のあり方　**199**

第 4 章

教皇特使アントニオ・ポッセヴィーノが見たイワン雷帝のロシア
―― 中近世の北方外交における非国家エージェント

井上　まどか

1. 非国家エージェントとしてのアントニオ・ポッセヴィーノ

　本章は、教皇特使アントニオ・ポッセヴィーノ（口絵図7)[1]が見たロシアの君主の在り方をめぐる考察である。ポッセヴィーノという人物は、近年の研究でしばしば取り上げられる、いわゆる非国家エージェントである。非国家エージェントとは、国家を代表する公的な存在としての駐在大使とは異なり、宣教師・布教師や民間の経済外交を担う商工会議所など、非国家的な外交主体のことを指す。中世から近世にかけて、こうした非国家エージェントが外交に果たした役割は小さくない。中近世の非国家エージェントと呼びうる存在として、商人や貿易商など集団の利益を代表し、商取引を支援する商工会議所、宮廷で秘密裏に情報収集する諜報員、さらには諸侯や君主とともに紛争調停などに携わるキリスト教宣教師がいる。いずれも国境を越えて、為政者や国家を代表する準官僚として活動し、仲介者としての立場が認められていた。

　近年、中東欧史研究において、中世〜近世の外交関係において果たす非国家エージェントが注目されるようになってきている。[2] 近代初期の世界は「国家、帝国を称する覇権国家、無数の非国家プレーヤーが入り乱れ、独自の複雑な構

---

1) Antonio Possevino. 1533-1611.
2) Maurits A. Ebben and Louis Sicking, eds., *Beyond Ambassadors: Consuls, Missionaries, and Spies in Premodern Diplomacy* (Brill, 2020).

造を持っていた」[3] ことに着目するのであれば、外交関係において国家を代表する大使やその職務に関する研究だけでなく、インフォーマルな仲介者に焦点をあてるべきだ、というのがその理由のひとつである。

さらに、非国家エージェントに着目することは、近現代の外交関係について考えるうえでも重要である。ホセ・カサノヴァが明らかにしたように、フィリピンやポーランドの民主化運動におけるアクターとしてのカトリック教会、[4] およびアフリカの紛争を解決に導く仲介者としての聖職者、[5] 北アイルランドの外交交渉における司祭の仲介的役割における非国家エージェントの存在[6] は現代の外交上の交渉において必要不可欠な存在ともいえる。

本章でとりあげるイエズス会のポッセヴィーノもまた、非国家エージェントと位置づけられる一人である。ポッセヴィーノはポーランド─ロシア間のリヴォニア戦争（1558-1583）を停戦へと導いた立役者、つまり紛争解決の仲介者として知られている。正確にいえば、ポッセヴィーノがモスクワ・ロシアに関わる最初の段階では、宣教師（イエズス会士）としてではなくローマ・カトリックの教皇特使としてであったことを考えると、かなりの程度公的な存在として関与していた。ただ、教皇特使として公的使命を担い、和解へと導く存在であったと同時に、イエズス会士として宣教を行なう存在でもあった。そのような複合的存在として、外交および相手国の内政に関わっていた。ポッセヴィーノに注目することの興味深さはそこにある。

---

3) John Watkins "Premodern Non-State Agency: The Theoretical, Historical, and Legal Challenge," in Maurits A. Ebben and Louis Sicking, eds., *Beyond Ambassadors: Consuls, Missionaries, and Spies in Premodern Diplomacy*, p.30.

4) ホセ・カサノヴァ（津城寛文訳）『近代世界の公共宗教』ちくま学芸文庫、2021年。

5) ダグラス・ジョンストン、シンシア・サンプソン編著（橋本光平、畠山圭一監訳）『宗教と国家──国際政治の盲点──』PHP研究所、1997年。

6) 例えば、カトリックのアレック・リード神父（1931-2013）は北アイルランド紛争の和平プロセスにおいて極めて重要な役割を果たしたとみなされている。2023年にはベルファスト合意25周年を記念して、アイルランド放送協会（RTÉ）によるドラマ・ドキュメンタリー "The Secret Peacemaker" が放映された。

ポッセヴィーノはスウェーデンに派遣された1577年頃（後述）、グレゴリウス13世[7]からある原稿を渡されていた。その文書は当初ルーヴァンの法学者ジャン・ド・ヴァンデヴィル[8]が1567年、ピウス5世に提出したもので世界福音化をめぐるものであり、世界宣教者としてのポッセヴィーノを大いに鼓舞した。[9] その後、ポッセヴィーノとヴァンデヴィル両者による改訂版の覚書が執筆され、1613年に印刷されている。[10] その覚書には、カトリック教会の海外宣教活動を監督する修道会の設立が提唱されていた。具体的には、トレント公会議のカテキズムの翻訳を世界中に普及すること、司教や信者を励ます手紙を書くこと、現地の言語、現地の文化に精通した司祭たちを育成すること、有能なネイティヴを将来の宣教師として育成すること（自国に戻って宣教に当たることが想定されている）などである。この計画は、その後、「聖なる信仰伝播修道会」が1622年に設立される契機の一つとなった。[11] つまりポッセヴィーノの場合は、世界宣教の目的をもつ紛争解決者とみた方がよい。[12]

　以上のように、非国家的アクターの外交交渉における存在の大きさというのがポッセヴィーノに着目した理由であるが、本章で着目したいのはもうひとつ、西欧におけるロシア・イメージひいてはロシアの自己イメージの形成にあ

---

7) Gregorius XIII. 1502-1585. 在位 1572-1585.

8) Jean de Vendeville. 1527-1592.

9) Jan Joseph Santich, *Missio Moscovitica: The Role of the Jesuits in the Westernization of Russia, 1582-1689* (N.Y.: Peter Lang, 1995), p.87.

10) John Patrick Donnelly "Antonio Possevino's Plan for World Evangelization," The Catholic Historical Review, Vol.74, No.2 (1988), pp.180-181.

11) 1622年に教皇グレゴリウス15世の勅令によって設立された「聖なる信仰伝播修道会」（Sacra Congregatio de Propaganda Fide, 略称は Propaganda Fide）は、カトリックの普及を目的とするとともに、非カトリック諸国におけるカトリックの教会事務を担っていた。この修道会は、1967年に教皇パウロ6世によって「諸国民の福音化のための修道会」（Congregatio pro Gentium Evangelizatione）に改称され、2022年には『使徒憲章』により教皇庁新福音化推進評議会と統合されて「福音宣教総局」（Dicastery for Evangelization）となる。

12) なおイエズス会のモスクワ・ロシアへの宣教は、17世紀には同会によって "Missio Moscovitica" として位置づけられるようになる。

たって16〜17世紀の西欧人がモスクワ大公国あるいはモスクワ・ロシアについて書き記した書物の果たした役割についてである。

　ポッセヴィーノより前に、モスクワ大公国を訪れてロシア社会について著し、西欧社会にロシアを知らしめた人物として、ジークムント・フライヘア・フォン・ヘルベルシュタイン[13]を挙げることができる。ヘルベルシュタインは神聖ローマ皇帝の使節として1517年と1526年の2回にわたりモスクワ大公国を訪れた。ワシーリイ3世[14]治世下のことである。その際に見聞し、調査したことは『モスクワ事情 Rerum Moscoviticarum Commentarii』として、1549年にラテン語で出版された。[15]

　ポッセヴィーノは、イワン4世[16]との会談も含めたモスクワ・ロシアでの経験や正教会カトリック教会との合同の可能性について著した『モスコヴィア Moscovia』を1586年に出版した。

　ポッセヴィーノより後には、クロアチアの司祭ユライ・クリジャニッチ[17]がモスクワ・ロシアを訪れている。クリジャニッチは、スラヴの言語的統一を通じてスラヴの人びとの団結を図るという目的のもと言語学的著作を著しており、汎スラヴ主義の先駆けともされる人物である。彼は『ポリティカ Politika』でロシア国家について論じ、『覚書 Memorandum』ではスラヴ諸国をローマ・カトリックへと導く方途について論じた。

　ヘルベルシュタイン、ポッセヴィーノ、クリジャニッチの三者は、いずれもモスクワ・ロシアにおける大公あるいはツァーリの無制限ともいえる権力につ

13）Siegmund / Sigismund Freiherr von Herberstein. 1486-1566.

14）Василий III Иванович. 1479-1533. 在位 1505-33.

15）*Герберштейн, С.* Записки о Московии в 2 томах. М., 2008.

16）Иван IV Васильевич. 在位 1533-47. 全ルーシのツァーリとしての在位 1547-74. 1576-84. 通称「雷帝」。

17）Juraj Križanić / Юрий Крижанич. 1618-1683. オザリ（現クロアチア）近郊に生まれたカトリック司祭でローマに学ぶ。1647年、モスクワに短期間滞在し、1659年に2度めのモスクワ訪問を行った。1661年にはシベリアのトボリスクに追放され、その後15年間にわたり、当地で政治から宗教、言語、哲学まで多岐にわたる書物を著した。1676年にポーランドへ移住し、そこでイエズス会に入会した。

いて論じている。たとえば三者が大公あるいはツァーリの強大な権力を示す逸話としていずれも言及しているのは、ギリシア人修道士マクシモス[18]のたどった運命である。マクシモスは、コンスタンティノープル総主教によってモスクワに送られ、ロシアの典礼書を検討した結果、ロシアの教会がギリシア的な典礼にも、ローマ的な典礼にも則っておらず、それゆえにいずれの教会からも分離していると指摘し、大公によって投獄され、四半世紀後に獄死した人物（実際は赦されて聖セルギイ修道院で1556年に逝去）として言及されている。

　後述するように、彼らがモスクワ大公あるいはツァーリの権力の強大さを論じるのには相応の根拠があるものの、書物に著されたモスクワ・ロシアのこのようなイメージが、帝政ロシアの専制イメージの雛形をかたちづくったといえるのではないか。さらに注目すべきであるのは、強大な権力を有する一人の執政者というイメージが、西欧においてのみならず、ロシアの自己イメージの形成にも寄与したということである。

　以下では、まずポッセヴィーノのスウェーデンやロシアにおける活動について述べたうえで、『モスコヴィア』の概要を記すこととしよう。

2. ポッセヴィーノの生涯〜スウェーデン、ロシアを中心に

　ポッセヴィーノの初期の伝記として、ジャン・ドリニー[19]によるものがある。[20] また近代以降の伝記として、リイジ・カトゥルネンによる博士論文がある。[21] イエズス会士であるジョン・パトリック・ドネリー[22]もポッセヴィー

18）マクシム・グレーク（ギリシア人マクシモス、1475-1556）を指す。

19）Jean Dorigny. 1649-1731.

20）ドリニーによるポッセヴィーノの伝記 *La vie du père Antoine Possevin de la Compagnie de Jesus*, (Paris, 1713)は、以下のサイトで読むことができる。URL: https://archive.org/details/bub_gb_VrH_rEdNHkMC/page/n5/mode/2up（2024/1/26 閲覧確認）。なお、アントニオ・ポッセヴィーノの自伝（*Annales*）は出版されていないが、その抜粋は存在するという。Santich, *Missio Moscovitica*, pp.88-89. ただ、その自伝については本章執筆時点で未見。

21）Liisi Karttunen, *Antonio Possevino: Un diplomate pontifical au XVI:e siècle* (Lausanne: Imprimerie Pache-Varidel & Bron, 1908).

22）John Patrick Donnelly. 1934-.

第4章　教皇特使アントニオ・ポッセヴィーノが見たイワン雷帝のロシア　　**205**

ノの生涯について、諸論稿で明らかにしている。[23] 本節では、ポッセヴィーノの生涯について、ドネリーやジャン・サンティチおよびヒュー・グラハムなどの先行研究を参照した。

　ポッセヴィーノは、イタリアのマントヴァ（ミラノから東へ約150km）に生まれた。[24] 早くから学問上および信仰面での才能を発揮して1550年にローマに送られ、そこで同郷のエルコレ・ゴンザーガ枢機卿の秘書兼甥たちの家庭教師となった。1559年にイエズス会に入会し、1560年にピエモンテ（トリノから西へ約16km）とサヴォワに派遣され、プロテスタントの論客と議論を交わした。1561年にイエズス会の司祭に叙階されるとフランスに派遣され、その後12年間、異端とされたヴァルド派やユグノーを対象とした説教に従事した後、1573年にローマに呼び戻された。[25] ローマでは、1573年から1577年にかけてイエズス会総長秘書を務めた。

　その後、スウェーデンのヴァーサ王朝のヨハン3世[26]と王妃カタジナ・ヤギェロンカ[27]のもとに派遣される。その目的は、ヨハン3世を改宗させ、国全体をカトリックに改宗させていくことにあった。

　イエズス会は1575年以降、プロテスタント国家であるスウェーデンにおいて密かに活動を行なっていた。ノルウェー人のイエズス会士ラウレンティウ

---

23) John Patrick Donnelly, "Antonio Possevino and Jesuits of Jewish Ancestry," *Archivum Historicum Societatis Iesu,* vol. LV (1986), pp. 3-31.; Donnelly, "Antonio Possevino's Plan for World Evangelization," pp. 179-198.

24) なお、本章では大きくとりあげないが、ポッセヴィーノはユダヤ人の血筋をひくと考えられている。ローマのユダヤ人が出席を義務づけられていた典礼の説教を行なったほか、イエズス会からユダヤ人あるいはムスリム出身者を排除しようとする総会の動きに、生涯を通して反対していたという。Donnelly, "Antonio Possevino and Jesuits of Jewish Ancestry."

25) Hugh F. Graham, "Introduction," in Antonio Possevino, *The Moscovia of Antonio Possevino, S.J.: Translated with a Critical Introduction and Notes by Hugh F. Graham,* (University Center for International Studies, University of Pittsburgh, 1977), p.xi.

26) Johan III. 1537-92. 在位1568-92.

27) Katarzyna Jagiellonka / Katarina Jagellonica av Polen. 1526-83. ポーランド王ジグムント1世の娘。

ス・ノルヴェーガス[28]が「スウェーデンへの宣教」(Missio Suetica)とよばれる
スウェーデンでのイエズス会の活動の端緒をひらいた。彼は当初ルター派の牧
師に扮してストックホルムに入り、当地のドイツ人商人の信頼を得るよう努め
た。彼はヨハン3世が設立したストックホルム・コレギウム[29]で教鞭をとって
いたが、そこはルター派であるかのような印象を与えるコレギウムで、多くの
学生を集めていた。教師であるノルヴェーガスは学生たちにルター派から離れ
るよう私的に働きかけ、何人かの学生をローマのドイツ・コレギウム[30]に送
り込むことに成功した。[31]

　ポッセヴィーノは、1577年から1578年にかけて最初にスウェーデンを訪問
した折、貴族に扮していたという。[32]その後ローマに戻ったポッセヴィーノが
グレゴリウス13世に報告したところによれば、ヨハン3世は以下の三つ——聖
職者の婚姻、パンとぶどう酒の両形態での聖体拝領、典礼における現地語の使
用——以外についてはローマ教会に譲歩する意思があるということであった。
またヨハン3世は、1577年の復活祭でルター派の聖体拝領を拒絶し、1578年5
月16日にはポッセヴィーノから聖体拝領を受けたといわれている。

　スウェーデンの国全体の改宗はもう間もなくのように思われたのであろう
か、ポッセヴィーノは今度は教皇特使の肩書で、二度めのスウェーデン入りを
果たした。1578年から1580年にかけてのことである。しかし、ヨハン3世は
プロテスタントの民衆の反対によって王座を追われることを懸念し、スウェー
デンの改宗は漸進的なものであるべきとの立場を堅持することにしたようであ
る。ヨハン3世自身、1579年7月にはルター派の聖体拝領に戻っていた。

　ポッセヴィーノはここで賭けにでた。彼は、密かに活動を行なっているスウ

---

28)　Laurentius Norvegus S.J. 1538-1622.

29)　Collegium Regium Stockholmense.

30)　Collecium Germanicum. イエズス会の初代総長イグナチオ・デ・ロヨラ(1491-
　　1556)によって1552年にローマに設立されたコレギウム。

31)　Oskar Garstein, *Rome and the Counter-Reformation in Scandinavia: Jesuit Educational
　　Strategy, 1553-1622* (Brill, 1992), pp.93-107.

32)　Santich, *Missio Moscovitica*, p.91.

ェーデンのイエズス会士に対して、自身がイエズス会士であることを公表するよう命じた。それを受けて、イエズス会士は身分を明らかにし、ラテン語のミサを公の場で行なうことを発表したのである。その結果、1580年初頭、ストックホルムで暴動が起き、ストックホルム・コレギウムは焼失した。事態の収拾を図ろうとしたヨハン3世はイエズス会士を追放することにした。結果として、国全体のカトリックへの改宗は失敗に終わったのである。

その後、正教国家であるモスクワ大公国のイワン4世がリヴォニア戦争の調停をローマ教皇に要請したことによって、ポッセヴィーノはふたたび北の地で奮闘することになった（口絵図8）。イワン4世は、ポーランド王かつリトアニア大公であるステファン・バトーリイとの和平のため、ローマ教皇に仲介を要請したのである。このために、イワン4世は大貴族（ボヤール）の子息であるレオンティ・シェヴリギン（通称イストマ）[33] をローマ教皇のもとへ派遣することにした。1580年9月、シェヴリギンは2人の通訳を連れて出立し、1581年2月15日、ヴェネツィア総督に謁見した。

その10日後、イワン4世の要請を受けたローマ教皇グレゴリウス13世はモスクワ大公国とポーランド・リトアニア共和国の仲介役として、北欧からローマへ帰国したばかりのポッセヴィーノを選んだ。ポッセヴィーノは宗教問題にもとづいて交渉するという権限を与えられ、1581年3月末にシェヴリギンとともにローマを出立した。ポッセヴィーノは道中ヴェネツィア、ウィーン、プラハなどに立ち寄った。ボヘミアでは、スラヴ語を話すクロアチア人のイエズス会士ステファン・ドレノッキー、[34] およびイタリア人のイエズス会士ジョヴァンニ・カンパーニ[35] と合流した。[36] さらに、ポーランドを通ってヴィリニュス

---

33) Леонтий Шевригин. 生没年不詳。

34) Stephen Drenocky. 生没年不詳。

35) Giovanni Campani. 1429-77. 後のイエズス会ポーランド管区長（1581-1591）。カンパーニ自身もモスクワ使節団の報告書を残している。

36) Ante Kadić, "Križanić and Possevino - Missionaries to Muscovy," in Thomas Eekman and Ante Kadić, eds, *Juraj Križanić (1618-1683), russophile and ecumenic visionary: a symposium* (Mouton, 1976), p. 75. なおカディチは『モスコヴィア』のケルン版（後述）を参照している。

に向かい、まずステファン・バトーリイに会った。その後、8月18日にイワン4世のいるモスクワに到着した。クロアチア人のドレノッキーを人質としてモスクワに残し、ポッセヴィーノはノヴゴロドを経由して、プスコフのポーランド陣営へと向かった。

　グレゴリウス13世は、この仲介によりローマとモスクワとのあいだに正規の外交関係が樹立されることや、トルコを攻撃するためのキリスト教諸侯同盟にモスクワ大公国が加盟すること、またローマ・カトリックとモスクワの正教会が合同へ向かうことを期待していた。ローマ教皇が抱いていたこれらの目的は結果としていずれも達成されなかったため、ポッセヴィーノの『モスコヴィア』は、ヨーロッパにおけるローマ教皇庁の管理能力の低下を示す記録でもある、と指摘する者もいる。[37] とはいえ、プロテスタントが急速に展開した当時の西欧において、カトリックは対抗宗教改革、つまり聖職者のモラル改革、教育機関の再編成、既存の修道会の活性化、新しい修道会としてのイエズス会の展開などに乗り出しており、改革途上の過渡期にあった。ポッセヴィーノの『モスコヴィア』には、ロシア語での教会文献の出版や教育の必要性などが述べられているが、それはこの文献が対抗宗教改革の潮流のうちにあることを如実に示しているといってよいだろう。

　ポッセヴィーノの仲介により、ポーランド王かつリトアニア大公のステファン・バトーリイとモスクワ大公国のイワン4世は調印し、10年の休戦を確立した。[38] 1582年1月15日のヤム・ザポルスキの和約である。バトーリイは1581年8月以来プスコフを包囲していたが、この和約によりプスコフから撤退した。

　バトーリイのプスコフの包囲については、同時代にロシアで書かれた『ステファン・バトーリイのプスコフ来襲についての物語』という作品がある。そこ

---

37) Graham, *The Moscovia of Antonio Possevino*, p. ix.

38) 仲介にあたって、ポッセヴィーノは前述のようにクロアチア人、イタリア人、ならびにチェコ人のイエズス会士を伴っていた。これはカトリックの修道士のなかで第三者的な立場にある人びとを選出したともいえる。ポーランド・リトアニア共和国出身のイエズス会士を伴っていれば、和平は前途多難であるとポッセヴィーノは考えた。

でポッセヴィーノは「狡猾さ」と、狐のような「邪悪な追従」が身に染みついた人物として描かれている。

　この作品によれば、和平の仲介を依頼したのはイワン4世ではなく、バトーリイである。イワン4世がリトアニアの「町々を占領し、捕虜をとり、大いなる富と捕虜たちとともに健やかにロシアの国に帰還」したのを受けて、バトーリイ自身がポッセヴィーノに対して「自らの恥辱から救ってくれるように援助を頼」み、和平の仲介を依頼したと描かれている。そして、ポッセヴィーノはその狡猾さを以て、「使節同士の協議のまえに、君主[39]の御前に姿をあらわし、双方の願いを受けいれて和平の協議に入るというかたちをつくり、自分は君主と王との和解のためにローマ教皇から派遣されたのだ」と述べるのである。[40]

　とはいえしかし、ここではいま少しポッセヴィーノに関わる西欧の文献を中心にみていくことにしよう。

　イワン4世は、リヴォニア戦争の仲介をローマ教皇へ依頼するにあたって、対トルコ同盟への協力をちらつかせていたものの、正教会とローマ・カトリックの合同については全く関知せぬという顔をしていた。ヤム・ザポルスキの和約の後、ローマ教皇は対トルコ同盟のみならず、両教会の合同の可能性についても、ポッセヴィーノを通してイワン4世に打診したが、後者についてはとりわけ断固たる拒否にあってしまう。ポッセヴィーノはイワン4世と3回謁見した後、モスクワを去ることになる。教会合同をめぐるポッセヴィーノとイワン4世との対話については、『モスコヴィア』にくわしい。

　ポッセヴィーノはその後、リヴォニアの福音化（再カトリック化）の方法について、具体的な提案をグレゴリウス13世に送った。それが『リヴォニア解説 Livoniae Commentarius』である。[41] ポッセヴィーノとバトーリイは親交を深めていく。

　1584年にイワン4世が死去すると、ポッセヴィーノは対トルコ同盟に関連し

---

39) イワン4世を指す。

40) 三浦清美「中世ロシア文学図書館（Ⅵ）プスコフの歴史と文学①ステファン・バトーリイのプスコフ来襲についての物語」『電気通信大学紀要』27巻1号、2015年、83頁。

てステファン・バートーリイと協力関係を築くようになる。バートーリイはフョードル1世の治世となったモスクワ大公国を軍事占領して対トルコ連合軍を結成しようと構想していた。バートーリイはこの点についてグレゴリウス13世の後継者シクトゥス5世[42]に打診し、シクトゥス5世は対トルコ連合軍に財政援助することにした。バートーリイの弟が1586年6月、ローマに派遣され、ポッセヴィーノもまたポーランドからローマに呼ばれた。ポッセヴィーノは、ロシアとポーランドが軍事同盟を結ぶことの利点をローマ教皇に説明し、1586年12月、再びポーランドへと旅立った。しかし、バートーリイは時を同じくして急死してしまう（1586年12月）。

　バートーリイの死後、ローマ教皇の命令でポッセヴィーノはポーランドからイタリアへ戻り、パドヴァにあるイエズス会の神学校で説教および文筆活動に従事するようになる。パドヴァ時代のポッセヴィーノの著作として『ビブリオテカ・セレクタ Bibliotheca Selecta』（1593）がある。これは世界福音化に役立つようなカトリックの権威ある文献を紹介する書物であった。ここでポッセヴィーノは、ローマ・カトリックに神学的に近い教会を有する人々としてまずギリシア人、次に「ルテニア人あるいはモスクワの人びと」を挙げている。[43] ここでもう一つ補足しておくと、ポッセヴィーノは対トルコ同盟にあたり、精鋭士官を育成するために軍事アカデミーの設立を提唱していた。[44] 実際、1600年には

41）1582年12月22日付の文書『リヴォニア解説』では、まずリヴォニアの国土、歴史、カトリック教会を概観し、さらに地主によって強制的にルター派に改宗させられた下層階級の人びとはカトリックの慣習を保持しており、上流階級ほどには堕落していないため伝道しやすいだろう、という見立てが記されている。Santich, *Missio Moscovitica*, p.93.

42）Sixtus V. 1520-1590. 在位1585-90.

43）そこから先はプロテスタント、ユダヤ人、ムスリム、最後にインド、中国、日本と続く。Donnelly, "Antonio Possevino's Plan for World Evangelization," p.188.

44）Felicia Roşu, "The New Indies, the Desired Indies: Antonio Possevino and the Jesuits between Diplomacy and Missionarism in Northeastern Europe, 1577–1587," in Maurits A. Ebben and Louis Sicking, eds., *Beyond Ambassadors: Consuls, Missionaries, and Spies in Premodern Diplomacy*, p.139.

パドヴァに軍事アカデミーが創設されている。

3. ポッセヴィーノが見たイワン雷帝のロシア

　ポッセヴィーノによる『モスコヴィア』(1586) は、ヘルベルシュタインの『モスクワ事情』(1549) に次ぐ、西欧人によるモスクワ・ロシアの記録である。

　『モスコヴィア』には4つの版がある。ヴィリニュス版 (1586)、第1ケルン版 (1587)、アントワープ版 (1587)、第2ケルン版 (1595) である。ヴィリニュス版とアントワープ版は同一で、ケルン版[45]はこれらの版と比べると、異なる点がいくつかある。ひとつは冒頭の2つの章の順番が入れ替わっていること、もうひとつは3章以降に省略部分がみられること、さらに教皇を反キリストとみなす英国人の書物に対する反論のあとに「父と子からの聖霊発出に関する質問と回答」と題した文章が挿入されていることである。この文章は、コンスタンティノープル総主教ゲンナディウス2世スホラリウス[46]の著作から引用されたものとされていた。[47] いずれの版にも、最終章にヤム・ザポルスキ和約に至るまでの交渉日誌が収められている。

　なお、モスクワ大公国を訪れた西洋人旅行者の著作を集めたアンソロジーはしばしば出版されており、ポッセヴィーノの著作が収録されることもあった。たとえばアンソロジー『モスクワ国家と諸都市 Respublica Moscoviae et urbes』(1630) が、その初期の例である。[48] この本では、アレクサンダー・グアニーニ、[49] ヨハン・フェーバー[50]とともに、ポッセヴィーノの『モスコヴィア』が紹介されている。[51]

---

45) 第2ケルン版は第1ケルン版とほぼ同じである。

46) Gennadios II Scholarios. 1400-1473. 在位 1454-1464.

47) のちに、ゲンナディウス2世ではなく、ヤヌス・プロウシアデノス (Janus Plousiadenos, 1429-1500頃) の著作であることが判明した。

48) Marcus Zuerius Boxhorn and Crispijn van de Passe, Respublica Moscoviae et urbes : accedunt quaedam latinè nunquam antehac edita, Ex officina Ioannis Maire, Lugduni Batavorum, (1630). デジタル資料は以下のサイトで読むことができる。URL: https://archive.org/details/respublicamoscov00boxh/page/n19/mode/2up（2024/2/1 閲覧確認）

212　　「ロシア精神」の形成と現代

1861年にはアダルベルトゥス・スタルチェフスキーがモスクワ大公国を訪れた西欧人のアンソロジーをラテン語で刊行しており、そこにもポッセヴィーノの『モスコヴィア』の多くが収録されている。[52]

ロシアでの『モスコヴィア』受容については、本章末で言及する。以下では『モスコヴィア』の概要について述べたうえで、ポッセヴィーノが後に訂正を加えることになった東西教会の相違には立ち入らず、ポッセヴィーノによるイワン4世像を中心に紹介することとしよう。[53]

1章冒頭部分に書かれているように、『モスコヴィア』には、さまざまな作家や使節が残した記録、スウェーデンやポーランドの統治者から聞いたこと、ポッセヴィーノがモスクワを留守にしていた5ヶ月間にモスクワに残ったイエズス会士が見聞きしたことと、ポッセヴィーノ自身が抱いた印象が記されている。冒頭部分には、この著作により、ローマ教皇庁とモスクワ大公国との友好

---

49) Alexander. Gwagnini. 1538-1614. グアニーニはヴェネツィア生まれで生涯のほとんどを今日のポーランドで過ごした。1578年にラテン語で出版された東ヨーロッパの国々についての著作『サルマチア・ヨーロッパの記述 *Sarmatiae Europeae descriptio*』でよく知られている。

50) Johann Faber. 1478-1541。フェーバーはシュヴァーベン地方（ドイツ南西部）のロイトキルヒ生まれのカトリック神学者。1524年にはオーストリア王フェルディナント1世の教誨師兼告解師、1530年にはウィーンの司教となった。

51) 第6章が"Antonii Possevenini de Moscovia, Diatriba"、第11章が"De jure Magni Moscoviae Ducis in Livoniam"でヤム・ザボルスキ和約に関する交渉日誌が収録されている。

52) Adalbertus de Starczewski, ed. *Historiae Ruthenicae Scriptores Exteri Saeculi XVI* (Berlin & SPb., 1861) vol.1.

53) 本章では、1章と2章とが入れ替わっているが、第1ケルン版（1587）ファクシミリの再刊書を参照しつつ、ヴィリニュス版（1586）を主要典拠とした。章ごとに頁数が振られているため、本章では、例えば1章2頁を（1: 2）というように記す。第1ケルン版再刊書籍は以下：Antonii Possevino, *Societatis Iesv, Moscovia : et alia opera, de statv hvivs secvli, adversus Catholicae Ecclesiae hostes*, Gregg International, 1970. ヴィリニュス版デジタル資料 URL: https://books.google.co.jp/books?id=z805AAAAcAAJ&dq=inauthor:possevino&hl=fr&pg=PA20-IA3&redir_esc=y#v=onepage&q&f=false（2024/2/1 閲覧確認）

関係が築かれること、モスクワ大公国に「キリスト教のより高い形式」が確立されることを望んでいると記されている。

次に『モスコヴィア』の構成について述べていくことにしよう。『モスコヴィア』は6章から成る。

1章「モスクワ事情：グレゴリウス13世に捧げるモスクワ解説 de Rebus Moscoviticis, Commentarius ad Greg. XIII Pont. Max.」では、イワン4世がいかにして帝位に就いたか、モスクワ大公国の拡大について、モスクワ大公国の概要と人びとの様子、要塞と外部からの攻撃に対する防御、イワン4世の息子について、モスクワ・ロシアにおけるカトリックの普及可能性について論じられ、後続の使者への助言も記されている。[54]

2章「モスクワ大公国についてのさらなる解説、とりわけモスクワ大公国の宗教について Alter Commentarius, de Rebus Moscouiticis, ad religionnem praesertim spectantibus in Moscouia」には、モスクワ・ロシアとローマとの宗教的相違点が記されている。このモスクワとローマとの宗教的相違点については、東西教会の再合同が議論されたフィレンツェ公会議（1439）をモスクワ側が公会議として認めていたとポッセヴィーノが考えていたところからくる誤りが数多くあると指摘されている。[55]

3章「カトリックについての会話 Colloquium de religione Catholica」では、ヤム・ザポルスキの和約（1582）後に、イワン4世と教会合同について議論した時の宗教的論争の説明がなされている。

4章と5章は、イワン4世に献呈した2つの宗教論文である。1つめの論文に

54）注38に記したように、和解・調停に関わるカトリック司祭として、ポーランド・リトアニア共和国の司祭を帯同しないなど、戦略的な方策について記されているのに加えて、かなり実用的な助言も記されている。例えば、旅に持っていく適切な装備や服装、使節の世話をする人びとへのチップの渡し方などである。

55）実際にはモスクワ側はフィレンツェ公会議の決議には反対している。東西教会の再合同を拒絶しており、合同派のキエフ府主教イシドールは追放されている。なお、誤りについて、ポッセヴィーノはのちの著作『ビブリオテカ・セレクタ Bibliotheca Selecta』（1593）で訂正している。

あたる4章の「ギリシア人とルーシ人が信仰に関してラテン人と異なっていたいくつかの点 Capita, quibus Graeci et Rutheni à Latinis in rebus fidei dissenserunt」と、2つめの論文にあたる5章の「英国商人がイワン4世に贈ったローマ教皇をアンチ・キリストとする見解の書籍に対する論駁 Scriptum Magno Moscouiae Duci traditum, cùm Angli mercatores eidem obtulissent librum, quo haereticus quisdam ostendere conabatur, Pontificem Maximum esse Antichristum」である。

6章は、「祝福されしポーランドの国王ステファン1世とモスクワ大公イワン・ワシーリエヴィチの使節たちの会議録 Acta in Conventu Legatorum serenissimi Poloniae Regis Stephani, huius nominis Primi, & Ioannis Basilij, Magni Moscoviae Ducis」で、ヤン・ザポルスキ近郊で行われたステファン王とイワン4世の平和交渉に関する文書集である。

　前述のように、ポッセヴィーノはイワン4世の無制限ともいえる権力について述べている。『モスコヴィア』の1章によれば、使節団への贈答品はすべてイワン4世の懐に入り、「公爵 dux」とよばれる存在はいるが、彼らはそれに相当する権限は何も有していないという（1: 9-10）。

　また、イワン4世は何度か土地制度改革を行なっているが、個人に割り当てられた土地や村はイワン4世の承認なしには子孫に遺贈されることがなく、また農民は主人への奉仕に加え、イワン4世に十分の一税を納め、イワン4世のために労役を行う必要があった（1: 10）。ポッセヴィーノは、領地を与えられたものの、木造家屋の屋根の葺き替えや修理さえできなかったという宮廷貴族の話を伝えている。というのも、この宮廷貴族が仕事を依頼しようとした農民たちはイワン4世のための労役で息つく暇もなかったからだという（1: 10）。

　モスクワ大公国の人々は、自分たちの生命、健康、この世のすべての繁栄および財産はイワン4世のおかげであると絶え間なく公言し、イワン4世に死ぬほど殴られたときでさえ、イワン4世が「自分たちを懲らしめるほどに、自分たちに好意をもってくださった」と言うほどであるとポッセヴィーノは記している（1: 11）。さらに、陰謀を企てていると考えられた場合、無実であってもイワン4世は本人のみならず、その子どもたちやお抱え農民たちも含めて死罪を命じた（1: 10）。

リヴォニア戦争においても、要塞で戦うモスクワ大公国の兵士たちのうち、何とか生き延びた者は息も絶え絶えであったにもかかわらず、降伏すれば大公に死ぬまで仕えるという誓いを裏切ることになると恐れていた、とポッセヴィーノはポーランド王から聞いた話として記している。ポッセヴィーノは「この特性が彼らに大きな力を与え、全員が同時に同じ目標に集中し、より頑健な者ほど多くの戦闘を生き延びることができ、少なくともその頑強な忍耐力と献身は敵を消耗させるということがしばしば起こる」と記している（1: 8-9）。

正教会に対しても、イワン4世の許可がなければ教会に土地は分与されないことが1551年の教会会議において決定された。ポッセヴィーノによれば、彼の滞在中、イワン4世はそれまでの慣例に反して、府主教および主教を自ら選出し、彼らがいかに職務を遂行すべきかを決定した。

ポッセヴィーノによれば、当時、モスクワ府主教のほかに、ノヴゴロド大主教、ロストフ大主教、そのほか8人の主教が存在するのみであった。主教は大公にあらぬ疑いをかけられぬよう、自身の教区を訪れないほどであったという。また、モスクワ府主教の任命に際して、すでにコンスタンティノープルの承認を得る必要はなかったが、モスクワ大公（皇帝）は、コンスタンティノープルに毎年五百枚の金貨を送っていた（2: 1-2）。

さらに本章で注目したいのは、イワン4世の称号をめぐるポッセヴィーノの記述である。以下、称号に関わる点について引用する。[56]

> 私〔ポッセヴィーノ〕が〔西欧の〕キリスト教徒の有力な統治者の名前を挙げると、彼はそれが誰なのかと尋ねた。彼は比較されることには耐えられなかった。他人の資源を称賛することは自分のそれを軽んじることだと考えたからだ。このような態度から、モスクワ大公は、カザンとアストラハンのツァーリ Czar といった称号に加え、演説、詔書などで自分のことを「全ロシアの領主 totius Russie Dominos」と呼ぶようになった。〔中略〕イワン・ワシーリイエヴィチ〔イワン4世〕は、トルコへ手紙を書く際、自らをドイツ人の皇帝 Germanorum Imperator と呼ぶように命じたこともある。リヴォニア地方へ侵

56）引用文中の〔　〕は引用者による補足。

攻し、プロイセンを睨んでいたイワン〔4世〕は、自分が皇帝アウグストゥス
の兄弟の子孫であると主張し、カール5世とその弟フェルディナント、後者
の息子マクシミリアンに友好を持ちかけた。(1: 29)

　この記述からは、イワン4世がポッセヴィーノとの対話のなかで、自らの称
号をより意識するようになったのではないかということが推察される。[57]
　イワン4世は、ポッセヴィーノによれば「皇帝」であると同時に「大祭司」と
みなされることを望んでいたという。モスクワ大公国の人びとは「偉大なる主
magnus Dominus」というとき、イワン4世のことを指して次のように語るとい
う。「神 Deus と主 magnus Dominus（ポッセヴィーノによればイワン4世を指す）
だけがそれを行うことができるのです」などのように。ポッセヴィーノは続け
て次のように述べている。

　　彼〔イワン4世〕は、このような考え〔神とイワン4世との同一視〕を助長する
　　ために、最大限の努力を払っている。彼は皇帝（Imperator）であると同時に、
　　大祭司（Rex Sacrorum）であるとみなされることを望み、その服装、廷臣、そ
　　のほかの装飾品の豪華さにおいて、ローマ教皇に匹敵し、ほかの王を凌駕し
　　ている。彼はギリシアの総主教や皇帝からこれらの装束を拝借し、神だけに
　　払うべき栄誉を自らの身に移したともいえる。王座に座っている時は、真珠
　　と宝石がちりばめられたティアラを身につけ、ほかにもいくつかのティアラ
　　を身につけて、自分の富を強調するためにつけ替える。左手にはドアノブの
　　ような大きな水晶玉のついた杖を持っている。荘厳にミサに臨むローマ教皇
　　が着用するような長いローブを身にまとって、すべての指には巨大な石の嵌
　　めこまれた指輪をはめている。右手には救い主のイコンが、左手には聖母マ

57）なお、6章の議事録には、モスクワ大公国の使節団が和約文書におけるイワン4
　世の称号にこだわる様子が描かれている。ポッセヴィーノは、イワン4世自身と
　の対話において称号をどのように記すかという話題は出てこなかったという理由
　などを挙げて使節団の提案を退け、最終的にモスクワ大公国の使節団が折れたと
　のことである。

リアのイコンがある。〔以下略〕(2: 3-4)

　ポッセヴィーノが描いたイワン4世の姿は、今日のわたしたちがロシア映画などを通して知るイワン4世の姿に重なる。また、このイワン4世像は、前述の『ステファン・バトーリイのプスコフ来襲についての物語』で描かれたイワン雷帝像とも重なり合うものがある。

　　神の恩寵と、聖なる神の御母と偉大な聖なる奇跡成就者たちの祈りによって、君主なるツァーリ、全ルーシの大公イワン・ワシーリエヴィチは、神の敵たちへの復讐者となったばかりではなく、その高い徳によってリヴォニア全土の君主ともなったのである。敵軍のなかには、武をもって町を占拠した者たちはいたが、彼らは仮借なく命を奪われた。自らの妻と子供たちとともに君主なるツァーリに叩頭して降伏する者たちもいた。君主はそうした者たちには仁慈をもって臨んだ。人が多いことや城砦の堅固であることを頼んで、武装して頑強に抵抗した者たちもいたが、そうした者たちにたいしては、城砦を基礎にいたるまで破壊し、人間たちはありとあらゆる、さまざまな酷い責め苦で、妻や子にいたるまで死にいたらしめるように命じた。ほかの者たちが恐れるようにするためである。[58]

　こうしたことを総合して考えてみると、16世紀のこの記述、つまりポッセヴィーノのイワン4世の描写が、ロシア人の歴史認識とまでいわずとも、少なくともイワン4世の時代の認識を規定している証左ともいえるのではないか。

4. 結びにかえて──非国家エージェントの遺産

　近代ロシアにおけるイエズス会士をめぐるイメージ形成については、望月哲男の「19世紀ロシア文学におけるイエズス会のイメージ──『カラマーゾフの兄弟』読解へのステップ──」に詳しい。望月は、その卓抜な論稿の末尾にロ

---

58) 三浦清美「ステファン・バトーリイのプスコフ来襲についての物語」、63-64頁。

シアにおけるイエズス会の活動史を年表にまとめている。[59]

　本章でその一部を紹介したポッセヴィーノの『モスコヴィア』は、ロシアにおいてどのように受容されたであろうか。

　まず1788年に、啓蒙活動家のニコライ・I. ノヴィコフ（1744-1818）が『モスコヴィア』の宗教論争を中心に翻案して、著者不詳として刊行している。ノヴィコフによれば、そのテキストはゲルハルト・フリードリヒ・ミュラー[60]の私設図書館で入手したものであるという。[61]

　1749年よりサンクトペテルブルクに移り住んだ歴史家で書誌学者のフリードリヒ・フォン・アデルング[62]は、ヘルベルシュタイン、アウグスト・フォン・マイヤーベルク、[63]コンラート・ブッソウ[64]とともにポッセヴィーノについて著し、それは『1700年までのロシア旅行者の批評的・文学的概観』としてアデルング死後の1846年に出版された。この書籍は息子であるニコライ・F. アデルング（1809-1878）によりロシア語に翻訳され1863年から64年にかけて

---

59) 望月哲男「19世紀ロシア文学におけるイエズス会のイメージ——『カラマーゾフの兄弟』読解へのステップ——」『19世紀ロシア文学という現在』（21世紀COEプログラム「スラブ・ユーラシア学の構築」研究報告集No.10、北海道大学）、2005年、33-52頁。

60) Gerhard Friedrich Müller（1705-1783）。Фёдор Иванович Миллер のこと。

61) ミュラーは1725年より創設当初のサンクトペテルブルク科学アカデミーの歴史学の非常勤講師を務め、ロシア初の日刊紙『サンクトペテルブルク報知』や『サンクトペテルブルク新聞』（ミュラー存命中は週刊）の編集に従事した。1732年以降、ドイツをはじめとする西欧におけるロシア史の書籍として初期のものといえる『ロシア史研究』（*Sammlung Russischer Geschichte*, 1732-1765）を出版した。

62) Friedrich von Adelung. 1768-1843. 現ポーランドのシュチェチンに生れる。

63) Augustin von Mayerberg. 1612-1688. マイヤーベルクは神聖ローマ皇帝レオポルト1世によってモスクワに使節として派遣されたドイツの男爵。1661年にモスクワに到着し、17世紀のロシア皇帝領の図面や記述のコレクション、通称「マイヤーベルク・アルバム」を制作した。

64) Conrad Bussow. 1552/53-1617. ニーダーザクセン出身のドイツ人傭兵で、1600-1611年にモスクワに居住し、1614-17年に『騒乱のロシア王国』を編纂したとされている。

出版された。[65]

　また歴史家で官僚であったアレクサンドル・I. ツルゲーネフ[66]の著作『ロシアの歴史的記念碑：諸外国の古文書・図書館からの引用より Historica Russiae monimenta, ex antiquis exterarum gentium archivis et bibliothecis deprompta』（1841）には、『モスコヴィア』からの引用と推定されるものが含まれている。

　ニコライ・M. カラムジン（1766-1826）の『ロシア国家史』（1816-26）のイワン雷帝の治世末期に関する章（9巻5章）[67]においては、ポッセヴィーノの『モスコヴィア』が多く引用され、東西教会の再合同についてのイワン4世とポッセヴィーノの議論のすれ違いが描写されている。たとえば、イワン4世がポッセヴィーノに信仰について言及しないよう求め、自分の51歳という年齢に触れて「ラテン教会と長い間意見の対立をみてきた私たちのキリスト教会の規則のもとで育ってきた者が、この世の命が尽きる前にそれを変えることができるだろうか？」と述べたことに対する返答で、ポッセヴィーノが「フィレンツェ公会議は皇帝、ギリシア帝国の聖職者たち、そしてあなた方の教会の最も有名な総主教イシドールによって承認されたことをあなた方はご存じです。この公会議の諸決議を読み、もしあなたがたに疑問があれば、私に説明するように命じなさい」と述べたことなどである。[68]

　カラムジンは、このようにポッセヴィーノの記録に一見忠実なようでいて、ポッセヴィーノを「狡猾な」と形容したり、イワン4世のポッセヴィーノに対する礼節を強調したりしている。言いかえれば、イワン4世の「専制君主」的性格のみをことさら強調したわけではない。ただ、長きにわたりローマとモス

65）*Аделунг Ф. П.* Критико-литературное обозрение путешественников по России до 1700 года и их сочинений // Чтения в Императорском Обществе Истории и Древностей Российских при Московском Университете / М., 1863.

66）Александр Иванович Тургенев. 1784-1845.

67）*Карамзин Н. М.* //История Государства Российского Полное Издание в одном томе./ М., 2022. С.901-931.

68）注55で述べたように、ポッセヴィーノはイシドール追放に関連して、後の著作で訂正を行なっている。

クワのあいだの交流が途絶えてしまったことを述べることにより、モスクワ公国の「反ラテン」的姿勢を印象づけることになった。

　さらに、歴史家のワシーリイ・O. クリュチェフスキー（1841-1911）は、『モスクワ国家をめぐる外国人の話 Сказания иностранцев о Московском государстве』（1918）において、ポッセヴィーノを含む外国人旅行者の記録をもとに、16世紀から17世紀にかけてのモスクワ大公国の生活を描きだしてみせた。

　帝政期の以上のような歴史家の著作は、ロシア人の自己認識にも大きく影響を与えているといえよう。

　非国家エージェントとしてのポッセヴィーノのモスクワ大公国での活動は、カトリックと正教会との合同という点では失敗であったかもしれない。ただ、モスクワ大公国およびイワン4世についての記録を残すことで、その後のローマ・カトリック世界およびヨーロッパにおけるロシアのイメージを形成したといえる。

第 5 章

危機の時代のロシアとニコライ 2 世崇敬
——ロシアにおける犠牲者意識ナショナリズム

高橋　沙奈美

1. 勝利と犠牲——2 つのコメモレーション

　ロシア帝国最後の皇帝ニコライ 2 世（1868-1918 年）は、1917 年 3 月に帝位を退いた後、1918 年 7 月、ボリシェヴィキによって秘密裏に家族とともに銃殺された。ロシアの罪業を一身に引き受けた献身的な犠牲者として 1990 年代以降のロシア国内において、ニコライ 2 世は多くの人々の崇敬の対象となってきた。大衆が求めるニコライ 2 世のイメージは、社会の欲望を反映して作り出され、描き出され続ける終わることのないプロセスの中にある。それは、ニコライ 2 世一家について語る聖者伝や、イコン、そして彼らによる奇跡譚などによって表象され、一連の「神話」を生み出し続けている。

　そのような神話的表象の中で、皇帝一家殺害事件の舞台となったエカテリンブルク郊外は「ロシアのゴルゴタ」と呼ばれ、ニコライ 2 世はしばしばキリスト[1]になぞらえられ、「贖い主／贖罪者（искупитель）」とさえ呼ばれてきた。キリスト教神学に基づけば、「贖い主」はキリストを措いて他にない。ロシア正教会は、ニコライ 2 世をキリストになぞらえるような行き過ぎた崇敬を

---

1) 正教会で用いられる翻訳に従えば「ハリストス」と表記すべきであるが、慣習的な読みやすさを考えて、本稿では「キリスト」と表記を統一した。なお、キリストの母マリアについて正教会では「聖なる母」ではなく、「神を生んだ女（Θεοτόκος / Богородица）」という神学的理解があるため、これについては慣習に従って「聖母マリア」とせず「生神女マリア」の訳語で統一した。

「ツァーリ神信仰（царебожие）」と呼び、これを「異端」であると批判する。[2]
一方、ニコライ2世に関する教会行事に参加するような信者たちが、「贖い主」
といったような異端の表現を用いずとも、ロシアの運命において特別な役割を
担った存在としてツァーリを崇敬していることもまた事実である。一部の極端
なナショナリストや君主主義者のみが信奉しているとされる「ツァレボージエ」
であるが、実は教会が認めるニコライ二世崇敬との明確な線引きはそれほど簡
単なことではない。本稿ではむしろ、この正統と異端の重なりのうちに、大衆
現象としてのニコライ2世崇敬の本質が存在すると考える。そしてこれを、「多
大なる犠牲ののちに勝利／復活する正教のロシア」という現代ロシアの欲望を
もっともよく反映した現象の一つとして検討する。

　二月革命によって帝位を退き、十月革命によって銃殺された元皇帝ニコラ
イ・ロマノフは、「我が身に降りかかる恐ろしい運命に抗わず、死を受け入れ
た政治的受難者（страстотерпец）」として、ロシア正教会によって2000年に聖
人の列に加えられた。「受難者」という聖人のカテゴリーはロシア最初の聖人で
あるボリスとグレープの兄弟に始まる。中世ロシア史研究の三浦清美は、無残
に殺されその遺骸を放置された彼らが、異教的な「祟り神」に類する存在とし
て捉えられていたことを指摘する。[3] そのうえで三浦はその列聖の背景に、「政
治的敗者をキリストと結びつけて考えるロシア正教会固有の思潮」があったこ
とを主張する。この点において、ニコライ2世ほどキリストと直接的に類比さ

2）ツァレボージエがニコライ2世に対する崇敬から始まったことは間違いない
　が、現在までにその内容は多様化し、この異端信仰の中には、ニコライ2世
　への崇敬以上に、後述する「来るべきツァーリ」すなわち、ロシアを世界の
　救済者へと導く「救世主」の待望を重視する傾向も見られる（*Никольский Е. В.*
　Эсхатологические и историософские представления сектантов-царебожников //
　Религия. Церковь. Общество. № 9 (2020). С. 154-182）。ニコライ2世崇敬に焦点を
　当てる本稿では、ツァレボージエと呼ばれる異端のうち、ニコライ2世に関わる
　ものに限定して議論する。

3）三浦清美「呪いと祟りをいかに克服するか──『ボリスとグレープについての物
　語』における語句、«НЕДОУМѢЮЩЕ, ЯКО ЖЕ БѢ ЛѢПО ПРЕЧЬСТЬНѢ» の解釈
　について」本書所収（第6章）、249-301頁。

れる聖人はこれまでなかった。こうしたロシア精神の背景には、すべてを奪われ、辱められ、不条理な死を受け入れたのちに、復活した神の子キリストにロシアの運命をなぞらえたいという願いが込められているように思われる。

本稿では、ニコライ2世崇敬を、「犠牲者意識ナショナリズム」と関連付けて再検討する。1990年代にロシアで顕在化したニコライ2世崇敬は、ロシア史の暗い部分と結びついているにも関わらず、「我々こそが犠牲者である」という意識を自明化し、それゆえに「我々こそが正しい」、そして「我々こそが神の国に最も近い」という主張を生み出しているからだ。「犠牲者意識ナショナリズム」とは、韓国にルーツを持つ歴史家、林志弦が打ち出した概念である。第二次世界大戦後、ナショナリズムが掲げる記憶やシンボルとして、ネーションのために身を賭して戦った英雄よりもむしろ、虐げられた無辜の犠牲者が強調される傾向が世界各地で観察されるようになったことが指摘される。言い換えれば、戦後のグローバルな記憶文化においては、自らの道徳的正当性を証しするものとして犠牲者の存在が強調されるのである。[4] 犠牲者意識ナショナリズムを成立させるのは加害と犠牲の二項対立構造であり、加害者が残酷で人間性を欠いていればいるほど、犠牲者の被った理不尽さが際立つ。林の著書では詳しく取り上げられてはいないが、冷戦構造解体後の中東欧諸国では、バルト三国、そしてウクライナなど、社会主義の過去に対して強烈な犠牲者意識ナショナリズムを持つ国も少なくない。[5] これらの国々が加害者とみなすのは、ナチス・ドイツではなく、ソ連の後継国家としてのロシアだ。

一方のロシアではどうだろうか。ロシアもまた、20世紀を通じて膨大な人命を失う歴史的経験を潜り抜けた。さらに加えて、20世紀末に起こった巨大な帝国の解体という事実を、現在のロシアはいまだに受け入れていないように

---

4) 林志弦『犠牲者意識ナショナリズム――国境を超える「記憶」の戦争』東洋経済新報社（澤田克己訳）2022年。

5) 当然ながら、それぞれの国家において、社会主義時代の記憶についての向き合い方には温度差があり、また国内の意見も矛盾を抱えている。詳細について、以下を参照。橋本伸也編著『せめぎあう中東欧・ロシアの歴史認識問題――ナチズムと社会主義の過去をめぐる葛藤』ミネルヴァ書房、2017年。

見える。その歴史認識には、犠牲者意識ナショナリズムも含まれる。しかしロシアにおいては、社会主義の過去が生んだ犠牲に対する加害者として糾弾しうる存在は明確ではない。2つの事例を検討してみよう。

第一が、スターリニズムのテロルだ。ペレストロイカによって1920-30年代のテロルの状況が少しずつ明るみに出されていったとき、この問題に真正面から取り組んだ人権団体のひとつが「メモリアル」だ。その創始者ベンヤミン・ヨッフェ（1938-2002年）らは、犠牲者を悼む記念碑として、ソ連最初期の強制収容所が開設されたソロフキ島の巨石を選んだ。[6] テロルがネーションや人種、性別、宗教、政治的信条の違いを超えて、誰にでも襲い掛かる可能性のものであったことを意識して、特定の集団に関わるシンボルをあえて排除したうえでの選択であった。しかし、その後10年の内に、特定のネーション、あるいは宗教をシンボライズした記念碑が林立した。例えば、ソロフキ島の囚人1111名が処刑されたカレリア地方のサンダルモフの森の記念碑乱立が象徴的だ。[7] ウクライナやポーランドは、ロシアを加害者として糾弾する一方、自らの支払った犠牲の大きさを強調した。しかし、ロシアでは、加害者は被害者でもあった。ロシアにおいてテロルの犠牲者を記念するために、加害責任を追及することは文字通り、わが身を引き裂く行為であった。

下からのこうした動きに対し、ロシア政府もソ連時代の犠牲者をめぐる記憶について、独自の議論を展開した。2015年8月、「政治的抑圧の犠牲者の記憶

---

6) *Иофе В.* Границы смысла: Статьи, выступления, эссе. СПб.: Научно-информационный центр «Мемориал». 2002. C. 52-54.

7) サンダルモフの森は、エリートから一般大衆に至るまで多様な人々が「政治犯」として処刑された場所であり、スターリニズムのテロルを象徴する記憶の場と考えられてきた。しかし、例えばウクライナ民族主義者にとって、サンダルモフはウクライナの政治的・文化的エリートが虐殺された地として記憶され、その他の問題は捨象される。ウクライナの記念碑は、ここが民族の自由を求めた「ウクライナの息子たち」が大国主義的スターリニストによって虐殺されたことのみに焦点を当てている。*Фриге И.А.* Сандормох: драматургия смыслов. СПб.: Нестор-История, 2019. C. 87-102.

226　「ロシア精神」の形成と現代

の永続化に関する国家政策構想」が採択され、これが社会の分断ではなく和解につながることを目指すことが方向づけられた。[8] 同じく2015年には、ソ連時代の政治的テロルの犠牲者を悼む記念碑「悲嘆の壁」がモスクワ市内に建設され、プーチン大統領をはじめとする国の指導者たちが除幕式に参列した。しかし、現に政治犯を生み出している政府が、過去の政治的犠牲者を悼むという行為は不条理劇そのものである。これは過去の生々しい痛みを忘却するポーズにも似て、ロシア社会にいったん芽生えた犠牲者意識ナショナリズムを癒す行為とはなっていない。

　第二の事例は、大祖国戦争とその記憶である。甚大な犠牲を伴った独ソ戦は、そのあまりの被害の大きさゆえに、戦後しばらくはその傷跡に触れることすらタブーであった。公式の追悼行事が始まったのは、戦後20年を経た1965年以降のことである。[9] ソ連各地で戦死者遺族や戦友たちによる追悼儀礼が行われ、戦死者の英雄的な献身を称える記念碑が設置された。しかし、そのようなコメモレーションの形は遺族や戦友の高齢化と世代交代に伴って危機を迎えた。同じころ誕生した新しいコメモレーションの方法が「不死の連隊」と呼ばれるデモンストレーションだ。2007年、シベリアの地方都市トムスクで、ジャーナリストらによって発案された。初発のアイディアは、忘却の淵に立たされた戦死者の記憶を、世代を超えて伝えていくという追悼の意味合いの強いものであった。参加者はそれぞれ戦争に参加した近親者のポートレートを掲げ、隊列を組んで市内を行進する。「不死の連隊」は瞬く間にロシア全土に広まり、今や5月9日の戦勝記念日は「不死の連隊」抜きに語れないと言って過言ではない。「不死の連隊」は、過去の再現という側面をも強調した。参加者たちは戦死者のポートレートを掲げるに飽き足らず、当時の軍帽や軍服を身に着け、車やベビーカーを戦車に模し、過去を再現することによって、勝利した過去の兵士

---

8) 立石洋子『スターリン時代の記憶——ソ連解体後ロシアの歴史認識論争』慶應義塾大学出版会、2020年、284頁。
9) 半谷史郎「1965年5月9日の「黙禱」放送——ソ連における戦没者追悼行事の創造」『スラブ研究』66号、191-204頁。

たちと自らの接近を図った。[10] 過去の軍装を纏った「不死の連隊」の参加者たちは、「以前の地位、性、着ているもの、役割の違い」を超越し、「一つの団結、(…) 一種の包括的な絆を体験」[11]することができる。つまりターナーの言うコミュニタス空間に没入し、宗教的興奮、一体感、全能感を感じるのである。[12] ただし、そこで共有される感情はターナーの指摘する「謙虚さと神聖性との、均質性と仲間意識との混和」、[13] つまり犠牲者に対する哀悼や記憶ではなく、むしろ、「我々は勝利した」、「過去の勝利者とともにある、我々こそが（これからも）勝利者であり続ける」といった好戦的で攻撃的なものである。夥しい犠牲者の存在は、それによって得られた勝利に道徳的正当性を与え、ロシアの犠牲者意識ナショナリズムは世界を悪から救った勝利者としての誇りに変容し、昇華する。

　さらにもう一点、本稿の問題関心から「不死の連隊」に関連して着目すべき点は、このデモンストレーションが「行列」の形をとっていることにある。文化人類学者の山口昌男は「練りもしくは行列は、(…) 祭礼において練りは依然として最も重要な時間及び空間の流れの中で人間の行動を組織して、全体として違った意味を与える」[14]と指摘している。ロシア正教においては、伝統的に行ってきた「十字行」と呼ばれる巡礼が、「不死の連隊」と多くの類似点を持つ行列を組んで行われてきた。

　ニコライ2世崇敬では、毎年一家の銃殺された7月17日の未明から早朝にか

---

10) Ouchakine, Sergei A. 'Remembering in Public: On the Affective Management of History,' *Ab Imperio*, 1 (2013), pp. 269-302; *Габович М.* Памятник и праздник: этнография Дня Победы// Памятник и праздник: этнография Дня Победы. СПб.: Нестор-История. 2020. С. 8-26.

11) ヴィクター・ターナー、山口昌男編『見世物の人類学』三省堂、1983年、13頁。

12) *Архипова А.С., Доронин Д.Ю., Кирзюк А.А., Рабченко Д.А., Соколова А.Д., Титов А.С., Югай Е.Ф.* Война как праздник, праздник как войны: перформативная коммеморация Дня Победы// Антропологический Форум, № 33(2017). С. 84-122.

13) ヴィクター・ターナー『儀礼の過程』(冨倉光雄訳) 新思索社、2002年、128頁。

14) 山口昌男「見世物の人類学へ」ヴィクター・ターナー、山口昌男編『見世物の人類学』三省堂、1983年、151頁。

けて、殺害現場である「イパチエフ館」跡地と、遺体の最初の遺棄現場である「ガーニャの谷」修道院までの21キロの行程を歩き通す十字行が行われる。数万人の人々が事件の前日（7月16日）からイパチエフ館跡地に建てられた聖堂前広場に集まり、聖体礼儀（正教会用語での聖餐式）に参加する。祈禱は日をまたいで続けられ、ツァーリ一家が殺害された未明の時間、十字行はガーニャの谷の修道院を目指して出発する。この時、巡礼者の中にはロシア帝国軍の黒黄白の三色旗を掲げる人々、19世紀さながらのいで立ちの軍人、看護婦姿の修道女が混じる。人々は数メートル四方の巨大なイコンを担いでいくが、その姿は棺を担ぐ葬礼の人々を想起させる。エカテリンブルクの十字行は、歴史上は実現することのなかったツァーリ一家の埋葬に立ち会うナロードの姿を再現しているかのようである。

　1918年にツァーリ一家が銃殺された時、革命の喧騒に沸く社会でその死を悼む行事はほとんど行われなかった。犠牲者たちの遺体は残忍な隠蔽工作を施されて、ガーニャの谷の廃坑跡に投げ入れられた。しかし近隣住民による発見を恐れたボリシェヴィキたちは、再度埋葬を試み、遺体を運んだトラックがはまり込んで動けなくなった路上のぬかるみの中に遺体を埋めた。帝国の為政者の最期としてはあまりにも無残な埋葬であった。ちなみに正教会は発見された遺体をツァーリ一家のものだとはいまだに認めていない。現代の聖者伝において、ニコライ2世一家は、革命の「無辜の犠牲者」であり、ロシアの民の罪を贖う「いけにえ」を象徴している。ニコライ2世崇敬が、21世紀のロシアにおいてアクチュアルな問題であることの背景には、ロシア史の文脈に特化した犠牲者意識ナショナリズムが潜んでいるように思われるのである。

　ただし、ニコライ2世崇敬にはひとつの大きな疑問が残る。なぜ20世紀ロシアの支払った犠牲のシンボルがニコライ2世その人に集約されるのかという問題だ。仮に、20世紀ロシアにおける悲劇の歴史の起点として十月革命を位置づけるとしても、革命の犠牲者としては、内戦やその後の飢餓、政治的テロルの犠牲者になった無数の大衆が存在している。あるいは、犠牲者の罪のなさ、無害さ、自己犠牲などを強調するのであれば、皇帝夫妻の子供たちや彼らと運命を共にした廷臣たちこそそのような象徴に似つかわしい。しかし犠牲を訴えるコメモレーションの中心にあるのは、ニコライ2世その人なのである。さら

に、ニコライ2世崇敬が、16-17世紀のロシアで生じた王権に関する概念を継承していることも注目すべきである。ニコライ2世は、帝政末期の為政者というより、むしろ理想化された中世ロシアの伝統を体現した人物であるかのように描かれる。同時期に生じたモスクワを「第三のローマ」になぞらえる終末思想や選民思想もまた、ニコライ2世崇敬のイデオロギーとして引き継がれているのである。

　以下では、ロシアの精神世界におけるツァーリの位置づけの文化史的な分析に依拠しながら、1990年代以降に生じたニコライ2世の再聖化とその意味について考えたい。かつての冷戦構造における「西側」のみならず、「近い外国」となった旧ソ連諸国からも、ロシアを加害者として糾弾する声が高まる中、ロシアの特殊な犠牲者意識ナショナリズムは高揚している。それは勝利者意識へとすり替わった大祖国戦争に関連する犠牲者意識に顕著である。一方、革命、内戦、ソ連解体などによってロシアが被った犠牲については「和解」という名の下に、その傷跡をふさぐことが試みられた。しかし、そうした試みが十分に成功を収めることのないまま、後者に関する犠牲者意識のほとばしりが、ニコライ2世崇敬という形で現れているように見受けられる。

　本稿ではまず、ニコライ2世崇敬を支えるイデオロギーであるツァーリの聖性や終末論的なロシアの役割についての論拠となっている中世ロシアの王権神話と、それを支えたイデオロギーである「モスクワ第3ローマ説」について整理する。続いて、ソ連解体後の混乱期のロシアにおいて、ニコライ2世の再聖化がいかに行われたのか、そしてどのような意義づけが行われたのかを検討する。最後に、無辜の犠牲者ニコライ2世と、その犠牲に対する「ロシアの民の悔い改め」という神話について検討することによって、ニコライ2世崇敬から読み取ることのできる現代ロシアの犠牲者意識ナショナリズムについて考察する。

2. 戴冠式と王の聖性——中世ロシアという理想

　正教会でよく知られた祈禱のひとつに、「天の王（царю небесный）」がある。「あの世」を統べる三位一体の神を指す言葉として「ツァーリ」はしばしば用いられ、「この世」に君臨する君主としての「ツァーリ」と対を成してい

る。天上と地上の国のパラレルな関係は、ビザンツ帝国ですでによく知られたものであった。6世紀の皇帝、ユスティニアヌスは世俗権力と教会権力の調和的関係としての「シンフォニア（ビザンチン・ハーモニー）」について、「司祭制と帝国は、神が人間への愛のゆえに、高みから授けられた二つの偉大な贈り物である。前者は神的なものに仕え、後者は人間的なものを指揮し管理する。どちらも同じ起源から生まれ、人間の生活を飾るものである」と書き記している。[15]

　中世ロシア史家のウスペンスキーによれば、ロシアはビザンツから君主の聖性という概念を継承した。君主の肉体はほかの人間と等しく滅びる運命にあるが、その地位は神のように高く、審判と決定についての権力においては神に等しい。このことは君主の神聖なる権威を強調すると同時に、その権力においては途方もない差異を強調するものであった。[16] 元来、中世ロシアの文脈において、「ツァーリ」はビザンツ皇帝のほか、タタールの支配者をも指す言葉として用いられていた。ロシアにおいて「ツァーリ」の称号がキリスト教徒の専制君主を指すものとして使われ始めるのは、1453年にコンスタンティノープルが陥落し、ロシアがビザンツ帝国の後継者を意識するようになってからのことだ。イヴァン3世（在位1462-1505年）はビザンツ皇帝の姪と結婚して、「ツァーリ」の称号、およびビザンツ帝国のものを模した双頭の鷲の国章をモスクワ大公国のものとして導入した。

　また、16世紀以降のモスクワ大公たちは、自らの出自について、ローマ帝国皇帝とのつながりを強調し始めた。この時代に記された『階梯書（Степенная книга）』では大公家の祖である北方の異邦人リューリクの家系は、初代ローマ皇帝アウグストゥスより北方支配を委ねられた皇弟プルスに由来することが主

---

15) David J.D. Miler, *The Novels of Justinian: A complete Annotated English Translation* (Cambridge University Press, 2019), p. 97.

16) Victor Zhivov and Boris Uspenskij, 'Tsar and God: Semiotic Aspects of the Sacralization of the Monarch in Russia' in *"Tsar and God" and Other Essays in Russian Cultural Semiotics* (Boston: Ars Rossica, 2012), pp. 4-5.

張され、血の結び付きに関する神話が生み出された。[17]

　ロシアにおいて初めて戴冠式が行われたのは、1547年、イヴァン4世（在位1533–1584年）のときである。イヴァンはわずか3歳にして幼帝としてモスクワ大公に即位したが、長じてのち、ロシアの「ツァーリ」として戴冠した。この時の戴冠式を取り仕切ったのはモスクワ府主教マカーリーであり、14世紀のビザンツの儀式を参照することで帝国とのつながりを示した。[18] 戴冠式では、「モノマフの帽子」（ビザンツ皇帝コンスタンティン・モノマフがキーウ大公ウラジーミル・モノマフに送ったとされる王冠）、笏、バルミと呼ばれる肩飾り、そして「生命を施す十字架」など、ビザンツ由来の皇帝の象徴（レガリア）が用いられた。また府主教マカーリーが戴冠を行うことで、君主の神聖性を担保するものとしての教会権力も強化された。ツァーリ戴冠式は、モスクワがコンスタンティノープルに代わる神聖な都たること、ロシアがビザンツ帝国の正式な後継者であることを誇示する舞台となったのである。

　ただし、王の聖別の儀式である塗油式は、イヴァン4世の戴冠式では導入されなかった。戴冠式と塗油の儀式がロシアで初めて一緒に行われたのは、1589年のフョードル1世（在位1584–98年）の戴冠式である。[19] 塗油式はフランク王国で始まり、それが13世紀になってビザンツに伝播した。フランスやイギリスで行われるようになった塗油式は、旧約聖書にあるように、「油を塗られたのちに、聖霊が下る（サム上10：1）」、すなわち皇帝の世俗的な権力を聖別する儀礼であった。[20] しかしモスクワが塗油式を導入した際、すでにコンスタンティノープルと断絶して久しかったこともあり、実際に行われた伝統よりも

---

17) *Крысюк И.* «Киев как новый Иерусалим» vs «Москва как третий Рим»: геополитические контроверзы религиозных мифологем// Perekrestki, №. 1-2 С. 132.

18) Boris Uspenskij, 'Enthronement in the Russian and Byzantine Traditions' in *"Tsar and God" and Other Essays in Russian Cultural Semiotics* (Boston: Ars Rossica, 2012), p. 156.

19) Richard S. Wortman, *Scenarios of Power: Myth and Ceremony in Russian Monarchy from Peter the Great to the Abdication of Nicholas II* (Princeton University Press, 2006), p. 11, Uspenskij, 'Enthronement in the Russian and Byzantine Traditions,' pp. 156-161.

20) マルク・ブロック（井上泰男、渡邊昌美訳）『王の奇跡』刀水書房、2007年。

むしろ、彼らが神権政治体制について想像したものを採用した。そのため、ロシアにおける塗油式は西方で組み込まれた意味を継承せず、キリスト教徒にとっての秘跡の一つとして行われることになった。塗油によって、ツァーリはキリストにならって、神に選ばれた者を意味するようになったというのである。[21]

　モスクワ大公がビザンツ皇帝の後継者を目指したことの思想的背景としてしばしば指摘されるのが、モスクワこそが地上の王国の中心である帝都ローマ、そしてコンスタンティノープルに代わる第3の、そして最後の「ローマ」であるとする「モスクワ第3ローマ説」である。16世紀前半、モスクワ大公国は近隣諸公国との抗争に勝利して領土を拡大し、中央集権体制が築かれ始めていた。同時期のモスクワは国家を体現する文化都市として、特別な地位を獲得していった。こうした時代背景は、人々の国家意識を高揚させ、同時に知的世界に刺激を与えた。そうした中、1524年にプスコフの修道僧フィロフェイはヴァシリー3世（在位1505-33年）に宛てた書簡の中で、コンスタンティノープルが異教徒の手によって陥落した今、モスクワこそが正教（すなわちキリスト教）の中心地であり、唯一かつ最後の正教王国である、またその君主であるツァーリこそが正教最大の庇護者である、という賛辞を書き残したのである。[22]

　しかしながら、ビザンツの後継者としての精神に則って考案された戴冠式および塗油式は、ピョートル1世（在位1682-1725年）による西欧的儀礼の導入によって、大きな変化を被ることになる。ロシアは西側の制度、習慣、芸術、言語をより精力的に取り入れるようになり、それまでの制度・習慣などは支配的地位を喪失した。正教会についても、西方出身の修道士ステファン・ヤボルスキ（1658-1722年）やフェオファン・プロコポーヴィチ（1681-1736年）の主

21）*Успенский Б. А.* Царь и император: помазание на царство и семантика монарших титулов. М.: Языки Русской культуры. 2000. С. 27-28.

22）プスコフのフィロフェイによる論説には、日本語訳がある。三浦清美編訳『中世ロシアのキリスト教雄弁文学（説教と書簡）』松籟社、2022年、266-287頁。あわせて「解説：中世ロシアの歴史とロシア思想展開の諸相」も参照。フィロフェイの中世ロシアにおける位置づけについては435-440頁。

導により、教会を国家の統制下に置くという西欧に倣った教会制度が導入された。そうした中で、「モスクワ第3ローマ説」もまた、17世紀前半ごろまでには、その当初の意味を失った。

ところが、「モスクワ第3ローマ説」は、世界に君臨する大国ロシアの政治戦略として、19世紀後半以降の思想家や歴史家たちによって再発見された。[23] 現在までに、15世紀末から17世紀初頭までの同時代的コンテクストにおいて、「モスクワ第3ローマ説」がどのような位置づけにあったのかについて、多くのことが中世ロシア史研究により明らかにされている。[24] それによれば、フィロフェイ自身の思考の中心はキリスト教（より厳密には正教）の救済にあり、大国ロシアという政治的イデオロギーの要素は、もっぱら19世紀後半以降の後付的解釈である。[25]

つまり、ピョートル1世がもたらした西欧的制度に支えられたロシアの政治体制が行き詰まり、大幅な改革を求められた時代、「モスクワ第3ローマ説」というロシア大国主義、選民思想的イデオロギーが、中世ロシアからの「遺産」として広く受容されていったのである。この時同時に中世ロシアのツァーリ権威の宗教的な神聖性、正教の庇護者という概念も再び想起されることとなった。ニコライ2世自身、「古き良きモスクワ」を訪問して、宗教的高揚を体験し、また「ツァーリと大衆（ナロード）」の家族的紐帯を感じることを楽しんだ

23）19世紀後半から20世紀にかけてのロシアの歴史家による「モスクワ第3ローマ説」の読み解きについては、以下を参照。*Синицына Н. В.* Третий Рим. Истоки и эволюция русской средневековой концепции (XV-XVI вв.) М. 1998, С. 7-57; *Бауэр Е. А.* Идея «Москва — Третий Рим» в Русской общественной мысли конце XV начала XVII вв. Нижневартовск. 2011.

24）15世紀の末には終末論的な期待（天地創造から7千年に当たる1492年に世界が滅亡すると信じられていた）と結びついた救済論が表れた。また、1589年にモスクワに総主教座の創設が認められると、真の正教信仰の守護、新しい中心地はモスクワに他ならないという考え方は一層強化されることとなった。*Кантор В.* «Москва — третий Рим»: реалии и жизнь мифа// Вестник Европы. Т. 36 (2013), С. 144-153.

25）*Ульянов Н. И.* Комплекс Филофея// Вопросы истории. № 4 (1994), С. 150-162.

ことが知られている。さらに彼の治世下で開催された最も有名な宮廷舞踏会（1903年）が、参加者に「ピョートル以前のロシア」の仮装を求めたものであったことも、理想化された中世ロシアの世界を体現していた（口絵図9）。[26] ニコライ2世自身はこの舞踏会で、アレクセイ・ミハイロヴィチ帝に扮した。西欧よりもむしろロシア的伝統を愛するツァーリ像を印象付けるものとして、この時の肖像画は広く社会に流布されたが、聖なるツァーリとしてのニコライ2世のイメージは帝政末期のロシア社会においては、ツァーリ権力が意図したようには定着しなかった。[27] この肖像画に込められた、中世ロシアに由来するツァーリの聖性は、むしろニコライ2世の暗殺後、より多くの人々に影響力を及ぼすことになるのである。

3. ソ連解体後のロシアにおけるツァーリ再聖化の試み

専制君主制の基礎が大いに揺らぎだした19世紀末から20世紀初頭にかけて、ロシア的伝統を再発見し、ツァーリ権力に対する宗教的な意義づけや神と君主、そして民衆の神秘的紐帯を夢想する人々がいたことは間違いない。それは国と民衆を愛する素朴なツァーリに対する崇敬から、極右反ユダヤ主義に至るまでの雑多な思想潮流を含むものであったが、ボリシェヴィキによる権力掌握後は、いかなる形での君主主義もソ連で存続することは不可能になった。

十月革命後、皇帝崇敬は亡命ロシア人社会に引き継がれた。[28] ニコライ2世の処刑は、ユダヤ人による正教ロシアの破壊の陰謀として語られ、ニコライ2

---

26) Wortman, *Scenarios of Power*, pp. 348-354.

27) 当時の絵入り雑誌を分析した巽は、王室記事の多くは皇帝一家の人間的、世俗的側面を好んで紹介したのであり、ツァーリの聖性を強調しようとした皇帝権力の意図は同時代の雑誌メディアの戦略と齟齬をきたしたことを指摘している。巽由樹子『ツァーリと大衆——近代ロシアの読書の社会史』東京大学出版会、2019年、166-175頁、巽由樹子「近代ロシア社会とツァーリ表象」『史学雑誌』118巻9号（2009年）、1-32頁。

28) 亡命ロシア人社会におけるニコライ2世崇敬の展開については、以下を参照。高橋沙奈美「皇帝が捧げた命——在外ロシア正教会におけるニコライ2世崇敬と列聖」『ロシア史研究』第107号（2021年）、30-54頁。

第5章　危機の時代のロシアとニコライ2世崇敬　　**235**

世は殉教者を意味する「致命者ツァーリ（царь-мученик）」と位置付けられた。さらに、その「犠牲」に神秘的ニュアンスを添えて定式化したのが、1930年代のハルビンでロシア人亡命者シャベルスキー＝ボルク（1896-1952年）が発表した、皇帝パーヴェル1世（在位1796-1801年）との対話形式を取った修道士アヴェルの予言についての「歴史物語」だ。それは帝政の崩壊と第一次大戦から革命に至る時代を「ユダヤのくびき」として、次のように描いている。

　　神の子がかつてそうであったように、棘の冠がかの君の王の冠に替わり、その民に裏切られる。戦争が起こるだろう、大きな戦争、世界戦争が…。人々は鳥のように空を飛ぶようになり、魚のように水の中を泳ぎ、悪臭を放つ硫黄によってお互いを殺し合う。裏切りが増大し、増殖するだろう。勝利を目前に、ツァーリの玉座は崩壊する。血と涙が湿った大地を満たす。斧を手にした狂った男が権力を握り、まことのエギペト（エジプト）の極刑が始まる…[29]

　このようにして描かれるニコライ2世の犠牲は、この世の終わりの始まりとして、すなわち終末論的なコンテクストに位置づけられる。ニコライ2世をキリストになぞらえ、「贖罪者」と形容する言説さえ登場した。ただし、亡命社会でさえもニコライ2世崇敬については異論があり、亡命者の正教会組織であった在外ロシア正教会が、ツァーリ一家を列聖したのは、1981年のことであった。

　亡命社会が70余年にわたって積み重ねてきた言説は、ソ連解体後のロシアに奔流のように流れ込み、そして熱心に受容、拡散、消費されることになった。その背景には政治的、経済的、社会的混乱が著しかった1990年代のロシアにおいて、終末思想がある種の期待をもって受け入れられたことが指摘され

---

29) このテクストは現在も「アヴェルの予言」などとして拡散されており、いくつものバージョンが存在する。本論では次のアフメートヴァの引用を訳出した。*Ахметова М.* Пророчество монаха Авеля и концепт «Жидовского Ига»// История-миф-фольклор в еврейской и славянской культурной традиции. М. 2009. С. 124.

236　「ロシア精神」の形成と現代

る。この世の終わりが近づいている、悔い改めよ、さすれば「来るべきツァーリ（Грядущий Царь）」が王国を実現する、というわけだ。[30]

1991年に君主主義系の新聞『ゼムシチナ』が修道士アヴェルについてのテクストを掲載した時、それは創作された「物語」としてではなく、アヴェルが実際に語った「予言」として紹介された。[31] この記事が拡散されていく過程で、アヴェルの予言の内容は伝言ゲームのように改変された。1995年にコロムナのノヴォゴルトヴィン修道院から出版されたアヴェルの聖者伝では、上記の予言は次のように語られている。

> ニコライ2世、聖なるツァーリ、苦難多きヨブの克肖者。キリストの精神と忍耐、鳩の純潔を持つ者となる。(…) 神の子がかつてそうであったように、棘の冠がかの君の王の冠に替わり、その民に裏切られる。贖罪者となり、その民を御身によって贖う——無血のいけにえ（キリストの犠牲を暗示する——引用註）のように。戦争が起こるだろう、大きな戦争、世界戦争が…[32]

また、正教会で名の知れた文筆家のセルゲイ・フォミン（1951年生）はアヴェルの予言を取り上げ、「反キリストの到来は間近に迫っている。(…) 反キリストの到来前に、ロシアは復活する。ロシアには神自身によって選ばれたツァーリがいる」とする終末思想とロシアの復活についての思想を流布した。[33]

しかし、1990年代のロシアのどこにツァーリ権力があるというのか。この疑問に答えたのが、あるイコンの存在である。1990年、「王権を手にする生神女マリア（Держа́вная Икона Божией Матери）」のイコンがロシア正教会に返還

---

30) *Ахметова М.* Конец света в одной отдельно взятой стране: Религиозные сообщества постсоветской России и их эсхатологический миф. М. РГГУ. 2010. С. 245-249.

31) *Ахметова М.* Пророчество монаха Авеля и концепт «Жидовского Ига» С. 125-129.

32) Житие преподобного Авеля прорицателя. Коломна: Свято-Троицкого Ново-Голутвина монастыря. 1995. С. 42-45.

33) *Фомин С.* сост. Россия перед Вторым Пришествием: пророчества русских святых. М. 1993. С. 322.

第5章　危機の時代のロシアとニコライ2世崇敬　**237**

された（口絵図10）。[34) このイコンは、1917年3月2日（露暦）、すなわちニコ
ライ2世が退位の詔勅に署名した日に、モスクワ近郊のコロメンスコエ村で発
見された。[35) イコン中央にはビザンツの帝権を象徴する緋色の衣をまとった
生神女マリアが、冠を付けて玉座に座り、左手に王笏、右手に宝珠を持つ姿
で描かれている。マリアの膝の上には十字を書いて祝福を与える幼子イエス
が座し、マリアの頭上では同じく宝珠を手にした父なる神が祝福を与えてい
る。17世紀末から18世紀初頭頃に書かれたと推定されるこのイコンは、地上
のツァリーツァ（Царица земная）として現れた天上のツァリーツァ（Царица
небесная）マリアを描いたものであり、ロシアにおいては極めて珍しいタイプ
のものであった。[36) ソ連では革命の混乱の中、このイコンの所在は不明とな
ってしまったが、亡命社会ではその存在が語り継がれた。亡命社会では、ニ
コライ2世は退位にあたり、ツァーリとしての最高権力を生神女マリアに委託
できるように祈ったのに違いなく、このイコンはその表れであると解釈され
た。[37) 生神女のイコンが、ツァーリ権力を体現し、ロシアの守護の役割を引き

---

34) このイコンは1988年、展示のためにロシア国立歴史博物館からモスクワ総主
　教庁に貸し出され、1990年には正教会に返還された。ただし、それが1917年
　にコロメンスコエ村で発見されたオリジナルのイコンであると同定されたの
　は、1996年になってからのことである。1993年3月号の『モスクワ総主教庁ジ
　ャーナル』は「王権を手にする生神女マリア」のイコンが1917年3月2日に発
　見されたことを伝えているが、オリジナルのイコンの所在については言及して
　いない。Коломенская икона Божией Матери «Державная»// Журнал Московской
　Патриархии. №. 3 (1993).

35) このイコンは村の年老いた農婦が生神女マリアの夢を3度見たことによって発見
　されたとされている。発見後、奇跡を起こすイコンとして崇敬され、いくつかの
　複製画が作成され、当時の総主教チーホンもこのイコンのアカフィスト（賛歌）
　の作成に関与したと言われている。これらはすべて、1947年以降に書かれたロシ
　ア人亡命者の回想録などによるものであり、これが歴史的な事実であるのかは不
　明な点も多い。

36) *Филатов В. В.* Заметки по поводу второго обретения Державной иконы Божией
　Матери в России// Журнал Московской Патриархии. №. 3 (1996), С. 45.

37) *Фомин С.* сост. Россия перед Вторым Пришествием. С.

238　「ロシア精神」の形成と現代

受けたという言説はソ連解体後のロシアに急速に広まり、正教会も認めるところとなった。イコンの起こす奇跡について、いくつもの報告がなされ、[38] 多くの人々がイコンによる庇護の力を信じた。

また、1997年にはニコライ2世の奇跡のイコンが現れた。このイコンは、在米の亡命ロシア人女性が、ニコライ2世の夢を見たことに由来する。この女性は、夢に現れたニコライ2世の姿を忠実に再現するために、イコン画家とともにニコライ2世の写真を精査した結果、アレクサンドル・ミハイロヴィチ帝に扮した肖像写真に行き着いたものと思われる。こうして、「モノマフの帽子」をかぶり、王笏と宝珠のレガリアを手に持ち、17世紀のツァーリの装束を身にまとったニコライ2世のイコンが作成されたのである（口絵図11）。[39] このイコンの複製は大量にロシアに送られ、これらのイコンが芳香を放つ、あるいは聖油を流す、といった奇跡が報告され始めた。[40] ニコライ2世のイコンはロシアの大地を守護するものとして、またロシアの民のあらゆる願いを神にとりなすものとして、熱烈な崇敬の対象となった。[41] 同時に、アレクセイ・ミハイロヴィチ帝に扮した姿が、ニコライ2世のイコンの典型として定着したのである。

生前に流布したニコライ2世の肖像写真とは異なり、死後のイコンは中世ロシアに由来するツァーリ聖性を広く大衆に印象付けることに成功した。ツァーリの神聖性を強調したのは、レガリアや中世風の衣装といった図像イメージのみではない。信者たちが唱えるニコライのための祈禱（молитва）や賛歌・賛詞（акафист, тропарь）の中で、ニコライはしばしば「油注がれし者（помазанник）」

---

38) これらの奇跡については『正教百科事典』にも記録されている。*Щенникова Л. А., Гурий (Федров), Э. П. И.* Державная Икона Божией Матери// Православная Энциклопедия. Т. 14. С. 436-347.

39) *Натаыкина Е.* О чудотворном образ государя императора Николая второго// Православие ru. 6 мая 2016 г. (https://pravoslavie.ru/93129.html)

40) Царь Николай и Новые мученики: пророчества, чудеса, открытия и молитвы/ сост. В. Губанов, СПб: «Общество свт. Василия Великого». 2000. С. 217-219.

41) *Ахметова М.* Конец света в одной отдельно взятой стране. С. 246.

と呼ばれる。[42]

> 聖なる受難の担い手、殉教者ツァーリ・ニコライよ、慈悲と正義をもって民
> を裁き、正教の守護者となるべく、主はあなたを油注がれた者として選ばれ
> た。

> О святый страстотерпче, царю мучениче Николае! Господь тя избра
> помазанника Своего, во еже милостивно и право судити людем твоим и
> хранителем церкви православныя быти. [43]

　これは戴冠式とセットになった塗油式において、ツァーリが神に選ばれて、
聖別されたことを示している。祈禱文において、塗油は「神」を示す言葉を必
ず伴っており、ツァーリと神との特別なつながりを示すものとして解釈されて
いる。
　ニコライ2世が塗油され聖別された理由は、教会も認める公式の祈禱文では、
「正教の君主として」ということになるが、異端とされる祈禱文ではその来る
べき受難が強調される。ニコライは、キリストと同じように、「民の罪を贖う
ためのいけにえ」として選ばれたのである。

> 無垢な子羊として、キリストの犠牲に似て、そなたはロシアの民の罪を贖う
> ことを望まれた…

42）ツァーリ一家のための賛歌は、1990年代以降、ロシア国内外で盛んに作成され
　　たが、長らく教会が認めるものが存在しなかったために、異端的な内容を含む
　　賛歌が出回ることになった。こうしたことも、一般の信者レベルにおいてニコ
　　ライ二世崇敬の正統と異端の境界をあいまいにしたと考えられる。*Плякин М.*
　　Е. Искажения церковного предания в неканоничных богослужебных текстах на
　　примере почитания святых царственных страстотерпцев // Церковь и время. № 2 (67)
　　(2014). С. 103-126.

43）Молитва Святому Царю Страстотерпцу Николаю (М. Издательский Совет Русской
　　Православной Церкви, 2003, по благословению Святейшего Патриарха Московского
　　и всея Руси Алексия II). https://www.molitvoslov.com/text560.htm

Жертве Христовой в подобие, яко Агнец непорочный, волею полагаешися во искупление греха народа Российского...

　犠牲となるにあたって、ニコライ2世が自ら望んでその道を選んだというモチーフは聖者伝などでも繰り返し現れ、強調される。[44]

　　革命後しばらくして、モスクワ府主教マカーリーはキリストとともに立つ君主の夢を見た。救世主がツァーリに問うて曰く「見よ、わが手には2つの杯がある。一方は苦い、そなたの民のためのもの。もう一方は甘い、そなたのためのもの」。ツァーリは跪いて、彼の民の代わりに苦い杯を与えてくださるよう長いこと主に祈った。主は苦い杯より赤熱した石炭を取り出し、君主の手の上に置いた。ニコライ・アレクサンドロヴィチは炭を掌から掌へと移し替え始めると、彼の体は明るく輝き始め、光り輝く霊のようになった…。その後、マカーリーはツァーリがたくさんの人々に囲まれているのを見た。ツァーリは自らマナを人々に分け与えた。この時、姿の見えない神秘の声が響いた。「君主はロシアの民の罪をその身に引き受けた」。[45]

　このように、ニコライ2世を崇敬する信者たちは神と特別なつながりを有するツァーリを庇護者として崇敬するのみならず、ニコライ2世を「ロシアの民の罪」を進んでその身に引き受けた存在、「犠牲」、「いけにえ」として讃える。「異端」とされるツァレボージエにおいては、ニコライ2世が「贖い主」とされ

44）1949年に亡命司祭ミハイル・ポーリスキーが出版した初期のニコライ2世の聖者伝には、革命より10年も前に、ニコライ2世が自分がロシアを救うための供物となる、と自らの最後を予言するような発言をしたと記されている。*Польский, М. Новые мученики российские.* Jordanville, N.Y.: Holy Trinity Monastery, 1949, С. 218-264.

45）Святой страстотерпец царь Николай. СПб.: Общество памяти игумении Таисии. 2017. С. 102, 104. このブックレットもロシア正教会の出版評議会の推薦を受けているため、この「府主教マカーリーの夢」も異端とは言い切れない。

るが、公式の崇敬においてもニコライ2世の「苦難」や「苦しみ」が好んで言及
されている。20世紀末の危機の時代に、民衆の終末論的想像力の中で再聖化
されたツァーリ・ニコライは、神と特別なつながりを有する正教の庇護者であ
るばかりか、それ以上に、ロシアのために自ら進んで苦しんだ者、さらには神
の子キリストになぞらえられる無垢な犠牲者として、ロシアの民の贖罪のいけ
にえとして、重要な存在となったのである。

4. ロシアの「改悛」と「復活」

　ニコライ2世自身がつけていた日記など、退位後のニコライ2世に関する史
料を少しでも読めば、ツァーリ一家がロシアの大衆のために自ら進んで幽閉さ
れ、そして銃殺されたとは考えにくいことはすぐわかる。ニコライ2世の「犠
牲」についての物語、はあくまでロシア社会の集合的な宗教的想像力の産物で
しかない。しかしこの物語は、賛歌や聖者伝、あるいは様々な媒体によって繰
り返し語られ、図像化されることによって、強力な影響力を持つニコライ2世
神話を形成した。「ツァレボージエ」の糾弾者もまた、ニコライ2世の犠牲につ
いての「神話」を史実に反するものとして否定するのではなく、その神学的な
間違いを問題とする。例えば、ピョートル・アンドリエフスキー司祭は、ツァ
ーリによる贖罪という考え方が正教の教義にはそぐわないことを神学的な見地
から批判する。正教神学に基けば、アダム以来の人間の原罪はキリストが磔刑
に処されたことによって、その贖罪は完成している。キリストののち、人間は
原罪を負ってはいない。ニコライ2世が、「ロシアの民」に対し再びキリストと
同じように贖罪を行うということは、キリストによる贖いが不十分であったと
いうことを意味する大いなる異端となる。[46]
　一方、ニコライ2世を崇敬する人々は、ニコライ2世がロシアの民の罪を一
身に引き受けて犠牲となったにもかかわらず、その犠牲によってロシアの救済
が完成するわけではないと考える。救済の完成のためには、ツァーリの犠牲に

---

46) *Андриевский П.* Еще раз о «Царе-искупителе»// Благодатный огонь. №.5 (2000)
https://blagogon.ru/articles/80/

対し、全ロシア民衆の悔い改め（всенародное покаяние）が必要である、という言説は亡命ロシア人社会にすでに表れていた。亡命社会におけるツァーリ崇敬を意味づけた神学者アヴェルキー大主教（タウーシェフ、1906-76年）は、ロシア選民思想という土台の上に、正教のツァーリの役割を見出し、そしてツァーリ殺害を意義付けた。

> ロシアの民だけが長い間真のキリスト教の敬虔さをもって輝き、真に聖なるルーシであり神を孕める民（СВЯТОЮ РУСЬЮ, НАРОДОМ-БОГОНОСЦЕМ）であった。そしてロシアの君主は、神聖な正教会の忠実で献身的な息子であり、同時に全世界における正教の偉大なる強力な守護者であり庇護者であった。[47]

　正教の庇護者たるロシアのツァーリは、アヴェルキー大主教によれば、「反キリストの到来」を阻止する存在であった。しかし「反キリストのしもべたち」（ユダヤ人を暗示する）は、反キリストによる支配を一刻も早く確立するために、正教のロシアを迅速かつ確実に滅ぼす必要があり、その生きた象徴としてツァーリを殺害したのである。直接手を下したのではなくとも、それを黙認したロシアの民の罪は重い。ロシアの大地で行われたこの恐ろしい罪の結果を「すべてのロシアの民」が引き受けなくてはならないのである。[48] アヴェルキー主教は、帝政末期のカリスマ的司祭であったクロンシュタットのイオアン（1829-1908年）の言葉を繰り返し引用して、ロシアの「改悛」を呼びかけるのである。

> 我々には全面的な道徳的浄化、すべての民による深い悔い改めが必要なのだ。（…）身を清め、悔い改めの涙で身を洗い、神と和解しよう、その時神もまた

---

47) *Аверкий (Таушев)*. Современность в свете слова Божия /сост. А.Д. Каплина, отв. Ред. О.А. Платонов. М.: Институт русской цивилизации 2012. C. 87-88.

48) *Аверкий (Таушев)*. Современность в свете слова Божия. C. 324, 326.

われらと和解する。[49]

　亡命者となった高位聖職者たちが、自らの身を離散の民になぞらえ、ロシア帝国の崩壊と無神論国家ソ連の存続を神学的に解釈した結果としてのこの神話は、しかし、ソ連解体後のロシアにも引き継がれた。それは、ソ連という国家が解体したのち、ロシア社会の危機は深まり、社会的混乱に対する説明と、未来への希望が渇望されたからであろう。したがって、ソ連解体後のロシアでも、引き続き「悔い改め」が求められた。当時の総主教アレクシー２世（1929-2008年）は、ツァーリ殺害から75年の記憶日に次のような回勅を発表した。

　　政治的見解や歴史観にかかわらず、民族的出自や宗教的帰属にかかわらず、君主制に対する考え方や最後のロシア皇帝の個人的人格に対する態度にかかわらず、われらすべての民、そのすべての子どもたちに悔い改めを求める。[50]

　ニコライ２世が罪を贖ったのであれば、なぜロシアの民はいまだに「悔い改め」を求められるのか。それは、「贖罪と赦しは霊的に、罪人が罪を自覚し、悔い改めることによってのみ機能する」[51]からである。
　さらに「ロシアの民の罪」はツァーリ殺害を黙認したことのみならず、ロマ

49）*Аверкий (Таушев)*. Современность в свете слова Божия. С. 94. アヴェルキーによれば、これはイオアン司祭の1881年3月1日の言葉。

50）Послание Патриарха Московского и всея Руси Алексия II и Священного Синода Русской Православной Церкви к 75-летию убиения Императора Николая II и его семьи// Православная газета. №. 15(49) 15 января 1996 г.（https://orthodox-newspaper.ru/numbers/at237）ただしこの回勅では、どのような善き意図に基づくものであったとしても、人の命を犠牲にしてはならない、という一般的な倫理を説いており、この言葉だけを切り取って、アレクシーもまたロシア選民思想に傾いていたとすることはできない。

51）*Назаров М. В., Герасимов С.* Кем почитать Царя-Мученика? // Радонеж. № 9-10 (2000), С. 4-7.

244　「ロシア精神」の形成と現代

ノフ家とロシアの民の間で交わされた誓いの侵犯（соборный грех）という問題にまで及ぶ。それによれば、1613年にミハイル・ロマノフ（在位1613-45年）をツァーリに選出した際、ロシアの民はロマノフ家を君主とすることについて神の前で誓いを立てた。ロシア革命による君主制の転覆とそれに続くニコライ2世の処刑は、この誓いの恐ろしい侵犯であり、ロシアの破滅を意味した。ニコライ2世は神から賜った権力を「至高の権力を手にする生神女マリア」のイコンに託した。ロシアのすべての民が深く悔い改めることで、イコンに託された権力は、「来るべきツァーリ」として再臨する。「来るべきツァーリ」は反キリストを倒す最後のツァーリ、勝利者ツァーリである。

　そして1990年代後半には、ツァーリ再臨を待ち望む人々によって、「全ロシア民衆の悔い改めの儀式」なるものが行われるようになった。この儀式の主要な舞台となったのは、モスクワ環状道路（MKAD）北東部の外延に位置するタイニンスコエ村である。この村にはツァーリの旅の離宮が置かれ、ミハイル・ロマノフがモスクワに入城する際に通ったといわれている。1996年には戴冠式100周年を記念して、ニコライ2世の巨大な記念碑が除幕された。この儀式を率先して行ったのは、ウラジーミルのボゴリュープスキー女子修道院長ピョートル（クーチェル、1926-2020年）やチュクチ主教のディオミード（ジュバン、1961年生）ら、ロシア正教会の公式筋から処分を受けた「問題のある」聖職者ら[52]であり、「ツァレボージエ」は極端な君主主義者や偏狂な極右集団によってされる小さな運動であるように見える。

　しかし、この「儀式」に参加する信者・聖職者が限られた一部の集団であるとしても、類似の「神話」に彩られたツァーリ・ニコライ2世崇敬はしばしば大きなうねりとなって、ロシア社会に絶え間なく現れている。2000年代には、ロシア国民芸術家の称号を持つ歌手のジャンナ・ビチェフスカヤが、ロシア

---

52) *Плякин М. Е.* Искажения церковного предания. C. 119. ピョートルとディオミードはドンバス出身の聖職者であり、後述のビチェフスカヤはポーランド系の血を引き、ポクロンスカヤはクリミア出身である。このことは、偶然ではあるが見逃してはならない事実のように思われる。ニコライ2世崇敬は、ロシア出身の人々だけでなく、周辺地域出身者の大国主義によっても支えられている。

国営ラジオ『ロシアの声』で「ハートからハートへ」という番組を放送（1999–2008年）し、ニコライ2世の賛歌や、「聖ニコライ2世兄弟団」代表のワジム・クズネツォフの説話を繰り返し紹介した。[53] また、2016年には、元クリミア検事でドゥーマ議員となったナタリア・ポクロンスカヤ（1980年生）が映画『マチルダ』の上映反対キャンペーンを起こした。[54] 皇太子時代のニコライとバレリーナのマチルダ・クシェンスカヤの恋愛を描いた歴史映画を「不敬」、「冒瀆的」であると批判し、彼女の発言に賛同した人々がデモや映画館などの焼き討ちを起こしたが、これはニコライ2世神話にそぐわない一切の物語に対する拒絶であるといえよう。

　荒唐無稽に見えるニコライ2世神話が、一部の極右集団を超えて、より広範な大衆の心を捉えているのではないか、と思われるのは、ロシア正教会による皇帝一家の遺骨の認定拒否の問題も指摘されよう。皇帝一家と彼らとともに銃殺された4名の従者ら11名の遺骨は、歴史史料の丹念な読解によって、郷土史家らによって発見された（公式の発見は1991年）。DNA鑑定の結果、これらの遺骨が皇帝一家らのものであることは、極めて高い可能性をもって認められているが、ロシア正教会はその遺骨の真正性をいまだに認めていない。それにはいくつもの理由が指摘されるだろうが、キリストが死後、復活したのと同じように、ニコライ2世一家も遺体を残さないことによって、その神聖性・神秘性を増しているという指摘は興味深い。[55] ニコライ2世一家の遺体は、「ガーニャの谷」で灰になるまで燃やされたため、その不朽体は一帯に広がってロシアの大地を守っている、という神話が、どの程度正教会に受け入れられているのか、というのは判断の難しい問題である。しかし、発見された遺骨がニコライ2世一家のものであると明言することが危険であると正教会の指導層が判断す

---

53) *Андрианский П., Ямщиков Е.* Царебожническое словоблудие в радиоэфире// Благодатный огонь. №. 10 (2003).（https://blagogon.ru/articles/232/）

54) *Сапронова Ю., Ким А., Алексенко Ф.* Дело «Матильды»: как фильм Учителя стал самым скандальным в России. РБК (15 сентября 2017).（https://www.rbc.ru/society/15/09/2017/59b91d469a794721efb96438）

55) *Андриевский П.* Еще раз о «Царе-искупителе».

るほどには、この神話は現代のロシアの正教徒の広い範囲に共有されているのである。

5. おわりに

　ソ連解体後のロシアにおいて大流行を見せた「贖い主ニコライ2世」の神話は、たびたび社会的影響力のある人物を中心としてスキャンダルを巻き起こしながら、現在に至るまで途切れることなく多くの人々に共有されている。注目すべきは、ツァレボージエの異端にせよ、教会が認めるニコライ2世崇敬にせよ、この神話に引き付けられる人々の多くが、社会の周縁に位置する貧困層や保守層であるという点だ。これは統計によって明らかにされるものではないが、毎年7月にウラルで行われるツァーリ一家の追悼の儀礼の参加者や、「ツァレボージエ」を唱える聖職者の支持者層を見ればその傾向はうかがえる。

　社会的、経済的に成功を収めることが許されなかった人々のルサンチマンは、大国でありながら常に「西側」よりも劣った国という自他の視線に苦しめられ続けるロシアという国のルサンチマンに同化される。ここで言う「西側」とは、ロシアが常に憧れと同時に劣等感を抱いてきた想像上のヨーロッパでありアメリカだ。ロシアは「西側」よりも文化的、精神的に優れた国家であるという自負は、歴史の中で何度も繰り返されてきたロシアの自意識であり、その宗教的な表現が「聖ルーシ」、「神を孕める民」、そして近年では「ロシア世界」と呼ばれるものである。ロシアは世界の救済のために神に選ばれた特別な使命を持つからこそ、「反キリスト」との闘いを常に余儀なくされる。しかし、聖なるロシアは自ら武器を取り、敵を叩きのめすような野蛮な手段を用いない。襲い掛かる「反キリスト」に対し、力を持たぬロシアの民を守るため、ロシアのツァーリが自ら進んで犠牲の血を流したのである。ロシアの民がツァーリの犠牲に涙を流し、自らの使命を自覚するとき、ロシアは真に復活し、栄光が与えられる。

　ロシア社会の周縁で傷つき、怒れる人々の犠牲者意識ナショナリズムは、このようにして、ニコライ2世崇敬という形で表現されているのである。この崇敬を支える神話の荒唐無稽さを、歴史資料の考証、考古学的発掘調査、DNA鑑定、あるいは正教神学の検討によって指摘することにはほとんど意味がな

い。そうした「正しさ」は彼らに犠牲を強いてきた側の論理でしかなく、彼ら
をさらに陥れようとする罠としかみなされない。

　ウクライナ侵攻が長期化し、「西側」とロシアの断絶が一層深刻化する現在、
ロシアこそ被害者だ、ロシアはいつも攻撃されている、という言説が、ロシア
社会の中で再び強力な説得力を持っている。我々はむしろ犠牲者だという意識
と勝利への確信は、ニコライ2世崇敬という形で、ロシアの精神世界に根を張
っているのである。

第 6 章

呪いと祟りをいかに克服するか
―― 『ボリスとグレープについての物語』における語句、
 «НЕДОУМѢЮЩЕ, ЯКО ЖЕ БѢ ЛЕПО ПРЕЧЬСТЬНѢ» の解釈について[1]

三浦　清美

はじめに

　ボリスとグレープは、ロシア国家の黎明期にロシア正教会（コンスタンティノープル教会キエフ府主教座）で最初に列聖された、ロシアでもっとも代表的な聖者である。ボリスとグレープはウラジーミル聖公の息子たちで、1015年にウラジーミルが死んだのち跡目争いに巻きこまれ、従兄にあたる「呪われた」スヴャトポルクに殺害された。スヴャトポルクが彼らの異母兄ヤロスラフによって倒されたあと、ボリスとグレープは彼らの遺骸がヴィシゴロドに改葬される1072年までに列聖された。

　事件の経緯は、東スラヴ人によって書き継がれた文献においても、19世紀中ごろに成立した近代的な文献学、歴史学においても、本稿の筆者（三浦）がうえに記したように捉えられてきた。しかしながら、ソビエト時代にN. イリインの著[2]が上梓され広く読まれるにつれて、事件史への理解は激変した。イ

---

[1] 本論文の初出は以下である。1.〜9. については、三浦清美「『ボリスとグレープについての物語』における語句、«НЕДОУМѢЮЩЕ, ЯКО ЖЕ БѢ ЛЕПО ПРЕЧЬСТЬНѢ» の解釈について――中世ロシアにおけるキリスト教と異教の融合過程の研究」『スラヴ研究』60号、91-122頁、2013年；10. については、三浦清美「ボリスとグレープの列聖」『エクフラシス』（早稲田大学ヨーロッパ中世ルネサンス研究所紀要）、第1号、2011年、138-152頁。

[2] Ильин Н.Н. Летописная статья 6523 года и ее источник, опыт анализа. М., 1957.

リインは、ロシアの諸資料のほかに、メルゼブルグ司教ティートマルの年代記、ポーランドのヤン・ドゥゴシュの年代記、エイムンドのサガを周到に利用しながら、事件史を再構築した。

　イリインがもっとも重視したのは、エイムンドのサガである。それによれば、エイムンドはノルウェー、ウップランドの王フリングの次男で、ヴァリダマル（ウラジーミル）の死後のガルダリキ（ロシア）に傭兵として入り、ヴァリダマルの2番目の子であったヤリスレイフと結び、その弟ブリスレイフを倒した。イリインは、ヤリスレイフをヤロスラフに、ブリスレイフをボリスと同定し、ボリスを殺したものがスヴャトポルクではなく、ヤロスラフであったとしたうえで、ボリスとグレープをめぐる一連の作品は、この事実を秘匿するためにヤロスラフの命令で捏造されたと主張した。

　この説はソビエト時代に人気を博した。N.ミリュチェンコが述べているように、「この仮説の史料学的な不安定さについては、サガやドイツ年代記の研究者たちが一再ならず指摘している。にもかかわらず、それはソビエトやロシアの人々のあいだで例外的な人気を博し、啓蒙的な文献や大学の教科書にまで入り込んだ。」[3] 日本でも、福岡星児が「先ず最も注目に値するのはイリインの研究である。ライト・モティーフとしてシャーフマトフの基本的見解の検討およびそれに対する反論のかたちをとっているが、内容的には自由な、広いスケールを持った独創的な労作で、実証的であり説得力も強い」と評価している。[4]

　その後、ソビエト崩壊から15年を経て、2006年にミリュチェンコが『聖なる公、殉教者ボリスとグレープ』を刊行した。前述の引用は、この書からのものである。この書はそれ自体がイリインに対する正面からの異議申し立てである。ミリュチェンコの論考は2部構成をとり、前半は事件史と史料の文献学的・歴史学的解析にあてられ、後半は主要史料のテクスト翻刻と現代ロシア語訳、注釈からなる。ミリュチェンコは、イリインが検討したさまざまな史料について再考しながら、基本的にイリイン以前の事件史理解に立ち返っている。

3）*Милютенко Н.И.* Святые князья-мученики Борис и Глеб. СПб., 2006. С.7
4）福岡星児「ボリースとグレープの物語（訳注及び解説）」『スラブ研究』第3号、1959年、107頁。

ボリスとグレープ崇敬に対する包括的な著作をもつF.A.シアッカ、G.レーンホフも、事件史について同様の見解を有するし、現在、あえてイリインへの支持を表明する学者はいないようだ。ここでこの議論に立ち入って紙幅を無駄にすることは避けたい。イリインの説はフェイクである。[5] ロシアの歴史学には、往々にしてこうしたフェイクがまかり通る土壌があることを指摘するだけで十分であろう。すなわち、ボリスとグレープ兄弟は、実は従兄であった自らの異母兄スヴャトポルクによって殺害され、殺害者のスヴャトポルクはヤロスラフによって排除され、ヤロスラフのイニシアチヴによってボリスとグレープは列聖されたのである。

　まずボリスとグレープ殺害事件の情報源を整理しよう。一連の事件ののち、殺害の経緯と死後に彼らが起こした奇跡は、『過ぎし年月の物語』における「ボリスの殺害について」の記事[6]（以下、『年代記』）、『聖なる殉教者ボリスとグレープに捧げる物語と受難と頌詞』[7]（以下、『物語』）、『聖なるキリストの殉教

---

5) イリインの説については、栗生澤猛夫が詳しく紹介している。栗生澤猛夫『『ロシア原初年代記』を読む―キエフ・ルーシとヨーロッパ、あるいは「ロシアとヨーロッパ」についての覚書』成文社、2015年、470-482頁。栗生澤は、「かれの研究が厳密なテクスト批判に基づく独創的、実証的なものであることは疑いない」と留保をつけながらも、「筆者の見るところ、イリインの見解にはやはり大きな無理がある」と指摘しつつ、その所以を具体的に論証し、「1015年以降の事態をイリイン説に基づいて再構築してえられる結論が極めて不自然であることは確かである。『原初年代記』の記述を全面的に否定することになるイリインの説を受け容れるのは困難なのである」と結論づけている。上掲書473頁、482頁。

6) О убьеньи Борисовѣ // Полное собрание русских летописей (дальше ПСРЛ). Т. 1. Стлб. 132-142; Franklin A. Sciacca, "The History of the Cult of Boris and Gleb" (PhD diss., Columbia University, 1985), pp. 104-113;「ボリスの殺害について」國本哲男、山口厳、中条直樹訳『ロシア原初年代記』名古屋大学出版会、1987年、149-162頁。

7) Въ тъ же день съказание и страсть и похвала святюю мученику Бориса и Глеба // Памятник литературы древней Руси (дальше ПЛДР). XI-начало XII века. М., 1978. С. 278-303; Библиотека литературы древней Руси (дальше БЛДР) Т. 1. СПб., 1997. С. 328-251; Милютенко Н.И. Святые князья-мученики Борис и Глеб. СПб., 2006. С. 386-316. ここに掲げられたテクストはすべて、12世紀終わりから13世紀はじめに書かれた『ウスペンスキイ文集』(ГИМ, Синод. собр. №1063/4; Коткова С.И.

者ロマンとダヴィデの奇跡にかんする物語』[8]（以下、『奇跡にかんする物語』）、
『聖なる受難者ボリスとグレープの生涯と死についての説教』[9]（以下、『説教』）、
以上の4点の主要作品にまとめられた。それぞれの作品が、小さな異同はある
ものの、ほぼ同じ事件の推移と奇跡の内容を記していた。これら作品が一貫性
をもって述べたとおり事件が起こったと、筆者は考えている。

　本論考で問題とするのは、『物語』におけるグレープの殺害とその遺骸の扱
われ方を記述した一節 «недоумѣюще, яко же бѣ лепо пречьстьнѣ» である。本論
考の目的は、おもに文献学的手法にもとづく多角的な検討をつうじてこの一節
に新しい解釈をあたえ、ロシア国家黎明期におけるキリスト教と異教の融合過

　Успенский сборник XII-XIII вв. М., 1971. С. 42-57) に拠っている。そのほかに『シ
リヴェストル文集』（*РГАДА*, ф.381(Син. Тип.), №53）にもとづくテクストもあ
る。このテクストは、『ウスペンスキイ文集』とほぼ同じであるが、若干の異同
がある。Сказание о Борисе и Глебе. М., 1985. Т. 1. Факсимильное воспроизведение
житийных повестей из Сильвестровского сборника. Л.117-144; Т. 2. Научно-
справочный аппарат издания. С25-63.

　ПЛДР および БЛДР は、テクストの翻刻、注解、現代ロシア語訳がЛ.А.ドミー
トリエフによってなされている。ミリュチェンコの著書では、テクストの翻刻、
注解、現代ロシア語訳が著者自身によっておこなわれている。そのほか、英訳と
日本語訳がある。Sciacca, "*The History,*" pp. 3-33; 福岡星児「ボリースとグレープ
の物語（訳注及び解説）」『スラブ研究』第3号、1959年、101-124頁; 三浦清美「中
世ロシア文学図書館 (II) 聖ボリスと聖グレープにまつわる物語」『電気通信大学
紀要』第23巻第1号［通巻39号］、2011年、45-52頁。

8）Съказание чудесъ святою страстотьрпьцю Христову Романа и Давида //
　Милютенко. Святые князья-мученики. С. 318-345. Н.И. ミリュチェンコはこのテク
　ストを、*Коткова С.И.* Успенский сборник. С.58-70 に拠っているが、適宜『シリヴ
　ェストル文集』（Сказание о Борисе и Глебе. Т. 1. Л. 144-163об.; Т. 2. С63-89）によ
　って補正を行った。英訳がある。Sciacca, "*The History,*" pp. 34-58. 日本語訳がある。
　三浦「中世ロシア文学図書館 (II)」52-59頁。

9）Чтение о жизни и о погублении блаженую страстотерпца Бориса и Глеба //
　Милютенко. Святые князья-мученики. С. 356-402. Н.И. ミリュチェンコのこのテク
　ストは、『シリヴェストル文集』（Сказание о Борисе и Глебе. Т. 1. Л. 89-116об.）に
　拠っている。英訳と日本語訳がある。Sciacca, "The History," pp. 59-103; 三浦「中
　世ロシア文学図書館 (II)」59-71頁。

程の一断面を示すことである。

　文献学の主たる機能を筆者は以下のとおりであると考えている。(α) 用例を
できるだけ多く集めて、用法を整理、分類したうえで、その意味を記した「辞
書」を作成する。(β) その「辞書」を使ってテクストの意味の把握をおこなう。
通常、文献学という言葉が用いられる場合、(α) と (β) の二つのプロセスを指
すと考えられる。しかしながら、この「辞書」の使用によって意味を把握でき
ない場合、(γ) 何らかの知的手段を使ってふたたびその意味を探求し、(δ) あ
らたに把握された意味を「辞書」に登録する、という手続きが許されると筆者
は考えている。したがって、「辞書」はつねにテクストに対して開かれ、更新
されている。

　本論考でも、(α)、(β) のプロセスの限界を慎重に見極めたうえで、(γ) のス
テップに入り、(δ) への提言をおこないたい。そのさい、(γ) で導入されるの
は歴史学、キリスト教図像学、民俗学、言語学の知見である。ことに民俗学の
知見は、中世ロシアの民衆が何を感じ、どう行動してきたのかを理解するため
の有力な手がかりをあたえてくれる。民俗学の知見の援用は、本稿独自の視点
である。

　以下、本論考の構成について簡単に触れておく。1.では、当該の一節
«недоумѣюще, яко же бѣ лепо пречьстьнѣ»にかんするさまざまな解釈を提示
し、いかなる点でこの語句の解釈が難しいかを示す。2.では、『年代記』、『物
語』、『奇跡にかんする物語』、『説教』、各作品の構造分析とそこにおのずと現
れる事件の経緯を追い、当該の一節が事件史の構造のなかでどのような位置を
占めるのかを提示する。3.から6.までは、上述した文献学的研究手法で、殺害
されたグレープの遺骸が「捨てられた」ことを証明する。これらの節は、グレ
ープの遺骸がどう扱われたかにかんする、中世以来の解釈の揺れを収束させる
だろう。7.では、グレープの遺骸が「捨てられた」ことの意味を、民俗学の知
見をあわせて考えることによって明らかにする。この節では、若くして暴力に
よる死を強いられたグレープの遺骸が、中世ロシアの人々によって穢れたもの
と捉えられたという仮説が提示される。8.では、ボリスとグレープの奇跡譚の
なかに、「祟り」を思わせるエピソードが含まれることを示し、上記の仮説を
傍証する。9.では、ここまでで得られた知見にもとづいて、«недоумѣюще, яко

же бѣ лепо пречьстьнѣ» という語句について、「それが美しく清浄であることが
わからなかった」という新しい解釈を提示し、この一節にキエフ・ルーシにお
けるキリスト教と異教の融合の様相が現われていることを示す。10.において
は、ボリスとグレープの列聖という事件がもつ社会文化史的意義について一言
する。

1. «НЕДОУМѢЮЩЕ, ЯКО ЖЕ БѢ ЛЕПО ПРЕЧЬСТЬНѢ» をめぐるさ まざまな見解

　ボリスとグレープをめぐる4つの説話の物語構造については、次節で詳しく
あつかうが、«недоумѣюще, яко же бѣ лепо пречьстьнѣ» という一節が『物語』
のどこにあらわれるかについて簡単に説明しておきたい。それは『物語』の終
わりに近い部分、すなわち、ボリスの殺害とその埋葬、グレープの殺害とその
遺骸の遺棄、ヤロスラフによるグレープの遺骸の探索が語られたのち、グレー
プの遺骸をヴィシゴロドのワシーリイ教会に安置する場面であらわれる。中世
ロシア語のテクストを引こう。

> ① 中世ロシア語のテクスト [10]
> **И обретоша и иде же бѣша видѣли, и шьдъше съ крьсты и съ свѣщами**
> **мъноземи и съ кандилы, и съ чьстию многою, и въложьше въ корабль, и**
> **пришедъше положиша и Вышегородѣ, иде же лежить и тѣло преблаженааго**
> **Бориса и раскопавъше землю, и тако же положиша и недоумѣюще, яко же**
> **бѣ лепо пречьстьнѣ.**

　詳しい検討はあとにすることとして、とりあえず福岡星児による日本語訳を
掲げておく。

---

10) ПЛДР. XI-начало XII века. С. 298; БЛДР.Т. 1. С. 346; *Милютенко.* Святые князья-
мученики. С. 308.

254　　「ロシア精神」の形成と現代

②福岡星児による日本語訳[11]

　彼らは人が見たというその場所で彼を発見したのである。一行は十字架を捧持し、礼を厚くして進み、彼を舟の中に横たえ、帰って来て、ヴィシュゴロドの至福を享けたボリースの遺体が横たわっている同じ場所に彼を葬った。土を掘り、あらためて彼を埋葬したが、そのうるわしく神々しいばかりであるのを訝った。

　①の引用の部分で文脈を大きく左右すると考えられるのは、«недоумѣюще»という語である。この語は、«не» «до» «умѣюще» という形態素に分解することができ、«умѣюще»「できる」という状態が «до»「十分で」«не»「ない」という解釈をこの語の基層部に見出すことができると思われる。その認識のうえで、各種の辞書がこの語にいかなる意味を掲げているかを見よう。

　I. スレズネフスキイは、第1の意味として «не постигать»、«не понимать»「理解できない」、第2の意味として «не знать »「知らない」、«не уметь»「できない」をあげている。[12]

　『11-17世紀ロシア語辞典』は、第1の意味として «не постигать»「理解できない」、«не в состоянии постигнуть»「理解する状態にない、理解できない」、第2の意味として «не уметь»「できない」、«не в состоянии (что-л. сделать)»「（何かをすることが）できない」、第3の意味として «быть в затруднении, сомнении, нерешитеьности»「当惑、懐疑、不決断のなかにある」、«колебаться»「揺れる」、«не знать (как поступать)»「（どうしてよいか）わからない」、第4の意味として «не иметь»「もたない」をあげている。[13]

　『中世ロシア語辞典 (11-14世紀)』は、第1の意味として «не понимать чего-л.»「何かを理解できない」、«быть в состоянии недоумения»「当惑の状態にある」、第2の意味として «не знать, как выполнить, сделать что-л.»「どうやっ

11）福岡「ボリース」122頁。

12）«недоумѣти» // *Срезневский И.И.* Материалы для словаря древнерусского языка. М., 1989.

13）«недоумѣти» // Словарь русского языка XI-XVII вв. М: Наука.

第6章　呪いと祟りをいかに克服するか　**255**

て何かを遂行してよいか、行えばよいかわからない」、«быть в затруднении»「困難のなかにある」、«не знать, как поступить»「どう振舞ってよいかわからない」をあげている。[14]

　類語である現代ロシア語の «недоумевать» には「当惑する」という意味があり、「理解ができない」、「納得できない」という否定的なニュアンスが濃厚である。ここを出発点として、さまざまな研究者がこの一節をどう解釈してきたかを見ることにしよう。

　③ L. ドミートリエフによる現代ロシア語訳[15]

　И нашли его, где были видения, и , придя туда с крестами, и свечами многими, и с кадилами, торжественно положили Греба в ладью и, возвратившись, похоронили его в Вышгороде, где лежит тело преблаженного Бориса : раскопав землю, тут и Глеба положили с подобающим почетом.

　ドミートリエフは3回このフレーズをうえのように訳し、この訳はミリュチェンコにも忠実に継承されている。[16] 該当箇所 «недоумѣюще, яко же бѣ лепо пречьстьнѣ» はほとんど無視され、かわりに «с подобающим почетом»、すなわち、「しかるべき崇敬の念とともに」とでも日本語訳すべきものとなっている。これは «недоумѣюще» の「できる状態が十分でない」という否定的なニュアンスをまったく汲み取っておらず、過剰な意訳と言わなければならない。

　次にF. シアッカの英訳を取り上げよう。

　④ シアッカによる英訳[17]

　And they found him where the apparition [had been seen]. And they set out with

---

14）«недоумѣти» // Словарь древнерусского языка (XI-XIV вв.). М: Русский язык.

15）年代順にあげると以下のとおりである。ПЛДР. XI-начало XII века. C. 299; Сказание о Борисе и Глебе. Т. 2. С. 57; БЛДР. Т. 1. С. 347.

16）*Милютенко.* Святые князья-мученики. С. 309.

17）Sciacca, "The History," pp. 28-29.

256　「ロシア精神」の形成と現代

crosses and with many candles and censers. In great solemnity [his body] was placed in a boat, and they returned and buried him in Višgorod, where the body of the most blessed Boris was also interred. <u>They dug a grave in the earth and buried him there as well, comprehending not how it would be more honorable to do so.</u>

　ここでは、«недоумѣюще» が «comprehendhing not» となっており、«умѣюще»「できる」という状態が «до»「十分で」«не»「ない」というこの語の基層部が解釈に反映されている。下線部は、「どのように（葬ったら）これ以上に名誉ある葬り方になるのか、理解できなかった」とでも日本語訳すべきで、具体的な内容としても、石の柩に納めるとか、柩に金属の塑像や宝石の飾りをつけるなど、いろいろな葬り方があるなかで、これ以上「名誉ある葬り方」を思いつかなかったのだと考えることができる。

　しかしながら、この解釈はあまりにも人工的で不自然である。ただ土のなかに埋める以上の名誉ある葬り方は、前述のようにいくらでも考えられるが、事実は地面を掘って埋めただけである。また、«more honorable» と訳することは、«пречьстьнѣ» を比較級に解釈することを前提としているが、中世ロシア語において形容詞の男性・単数・主格比較級は通常ならば «пречьстьнѣи» となるはずだから、[18] この解釈はあきらかに考えすぎであるといわなくてはならない。

　次に前掲②の福岡星児による日本語訳を検討してみよう。

　　彼らは人が見たというその場所で彼を発見したのである。一行は十字架を捧持し、礼を厚くして進み、彼を舟の中に横たえ、帰って来て、ヴィシュゴロドの至福を享けたボリースの遺体が横たわっている同じ場所に彼を葬った。<u>土を掘り、あらためて彼を埋葬したが、そのうるわしく神々しいばかりであるのを訝った。</u>[19]

　«недоумѣюще» が「訝った」となっている。『日本国語大辞典』で、「いぶかる」

18）ヴィノクール（石田修一訳編）『ロシア語の歴史』吾妻書房、1996年、353-355頁。
19）福岡「ボリース」122頁。

第6章　呪いと祟りをいかに克服するか　　**257**

は、第1の意味として「はっきりしないので気がかりに思う」、「おぼつかなく思う」、第2の意味として「いきどおる」、「怒り狂う」、第3の意味として「あやしく思う」、「不審に思う」、「疑う」があげられている。[20] だから、訳語「訝った」は、«недоумѣюще»の、«умѣюще»「できる」という状態が«до»「十分で」«не»「ない」というこの語の基層部を十分に反映しているといえる。

　では、下線部の文脈で見たとき、どのような意味になるだろうか。「そのうるわしく神々しいばかりであるのを訝った」は、「そのうるわしく神々しいのを、はっきりしないので気がかりに思った」ということになり、下線部箇所の意味だけを見たとき、「うるわしく神々しいことに疑問がもたれた」ということになりそうだが、はたしてそう理解してよいだろうか？

　福岡星児はそうではなく、むしろ「訝った」に「驚いた」の意味を含ませ、「うるわしく神々しいことに驚いた」のだと解釈し、グレープの遺骸に奇跡が起こったと考えたのだと思われる。しかしながら、この解釈にはアポリアが隠されている。さきに示したように、日本語において「訝る」には「驚く」という動的な意味がまったくない。むしろ、それは「はっきりしないので気がかりに思う」というまったく逆の、曖昧さをふくむ意味である。一方で、もしそこに（日本語として正しくなくても）あえて「驚く」という含意を読みとった場合、中世ロシア語«недоумѣюще»の曖昧さをふくむはずの意味の基層部がどこかに消えてしまう。

　このように見ると、日本語訳の場合、「訝った」、「とまどった」という訳語によってごまかされてきたものがあると指摘しなければならない。筆者が示したように、現代ロシア語訳、英訳、日本語訳すべてがそれぞれに欠陥をもっている。なお、スレズネフスキイ、『11-17世紀ロシア語辞典』、『中世ロシア語辞典（11-14世紀）』の訳語と用例を見ても明らかなとおり、«недоумѣти»という動詞が、不可思議な出来事を目にした人々の反応を描くときによく用いられる表現であるということもありえない。

　以上の考察から、«недоумѣюще, яко же бѣ лепо пречьстьнѣ»という語句に適切な解釈を与えるには、従来の見解から離れることが必要である。むしろ視

---

20)「いぶかる」『日本国語大辞典』小学館、1972年。

野を大きくとって、『物語』全体の構造、ひいては、『年代記』、『説教』も含め、ボリスとグレープをめぐる諸作品から浮かび上がってくる事件史の全体像のなかで、この箇所がいかなる位置を占めるかが検討されなくてはならない。

2. ボリスとグレープ殺害事件の推移

　本節では、『年代記』、『物語』、『説教』のプロットを比較対照し、その共通点、相違点を数えあげ、三つの作品の比較対照から浮かび上がってくる事件史の全体像を検討する。この考察は、«недоумѣюще, яко же бѣ лепо пречьстьнѣ» という一節が、事件史のなかで占める位置について示唆を与えるだろう。

　『年代記』、『物語』、『説教』で共通する事件の経緯は以下（【A】）のとおりである。

【A】

① ウラジーミルの死後、スヴャトポルクがキエフ大公位に即いた。

② ボリスが敵の討伐のために兵を与えられていたが、この部隊をスヴャトポルクに対抗するために使わなかった。

③ ボリスはスヴャトポルクによって遣わされた刺客によって殺された。そのさい、

④ 自らの死を予期したボリスが、死から免れるように神に祈った。その後、

⑤ 死の直前の祈りにおいて、自らの死をキリストの磔刑に準えて過酷な運命を受けいれた。

⑥ ボリスの死にさいして、ボリスに愛された若い侍従がボリスをかばって殺された。

⑦ ボリスの死は、1015年7月24日のことであった。

⑧ ボリスの遺骸は、ヴィシゴロドに運ばれ、聖ワシーリイ聖堂に葬られた。

⑨ スヴャトポルクは、グレープに刺客を送った。

⑩ グレープはスヴャトポルクの放った刺客によって船のなかで殺された。

⑪ 直接に手を下したのはグレープづきの料理人だった。

⑫ グレープの殺害は、1015年9月5日のことであった。

⑬ グレープの遺骸は、川岸（『年代記』）、あるいは、荒野（『物語』）の二本の

第6章　呪いと祟りをいかに克服するか　　**259**

丸太のあいだ、もしくは、荒野の丸太のした（『説教』）に捨てられた。

⑭ スヴャトポルクによるボリスとグレープ殺害は、旧約聖書『創世記』のカインによるアベル殺害とのはっきりとした類比において捉えられている。二つの類比は、おのおのの作品のなかで、手を変え品を変えて繰り返し言及されている。

　以上述べた14点の事柄は三つの作品の類似点として特筆すべきである。その一方で、『説教』が、他の二つの作品と明瞭に性格を異にしていること、『年代記』と『物語』はたがいにかなり似通っていることを指摘しておく。『説教』には現れず、『年代記』と『物語』に共通し、事件に具象性を与えている部分を見てみることにしよう。それは以下（【B】）のとおりである。

【B】

① ボリスがウラジーミルより兵を与えられてあたった敵は、ペチェネーグ人だった。【A】①以前

② ウラジーミルはキエフ郊外の別邸ベレストヴォで死んだ。スヴャトポルクはその死を隠し、その遺骸はベレストヴォの邸の床板をはがして作った穴から、絨毯にくるまれて綱で地面につり降ろされて、橇で運ばれ、聖母教会に安置された。【A】①以前

③ スヴャトポルクはプチシャをはじめとするヴィシゴロド市民とボリス殺害の陰謀をめぐらせ、実行に移した。【A】①に付随

④ ボリスをかばって殺された侍従は、ウグリ（ハンガリー）人の子ゲオルギイであり、その首にはボリスによって褒美として与えられた金の首輪がつけられていた。刺客たちはそれを奪うためにゲオルギイの首を切り落とした。【A】⑥に付随

⑤ ボリスの身体は荷車によって運ばれたが、途中で息を吹き返したので、あらたに二人のヴァリャーグ人（ヴァイキング）の刺客が送られ、止めが刺された。【A】⑦と⑧のあいだ

⑥ スヴャトポルクは、すでに死んだウラジーミルが重病であると嘘をつき、グレープを呼び寄せた。【A】⑧と⑨のあいだ

⑦ グレープがヴォルガに来たとき、野原で馬がつまずき、その足が少し傷ついた。その後、スモレンスクに来て暗いうちに（見えるころに）スモレンスクを出発し、スミャジノ川の船のなかにいた。【A】⑧と⑨のあいだ

⑧ ノヴゴロドにいるヤロスラフに、母を同じくする妹ペレドスラヴァからウラジーミルとボリスの死の知らせが届いていた。ヤロスラフはグレープにスヴャトポルクの刺客が近づいていることを警告した。【A】⑧と⑨のあいだ

⑨ グレープは逃亡せず、父と兄の死を嘆いた。嘆きのさなか、スヴャトポルクから送られた刺客がグレープの乗った船に追いついた。【A】⑧と⑨のあいだ

⑩ 刺客のリーダー格の人物はゴリャセルという名で、その命令によってグレープの喉をナイフで掻き切ったグレープづきの料理人の名前はトルチンであった。【A】⑪に付随

　次に、『年代記』にのみあらわれるディテール、『物語』にのみあらわれるモチーフとディテールがあるので見てみよう。以下の3点（【C】）が『年代記』のみにあらわれる。

【C】

① スヴャトポルクはキエフ大公位につくと、キエフの町の人々に贈り物を送って歓心を買おうとした。【A】①と②のあいだ

② ボリスの暗殺にかかわったヴィシゴロドの住人は、プチシャ、タレツ、エロヴィチ、リャシェンコであり、ボリス殺害の顛末をスヴャトポルクに報告した。【A】⑤に付随

③ 刺客たちは、スヴャトポルクにグレープ殺害の顛末を報告した。この記述は『説教』と共通している。【A】⑦、⑧に付随

　以下の3点（【D】）は、『説教』とは共有されず『物語』のみにあらわれ、『物語』を文学作品として優れたものにすることに寄与している。

第6章　呪いと祟りをいかに克服するか　**261**

【D】

① スヴャトポルクの出生にまつわるエピソードが語られている。スヴャトポルクは実は、ウラジーミルが殺したその兄ヤロポルクが修道女に産ませた子であった。【A】①以前

② ボリスがスヴャトポルクへの抵抗を諦める箇所が、ボリスの直接話法で具体的に描かれている。「主イエス・キリストさま！　人間の姿をして地に現われ、自らの意志によって自らを十字架に釘で打ちつけ、我らの罪を背負って受難を受けた方よ、私もあなたのように受難を被るのにふさわしいものとしてください。」【A】④に付随

③ ボリスを殺したスヴャトポルクがさらにグレープ殺害を決意するときに心境があらわに述べられている。【A】⑦、⑧と⑨のあいだ

④ グレープは殺されるときに、刺客たちに対して命乞いをしている。その生々しさは、この作品を文学的に優れたものにしている。「私の若さをかわいそうだと思ってください。情けをかけてください。命幼き私を殺さないでください。いまだ熟さない穂を刈りとらないでください。まだ母の乳にぬれたままの私を。」【A】⑩に付随。

　以上のとおり、『年代記』の叙述がより簡潔でより客観的であり、『物語』がより主観性を重んじ、表現的であることが一目瞭然である。これら二つの作品、『年代記』と『物語』に比して、『説教』はあくまで説教であり、聖書のエピソードが盛んに引用され、ビザンツ伝来の聖者伝の様式からの逸脱がきわめて少ない。作品冒頭のかなりの部分が、旧約聖書『創世記』の情欲と兄弟殺しにかんする諸エピソードの叙述のために費やされ、文学作品としての躍動感はたしかに欠ける。

　しかしながら、【A】で見られたように、事件の推移がしっかりと押さえられていることには注意を払うべきであろう。それに加えて、『説教』のみが伝える事件のディテールが二つある。それは以下（【E】）のとおりである。

【E】

① スヴャトポルクがキエフ大公位につくと、グレープは北の国の兄のもと

に逃れようとした。北の国とはどこか、兄とは誰かについて具体的には述べられていないが、ミリュチェンコは「兄」とはあきらかにヤロスラフを指すと指摘している。[21]【A】①に付随

②ウラジーミルからボリスにあたえられた兵は、完全武装した八千の軍勢であった。【A】②に付随

　【A】から【E】までに挙げた話素はたがいに矛盾せず、逆に相互補完的で、【A】に示されたあらすじに、【B】、【C】、【E】のディテールが加えられて事件の全体像が立ち現われてくるように思われる。【D】は事件を臨場感とともに描き出すために、『物語』のテクストに一定の脚色（内面の描写）を与えているが、【A】によって示される事件の経緯を少しも歪曲してはいない。

　『物語』と『説教』では、【A】のあとにさらに叙述がつづく。そもそも『説教』は、事件の顛末をあつかった前半部分、聖ボリスと聖グレープが死後に起こした奇跡を扱った後半部分にわかれ、その前半部分に対応するのが『物語』、後半部分に対応するのが『奇跡にかんする物語』である。ここで検討しようと試みるのは、『物語』と『説教』前半の不思議な出来事をあつかう部分で、共通点と相違点は以下（【F】）のとおりである。

【F】

①遺骸はそのまま長いあいだ放置されていたが、腐敗を免れて無傷のままであった。『説教』では、「獣に食われたり、鳥についばまれたりしなかった」と書かれている。

②遺骸のまわりで、さまざまな不思議なことが起こった。『物語』によれば、「そばを通りかかった商人たち、狩人たち、羊飼いたちが炎の柱を見たり、ろうそくが燃えているのを見たり、天使の歌声を聞いたりした」が、誰も遺骸を探そうとはしなかった。『説教』では、該当する部分の言及はない。

③『物語』では、ヤロスラフとスヴャトポルクの戦いについての叙述がある。『説教』には該当する戦いの部分がない。『物語』のこの部分は、『過ぎし年

21）*Милютенко.* Святые князья-мученики. C. 401.

第6章　呪いと祟りをいかに克服するか　　**263**

月の物語』の1019年の項と対応している。

④ ヤロスラフが勝利をおさめたが、グレープの遺骸の探索は困難をきわめる。『説教』によれば、狩人に導かれたスモレンスクの市長らは、「聖なる遺骸が稲妻のように輝いているのを見て、畏怖の念に捕われた。」『物語』では、「荒野で光とろうそくの燃える火（物語）」が目撃されたという風聞に接したヤロスラフが、遺骸がグレープのものであることに気づいた。

⑤ ヤロスラフがグレープの遺骸をヴィシゴロドに葬るように命じ、ヴィシゴロドの聖ワシーリイ聖堂に安置した。問題の«недоумѣюще, яко же бѣ лепо пречьстьнѣ» という箇所は『物語』にのみ、グレープの遺骸がヴィシゴロドの聖ワシーリイ聖堂に埋葬された直後にあらわれる。

⑥ 一連の出来事のあと、『物語』は、グレープの聖骸が腐らなかったという奇跡が起こったことを賛美する頌詩風の部分がかなり長くつづく。ここでは、語り手がキリスト教を深く信奉する者（おそらくは修道士）であることがあらわになっている（9.で詳述）。

これから問題にするのは、グレープの遺骸がどのようにあつかわれたのかについて述べる【A】⑬と【F】⑤、⑥を含む一連のテクストである。

3. グレープの遺骸は捨てられたのか？──【A】⑬の中世ロシア語の記述

上記の三つの作品を検討して明らかなとおり、グレープの遺骸は、殺害の直後、殺害者たちによって、川岸（『年代記』）、あるいは、荒野（『物語』）の二本の丸太のあいだ、もしくは、荒野の丸太のした（『説教』）に捨てられ、4年の歳月を経たのち、ヤロスラフによってヴィシゴロド聖ワシーリイ聖堂のボリスの傍らに葬られた。問題の謎めいた一節 «недоумѣюще, яко же бѣ лепо пречьстьнѣ» は、ヴィシゴロドへのグレープ埋葬直後の人々の反応について述べている。

しかしながら、ここで立ち止まって考えなければならない問題がある。ほんとうに殺害直後にグレープの遺骸は投げ捨てられたのか？　敵であるとはいえ、高貴な身分であるグレープの遺骸を遺棄したのであればそれは不自然だと考えるのは当然であり、この不自然さにはしかるべき説明が見いだされなく

264　「ロシア精神」の形成と現代

てはならない。殺害後のグレープの遺骸がどう扱われたのかについて、『年代記』、『物語』、『説教』がいかに叙述し、その叙述が後代の研究者にどのように解釈されたのかを見たい。

『年代記』

①中世ロシア語テクスト[22]

Глѣбу же оубьену бывшю и <u>повержену на брезѣ межи двѣма колодама.</u> Посемь же вземше, везоша и и положиша и оу брата своего Бориса оу цркве святаго Василья.

この部分にたいしては、D. リハチョーフによる現代ロシア語訳、O. トゥヴォローゴフによる現代ロシア語訳、シアッカによる英訳、名古屋大学出版会版の邦訳があるのでかかげておく。

② 名古屋大学出版会版日本語訳[23]

グレブは殺されて川岸の<u>二本の丸太の間に捨てられた。</u>その後で（人々は）彼を取り上げて運び、それを聖ヴァシリーの教会の兄ボリスのそばに安置した。

③ リハチョーフによる現代ロシア語訳[24]

Итак, Глеб был убит, и <u>был он брошен на берегу между двумя колодами,</u> затем же, взяв его, увезли и положили его рядом с братом его Борисом в церкви святого Василия.

④ トゥヴォローゴフによる現代ロシア語訳[25]

Итак, Глеб был убит и <u>положен на берегу между двумя колодами.</u> Затем же, взяв

---

22) ПСРЛ. Т. 1. Стлб. 137.

23) 國本ほか編訳『ロシア原初年代記』156頁。

24) ПЛДР. XI–начало XII века. С. 153.

25) БЛДР. Т. 1. С. 181.

第6章　呪いと祟りをいかに克服するか　**265**

его, увезли и положили рядом с братом его Борисом в церкви святого Василия.

⑤シアッカによる英訳[26]

Now after Gleb had been murdered, [his body] was left behind on the shore between two logs [i.e. in a hollowed log-coffin]. But afterwards they took him, carried him [away] and buried him near his brother Boris by the Church of Saint Basil.

『物語』

① 中世ロシア語テクスト[27]

Убиену же Глѣбови и повьржену на пустѣ мѣстѣ межю дъвѣма колодама. И Гоподь не оставляяи своихъ рабъ, яко же рече Давидъ: «Хранить Господь вься кости ихъ, и ни едина отъ нихъ съкрушиться». И сему убо святууму лежащю дълго время, не остави въ невѣдѣнии и небрежении отинудь пребыти, нъ показа.

これにたいしては、ドミートリエフの現代ロシア語訳、シアッカによる英訳と福岡星児による邦訳がある。

② 福岡星児の日本語訳[28]

こうしてグレープは殺され、2つのコローダの間に入れて荒地に遺棄された。だが主はその僕達を見捨て給わない。『主は彼らのすべての骨をまもり給う、その一つだに折られることはなし』とダヴィデが言ったように。この聖者は長く横たわっていたが、主は彼をいつまでも知られることなく、問われることもなくそのままにしてはおかれず、現わし給うた。

---

26) Sciacca, "The History," p. 110.

27) ПЛДР. XI-начало XII века. С. 294; БЛДР. Т. 1. С.344; *Милютенко.* Святые князья-мученики. С. 304.

28) 福岡「ボリース」120頁。

266 「ロシア精神」の形成と現代

注：コローダ（колода, клада）は松の木等を丸木舟状に刳った棺で、2本というのは一方に死体を入れ、同じように刳ったもう一方で蓋をしたのである。

③ドミートリエフの現代ロシア語訳[29]

Когда убили Глеба, <u>то бросили его в пустынном месте меж двух колод</u>. Но Господь, не оставляющий своих рабов, - как сказал Давид, - «хранит все кости их, и ни одно из них не сокрушится». И этого святого, лежавшего долгое время, не оставил Бог в неведении и пренебрежении, но сохранил невредным и явлениями ознаменовал:

Комментарий[30]: Здесь либо имеется в виду колода – ствол упавшего дерева, либо колода – гроб, выдолбленный из двух половин цельного ствола дерева.

注：ここでは、コロダколодаという言葉は倒れた木の幹であると考えられている。あるいは、コロダは木の幹をふたつに割ったものでつくる柩である。

④F.A.シアッカの英訳[31]

Now after Gleb had been murdered, [his body] was left behind in a desolate place between two logs [i.e. in hollowed log-coffin]. But the Lord does not forsake His servants, for as David said, «The Lord will preserve all their bones and not one of them will be destroyed.» And in this wise the saint lay for a long time, not forsaken, unknown or neglected, but preserved, unharmed in every way – indeed signs bore witness [to the presence of the grave].

---

29) Л.А.ドミートリエフは下線部の一節を3度同じように訳している。年代順にあげると以下のとおりである。ПЛДР. XI-начало XII в.1978. C. 295; *Сказание о Борисе и Глебе.* Т. 2. С. 50; БЛДР. Т. 1. С. 345; *Милютенко Святые князья-мученики.* С. 305.

30) ПЛДР. XI-начало XII в. 1978. С. 455; БЛДР. Т. 1. С. 530. 注の文言はまったく同じである。

31) Sciacca, "The History," p. 22.

『説教』

①中世ロシア語テクスト[32]

Оканьныи же тии изнесоша тѣло святаго, повергоша в пустыни подъ кладою.

これに対しては、ミリュチェンコによる現代ロシア語訳、シアッカによる英訳がある。日本語訳はないので、拙訳を付する。

②筆者による日本語訳

呪われた者たちは聖者の遺骸を運び出して、荒野の丸太のしたに放りだした。

③ミリュチェンコによる現代ロシア語訳[33]

Окаянные же вынесли тело святого и бросили в пустынном месте под колодой.

④シアッカによる英訳[34]

Then those accursed men carried away the body of the saint and abandoned it in a desolate place under a hollowed-out log.

引用は以上のとおりであるが、そこで問題となる点が2つある。第1に、グレープの遺骸がほんとうに捨てられたのかという問題である。第2に「コロダ колода, клада」とは何かということである。

まず第1の点を考えよう。『年代記』、『物語』、『説教』のいずれの作品ともに、それぞれ «повержену»、«повьржену»、«повергоша» という動詞 «поврѣщи»

---

32) *Милютенко.* Святые князья-мученики. С. 376.

33) *Милютенко.* Святые князья-мученики. С. 377.

34) Sciacca, "The History," p. 79.

268 「ロシア精神」の形成と現代

「捨てる、放り出す」の変化形が用いられており、おのおのの訳者によって『年代記』につき«брошен»（リハチョーフ）、«left behind»（シアッカ）、「捨てられた」（名古屋）、『物語』につき«бросили его»（ドミートリエフ）、«left behind»（シアッカ）、「遺棄された」（福岡）、『説教』につき«бросили»（ミリュチェンコ）、«abandon»（シアッカ）と訳されている。

スレズネフスキイの『中世ロシア語辞典のための資料』[35]の«поврѣщи»の項を見てみよう。そこには、第1の意味として、бросить, кинуть「投げる」の意味が挙げられ、第3の意味として、покинуть「捨てる」、оставить「抛っておく」の訳語が与えられて、この『物語』の当該箇所が例文として引かれている。やはり「捨てられた」と解釈するほかない。

4. ゴルビンスキイの困惑

しかしながら、公という高貴な身分の者の遺骸が川岸や荒野に捨てられるなどということがほんとうにあるのだろうか？ 近代的な文献学が確立する19世紀半ばごろから、この問題はロシアの研究者たちを悩ませてきた。この苦悩を代表する人物は、『ロシア教会史』の著者E.ゴルビンスキイである。ゴルビンスキイは1903年に上梓した著書『ロシア教会の諸聖人の列聖の歴史』のなかで、ボリスとグレープの列聖について述べるさい、『年代記』の記述に依拠して「グレープの遺骸について」というほとんど1ページにわたる膨大な脚注をつけている。[36]

ゴルビンスキイは、まずグレープの遺骸が捨てられた場所に着眼して次のように述べている。

> グレープの遺骸について、それが「荒野の岸辺のふたつのコロダのあいだに葬られた」と言われている。が、「荒野の岸辺」というのは、すなわち、この殺害事件が起こった場所の近くにあった町であるスモレンスクではなく、と

---

35) «поврѣщи» // *Срезневский. Материалы.*

36) *Голубинский Е. История канонизации святых в русской церкви,* М., 1903. C. 27.

第6章　呪いと祟りをいかに克服するか　　**269**

りもなおさずその殺害がおこなわれたドニエプル河畔の荒れ野のことを指している。

　ゴルビンスキイは遺骸が遺棄された場所が、「荒野の岸辺」であることを確認している。しかしながら、スモレンスクの町からは比較的近くであったと考えている。『年代記』の記事 «И поиде от Смоленска, яко зрѣмо и ста на Смядинѣ в насадѣ» を引き、次のように述べている。

　　「見えるうちに яко зрѣмо」という年代記の語からは、この場所がスモレンスクからこの場所が見えたことが暗示されている。 «зрѣмо» という語は古い時代には、私たちにはもうわからなくなっている一定の距離をしめしていた（Срезневский И.И. «Материалы для словаря древнерусского языка» «зьрети»）。

　ゴルビンスキイは、グレープの遺骸が捨てられたという解釈に対してほとんど生理的な嫌悪感も示している。このために彼はグレープの遺骸は捨てられたのではなく、一定のやり方で葬られたと考えるのである。

　　「二本のコロダのあいだに」の部分については、大部分とまでは言わなくても、多くの人々が、遺骸は地中には葬られず、地面のうえの「二本のコロダ（丸太）」のあいだに放置され、投げ出されていたと理解している。しかし、事態をこのように理解することは極限的にあり得なさそうである。というよりも、ただたんに不可能であるように思われる。もしも公の殺害者たちが遺骸を葬らなかったとしても、彼とともにいた随員たちがそうはさせなかっただろう。また、スモレンスクの住人たちがどうして、自らの近くの野に埋葬されない死体、それも公の遺骸を放置したままでいただろうか。おそらく、もっともありうべきは、「二本のコロダのあいだ」という語を次のように理解することであろう。遺骸がしかるべき尊厳をもって敬意を払われて（教会のどこかの場所で）公らしく石の柩のなかに葬られたのではなく、死者の尊厳もなく（野原で）一般民と同じように二本の丸太でできた木の柩に葬られたのであろう。そのような木の柩は古い時代にはあったし、現在にいたるまで分離派教徒た

ちのあいだで用いられている。

　以上のような結論がとりあえず得られたものの、ゴルビンスキイの疑念、逡巡はおさまることがない。彼は注記を次のようにつづけている。

　　もしも、遺骸が獣に食われていなかったと語られているならば、遺骸は人間の生活圏ではなく、野原に葬られたのであり、古い時代に遺骸がそう葬られたように、地面に浅く埋められたと了解される。遺骸はかんたんに獣たちに見つけられたはずであり、上の丸太を下の丸太から少しずらしただけで獣たちは遺骸を食うことができただろう。もしも遺骸が「投げ捨てられた」と語られているならば、この表現は殺害者によって遺骸の尊厳もなく放り出されたという意味で理解しなくてはならない。

　このように、「グレープの遺骸が捨てられた」という一節にかんして、一定の解決を与えてみたものの、ゴルビンスキイは最終的な解決を得たという確信をもてなかったように見える。

5. 《КОЛОДА》とは何か

　さらにこのこととも関連して、第2の論点が浮上する。「コロダ колода, клада」とは何かという問題である。ここで、ゴルビンスキイは《колода》, 《клада》が「二本の丸太でできた木の柩」であるという解釈を提示している。これは、『年代記』④の英訳、『物語』②の現代ロシア語訳注、『物語』③の英訳、『物語』④の日本語訳注と共通している。ゴルビンスキイのほかに、ドミートリエフ、シアッカ、福岡星児が《колода》を「二本の丸太を刳りぬいてできた木の柩」と解釈し、定説となっているように見える。

　《колода》を「二本の丸太を刳りぬいてできた木の柩」とする解釈は、1855年に刊行されたスレズネフスキイの『中世ロシア語辞典のための資料』の記述にさかのぼる。《колода》の項を引くと、『年代記』の当該箇所が例文として引かれ、《клада》を見よと書かれている。《клада》の項を引くと、次の記述がでてくる。

第6章　呪いと祟りをいかに克服するか　　**271**

Колода : (см. клада)

Клада : 1. *бревно, truncus.* 2. *колода – выдолбленный пень дерева, употреблявшийся для хоронения мертвых. ...(Колоды употреблялись вм. гробов даже и при Петре I : он запретил это особым указом для сбережения леса.)* [37]

　「клада」の意味として、第一に「丸太」という意味が示され、第二に「コロダ」、すなわち、「死者を葬るために用いられた、真ん中を剔りぬいた木の切り株」という意味が与えられている。さらに、「コロダは柩のかわりにピョートル1世時代にいたるまで用いられていた。ピョートル1世は、森林の保全のために特別の法令によってこれを禁止した」という丁寧な注がついている。

　ほかの中世ロシア語辞典をあたってみよう。『11-17世紀ロシア語辞典』[38]では、次のようになっており、やはり「一本の木の幹を剔りぬいた柩」の意味があり、例文が載っている。グレープの遺骸の扱われ方にかんしては、沈黙を守っている。

Колода : 1. *Толстый, лежачий ствол дерева, тяжелый обрубок дерева.* 6. *Гроб, выдолбленный из ствола одного дерева.* (1441): Положиша его въ колоду, и осмоливше съ полъстми, повезоша его на Москву на носилѣхъ. Воскр. Лет. VIII, 111. Положиша его въ колоду. Кн. Степ., 490. XVI-XVIIвв.∞1560гг.

　『中世ロシア語辞典（11-14世紀）』[39]では、以下のごとく、「埋葬のために用いられた、なかを剔りぬいた一本の丸太、柩」の意味があり、例文として挙げられているのは、グレープの遺骸の扱われ方をめぐるものと思われる、12世紀と14世紀に書かれた文章である。

---

37) «колода»; «клада» // *Срезневский И.И.* Материалы для словаря древнерусского языка (репринтное издание). Т. 1. Ч. 2. М., 1989.

38) «колода» // Словарь русского языка XI-XVII вв.

39) «колода» // Словарь древнерусского языка (XI-XIV вв.).

Колода : 1.*Бревно.* 2.*Бревно с выдолбленной серединой, употреблявшееся для захоронения, гроб :* а) межи двѣма колодама съкровенъ. Стих 1156-1163, 100об. Ск. ЛЛからの引用。 б) Скончася блаженный Глѣбъ ... и положиша и в дубравѣ межю двѣма колодама. [так!] Пр 1383, 123г.

例文は、グレープの遺骸はa)「二つのコロダのあいだに隠された」、ないしは、б)「カシ林の二つのコロダのあいだに（人々は）置いた」としている。«врѣщи»「投げる、放り出す」の変化形を用いた形が用心深く回避されている。この点を顧慮して、БЛДР. Т.1で『過ぎし年月の物語』を現代ロシア語訳に翻訳したО.トヴォローゴフが、グレープの遺骸は「安置された положен」としているのであろう。

『ダーリの民衆語辞典』[40]では、«колода» の訳語として、はじめに「лежачее толстое дерево, бревно 倒れた太い木、丸太」の意味をあげ、ほかに複数挙げた語釈のなかに次の記述が見いだされる。

Колода : *долбленный гроб, домовинка из цельного отруба, любимая, по старым обычаям, раскольниками.*
　剞りぬいてつくった柩。一本の木を丸ごと使った棺桶で、古い慣習に則ったものとして分離派教徒に好んで用いられた。

このように見てくると、スレズネフスキイが «колода» に「丸太でできた柩」という意味をあてがって以来、現代にいたるまで『11-17世紀ロシア語辞典』、『中世ロシア語辞典（11-14世紀）』でも踏襲され、ほぼ定説となってきたことがわかる。地方をまわってじかに民衆語彙を採集したV.ダーリもこの見解を支持しているように見える。こうした文献学的な研究史を踏まえ、ドミートリエフ、シアッカ、福岡星児が «колода» を「二本の丸太を剞りぬいてできた木の柩」

---

40) «колода» // *Даль В.* Толковый словарь живого великорусского языка Владимира Даля. Т.2. СПб.-М., 1912.

と注釈をほどこしたのである。

　しかしながら、このことは、研究者たちから信頼された、『年代記』、『物語』、『説教』のもっとも古いテクストにおいて、一致してシンプルかつ明瞭に、グレープの遺骸が「捨てられたповержену, повьржену, повергоша」と書かれたことと根本的に矛盾しているのではないだろうか。«колода» を「丸太でできた柩」とする解釈について、さらに掘り下げて見てみることにしよう。手がかりは、スレズネフスキイとダーリの記述にある。

　先述のとおり、スレズネフスキイはグレープの遺骸の扱われ方についてどう考えるか悩んだらしく、«колода», «клада» を「丸太でできた柩」としながら、「КОЛОДА は柩のかわりにピョートル1世時代にいたるまで用いられていた。ピョートル1世は、森林の保全のために特別の法令によってこれを禁止した」と例外的な注記をつけている。

　ピョートル1世がロシアの西欧化改革に取り組み、海への出口を求めて、バルト海を内海としていた当時の圧倒的な強国、スウェーデンと大北方戦争を戦ったことはよく知られている。長期にわたるこの戦争のため、1701年の段階で軍事費の国家予算に占める割合は75パーセントに昇っていた。[41] こうした財政難のなかで戦費を調達するために、ロシア政府は臨時税と専売制の導入に踏み切った。このとき専売の対象となった品目のなかに、じつに柩が含まれていたのである。В.О.クリュチェフスキイは次のように述べている。

　　以前からの専売品であった樹脂、炭酸カリ、大黄、膠のほかに、新たな品目が加えられた。それは、塩、たばこ、白亜、タール、魚油、そして、何と樫の柩であった。1705年に、この古いロシアの富裕な人間のぜいたく品は、商売人の手から国庫へと取り上げられ、国は4倍の高値でこれを売りつけたのであった。その後、取り上げられた分を売り切ってしまうと、そうした柩は完全に禁止された。[42]

---

41) 田中陽兒、倉持俊一、和田春樹編『世界歴史体系ロシア史2』山川出版社、1994年、15頁。

274　「ロシア精神」の形成と現代

ピョートル1世の治世において、樫の柩が販売はおろかつくることさえも禁止されたのは、造船事業のためであったと、S.ソロヴィヨフは別の視点から説明している。[43] スレズネフスキイが引き合いに出しているのは、この事実である。クリュチェフスキイははっきりと、一本の樫の大木から切り出された柩は、ピョートル以前のロシアにおいて最高級品であったと記している。民衆語彙を採集したダーリも、大木を一本丸ごと使った柩が古儀式派教徒を中心として用いられてきたことを報告している。「丸太でできた柩」はかぎりなくぜいたく品に近く、死者に対して大いなる敬意を払うものであって、死者の尊厳を奪われて「捨てられた」者が行き着く先としては、まったく似つかわしくない。

　グレープの遺骸について、ゴルビンスキイは「遺骸は…死者の尊厳もなく（野原で）一般民と同じように二本の丸太でできた木の柩に葬られたのであろう。そのような木の柩は古い時代にはあったし、現在にいたるまで分離派教徒たちのあいだで用いられている」と述べているが、この記述は、«колода» をぜいたく品とするクリュチェフスキイ、ソロヴィヨフ、ダーリの述べることと矛盾し、不正確である。

　つまり、スレズネフスキイの着想、«колода» を「丸太でできた柩」とする見解は誤りであり、さらに『11-17世紀ロシア語辞典』、『中世ロシア語辞典（11-14世紀）』もこの誤りを継承している。『中世ロシア語辞典（11-14世紀）』の例文は、いずれも12世紀後半、14世紀後半と事件から隔たった時代のものである。したがって、おそらくはスレズネフスキイの見解から、«колода» という語に「二本の丸太を刳りぬいてできた木の柩」という注釈をほどこしたドミートリエフ、ゴルビンスキイ、シアッカ、福岡星児も誤りを犯していたことになる。

42）*Ключевский В.О.* Сочинения в 9 томах. Курс русской истории. Часть IV. C. 123;
　　 В.О. クリュチェフスキー『ロシア史講話4』恒文社、1992年、167-168頁。

43）*Соловьев С.М.* История России с древнейших времен. Т. 15. C. 317-318.

6. 中世ロシアのイコノロジーに見るグレープの遺骸

　スレズネフスキイやゴルビンスキイらが誤っていたことを証しだてる、事件からもっと近い時代に属すると思われる証拠がある。中世ロシアの写本ミニアチュールがそれである。次に、中世ロシアの写本において、グレープの遺骸がどのような扱いを受けたのかを見てみることにしよう。

　まずはじめに『ラジヴィール年代記』Л. 77об. [44] を見てみることにしよう。『ラジヴィール年代記』は15世紀後半に制作されたと考えられる写本で、全245葉表裏からなり、617点の挿絵が明るい鮮やかな色彩で描きこまれている。[45]

　B.ルイバコフの記述にしたがって、『ラジヴィール年代記』の写本について述べる。A.シャーフマトフが挿絵のオリジナルは13世紀最初の写本に由来するという見解をあらわして以来、多くの学者がこの説を支持してきた。また、考古学者のA.アルツィホフスキイによれば、挿絵のディテールは10世紀から12世紀の考古学出土品と一致する。写本は15世紀終わりに制作されたものであるが、画像自体は11世紀から12世紀にかけての絵入りの年代記に由来すると考えられるので、私たちがこの考察に利用している『ウスペンスキイ文集』のテクストに時代的にもっとも近いといえる。[46] この『ラジヴィール年代記』の77об.に二本の木のあいだに捨てられたグレープの遺骸が描かれている。

　向かって右手の絵が、グレープの遺骸が二本の丸木のあいだに捨てられるシーンを描いた【A】⑬の図像である（口絵図12）。両方の木からいくつかの枝が伸びており、「柩」などではないことがはっきりとわかる。枝がいく本か切られているのは、それが「丸太 бревно」だからである。画面上（シーン奥）には、二本のろうそくが描かれているが、それは【F】②のディテールと一致する。

44）Радзивиловская летопись. Факсимильное воспроизведение рукописи. СПб., 1994, Л. 77об.

45）『ラジヴィール年代記』写本はロシア科学アカデミー図書館 БАН所蔵。

46）*Рыбаков Б.А.* Миниатюры Равзивиловской летописи и русские лицевые рукописи X-XII веков // Радзивиловская летопись: Текст. Исследование. Описание миниатюр. СПб., 1994. С. 281.

【F】は『物語』と『説教』の共通項であり、『年代記』（『過ぎし年月の物語』）には現れないが、『ラジヴィール年代記』の挿絵にはきちんと描きこまれている。このディテールは『説教』にも別の場所であらわれている（【G】①）。また、聖者伝を伴ったボリスとグレープの立像（トレチャコフ美術館蔵）の聖者伝の一コマにも、二本の丸太のあいだにグレープの遺骸がある（画像⑪）。

　もう一つは、14世紀後半に制作された『シリヴェストル文集』のもの[47]である。[48] この写本は、さまざまなジャンルに属する全部で12の作品を収めた複合的な文集で、先に述べたように、ボリスとグレープ関係でも、『説教』、『物語』、『奇跡にかんする物語』の3篇が収められている。

　この『シリヴェストル文集』の135葉表に、やはり二本の丸太のあいだに捨てられたグレープの遺骸が描かれている（口絵図13）。問題になるのは右手の絵である。そこには、二本の、枝が切りそろえられた丸太のあいだにグレープの遺骸が横たわっているのが見える。そのうえに覆いかぶさるように、鉄の兜をかぶり、鎧をまとった完全武装の7人の刺客が船を逆さにしてもって立っている。刺客たちはこの舟に載せてグレープの遺骸を岸辺に運び、船を逆さにしてそれを二本の丸太のあいだに投げ落とし、グレープの遺骸のうえに被せたのであろうか。

　Л.135の挿絵のうえには、絵が何について描かれているかの但し書きがある。この但し書きには、テクスト本文にはない言葉が書かれている。それは以下のとおりである。«Святого Глѣба положиша в лѣсъ межи двѣма кладама под насадомъ.» 日本語訳を付すると、「（人々は）聖グレープを森の二本の丸太のあいだの平底船のしたに置いた」となる。

　原テクストは『物語』①とまったく同じであるが、そこにある「捨てられた повержену」という文言が、但し書きでは「置いた положиша」に変わっている。また、但し書きでは「森に в лѣсъ」「平底船のしたに под насадомъ」というディテールが加わっている。

47）*РГАДА*, Рукописный отдел библиотеки Московской Синодальной типографии. Ф. 381. №53. ロシア国立公文書館モスクワ宗務院印刷所蔵書写本部所蔵。

48）*Сказание о Борисе и Глебе.* Т. 2. С. 23.

「森に置いた положиша в лѣсъ」は『中世ロシア語辞典（14-16 世紀）』の例文б)「樫林に置いた положиша и в дубравѣ」に近いが、この但し書きにも、例文б)と同様に「グレープの遺骸が捨てられた」と解釈することへの逡巡が感じられる。「平底船のしたに под насадомъ」は、『説教』の「丸太のしたに подъ кладою」という表現と似ているが、ほかのどのテクストにも現われない『シリヴェストル文集』固有のディテールである。また、『ラジヴィール年代記』では、グレープの遺骸は殺害されたときの着衣のままであるのに対して、『シリヴェストル文集』では、遺骸が包帯のようなもので包まれている。やはりグレープの遺骸は「捨てられた」のではなく、埋葬されたのであろうか？

そうではあるまい。全体として、『ラジヴィール年代記』挿絵Л.77об.と『シリヴェストル文集』Л.135とのあいだには、驚くべき一致が見られる。二本の丸太が同じように描かれ、そのあいだにグレープの遺骸があるという画像の構図は、両者のあいだでまったく同じであるし、いずれもテクストでは「捨てられた повержену」という同一の単語が用いられている。

次のように考えることはできないであろうか。

かなり早い段階で、おそらく考古学的発掘物と挿絵に描かれた事物との一致が示す[49]ように、遅くとも12世紀初頭ころには、テクストはテクストで、画像は画像で、ボリスとグレープをめぐる一連の事件をどう描くかについての一定の「型」が出来あがっていた。「型」は「型」として、写字生と絵師によって世代から世代へと、忠実かつ厳格に伝承されたが、その過程において、画像がもつ本来の意味は忘れ去られてしまった。そこで、伝承されるべき「型」と、グレープは聖者であるからその遺骸が捨てられるのはおかしいという宗教上の通念との折衷が図られ、画像とテクストとの相互関係はあらたに解釈しなおされることになったのではないか。その結果、Л.135の挿絵余白の但し書きのように、「捨てられた」が「安置された」に変わったり、「平底船のしたに」という制作者側の空想によるあらたな解釈が加わったりした。『中世ロシア語辞典（11-14世紀）』の用例a),б)も、そうした「創作的」解釈の一例であろう。

「グレープの遺骸が捨てられた」と解釈することへの支持は、たとえば、ミ

---

49) *Рыбаков.* Миниатюры. C. 281.

278　「ロシア精神」の形成と現代

リュチェンコが、イギリスの聖エドムンドと聖グレープに共通のモチーフとして、「聖者伝のなかで、エドムンドの遺骸が葬られずに放り出され、そののち発見されたことが語られている」点を指摘していることに現われている。[50] また、『スラヴ百科事典』では、グレープの遺骸について、「彼の遺骸は、岸辺の腐った木の幹のあいだに置かれていた[51]」とされている。ただし、「腐った木の幹」というディテールが何に由来するのかは不明である。

　もうひとつ、画像の「型」といえば、グレープがつねに髭なしで描かれるということについて考えなくてはならない。口絵図14のイコン画（騎馬像、トレチャコフ美術館所蔵、14世紀①）を見てみよう。向かって右側がグレープである。さらにやはりトレチャコフ美術館が所蔵している、聖者を伴った立像②を見てみよう（口絵図15）。向かって右がグレープである。有名なロシア美術館所蔵の2人の立像③でも同じように、向かって右側のグレープに髭が描かれていない（口絵図16）。

　そのほかミリュチェンコもその著作のなかでしばしばグレープの肖像を掲げている（11世紀トゥムトラカンの石版レリーフ、14世紀モスクワ派イコン画、12世紀終わりから13世紀はじめにかけてのリャザンのメダリオン、13世紀初頭のコルト）が、いずれも髭がない。[52] G.マルケーロフも、イコンの描かれ方のパターンを集成した『中世ロシアの聖者』という書のなかで、ロシア・イコン画の伝統におけるボリスとグレープの描き方を13例紹介しているが、[53] いずれもボリスに髭があるが、グレープにはない。髭なしで描かれるグレープというこの「型」は何を意味しているであろうか。

　ピョートル以前のロシアにおいて、成人男子は髭を生やすのが大人としての一種の倫理的な義務であった。1551年にイワン雷帝によって制定された『百章（ストグラフ）』では、その40章において成年男子がひげを剃ることを禁じ、「顎髭を剃ってそのままの姿で死んだ者は誰であれ、その者に対しては奉事を

50）*Милютенко.* Святые князья-мученики. С. 15.

51）Славянская энциклопедия. Киевская русь - Московия. Т. 1. М., 2002. С. 280.

52）*Милютенко* Святые князья-мученики. С. 29, 41, 53, 81.

53）*Маркеров Г.В.* Святые древней Руси. Материалы по иконографии (прориси, переводы, иконописные подлинники). Т. 1. С. 152-177, 206-207.

おこなったり、死後四十日間の祈禱をするにはおよばない」と定めている。[54)]

　すなわち、グレープの画像において、髭がないというディテールが意味するものは、彼が髭が生える年齢の以前に殺されたということである。つまり、『物語』における次のせりふはたんなる潤色だったのではなく、真実を反映していた。「私の若さをかわいそうだと思ってください。命幼き私を殺さないでください。いまだ熟さない穂を刈りとらないでください。まだ母の乳にぬれたままの私を。」

　中世の画像からはっきりわかるとおり、«клада» は「丸太でできた柩」ではなく、たんなる「丸太」であった。幼いといってもよいほどの年端の行かぬグレープは、幼児（あるいは、少年）に直接手を下すことを嫌悪した刺客たちの命令で、料理人トルチンによって首を搔き切られて殺され、そののち、遺骸はこの二本の丸太のあいだに「捨てられた」。では、テクストや画像において「型」として伝承されてきた、「グレープの遺骸が捨てられた」ことの意味は何か。その答えは、ロシア民俗学の知見によってもたらされる。

7. 残置された死者 заложные покойники

　20世紀初頭に活躍したロシアの民俗学者D.ゼレーニンは、ロシアにおける東スラヴ系住民、フィン・ウゴール系住民のあいだで、20世紀にいたるまで、土への埋葬を拒絶される死者のカテゴリーがあったことを報告している。[55)]

　　19世紀になっても、20世紀になっても、墓をつくらずに葬られるのは、不浄で、生きている者たちにとって危険だと見なされる死者たちである。基本的にこれは暴力的に死にいたらしめられた者、ことに自殺者であった。若くして、生まれたときにさだめられた時にいたらずに死んだ者全員が、このように埋葬を拒絶された。北ロシアの住人たちは、これらの死者をザロジュヌィエ заложные、すなわち、残置された死者と呼んだ。この呼び名は、死者た

---

54) *Горский А.Д.* Законодательство периода образования Русского централизованного государства. Т. 2. М., 1985. С. 301-302; 中村喜和「百章」試訳 (2)『一橋大学研究年報人文科学研究』第31号、1994年、49-50頁。

280　　「ロシア精神」の形成と現代

ちが埋められず、地上に放置されたのちその遺骸が木の枝で蔽われたことによる。

　「若くして（幼くして）暴力的に死に追いやられ、土のなかに埋められず、放置された」という「残置された死者」の要件は、まさに荒野の二本の丸太のあいだに投げ捨てられたグレープのそれとほとんど完全に一致する。では、なぜこのような「残置」という埋葬の方法が生まれたのであろうか。「残置」という埋葬方法の背後には、非業の死を遂げた者の遺骸が穢れており、その穢れによって大地を冒瀆することへの禁忌という感受性があったと、ゼレーニンは述べている。

　　東スラヴ人の非常に古い異教的な習慣は、「残置された死者」を地中に埋めないように要求していたのである。これはおそらく、不浄な死体によって大地が穢れることを回避するためであった。…東スラヴ人たちのあいだで見出されるのは、不浄な死体が地中に埋葬されることによって、汚された大地が怒るという考え方である。この「大地の怒り」は、じつにさまざまな表現を見出す。なかんずく、怒った「母なる大地」は不浄な死体を受けつけない。そのような死者は、何度埋葬しようとつねに地上に戻ってくる。そのときに埋葬された死体は腐敗せず、このために夜ごと墓から這いだしてさまよい歩く

55）　以下、引用は *Зеленин Д.К.* Восточнославянская этнография. М., 1991. С. 352-353. そのほか、以下参照。*Зеленин Д.К.* К вопросу о русалках (Культ покойников, умерших неестественною смертью, у русских и у финнов) // Избранные труды: Статьи по духовной культуре 1901-1913. М., 1994, С. 230-298; *Зеленин Д.К.* Избранные труды. Очерки русской мифологии: умершие неестественной смертью и русалки. М., 1995; Глава 10. Религия древних славян // *Токарев С.А.* Религия в истории народов мира. М., 1986, С. 201-215; Глава 7. Язычество и отношение к смерти // *Петрухин В.Я.* Начало этнокультурной истории Руси IX-XI веков. М., 1995, С. 195-215; «мертвых культ» // Славянские древности: Этнолингвистический словарь под общей редакцией Н.И.Толстого. Т. 3. М., 2004; «покойник «заложный»», «предки» // Славянские древности. Т.4. М., 2009.

のである。…

　「大地の怒り」の第3の兆候は、生きた人間にも感じることができるものである。大地は、蒔いたばかりの穀物の芽を枯らす春の寒さと寒の戻りによって、自らの怒りを表現した。

ゼレーニンは19世紀末よりはるか以前、太古の昔から、このような習慣があったことを指摘して次のように言っている。

　現在でも広まっているこの考え方は、ウラジーミル主教セラピオン（1274年没）の説教[56]にも反映されている。私たちは同様に1506年にモスクワに来たマクシム・グレクの著作にも民衆がこうした考えをもっていたことを見出すことができる。このゆえに、太古の時代のスラヴ人たちは「残置された死体」を墓のなかには葬らず、遺体を人里離れた場所、たとえば、谷間や沼地に放置したのである。枝や小さな丸太そのほかで遺骸を蔽ったのは、野生の動物から遺骸を守るためであったことは明らかである。

「野生の動物から遺骸を守るために枝や小さな丸太で遺骸を蔽った」というゼレーニンの指摘は、グレープの遺骸が「二本の丸太のあいだ」、「丸太のした」に「捨てられた」、あるいは、「置かれた」、もしくは、「船をかぶせられた」という諸文献にあらわれるグレープの遺骸のあつかわれ方と一致する。『年代記』、

---

56)「今、神の怒りを見て、あなたがたは考える。首吊りをして死んだ者や溺れ死んだ者を埋葬した者がいるが、自分自身が苦しまないように、もう一度掘り返そうと。なんというでたらめだ。おお、なんという不信心なのだ」。ПЛДР. XIII в. С. 452-455; БЛДР. Т. 5. С. 382-383; 三浦清美編訳『中世ロシアのキリスト教雄弁文学（説教と書簡）』松籟社、2022年、239-240頁。この箇所について、В.В.コーレソフは次のような注をつけている。「セラピオンは自殺者にかんする俗信について述べている。自殺者は埋葬されてはならなかった。さもないと、凶作、疫病、飢饉が起こるからである。セラピオンは19世紀まで持続した（民俗学者たちによって一再ならず記録されている）迷信と戦っている」（同書注512）。ПЛДР. XIII в. С. 610; БЛДР. Т. 5. С. 520.

『物語』、『説教』が一致して語る、グレープの遺骸が「捨てられた」ことの意味
は、グレープが「残置された死者」だったということである。穢れているがゆ
えに教会のなかには葬ることが出来なかったのだ。

　幼くして殺されたグレープがこの世に生き残った者たちに災厄をおよぼすの
ではないかという危惧が、民衆にとって現実のものであったことを明瞭に語る
証拠がある。『奇跡にかんする物語』、『説教』における奇跡譚に紛れこんだ、い
くつかの不気味なエピソードがそれである。次節では、この「不気味な奇跡」
について見てみることにしよう。

8. 奇跡譚における不気味な出来事

　まず注目すべきは、別個に成立したと考えられる『奇跡にかんする物語』と
『説教』後半部の奇跡譚が内容的に非常に似通っていることである。聖者とし
て認定されるためには、その生前ないしは死後に奇跡が起こったことが報告さ
れなければならない。ボリスとグレープにかんしても、列聖のさいに奇跡とし
ておこった事件が教会から認定された結果、『奇跡にかんする物語』（『物語』の
あとに直結する部分）と『説教』後半部の奇跡譚が編まれたと考えるべきであ
ろう。奇跡に似つかわしい話もあるが、[57] 怪奇的な要素を含む奇跡譚が多いこ
とにも気づかされる。筆者は以下にボリスとグレープにまつわる説話群におけ
る怪奇的な要素を検討したい。それは【G】であげる諸エピソードである。

【G】

① ボリスとグレープの遺骸があったところでは、夜に何度も、ろうそくの
　明かりが灯ったり、空から火の柱が降ったりした。この記述は、『説教』
　のみにある。

② ヴァイキングたちがボリスとグレープの柩の前にやってくると、柩から
　炎が噴出し、そのうちの1人がひどい火傷を負った。以後、人々は恐れて
　柩のそばには近づかなくなった（『奇跡にかんする物語』、『説教』）。

---

57) 具体的には、足萎えが立つ、盲人が目が見えるようになる、びっこが歩く、無実
　の因人が解放される、遺骸から芳香が発する、以上の5つである。

③ ボリスとグレープの遺骸が安置された、ヴィシゴロドの聖ワシーリイ聖
堂から火が出て、聖堂が丸焼けになった。聖具は運び出されて無事だった
(『奇跡にかんする物語』、『説教』)。『説教』では、この火事の原因が、堂務
者のろうそくの消し忘れにあり、ボリスとグレープの遺骸が聖ワシーリイ
教会ではなく、聖ボリスと聖グレープ教会に安置されるきっかけとなる神
の思し召しであったことを強調している。

④ 1072年のボリスとグレープの遺骸の移葬のさい、スヴャトスラフ・ヤロ
スラヴィチ公は聖グレープの遺骸の腕をもちあげ、自らの首の腫れ物に触
れさせた。スヴャトスラフ公はこのあと頭に異物の存在を感じたので、よ
く見させてみると、グレープの爪がスヴャトスラフ公の頭に刺さっていた
(『奇跡にかんする物語』)。『奇跡にかんする物語』でも、『説教』でもあか
らさまに語られていないが、諸年代記を調べると、スヴャトスラフ公は頭
蓋の腫れ物の切開手術が失敗して、1076年12月27日に落命したことがわ
かる。[58]

⑤ 聖ニコラの日に労働した女への罰。聖ニコラの祝日にみなは教会に行っ
たが、女は誘われたにもかかわらず、教会へは行かず残って仕事をしてい
た。すると、ボリスとグレープが現われ、女が仕事をしているのを咎め、
家をめちゃめちゃに壊して、女を半殺しの目に遭わせた(『奇跡にかんす
る物語』第5の奇跡、『説教』)。

⑥ スヴャトスラフ公はボリスとグレープのための教会を建立することを思
い立った。ところが、教会が80キュービットの高さに達したとき、スヴ
ャトスラフ公は逝去した。建築事業は弟のフセヴォロドが継承し、教会は
完成するが、建設が終わったその夜に教会の屋根が崩れ、そのために教会
全体が崩落した(『奇跡にかんする物語』)。

---

58) たとえば、『ラヴレンチイ年代記』の1076年の項には、次のように書かれてい
る。«Святослав, сынъ Ярославль месяца декабря КЗ от рѣзанья желве.» ПСРЛ. Т.1.
Стлб. 199. 筆者による日本語訳は次のとおりである。「スヴャトスラフ、ヤロスラ
フの息子は、この年の12月27日、頭蓋の切開(手術)のために死んだ」。

284　「ロシア精神」の形成と現代

【G】は叙述の分量としては少ないが、その与える印象は強烈である。ことに、【G】④グレープの爪がスヴャトスラフ公の頭に突き刺さり、その公が頭蓋の腫れ物の切開手術で死んでいること、しかもその死について、『奇跡にかんする物語』も『説教』も沈黙しているというのは怖い話である。【G】⑥では、そのスヴャトスラフがボリスとグレープのための教会を建立しようとするが、そのことを発心したことが何か悪いことであったかのように亡くなり、その教会も完成したと思ったとたん崩落するというエピソードが述べられている。やはり恐ろしいとしか言いようがない。

また、ボリスとグレープの遺骸が安置された聖ワシーリイ教会の焼失について、それがグレープの祟りであったという憶測をあえて打ち消すかのように、作者ネストルはその原因を具体的かつ詳細に語り、それがグレープの祟りのためであることを入念に否定したうえ、ボリスとグレープのための特別な教会が建立される契機となった「神の思し召し」だと強弁している。

【G】①は【F】②とほぼ同じ内容であり、G.レーンホフが指摘するように、[59] 死者の魂があの世にゆくことができずさ迷い歩いていることを想起させる。【G】②の「ボリスとグレープの柩から放たれる炎」、【G】⑤の「聖ニコラの日に労働した女への罰」のエピソードも、神に嘉された聖者の仕業とは思えない。

このように、『奇跡にかんする物語』、『説教』後半部を題材に、ボリスとグレープをめぐる奇跡譚を詳細に見てみると、それらが神に嘉された聖者の奇跡と割り切るにはあまりにも矛盾する要素をおびただしく抱えていることがわかる。以上の検討から、私たちはボリスとグレープ、ことに幼くして殺され、その遺骸が荒野に捨てられたグレープが、祟りをもたらす存在として恐れられていたという結論を導くことができるように思われる。

つぎにここまでで得られた結果にもとづいて、懸案の語句 «недоумѣюще, яко же бѣ лепо пречьстьнѣ» について考察を進めることにしよう。

---

59) Lenhoff G., *The Martyred Princes Boris and Gleb: A Social-Cultural Study of the Cult and the Texts,* (Columbus: Slavica Publishers, 1989), p. 40.

9. «НЕДОУМѢЮЩЕ, ЯКО ЖЕ БѢ ЛЕПО ПРЕЧЬСТЬНѢ» の解釈について――【F】⑤、⑥の中世ロシア語の記述

これまでのボリスとグレープをめぐる諸作品の研究史において、『物語』のこの文言 «недоумѣюще, яко же бѣ лепо пречьстьнѣ» がもつ意味は深く究明されてこなかった。以上の考察を踏まえて、この一節を解釈する時が来たようだ。しかし、そのまえに、グレープの遺骸が「捨てられた」という部分からこの一節までの、およそ500語超ある箇所についてその概略を述べたい。それは【F】①～④に相当する部分である。

遺骸はそのまま荒野に長いあいだ放置されていたが、腐敗を免れて無傷のままであった。遺骸のまわりで、さまざまな不思議なことが起こった。そばを通りかかった商人たち、狩人たち、羊飼いたちが炎の柱を見たり、ろうそくが燃えているのを見たり、天使の歌声を聞いたりしたが、誰も遺骸を探そうとはしなかった。一方、ヤロスラフはスヴャトポルクと戦い、4年間の激戦を制してスヴャトポルクを死に追いやった。勝利ののち先に述べた不思議な出来事を知ったヤロスラフは、グレープの遺骸の探索に乗り出す。そこで、【F】⑤が来る。ふたたび【F】⑤、⑥の中世ロシア語のテクスト[60] を見てみよう。

【F】⑤

И обретоша и иде же бѣша видѣли, и шьдъше съ крьсты и съ свѣщами мънозѣми и съ кандилы, и съ чьстию многою, и въложьше въ корабль, и пришедъше положиша и Вышегородѣ, иде же лежить и тѣло преблаженааго Бориса <u>**и раскопавъше землю, и тако же положиша и недоумѣюще, яко же бѣ лепо пречьстьнѣ.**</u>

本論考はここまでの考察で、グレープが一種の祟り神であったという仮説を提起してきた。グレープは「残置された死者」だった。幼くして暴力によって死に追いやられたゆえに、理不尽にも同時代の人々によって穢れたものと捉え

---

60) ПЛДР. XI-начало XII века. С. 298; БЛДР. Т. 1. С. 346; *Милютенко.* Святые князья-мученики. С. 308.

られ、埋葬を拒否されていた。このことを念頭に入れて、«умѣюще»「できる」という状態が «до»「十分で」«не»「ない」という含意をもつ、«недоумѣюще» の解釈を考えよう。

　ここで筆者は、該当箇所が奇跡についての言及ではないことを前提に、«недоумѣюще» は字義どおり「理解しない」「わからない」とする読みを提起したい。つまり、グレープの遺骸がうるわしく神々しいかどうかが「わからず «недоумѣюще»」、大地の怒りを招くことを恐れて土のなかに埋めることを嫌がる人々がいたと考えるのである。ヴィシゴロドの人々は、グレープの遺骸がうるわしく神々しいことを疑ったのだ。以上を踏まえて、筆者の試訳を提示したい。

　　三浦訳
　　そして、彼らは幻が現れた場所でグレープの遺骸を発見し、十字架とたくさんのろうそくと香炉をもってその場に至り、大いなる敬虔の念をもってグレープの遺骸を舟に載せ、ヴィシゴロドに着くと、聖なるボリスの遺骸が安置されている場所にグレープを埋葬した。彼らは地面を掘り、そこにグレープを埋葬したが、それが美しく清浄であることがわからなかった。

　ここまでで当該の語句について一定の解決を得てきた。最後に、この語句とその後続箇所との連関を検討しなくてはならない。後続箇所の解釈によっては反論もありうるからである。該当箇所のあと、『物語』ではつぎのようなテクストがつづいている。

【F】⑥
Се же пречюдьно бысть и дивьно и память достойно; како и колико лѣтъ лежавъ тѣло святаго, то же не врежно пребысть, ни отъ коегоже плътоядьца, ни бѣаше почьрнѣло, яко же обычай имуть телеса мьртвыхъ, нъ свѣтьло и красьно и цѣло и благу воню имущю. Тако Богу съхранившью своего страстотьрпьца тѣло.

第6章　呪いと祟りをいかに克服するか　**287**

この後続箇所で問題となるのは、«Се же пречюдьно бысть и дивьно и память достойно» という語句である。とりあえずは、「これはいとも不思議かつ驚くべきことであり、記憶に止めるべきことである」と訳せそうであり、そう訳せば、«недоумѣюще, яко же бѣ лепо пречьстьнѣ» を「うるわしく神々しいことに驚いた」と見なして、遺骸に奇跡が起きたとする解釈とのあいだに整合性を見出すこともできる。事実、研究者たちは後続箇所をこのように読んで納得してきた。しかし、そうした理解は当を得たものであろうか。

　この問題に解決をあたえるためにはやはり、『物語』全体の叙述の構造を検討する必要がある。多くの場合、研究者たちは『物語』全体の構造を視野におさめたうえでではなく、«недоумѣюще, яко же бѣ лепо пречьстьнѣ» とその後続箇所だけを近視眼的に見て解釈を考えているように思われるからである。以下、この箇所が『物語』の全体のなかでどのような位置を占めるかを検討しよう。

　『物語』の冒頭で、ウラジーミルには12人の子があり、彼らが一つ腹ではなく彼らの母はさまざまであった事実が提示され、その子たちと母たちの素性が、これからはじまる物語の背景として逸話的に述べられている。「事の発端を、順を追って物語ることにしよう」、「ここでは、この物語の主人公について物語ることにしよう」、「饒舌のなかで肝心なことを忘れないように、多くのことを語ることをやめよう」などのメタ的表現も目立つ。全体的に「状態記述的」と名づけることができよう。

　しかしながら、この部分が終わると、«недоумѣюще, яко же бѣ лепо пречьстьнѣ» まで、『物語』は一貫して出来事をその生起する順に記述する。時間的前後関係に最大の関心を払って出来事がつぎつぎと物語られる。叙述は、「物語進行的」と名づけることができる。叙述者の視点はつねに叙述された出来事と同時的に存在しており、叙述者にはすぐ先に起こる出来事がわからないまま、出来事が起こるたびにそれを記述するかのようである。

　これに対し、この後続箇所は、一連の出来事を完全に過ぎ去ったものと捉えて、それを回顧し、評価を加えている。この説話の様態は、ウラジーミルの子と母たちの話と同様、「状態記述的」である。そこでは、グレープの遺骸の状態が描写され、このあと、物語の時間にかかわりのない普遍的な価値判断とし

288　「ロシア精神」の形成と現代

て、「神はこのように自らの殉教者の遺骸を保った」という評価がくだされている。叙述者の視点は、すべての出来事が終わったのを見届けたところから、過去のさまざまな出来事を展望できる特権的位置にある。以後も『物語』の最後まで、叙述が時間を軸とする語りにもどることはなく、時間を超越したキリスト教聖者の聖性にかんする思想が述べられ、頌詞が謳われる。[61]

　すなわち、物語の時間を軸とする語りをとる«недоумѣюще, яко же бѣ лепо пречьстьнѣ»までの記述と、回顧的に諸事実を把握し、価値判断をくだすそれ以降の記述とでは、叙述の質がほとんど劇的といえるほどに違うのである。つまり、前者と後者のあいだに『物語』の説話構造の大きな区切りが存在するのだ。だから、この箇所での叙述の質の変化に注意をはらわず、«недоумѣюще, яко же бѣ лепо пречьстьнѣ»までと、それ以後を単純にひとつながりのものと読むことは誤りである。

　その認識のうえで、«се»という語の意味について考える必要がある。そもそも『物語』のこのテクストは12世紀おわりから13世紀はじめにかけて成立した『ウスペンスキイ文集』に収められたものであるが、言葉の比較的古い特徴を保っている。たとえば、«недоумѣюще, яко же бѣ лепо пречьстьнѣ»の直前の箇所でも、グレープの遺骸が発見されたことを«И обретоша и»と、ヴィシゴロドに葬られたことを«и пришедьше положиша и Вышегородѣ»と記述しているが、いずれの場合も、対格である2番目の«и»は、活動体でありながら生格

---

61) 筆者はかつて、中世ロシアにおける物語作品における語りを、大きく①時間の軸による叙述、②回顧的視座による叙述の二つに分類し、②の下位分類として、(a) 因果関係による叙述、(b) [巨視的把握＋微視的把握]、(c) 物語の享受者と語られた事柄を密接に結び付けるためのメタ的叙述の3つを設定して考察したことがある。具体的分析対象として『キエフ洞窟修道院聖者列伝』を選んだ。三浦清美「キエフ・ペチェルスキー修道院聖者列伝における物語の比較研究 (II)：ポリカルプによる二つの物語 (Сл.28 グリゴーリイ、Сл.30 モイセイ) をめぐる考察」『Slavistika』IX、1992年、194-259頁；三浦清美「キエフ・ペチェルスキー修道院聖者列伝における物語の比較研究 (III)：物語作者ポリカルプ」『スラヴ研究』〈40〉、1993年、97-123頁。本論における叙述分析もその手法に則っている。分析手法の詳細は、後者の104-105頁参照。

と一致しないかたちをとっている。これは古代教会スラヴ語と共通する表現形式である。[62]

　この点から、はたして«ce»を単純に「これは」と訳してよいかどうかが問題となる。古代教会スラヴ語では、«ce»は「これは」として用いられるよりも、「見よ」という意味で用いられるほうが多いからだ。しかも、この«ce»には、各種の古代教会スラヴ語の辞典で«но вот»、«но все-таки»という訳語があてられているとおり、「だが、見るがいい」という意味で用いられる場合がある。[63]

　さらに、動詞«бысть»も、«быти»の完了体のアオリスト形（不完了体のアオリスト形は«бѣ»）である[64]が、«бѣ»は状態動詞として連結（copula）の機能を果たすのに適すが、«бысть»はむしろ動作的に「なった」、「生じた」、「起こった」の含意がある。[65] したがって、完了体アオリスト«бысть»に、「これは…である」という連結の意味を見出すのはいささか不自然である。

　これらのことを考えあわせてみると、ここに従来のように順接を読みとるのではなく、むしろ「だが、見よ」という逆接を読みとるほうがふさわしいように思われる。接続関係を示しながら、後続箇所の試訳を掲げる。

　　三浦訳
　　…彼らは地面を掘り、そこにグレープを埋葬したが、それが美しく清浄であることがわからなかった。

　　だが、見よ、妙なることが、驚くべきことが、記憶にとどめるのに値することが起こったのだ。聖なる人の遺骸はこれほどの年月のあいだ打ち捨てられていたのに、何の損傷もなく、獰猛な野獣に襲われたり、蛆虫がわいたりすることもなく、死者の遺骸がふつうそうなるように黒ずんでさえいなかっ

62）木村彰一『古代教会スラブ語入門』白水社、1985年、76-81頁。

63）«ce» 3. a) // Slovník jazyka staroslověnského (Словарь старославянского языка). Praha, 1997; «ce» 3. a) // Старославянский словарь (по рукописям X-XI веков). М., 1994..

64）木村『古代教会』123頁。

65）H.G.ラントは「完了体は、ふつう «come into being»、«come to be»、«become» を意味する」と述べている。Horace G. Lunt, *Old Church Slavonic Grammar,* (S-Gravenhage: Mouton, 1974), pp. 121-122.

た。色が白く、美しく、全きままでかぐわしい香りがしていた。神はこのように自らの殉教者の遺骸を保ったのである。

　グレープの遺骸を穢れたものと見なす人々がいたということは、当然のことながら、グレープを聖人とすることを記念して作成された文書のなかで、あからさまには語り得なかったにちがいない。しかしながら、疑う者たちがいる以上は何らかのかたちでその疑念について言及し、それを否定したうえで、奇跡が起こったことを強調する必要があったのではないだろうか。そもそもキリスト教は、ユダヤの伝統によって穢れた死者とされたイエス・キリストが復活したという説話に立脚している（後述）。[66] また、第2節で見たとおり、『物語』は、『説教』、『年代記』よりはるかに自由な語り口で叙述を展開している。以上のことから、グレープの遺骸は穢れているので教会へ埋葬できないと考える人々が存在したと、『物語』が証言していたとしても、何ら不思議はないと思われる。

　以上をもって筆者は、第一に、«недоумѣюще, яко же бѣ лепо пречьстьнѣ» という一節に、キエフ・ルーシのキリスト教黎明期における、キリスト教と異教の融合の一過程を見ること、あわせて第二に、当該の一節を、«не постигать»、«не понимать»「理解できない」という意味を表わす «недоумѣти» の用例の一つとして辞書に登録することを提案する。

10. 列聖の歴史的意義

　最後にこの考察をうけて、ボリスとグレープの列聖という事件がもつ社会文化史的意義について一言だけつけくわえたい。

66）たとえば、『ガラテヤの信徒への手紙』3章13節参照。「キリストは、わたしたちのために呪い（呪われた者－三浦注）となって、私たちを律法の呪いから贖い出してくださいました。『木にかけられた者は皆呪われている』と書いてあるからです」。『申命記』21章23節によれば、「木にかけられた死体（たとえば、磔刑されたイエス－三浦注）は、神に呪われたもの」であった。引用は、新共同訳『聖書』による。

ボリスとグレープの列聖は、キリスト教黎明期のキエフ・ルーシにおいて、きわめて大きな意義をもつ事件だった。ボリスとグレープの列聖を通じて、「若くして殺されたボリスとグレープが不浄なものとして大地に受け入れられず、この世に戻って害悪をもたらす」という異教的な神話は、「無抵抗でひたすら祈ったことで神に好まれ、祝福され、天上の王国にいる」というキリスト教的な神話に置き換えられることになったからである。すなわち、ボリスとグレープの列聖は、表面的に受容していたキリスト教を内面化、実質化する営為であった。これによって、キエフ・ルーシはつねに虐げられたものの立場に立つというイエス・キリストのあり方に気づき、それを受け容れたのである。

　ボリスとグレープはキリストへの信仰や徳高い生き方や学才に秀でていたわけではなかったが、ロシアで最初の聖者として列聖された。それはなぜであろうか。それは端的に言って、年長の兄を尊び、抵抗することなく従順に死を受け入れたボリスとグレープの死にざまが、キリストに擬せられたからである。『物語』は、死を覚悟したボリスに次のように言わせている。「主イエス・キリストさま！　この人間の姿をして地に現れ、自らの意志によって自らを十字架に釘で打ちつけ、われらの罪を背負って受難を受けた方よ、私もあなたのように受難を受けるにふさわしい者としてください。」死に際して物語のボリスは、キリストの真似びをすると宣言している。

　兄弟殺しであるという点では似通っているけれども、ボリスとグレープは『物語』のなかで言及されるチェコの侯ヴァーツラフとは決定的に違っている。ヴァーツラフはボヘミアのキリスト教化を推し進め、これに反対する勢力の頭目となった弟ボレスラフに殺された。これは、キリストとキリスト教のための死である。また、その死に方も剣を振りかざす弟から剣を奪って投げ捨てるなど騎士のように勇敢であった。G.フェドートフは、「聖ヴァーツラフの名前を引き合いに出すのは、（ボリスとグレープとの－三浦注）基本的な差異を強調するためである」と述べている。[67] ヴァーツラフが勇敢に戦って死んだのに対して、ボリスの死もグレープの死も力弱くみじめなものであった。

　ここで、ウラジーミルがキリスト教を受けいれるときのエピソードを思い起

---

67) *Федотов Г.* Святые древней Руси. М., 1990. С.49.

こしてもよい。ウラジーミルはギリシア正教徒、カトリック教徒、ムスリム、ユダヤ教徒のもとに調査団を派遣し、ギリシア正教の典礼が「天上にいたのか地上にいたのかわからない」ほど美しかったことに心を動かされ、コンスタンティノープルからキリスト教を受容することを決意した。キリスト教の勝利を華麗に演出する儀礼の美しさがルーシの人々を捉えたのである。[68] しかしながら、考えてみると、儀礼の華麗さはあくまで事の一面にすぎないことに気づく。その教義の本質には「神の子イエス・キリストが、人類の罪を背負って十字架の苦しみを受けて死んだのち復活する」という物語があったはずである。キリストは惨めな死を遂げた。同様に惨めな死を遂げた政治的敗者を一切の留保なくキリストに準えることは、キリスト教黎明期のルーシでもっとも有効で実践的なキリスト教理解のやり方だった。

　このように、ボリスとグレープはキリストのために死んだのではなく、キリストのように死を受け容れたがゆえに聖者として認められるようになった。ボリスとグレープのキリストとの同一視は、一歩まちがえば神としてのイエス・キリストの領分を侵す、冒瀆になりかねない、かなりきわどいものだったとも言える。では、ビザンツ側がキリスト冒瀆の危険を冒してまでも、ロシア側にボリスとグレープをキリストと同一視することを許したのはなぜであろうか。

　この問題を検討するには、イエスは神であり人であったとする正統派キリスト論と諸異端との長い戦いの歴史を想起する必要がある。アンティオキア総主教座（シリア）、アレクサンドリア総主教座（エジプト）の宗教的土壌から、仮現論（docetism）、様態説（modalism）、単性論（monophisitism）、単意論（monothelitism）などの異端的思潮が次々と現われた。これらの諸説はほとんど一致して、キリストに「人」を見ようとせず「神」のみを認めようとするものである。正統キリスト教会はこれらを異端と認定し、カルケドン信仰箇条（451年）をさだめ、キリストにおいて神性と人性は「混合・変化・分割・分離せずに存在する」と結論づけた。[69] イエス・キリストは神でありなおかつ人であると明確に宣言されたのである。神でありなおかつ人であるとする理解に満足で

68）國本哲男ほか訳『ロシア原初年代記』名古屋大学出版会、99-135頁。
69）泉治典「キリスト論」、森安達也「カルケドン信条」『平凡社世界大百科事典』。

きないこの土壌のなかから7世紀に、ユダヤ教と同じように神と人とを峻別し、イエス・キリストを神と認めないイスラームが生誕する。

　こうしたことを踏まえると、ビザンツ教会の歴史は神と人とをあきらかに分けて考えようとするエジプト、シリア的宗教指向性との戦いであったともいえる。やがてアラビア半島から両者を峻別するイスラームが現れ、これらの地域がキリスト教圏から退去してイスラーム圏に組みこまれること、さらにイスラームからの批判を受けて、8世紀から9世紀にかけてビザンツ帝国で聖像破壊（イコノクラスム）の嵐が吹き荒れることはきわめて示唆的である。カルケドン信仰箇条に忠実であろうとしたビザンツ教会には、森安達也がのべるように、「神が人となられた以上は、人が神になる可能性もあるのではないか」という強い気分があった。[70]

　イスラームと対決しておのれを保たなければならないビザンツ教会は、「神を人間化し、人間を神化する」という課題とつねに向き合わなければならなかった。まして、キエフ・ルーシの場合、さきに述べたように、カトリック、正教、ユダヤ教、イスラームの4つの一神教が競合したのである。コンスタンティノープル総主教座は、キエフ・ルーシをイスラーム教に傾かせないために、キリスト冒瀆のリスクをはらっても、ボリスとグレープという人間を神にかぎりなく近いものとする必要に迫られたと考えるべきであろう。

　じっさいその版図が半分以上草原地帯にあったキエフ・ルーシは、恒常的にイスラーム化の可能性をはらんでいた。キエフ府主教イラリオンの説教『律法と恩寵についての講話』[71]では、キエフ大公ウラジーミルは「可汗」と呼ばれ、草原世界の盟主であることが強く意識されていたが、南ロシアの草原世界は、つぎつぎにイスラーム圏に引き入れられていった。たとえば、カマ川がヴォルガ川に流れこむ地、現在のロシア連邦共和国カザン州付近は、10世紀前半イスラームに改宗したヴォルガ・ブルガール族に占められていたし、13世紀にルーシを征服したキプチャク・ハーン国はヴォルガ下流域に盤踞して14世紀

70）森安達也『東方キリスト教の世界』、山川出版社、1991年、88頁。

71）「律法と恩寵についての講話」三浦清美編訳『中世ロシアのキリスト教雄弁文学（説教と書簡）』松籟社、2022年、11-57頁。

294　　「ロシア精神」の形成と現代

初頭にイスラーム化した。

　さて、ボリスとグレープは、このように何の留保もなくキリストに準えられたわけであるが、はたして誰がこの臆面もないキリスト教理解を必要としたのであろうか。それはおそらく死地を勝ち抜いてキエフ大公位に即いたヤロスラフであったと思われる。

　この頃のロシアは戦国の気風がきわめてつよかった。歴代のリューリク朝キエフ大公はことごとく非業の死をとげており、ほとんど「呪われた家系」といってもよいくらいである。年代記『過ぎし年月の物語』によれば、リューリクの息子イーゴリはドレヴリャネ族に無理な貢税取立てをおこない、返り討ちにされて死んだ。妻オリガは、イーゴリを殺したドレヴリャネ族を皆殺しにした。イーゴリ、オリガの息子で英雄的征服者だったスヴャトスラフは、ペチェネーグ人に待ち伏せされて討たれ、その頭蓋骨は酒盃にされた。その息子ヤロポルクは弟のウラジーミル聖公に殺され、ウラジーミルの息子たち、ボリスとグレープは、本稿で見てきたように、兄スヴャトポルクに殺され、そのスヴャトポルクもヤロスラフに殺された。

　激闘を勝ち抜いてたった一人の勝利者となったとはいえ、このような状況のなかで自分だけが安泰だと考えるのは、よほどおめでたい頭の持ち主である。賢公と謳われたヤロスラフは、この殺伐たる戦国の気風をなんとか鎮めることを生涯の課題としたといってよい。凄惨な負の連鎖は、キリストの祝福によって断ち切られなければならなかった。中世ロシア社会は家父長をいただく父系家族制によって成り立っていたから、年長者を尊重することから生まれる秩序も大切だった。[72] キリスト教を実質化することが急務の課題であり、それには年長者への従順を守り、無抵抗のうちに死んだ政治的敗者をキリストに準え、列聖する必要があったと考えるべきであろう。

　しかしながら、そこには大きな障壁が立ちはだかってもいた。ボリスとグレープ崇敬はあくまで政治的に造られたものであって、民衆のただなかから澎湃と湧きあがってきたものではなかったからである。民衆はまったくべつの態度で、のちに列聖されるこの二人の死者に対していた。ボリスとグレープは若く

---

72) ヤーニン『白樺の手紙を送りました』、山川出版社、2001年、153-156頁。

して（あるいは、幼くして）非業の最期をとげたわけであるが、この悲劇が惹起する痛ましさ、やり場のない感情のために、当時の民衆は彼らを穢れた死者、すなわち「残置された死者 заложные покойники」と見なした。

「残置された死者」という概念は、民俗学者ゼレーニンのフィールドワークの経験から導き出されたもので、不幸な死を遂げて教会の墓地への埋葬を拒絶された死者たちを指す。これが学界に広く受け入れられている概念であることは、最新の民俗学百科事典で、学術性の高い『スラヴの古代 Славянские древности』に独立した項目が立てられていることからも明らかである。[73]

また、「残置された死者」は、2013年に現代ロシア最大の文学賞ボリシャヤ・クニーガを受賞した『聖愚者ラヴル』の重要なディテールとして登場している。超大型新人作家の呼び声の高いその作者エヴゲーニイ・ヴォドラスキンは、もともとロシア科学アカデミーロシア文学研究所に所属する中世ロシア文学の優秀な研究者で、15世紀ロシアの愚者聖人（ユロージヴイ）を描いたこの作品のなかにも、中世ロシア人の生活のディテールが縦横に織り込まれている。

主人公ラヴルの恋人ウスチーナは、教会から結婚の秘蹟を受けることなく、ラヴルの子を授かるが、不幸にも死産し、自らも産褥で死ぬ。ウスチーナとその子がまさに「残置された死者」である。彼らは、教会のなかのふつうの墓地に埋葬されることが禁じられ、教会の外の無縁墓地に抛りこまれた。この無縁墓地に葬られるのは、「疫病による死者や旅人、絞首刑者、洗礼を受けていない赤子、自殺者、水にのまれ、火事にみまわれ、人殺しに殺され、弾に当たった人たち、雷に打たれたり、寒気や、あらゆる種類のけがで死ぬなど、突然の最後を迎えた人たち」などの不幸な人たちであり、「そこでは遺体は深い穴の底に落とされ、松の枝でふさがれる」[74]と描かれている。

「残置された死者たち」を土のなかに埋葬することによって、大地は怒って不順な天候をもたらし、一方、大地に受け容れられなかった死者のほうも、こ

---

73) Покойник «заложный» // Славянские древности. Т. 4. М., 2009, С.118-124. あわせて注55を参照。

74) エヴゲーニー・ヴォドラスキン『聖愚者ラヴル』（日下部陽介訳）作品社、2016年、104頁。

の地上に戻って生者に復讐すると恐れられた。大地の怒り、死者の報復を恐れる負の感情は、ひたひたと当時の民衆の心に忍び寄り、それを支配しようとしていた。セラピオンが述べているように、恐怖に駆られて人々は墓をも暴いたのである。この感情の傾きは現代人にはなかなか想像がつかないが、きわめて根の深いものであったと考えるべきであろう。兄弟殺しとならんで、この「祟り」への恐怖こそが、人類の贖罪にすべてを捧げたイエス・キリストの祝福によって乗り越えられなければならなかったものである。福音書にあらわれるイエスは、つねにこうした虐げられた者たちの傍らにおられたではないか。祝福と祈りが切実に求められたからこそ、列聖が必要だったのである。

本節の最初で述べたように、「若さにもかかわらず痛ましい殺され方をしたボリスとグレープが不浄なものとして大地に受け入れられず、この世に戻って害悪をもたらす」という神話（A）は、列聖によって、「年長者への服従を貫き、無抵抗でひたすら祈ったことで彼らが神に好まれ、祝福され、天上の王国にいる」という神話（B）に置き換えられた。この（A）から（B）への神話の転換を可能にするのは、キリストをとおしての絶えざる祈りにほかならなかった。その一方で、もともとの恐怖は聖者への畏怖としてなお残存することになった。それは、ボリスとグレープの死後の奇跡譚に現れている。意識下にもぐったこの畏れが、政治的敗者の列聖というロシア的伝統の根底にあるものであろう。

もうひとつ重要なことは、『年代記』、『物語』ではっきり示されているように、この事件が旧約聖書『創世記』の真理の発見という性格をもっていたことである。性と暴力が人間の奥底でじつは近接した関係にあり、兄弟殺しという救いがたい悪行の源泉が情欲であるというきわめて旧約聖書的な認識が、当時のルーシの人々に「発見」されたのである。『創世記』のエピソードにあわせて物語を拵えあげたのではけっしてない。ボリスとグレープの殺害事件に接して、キエフ・ルーシの人々は聖書にこそ真理があることにあらためて驚嘆したであろう。

これを別な側面から捉えると、ボリスとグレープの列聖は、原罪（情欲と兄弟殺し）が無垢なるもの（キリスト、ボリス、グレープ）の犠牲によって救済されるというキリスト教の基幹神話を描きなおすことにほかならなかった。そもそも十字架に架けられて死んだイエス・キリストは、ユダヤの律法にしたが

えば、まさに呪われたものだった。先述したように、旧約聖書『申命記』21章23節は、「木にかけられた死体は、神に呪われたもの」であると規定している。礫刑に処されたイエス・キリストは、まさに「木にかけられた死体」であり、「神に呪われたもの」にほかならない。イエス・キリストは自らが律法にしたがえば「呪われたもの」になることによって、人類の救済を実現したわけであるが、このあたりの機微を、新約聖書『ガラテヤの信徒への手紙』3章13節は次のように述べている。

　　　キリストは、わたしたちのために呪い（呪われた者－三浦注）となって、私たちを律法の呪いから贖い出してくださいました。「木にかけられた者は皆呪われている」と書いてあるからです。

　ボリスとグレープはスラヴの異教的な考え方によれば、「残置された死者」であり、汚れているがゆえに埋葬さえ拒絶される「呪われたもの」にほかならなかったが、まさにそうした「呪われたもの」になることによって、イエス・キリストと同じようにキエフ・ルーシの人々にとっての救済への希望そのものとなったのである。だから、殺害されたボリスとグレープは、キリストの真似びによる殉教を遂げたと見なされたのであり、キエフ・ルーシの人々にとって、彼らは自分たちのキリストとなった。ボリスとグレープを祝福し、彼らに祈りを捧げることは、このキリスト教の基幹神話をその都度ごとに生きることにほかならなかったのである。
　最後に、聖ボリスと聖グレープ崇敬がルーシ王権にあたえた政治的効果について考察して本稿を締めることにしよう。アレクサンドロス大王にも比せられる英雄的な征服者、スヴャトスラフ（945頃-972）は、キエフ・ルーシの支配領域を飛躍的に拡大させた。その領土と人を束ねる原理として、その子ウラジーミルは一神教を必要とし、四つの一神教のなかからギリシア正教を受けいれたことは先述したとおりである。ここに宇宙に唯一の神の、地上における代理人たる君主というロジックが成立する。じっさい、キリスト教がキエフ・ルーシの諸部族を束ねる統合の原理となったことは確かであると思われる。
　しかしながら、この思考には落とし穴もあった。コンスタンティノープル

にビザンツ皇帝が君臨している以上、キエフ大公はモスクワ大公とは異なり、「地上における神の代理人（アウトクラトール、サモジェルジェツ）」とはなりえない。先に述べた統治理念のロジックは揺らぎをかかえざるをえなかった。この不安定さを補完する働きをしたのが、ボリスとグレープ崇敬であった。ボリスとグレープがキエフ・ルーシで最初の聖者と認定されることで、リューリク朝は聖者を輩出した血族として神聖化されることになった。キエフ・ルーシの伝説時代（9世紀なかば）からイワン雷帝の息子フョードルが亡くなる（1598年）まで、ロシアではこの血族に属することが最高権力者の要件となったのである。

　ボリスとグレープの列聖は、キエフ・ルーシのキリスト教受容を後戻りのきかない地点まで進展させる、大きな歴史的意義を有する事件であった。彼らを崇敬することによって、キエフ・ルーシはビザンツ教会圏に踏みとどまることになったといっても過言ではない。ここにも、イエス・キリストにおいて神が人間になってくださったならば、人間も神になることができるし、そのための努力を怠ってはならないとするテオーシスの発現を見ることができる。

　ボリスとグレープ崇敬の本質は、若くして、あるいは、幼くして殺された無辜の者たちのいわば「祟り」の威力を、キリストの祝福と祈りによって守護の力に変えることにあった。この畏怖を背景として、年長者への従順をつらぬいたボリスとグレープは、家族関係一般、延いては国家安寧の守り手として、リューリク朝の枠を超えてロシア民衆にも篤く崇敬されるようになったのである。ロシアには、政治的敗者を聖者として崇める伝統がある。[75] この現象の深層にはつねに、政治的敗者をキリストと結びつけて考えるロシア正教会固有の

---

75)『アンドレイ・ボゴリュプスキイ殺害の物語』、『チェルニーゴフ公ミハイルとその貴族フェオドルのハーン宮廷における殺害についての物語』、『トヴェーリ公ミハイル・ヤロスラヴィチ伝』はこの思潮の端的な現われである。これらの作品には日本語訳がある。三浦「中世ロシア文学図書館（I）」160-166頁；三浦清美「中世ロシア文学図書館（III）中世ロシアの説教①／非業に斃れた公たち」『電気通信大学紀要』第24巻第1号［通巻40号］、2012年、93-109頁。2000年8月20日にニコライ2世とその家族が列聖されたことも、この伝統に連なる事件であった。第5章の高橋の論考も参照。

思潮があったと筆者は考えている。この思潮がはじまったのはまさに、ボリス
とグレープの列聖からである。[76]

---

76) 本論考については、栗生澤猛夫の批判的論評がある。『『ロシア原初年代記』を読
む』523-525頁注 (5)。この論評は、本稿の筆者 (三浦) から見ると、論理的な反
論というよりも、右に左にふらつきながら為された違和感の表明である。この論
評で栗生澤は、本稿の1.から9.までを「文献学的に緻密な分析」とする一方で、
本稿10.で筆者が展開した「歴史的意義についてはあまりにも漠然としている」と
述べている。その一方で、栗生澤は何を評価し、何を評価していないかは明確に
せずに叙述を進めるなかで、十分な論拠を示すことなく、三浦の考察をいきなり
「短絡的」であると断じている。栗生澤の違和感はおもに、①ボリスとグレープ
兄弟とキリストとの同一視、②人が神になる可能性、③地上における神の代理人
(アウトクラトール) としての君主の位置づけ、④『創世記』における性と暴力の
関係、⑤非業の死を遂げた者としてのボリスとグレープの特別視、以上の5点に
あると三浦は考える。以下にこれらの違和感に対する三浦の立場を確認する。ま
ず④についてである。『創世記』を読めば、アダムとエバの楽園追放とカインに
よるアベル殺しが直結し、『創世記』が性と暴力を関連づけていることは自明であ
ると思われるのだが、栗生澤は「ありきたり」と切り捨てる。これは傲慢な態度
ではないだろうか。自明であることと「ありきたり」であることは、事の本質と
してまったく異なっている。①、②、③については、ロシア・ウクライナ戦争の
勃発を契機として書肆の求めに応じて書き下ろした三浦の著書『ロシアの思考回
路』(扶桑社、2022年) を参照していただきたい。栗生澤は、キエフ・ルーシとロ
シアの歴史を貫くと三浦が考えるテオーシスというものを、まったく受けつけら
れていないように見える。この点は、栗生澤と三浦のあいだのロシア観の違いと
言える。三浦の考えるところ、ボリスとグレープ兄弟はキリストとまさに同一視
されたのであり、これはキリストの真似びを何よりも重視するテオーシスという
東方正教の伝統の具現化にほかならなかった。テオーシスという宗教的態度を定
義するほかに、三浦の著書『ロシアの思考回路』では、テオーシスとアウトクラ
トールの密接な結びつきについても、アンドレイ・ボゴリュブスキイ公のエピソ
ードを挙げて詳述している (第3章)。アンドレイ・ボゴリュブスキイ公に見られ
るように、神の代理人としての君主は、ときに非業の死を遂げてのちに教会から
列聖された。ボリスとグレープに近接する例として、イワン雷帝の息子、皇子ド
ミートリイを挙げることができる。ドミートリイ皇子は、1591年に8歳で他殺と
も疑われる不慮の最期を遂げ、1606年に聖人として列聖されたが、その死後多く

の僭称者を生み、ロシアをスムータ（大動乱）へと陥れた。こうした事例は、ロシア史において多数存在し、最近ではニコライ2世の列聖がまさにそうであった。この伝統の最初の該当者こそが、キリスト教受容時代、キエフ・ルーシ黎明期のボリスとグレープにほかならない。救国の英雄と讃えられ、非業の最期を遂げていない君主聖人アレクサンドル・ネフスキイは、政治闘争の犠牲者ではないという点で、君主聖人のほとんど唯一の例外である。栗生澤はそのほかにも「キリスト教と異教の融合過程」こそ問題すべき論点だと指摘するが、栗生澤の指摘を待つまでもなく、ボリスとグレープの列聖でキリスト教と異教が激突していることこそが、本稿が論証しようとしたところである。本書に収められた三浦の他の3点の論考、第3章、第7章、第8章は、キリスト教と異教のあわいで何が起こっていたかを明らかにしようと志すものであり、まさに「キリスト教と異教の融合過程」を問題にしている。栗生澤の大著『『ロシア原初年代記』を読む』に対する三浦からの総合的評価については、以下を参照。三浦清美「栗生澤猛夫『『ロシア原初年代記』を読む―キエフ・ルーシとヨーロッパ、あるいは「ロシアとヨーロッパ」についての覚書」」『法制史研究』66号、2016年、369-375頁。キエフ・ルーシはヨーロッパに帰属するという栗生澤の主張は、間違っていると言わざるを得ない。

第 7 章

ふたたび『イーゴリ軍記』とは何か
―― A. ウジャンコーフの著作に寄せて[1]

三浦　清美

はじめに

　本章では、『イーゴリ軍記』の解釈に、ほとんどコペルニクス的とも形容すべき重大な転回をもたらす「読み」の試みである著作 *Ужанков А.Н. «Слово о полку Игореве» и его эпоха. М., 2015, 512С.* と、その5年後に上梓された *Ужанков А.Н. Слово о полку Игореве и его автор. М.: Издательство "Согласие", 2020. 488С.* を通じて、中世ロシア文学の傑作としてあまりにも著名なこの作品の本質とは何だったのかという問題を考えることにしたい。本章では、前者、2015年刊の著書を『『イーゴリ軍記』とその時代』、後者、2020年刊の著書を『『イーゴリ軍記』とその作者』と呼ぶ。
　この2冊の著書の著者であるアレクサンドル・ニコラエヴィチ・ウジャンコーフについて紹介しておこう。ウジャンコーフは1955年生まれのロシアの文献学者、文学研究者で、リハチョフ名称文化自然遺産科学研究大学の教授を務めるほか、モスクワ技術物理大学国立核研究大学、スレチェンスカヤ神学校でも教鞭をとっている。専門は中世ロシア文学で、11世紀から18世紀前半まで

---

[1] 本論文の初出は以下である。三浦清美、*Ужанков А.Н. «Слово о полку Игореве» и его эпоха. М.:«НИЦ» Академика, 2015, 512С.*『ロシア語ロシア文学研究』49、2017年、149-168頁。三浦清美、*Ужанков А.Н. «Слово о полку Игореве» и его автор. М.:«Согласие», 2020, 488С.*『ロシア語ロシア文学研究』53、2021年、124-141頁。本書掲載にあたり、節の組み立ての変更、若干の加筆を行った。

の広範な領域をカバーし、中世ロシア文学形成のプロセスを発展段階別にとらえた独自の理論は、ロシアの国内外で広く支持され、現在では、多くの大学教科書の中世ロシア文学についての記述に適用されている。

ウジャンコーフは、2016年秋、日本ロシア文学会全国大会のパネル《Динамические аспекты средневековой славянской письменности - Текст, язык, образ повествования》(「中世スラヴテクストのダイナミズム—テクスト、言語、語りのスタイル」) に参加するため来日し、《В свете затмения - Книга пророка Иеремии и «Слово о полку Игореве»》(「日蝕の光のなかで—『エレミヤ書』と『イーゴリ軍記』」) と題した報告をおこなった。この報告は、『『イーゴリ軍記』とその時代』の核心部分を集約したものであったが、この説は『イーゴリ軍記』という作品に対して私が長年抱いてきた疑問に一つの回答を用意するものだった。本章では、ウジャンコーフ説を紹介することを通じて、『イーゴリ軍記』という、ロシア中世文学の最高傑作と謳われながら謎の多い作品に光を当ててみたい。

1. 『イーゴリ軍記』とは何か

『イーゴリ軍記』は、フランスの『ローランの歌』、ドイツの『ニーベルンゲンの歌』とも並び称される中世ロシア文学の傑作で、1185年におこなわれたノヴゴロド・セーヴェルスキイ公イーゴリ・スヴャトスラヴィチのポーロヴェツ人への遠征を題材としている。19世紀後半のロシアの作曲家アレクサンドル・ボロディンのオペラ『イーゴリ公』の原作であると言ったほうが通りがよいかもしれない。このオペラに含まれる「ポーロヴェツ人の踊り」のメロディーは、誰もが一度は耳にしたことがあるだろう。

作品の題材となったイーゴリ・スヴャトスラヴィチのポーロヴェツ遠征のあらましは、以下のとおりである。イーゴリのポーロヴェツ遠征の顛末は、この『イーゴリ軍記』のほかに『イパーチイ年代記』『ラヴレンチイ年代記』にも記されていて三者の記述を対照できる。

主人公のイーゴリ公はルーシのためポーロヴェツの地を目指して進軍するが、緒戦では勝利を収めるものの、深追いをして味方の部隊を壊滅させ、イーゴリ自身がポーロヴェツ人の捕虜となる。その後、イーゴリは虜囚の境遇か

304　「ロシア精神」の形成と現代

ら逃れ、脱走してルーシに帰還する。『イーゴリ軍記』は、以下の6つの部分からなる。①導入 (吟遊詩人ボヤーンへの呼びかけ)、②イーゴリの遠征 (緒戦の勝利と部隊の壊滅)、③オレーグ党の長、イーゴリの従兄スヴャトスラフの夢、④ルーシの公たちへの団結の呼びかけ、⑤イーゴリの妻ヤロスラヴナの嘆き、⑥イーゴリの逃亡と帰還、以上である。

『イーゴリ軍記』は、単純な英雄譚ではない。名作と言われながら、何が話の焦点となっているかが、じつはよくわからないところがある。箇条書きにして数えあげてみよう。

a) 軍事遠征が題材であるから、戦士の勇気が讃えられるのは当然であるが、戦士の勇気が勝利によって報われることはない。

b) 戦いの困難が語られるが、その困難を乗り越えた果てにあるのは、不名誉な脱走である。

c) 非業に斃れた者たちへの鎮魂の嘆きはあるが、司令官の逃亡ゆえに犠牲者たちの魂が少しでも救われたか、疑問が残る。

d) 敗北が語られるからと言って、そこに滅びの美があるわけでも、カタルシスがもたらされるわけでもない。

e) ルーシ諸侯の内争に対する懸念が示され、キリスト教正教にもとづく団結が呼びかけられるが、敵のポーロヴェツ人の侵寇には宗教的動機はまったくなかった。

f) キリスト教正教護教の呼びかけがあるものの、宗教としてこの作品のなかで存在感があるのは、キリスト教正教ではなく、東スラヴ人の異教的宗教でありアニミズム的な感受性である。

こうしてあらためて作品を構成するファクターを考えてみると、この作品の

何に感動してよいのかがわからなくなってくる。どこにドラマがあるのかわからない。また、暗い場所 «темные места» と呼ばれる不明箇所も多い。読者は何に共感すればよいのだろうか？

　こうした状況のなかで、次のような点が評価されてきた。広くロシア内外の研究者たちの見解を十分に検討した中村喜和は、『イーゴリ軍記』の魅力を次のように総括する。

　　『イーゴリ軍記』の作者は、全ロシアの諸公がただちに無益な仲間争いをやめ、団結して立ち上がるよう繰り返し呼びかけている。この緊迫感のこもった政治的主張が作品全体の基調をなしている。…作者があげているダジボーグ、ホルス、ヴェレス、ストリボーグは、いずれもキリスト教がはいってくる以前のスラヴのオリンポスの神々である。この神たちはもはや信仰の対象というより芸術的な象徴として姿をあらわしているにせよ、その登場は、アニミズム的自然観に結びついた口承文芸的な表現とともに、『イーゴリ軍記』に異教的な色合いをあたえている。事実、この時代の記述文学の作品で、これほどキリスト教と結びつきのうすいものはないのである。[2]

　にもかかわらず、18世紀末にこの作品が発見されて以来、プーシキンをはじめ、この作品に魅せられた詩人、作家、学者はその数知れず、また、作品がコンパクトであることと相俟って、現代ロシア語への翻訳は数十を数える。この膨大な翻訳群に、本書によってウジャンコーフ訳がまた一つ加わった。米川正夫、神西清、植野修司、木村彰一、木村浩、中村喜和、森安達也らによる多様な日本語訳がある。また、先述のように、ボロディンはこの作品を原作に不朽のオペラを残している。

　作品が本質的な曖昧さを抱えているにもかかわらず、名作とされ人々を惹きつけて止まないという矛盾は、ロシア文学史上における最大級の謎の一つだったといえるが、その謎を解き説得力のある一定の回答をあたえたことが、ウジャンコーフの功績と言えるであろう。ウジャンコーフは、『イーゴリ軍記』が

---

2) 中村喜和編訳『ロシア中世物語集』筑摩叢書、1970年、389頁。

306　「ロシア精神」の形成と現代

従来考えられてきたように半ば異教的な作品だったのではなく、その作品世界の中心に旧約聖書『エレミヤ書』がある、あくまでキリスト教の枠内にある作品であったことを論証し、この作品を、キリスト教正教文化を主潮とする中世ロシアの心性史のなかにしかるべく位置づけてみせたのである。

2. ウジャンコーフ著『『イーゴリ軍記』とその時代』の構成と内容

『『イーゴリ軍記』とその時代』は、「『イーゴリ軍記』文化的コンテクスト」、「『イーゴリ軍記』複合的研究」、「『イーゴリ軍記』発見と初版」、「『イーゴリ軍記』テクストと翻訳」の4部構成である。

第1部では、ビザンツの天地創造暦7000年（西暦1492年）までの中世ロシアの心性史にかんする文化史的考察が力強く述べられる。そのさい、中世ロシア語のテクストが、自由な連想によって縦横に引用される。ここでは、近現代ロシアの心性にもじかに繋がってくる非常に重要な思想が、著者独自の歴史的発展段階論にもとづいて展開されており、かならずしも中世ロシア文化に関心のない読者でも、ロシアに対する関心さえあれば、かなり熱中して読める内容だと思う。

著者は中世ロシアにおける神観と人間観における独自の見解をもち、キリスト教正教とスラヴ民衆文化の接点を探り、作品分析に役立てている。ウジャンコーフは、中世ロシアにおいて、キリスト教と民衆文化は精神の深い層で融合していたと考えている。二重信仰という言葉に惑わされてはならないのである。

たとえば、『ピョートルとフェヴローニアの物語』においては、「心 ум」が三位一体の「父」に、「ロゴス слово」が「子」に、「生きた霊 дух живой」が「聖霊」に対応し、作品世界を構成している。また、中世ロシア人の世界観においては、«ум» は神につうじる人間の精神活動の領域を表す用語であり、«разум» は人間の実践的活動における知の働きを示す用語である。民衆文化にキリスト教の教義の対応を見出す分析手法は、『イーゴリ軍記』の分析にも生かされることになる。

ただ残念なのは、引用されるテクストのほとんど全部が中世ロシア語のままであることだ。中世ロシアについての文献学、文学、歴史学、言語学の研究で

はごく一般的なことだとはいえ、じつにもったいない気がする。ロシアについての認識を深めるうえでたいへん有益な視座が、具体的なテクストに依拠しながら展開されているので、優れた現代ロシア語訳が付されてさえいれば、一般読者にももっとわかってもらえるのだがな、と思うのである。ただ、こういうことも蜀を望む愚かな贅沢かもしれない。いちいち翻訳をつけるのは煩瑣で著書の統一性を害すし、場合によっては原典を歪める可能性も排除できない。原典の微妙な味わいのなかに「意味」を発見しようとする著者にとっては、翻訳での代用は学問的良心が許さなかったのかもしれない。いたし方のないところではある。

　第2部がこの著作の核心部分である。ここで著者ウジャンコーフは、『イーゴリ軍記』が異教文化のさまざまな意匠を纏いながらも、その根底において深くキリスト教に根差す作品であることを論証している。その論証はあとで詳しく見てみよう。

　第3部は、『イーゴリ軍記』の初版本をめぐるさまざまな歴史事象を検証している。周知のとおり、『イーゴリ軍記』は唯一の写本が1812年のナポレオン戦争のモスクワ大火のなかで失われ、1800年の初版本と1790年代に作成されたエカチェリーナ2世へ献呈されたものと2つの刊本によるテクストしか残されていない。このために、発見当初から偽作説が絶えなかった。ウジャンコーフは、こうした研究史を視野に入れつつ、『イーゴリ軍記』が12世紀の所産であることを再確認するために、この章をつけ加えたのだと思われる。

　第4部は、こうした密度の高い思惟の最終的な成果として、中世ロシア語の本文テクストを確定させ、現代ロシア語への翻訳のあらたな試みを公表している。

3. キリスト教文学としての『イーゴリ軍記』——ピッキオに倣いて

　ウジャンコーフには偉大な先達があった。イタリア人スラヴィスト、リカルド・ピッキオである。ピッキオはワルシャワ大学、フィレンツェ大学、ピサ大学、ローマ・ラ・サピエンツァ大学、エール大学の教授を歴任したヨーロッパきってのスラヴィストで、スラヴ文献学の分野で多くのすぐれた業績を残し2011年に88歳で惜しまれて没した。『イーゴリ軍記』を異教文学ではなくキリ

スト教文学として読み直すコペルニクス的な試みを、研究史上で最初に提唱したのはこの人物である。以下では、ピッキオが何を成し遂げ、ウジャンコーフがそれを継承してどんな道を切り開いたのかを検証してみたい。

ピッキオは「中世ロシアの宗教文学の作品としての『イーゴリ軍記』」[3]という論文において、『イーゴリ軍記』における旧約聖書のレミニセンスを数え上げながら、次のように述べている。

『イーゴリ軍記』の語りは、過去にしばしば書かれてきたこと、言われてきたこととは正反対に、二つの年代記（『ラヴレンチイ年代記』と『イパーチイ年代記』－三浦注）に比べてもまったく劣らぬほど、「宗教的」なのである。いやそれどころではない。この作品は、聖書の直接の参照を含み、キリスト教の信仰に深く根ざしている点において、二つの作品とは大きく異なっているのである。[4] …もしも私たちが現実に『イーゴリ軍記』を本来あるべき宗教的コンテクストのなかに位置づけることができるなら、私たちは数世紀にもわたる偏見を克服することができるであろう。[5]

ピッキオはこの論文において数多くのレミニセンスの例を挙げているが、本稿の筆者がとくに重要であると考えるのは、а) イーゴリの傲慢（『申命記』、『出エジプト記』、『エレミヤ書』）、б) 日蝕（『ヨブ記』、『詩篇』、『ヨエル書』、『ゼファニヤ書』）、в) 弟フセヴォロドとの友愛（『列王記』）の3点である。ここでは、紙幅の関係上、そのなかでもっとも重要な、а) イーゴリの傲慢にかんする旧約聖書のレミニセンスのみを取り上げてみたい。

ピッキオが取り上げるのは、『イーゴリ軍記』の以下のフレーズである。

«…иже истягну умь крѣпостію своею и поостри сьрдця своего мужьствомъ,

---

3) *Пиккио Р.* «Слово о полку Игореве» как памятник религиозной литературы Древней Руси. Труды отдела древнерусской литературы T.L. СПб., 1997.

4) *Пиккио.* «Слово о полку Игореве» как памятник. С.439.

5) Там же. С.443.

第7章　ふたたび『イーゴリ軍記』とは何か　　**309**

наплънивъся ратнаго духа, наведе своя храбрыя пълкы на землю Половѣцькую за землю Русскую» [6]

日本語訳を付すと以下のようになる。

　剛胆、よくおのが知恵をためし、勇武、よくおのが心を研いだ…かのイーゴリこそ、勇心勃勃、ロシアの国のため、いさましきつわものどもを引き具して、ポーロヴェツの地に攻め入ったのだ。(木村彰一訳) [7]

　イーゴリこそ、その決意もて心をひきしめ、勇気もて胸の思いをとぎすまし、闘志満々、ルーシの地のためポーロヴェツの地をさして、勇ましい軍勢をひきいていった君にほかならぬ。(中村喜和訳) [8]

　イーゴリ、それは知恵を力でひきしめ、心を勇気でとぎすまし、戦闘精神にあふれ、ロシアの地のために自分の勇ましい軍勢をポーロヴェツの地へ導いた人。(森安達也訳) [9]

　いずれの解釈も、«истягну умь крѣпостію своею и поостри сърдця своего мужьствомъ» をイーゴリの武勇への単純な賞賛の言葉として考えている点が共通している。ところが、ピッキオによれば、この解釈は誤りである。ピッキオは、このフレーズは、旧約聖書『申命記』2章30節を下敷きにしていると考える。『申命記』の該当箇所は以下のとおりである。

　«…Сигон, царь Есевонский, не согласился позволить пройти нам через свою землю, потому что Господь, Бог твой, *ожесточил дух его и сердце его сделал*

---

6) Слово о полку Игореве. Поэтическая библиотека. Л., 1985. С.23.
7)『イーゴリ遠征物語』岩波文庫、1983年、16-17頁。
8) 中村喜和編訳『ロシア中世物語集』筑摩叢書、1970年、208頁。
9) 森安達也『イーゴリ遠征物語』筑摩書房、1987年、165-166頁。

310　　「ロシア精神」の形成と現代

упорным, чтобы предать его в руку твою.» （斜字体はピッキオによる）[10]

　ヘシュボン王シホンは我々が通過するのを許さなかった。あなたの神、主が彼の心をかたくなにし、強情にしたからである。それは今日、彼をあなたの手に渡すためであった。[11]

　また、ここには『出エジプト記』7章3節の有名な次の箇所、「しかし、わたしはファラオの心をかたくなにするので、わたしがエジプトの国でしるしや奇跡を繰り返したとしても、ファラオはあなたたちの言うことを聞かない」も響きかわしてくるだろう。

　つまり、«истягну умь крѣпостію своею и поостри сьрдця своего мужьствомъ» の箇所は、イーゴリの武勇にかこつけながら、無謀な征服戦争に出征したイーゴリの傲慢について述べているというのである。こうした旧約聖書のレミニセンスを考慮しつつウジャンコーフは当該の一節を次のように訳している。

> «…, который стянул ум волею своей и поострил сердце свое мужеством, наполнился ратного духа, навел свои храбрые полки на землю Половецкую за землю Русскую.» [12]

　（イーゴリは）自らの意志で知恵を麻痺させ、勇気で自らの心を尖らせ、戦闘心に満たされて、ロシアの国のためポーロヴェツの国に自らの勇敢な兵を率いていったのであった。（三浦による翻訳）

　ピッキオによれば、ポーロヴェツの国を征服することの提喩的表現である «испити шеломомъ Дону»「ドンの流れをかぶとに受けて飲み干す」（作品中3度現れる）も同様に旧約聖書『エレミヤ書』のレミニセンスがある。

---

10) *Пиккио. «Слово о полку Игореве» как памятник.* С.434.

11) 傍点は三浦によるもの。引用は『新共同訳』に拠る。

12) *Ужанков А.Н. «Слово о полку Игореве» и его эпоха.* М., 2015, С.436-437.

第7章　ふたたび『イーゴリ軍記』とは何か　**311**

あなたの神なる主が、旅路を導かれたとき、あなたが主を捨てたので、このことがあなたの身に及んだのではないか。それなのに、今あなたはエジプトへ行ってナイルの水を飲もうとする。それはいったいどうしてか。また、アッシリアへ行ってユーフラテスの水を飲もうとする。それはいったいどうしてか。[13]

『エレミヤ書』の表現は明らかに無謀な征服戦争を諫めるニュアンスがあるから、「ドンの水をかぶとで飲み干す」という『イーゴリ軍記』の表現には、征服戦争に反対する作者の気持ちが響いている。これに関連して、作品のなかで強烈な印象をあたえる日蝕についても、ピッキオは「日蝕が神からの徴であることは論を俟たない。この徴を無視することは、狂気である」と述べ、日蝕を無視して進軍したイーゴリに傲慢を見るというライトモチーフがここにも現れていることを指摘している。

　つまり、ピッキオは『イーゴリ軍記』の隠された、しかし、本当のテーマは、イーゴリの傲慢とその改悛であると喝破したのだ。ピッキオは、「この引用や聖書テクストへの参照がどの程度正確であるかを議論するのは意味がない」、「すでに述べたように、聖書テクストがどの程度の正確さで伝わっているかはそれほど本質的な問題ではない」と述べているが、[14] 本稿の筆者は、それはおそらく正しいと思う。『イーゴリ軍記』が旧約聖書のコンテクストを踏まえて書かれていることこそが問題なのだ。細かい詮索によって問題をあいまいにして葬り去ることはできるかもしれないが、学術的に生産的ではない。

　『イーゴリ軍記』には、表立って現れることがない旧約聖書のコンテクスト、ピッキオの言葉によれば、「テーマ的な鍵 тематические ключи」がある。それは端的に言って「堕罪と改悛」だ。イーゴリは、傲慢ゆえに戦に敗れ、改悛ゆえに帰還を果たすのである。これが『イーゴリ軍記』という作品の物語としての軸であり、その物語の軸は『旧約聖書』諸書のコンテクストによって全面的に支えられている。この作品の同時代人たち、かなり時代が下った人々も、何

---

13)『エレミヤ書』2章17-18節。引用は『新共同訳』に拠る。

14) *Пиккио.* «Слово о полку Игореве» как памятник. С.434.

312　　「ロシア精神」の形成と現代

の言明もなくても「テーマ的な鍵」が作品に内包されていることを当然のことと受け止めて読んでいたのである。

　こうして、異教的なイメージが豊富なこの作品が、なぜ中世ロシア文学の伝承史のなかで残ることができたのか、という本稿の筆者にとっての年来の謎は一気にほどけてきた。

4.『エレミヤ書』と『イーゴリ軍記』——日蝕の光のなかで

　ウジャンコーフの著書にかんする検討を行うことが本章の課題であるにもかかわらず、これまで別の研究者、ピッキオの論を長々と紹介してきたのは、『イーゴリ軍記』における旧約聖書のコンテクストを重視するウジャンコーフが、たんに奇想を競わせて読者の目を欺こうとしているのではないことを示すためであった。ウジャンコーフは、偉大なる先達ピッキオが提示したこの地平を、クリエイティヴな読み (!) の営みによって、さらに広範にかつ深く切り拓いている。

　12世紀は、親族同士のウラジーミル・フセヴォロドヴィチ・モノマフ一族（モノマフ党）とオレーグ・スヴャトスラヴィチ一族（オレーグ党）が、キエフ大公位をめぐって熾烈な権力闘争を繰り広げた時代である。イーゴリ・スヴャトスラヴィチ公はオレーグ党に属していた。一方、『イーゴリ軍記』の作者は作中でオレーグ・スヴャトスラヴィチをゴレスラヴィチ、すなわち、「惨禍をもたらす誉れの子」と呼び、すべての内争の原因を作った人物と見なしているので、モノマフ党の立場に身を置いていたことがわかる。

　『イーゴリ軍記』の作者はこのモノマフ党の立場から、1185年のイーゴリ公によるポーロヴェツ遠征を、1111年のウラジーミル・モノマフ公によるポーロヴェツ遠征に対比させていたとウジャンコーフは考える。いずれもドン川をめざすポーロヴェツ人への遠征であることが共通しているが、両者はあらゆる面で対照的であった。ここで、1185年のイーゴリの遠征から少しはなれて、1111年のウラジーミル・モノマフの遠征を『イパーチイ年代記』がどう描いているかを見ておくことにしよう。

　同じ年 (1110年)、2月11日、洞窟修道院で徴があった。大地から天空まで

第7章　ふたたび『イーゴリ軍記』とは何か　　**313**

炎の柱が現われ、稲妻が大地全体を照らした。夜の1の刻に天空がとどろいた。全世界がこれを見た。[15]

　（1111年）見よ、天使がウラジーミル・モノマフの心に、自らの兄弟たち、ルーシの公たちを異教徒に対して駆りたてようという考えを吹きこまれた。見よ、私たちがすでに述べたとおり、洞窟修道院で幻視を見たのである。それは食堂に炎の柱が立ち、教会に突き進んだ。…そこにウラジーミルがいた。…そのとき、すでに私たちが述べたように、天使がウラジーミルの心に励ましを送りはじめたのである。[16]

　1111年のモノマフの遠征、1185年のイーゴリの遠征、両者のクロノロジーの対照は、『『イーゴリ軍記』とその時代』の283頁の一覧表に整理されている。モノマフはルーシとキプチャク草原との境界で防衛戦争をおこなったが、これに対し、イーゴリはキプチャク草原の奥深くドンの河口をめざして征服戦争をおこなった。モノマフの場合、炎の柱に励まされ、受難週のはじまりとほぼ時を同じくして開始された遠征は、復活祭と相前後して勝利で終わるのに対し、イーゴリの場合、遠征は復活祭の週にはじまり、敗北で終わっている。ウジャンコーフの見解によれば、『イーゴリ軍記』の作者は、モノマフの遠征を受難週にキリストと苦しみを分かち合った正義の遠征であり、復活という勝利で終わると肯定的に評価したのに対し、イーゴリのそれは復活祭を祝うことなく戦争に従事するという冒瀆行為を犯したものと否定的に捉え、その結果、敗北という神の罰を被ったのだと考えていた。[17]
　モノマフの遠征との対比において、ピッキオが指摘したイーゴリの傲慢のテーマがふたたび現れるわけであるが、ウジャンコーフは両者の遠征の違いを次のように総括する。「それでは、二つの遠征は何がどう異なるのであろうか。

15）Полное собрание русских летописей (дальше ПСРЛ). Т.II. Издание второе. СПб., 1908. Столб. 260-261.

16）ПСРЛ.Т.II. Столб.268.

17）*Ужанков А.Н.* «Слово…» и его эпоха. С. 284-286.

314　「ロシア精神」の形成と現代

それはすなわち、ウラジーミル・モノマフが神のご意志によって出征したのに対して、イーゴリ・スヴャトスラヴィチは自らの誉れがほしいために、すなわち、自らの傲慢ゆえに出征したという点に本質的な違いがある。」[18]

ウジャンコーフはこの考えをもう一歩進め、モノマフの敬神とイーゴリの傲慢との対比を、12世紀の人々がそれらに現れた徴によってはっきり認識していたことを明らかにしている。ウジャンコーフの特徴的なところは、中世人の感受性につねに配慮を怠らない点にある。神の意志を示す徴として、モノマフには炎の柱が現われ、イーゴリには日蝕が起こるが、ウジャンコーフは、『イーゴリ軍記』の作者が、いずれの徴もともに夜の1の刻に起こっていることに特別の関心を寄せていたはずだと指摘する。[19] 概して、ウジャンコーフはイーゴリではなく、むしろ日蝕こそが『イーゴリ軍記』の真の主人公であると考えているようである。

ウジャンコーフはA.ロビンソンに依拠しながら、1076年から1176年までの100年間に12回の日蝕が起こり、それがリューリク朝一族の13人の公の死と結びついていることを指摘している。[20] つまり、同時代人たちは、日蝕が起こるとかならずや統治者が死ぬと考えていたのである。『イパーチイ年代記』では、貴顕や従士たちが「公よ、この徴はよい前兆ではありません」と口ぐちに叫び、『ラヴレンチイ年代記』では「人々はこの神の徴を見るのが恐ろしかった」と述べられているのは、人々にこの認識があったためだ。この不吉な雰囲気に押しつぶされながら、イーゴリは若さにまかせて次のことを嘯いた。「徴は神がお造りになる。この世界全部を神がお造りになったのと同じことだ。神が何をお与えになるか、よいことか、災いかはいずれわかるであろう。」(『イパーチイ年代記』[21])

---

18) Там же. C. 282.

19) Там же. ウジャンコーフは以下のように注釈している。「注記しなくてはならないのは、夜の1の刻が17時に相当するということである。洞窟修道院での徴は16時35分に起こり、日蝕は16時48分に起こった。」 *Ужанков А.Н.* «Слово...» и его эпоха. C.355.

20) Там же. C. 82-83.

21) ПСРЛ.Т.II. Столб.638.

見ようによっては、これはずいぶんとルネサンス的な認識にも映る（もちろんそんなことはありえない）が、この時代のルーシにあって、イーゴリの反応が例外中の例外だったことは間違いがない。だからこそ、文学作品の題材ともなったのである。日蝕に現れた神の意志を無視したイーゴリは、まさに傲慢の罪を犯したと捉えられたわけであるが、一方で、逆に開き直って一か八かの賭けに出たイーゴリに、窮地に陥った人間特有の、火事場の馬鹿力的な、死に物狂いの勇気をみることもできないわけではない。おそらく、ここが「文学」が立ち上がった現場である。

　重要なのは、ウジャンコーフが、日蝕が他の自然現象とは異なる特権的な位置づけをもつことを再確認していることである。日蝕はまれにしか起こらない天体現象であるから、当然の指摘であろう。そのうえでウジャンコーフは、『イーゴリ軍記』において、二つの年代記に現れた事件のクロノロジーが度外視され、日蝕についての記述が作品の冒頭に置かれたことを重視する。実際には、日蝕が起きた西暦1185年5月1日は、遠征開始から2週間が経っており、イーゴリの軍勢はキプチャク草原のかなり奥深く、ドネツ川のほとりあたりにまで達していた。つまり、日蝕によって象徴的に表された何かが物語の主題であることを、作者は、事件のクロノロジーを無視して日蝕を冒頭に置くというこの芸術的なコンポジションによって、宣言しているのである。

　そのうえでウジャンコーフは、5月1日はどのような日であったかに焦点を当てる。5日1日は、旧約預言者エレミヤの記念日であった。中世人の感性にとって、この一致は偶然ではあり得ない。それでは、エレミヤの日に日蝕を起こすことによって、神はいったい何を人間に伝えようとしたのであろうか。

　エレミヤは紀元前7世紀後半、バビロン捕囚の時代にエルサレムに現れた預言者である。エレミヤの生きた時代、オリエントの最強国アッシリアの属国としてカナン的豊穣宗教の体系を受け容れたイスラエルでは、それに引きずられてモーセ的なユダヤ教の伝統に背く宗教的動向が露わになった。アッシリアの崩壊、メディア、新バビロニアの勃興、スキタイ族のパレスティナ襲来が次々に起こる激動の時代を生きたエレミヤは、深く民族の底にある背きの罪を自覚し、それを神の動かぬ審きの意志として語った。[22] モンゴル侵寇以前の時代においても、こうした旧約預言者の諸書は、教会スラヴ語訳こそ残されてはいな

316　「ロシア精神」の形成と現代

いものの、ギリシア語を通してルーシでもかなり知られていたと考えられる。

　つまり、中世人は、ポーロヴェツ人への遠征のさなか、預言者エレミヤの記念日に起こった日蝕を、エレミヤをとおして神が何かに強く警告を与えていると受け取った。『イーゴリ軍記』の作者は、その隠された意味を同時代人に明らかにしようと企図したのである。エレミヤはカナン的豊穣宗教へ傾くイスラエルを断罪し、バビロン捕囚という神の罰を預言したのに対し、『イーゴリ軍記』の作者は、神の警告は、モノマフ党とオレーグ党に分かれて諸公が内争を繰り返し、民を苦しめつづけるルーシの政治的状況、さらに具体的に言うと、こうした混乱を顧みず神への畏れを忘れて征服戦争に向かうイーゴリの傲慢におよぶと捉えた。そして、神に背くルーシ諸公を、糾弾されるべき異教神のイメージで描いたのである。

　『イーゴリ軍記』の作者は、ピッキオがすでに指摘したように、エジプト、アッシリアへの征服戦争を諫めるエレミヤの言葉から、«испити шеломомъ Дону»「ドンの流れをかぶとに受けて飲み干す」という表現を生みだした。このほかにも作者は、内争の元凶と見なしたオレーグ党諸公を、神の諫めを破る邪教の輩というニュアンスをこめ、「ダジボーグの孫」という異教的表象によって形容している。『イーゴリ軍記』の異教的要素は、こうしたパースペクティヴから理解すべきであるとウジャンコーフは提唱した。[23] 『イーゴリ軍記』という作品のなかで、異教神の形象がどう立ち現れるかの検討は本章8.でふたたび行う。

　ちなみに、14世紀初頭に『イーゴリ軍記』のレミニセンスがある。『プスコフ使徒行伝』（1307年）の制作者である写字生が、その写本本文の余白に、トヴェーリとモスクワの抗争のはじまりを、『イーゴリ軍記』の一節を引用して次のように評している。「この年[24]、ルーシの地に戦があった 。ミハイル[25]とユーリイ[26]が、ノヴゴロド公位を争った。これら公の世に、内紛の種がまかれ

---

22)「エレミヤ」『世界大百科事典』日立デジタル平凡社。

23) Ужанков. «Слово...» и его эпоха. C. 314.

24) 西暦1307年。

25) 1271 または 1272-1318。トヴェーリ公。

26) 1281-1325。モスクワ公。

芽がふき出した。ダジボーグの孫の財宝はむなしくほろび、公たちの内乱で人の命も短くなった。」[27] ここでも、民を苦しめる公の内争は、「ダジボーグの孫」という異教的な形象を用いられて否定的な価値判断が下されている。

　上記のような、『イーゴリ軍記』をあくまでキリスト教文学と捉える視点から、そのクライマックスともいえるイーゴリの妻「ヤロスラヴナの嘆き」についての斬新な解釈が生まれてくる。作品中、ヤロスラヴナは太陽、風、川に向かって夫の窮境を嘆き、その無事の帰還を祈る。このヤロスラヴナの嘆きは、『イーゴリ軍記』のもつ異教的アニミズム的性格の典型例と考えられてきた。

　ところが、ウジャンコーフは12世紀ルーシでよく知られていたキリスト教文献である『3人の司祭の講話』を取り上げ、次のような解釈を提示する。

　　　「天空の高さ、大地の広さ、海の深さとは何か？」イオアンは言った。「父、子、聖霊である。」
　　　太陽は「天空の高さ」を、大地のいたるところを彷徨する風は「大地の広さ」を、川は「海の深さ」を擬人化する。
　　　空は父の玉座である。子は大地に降り、大地に自らの玉座、キリスト教の教会を残した。洗礼のさいには、聖霊は水となって下った。すなわち、ヤロスラヴナは3つの自然の諸力に向かうことによって、三位一体の3つの位格に向かっているのである。[28]

　かくして、ヤロスラヴナの嘆きは、三位一体への祈りであると解釈することが可能になる。ウジャンコーフは先達ピッキオとともに、『イーゴリ軍記』を徹頭徹尾キリスト教精神が貫いていると考えている。この観点にしたがえば、イーゴリの逃亡とルーシへの無事の帰還も、敗北という神の罰を下されて改悛したイーゴリを、神が逆に嘉したものと捉えられる。実際、『イパーチイ年代記』には、自らの傲慢の罪を悔いたイーゴリが、ルーシからキリスト教正教の聖職者を呼び寄せて懺悔をしたとはっきり記されている。

27）三浦清美『ロシアの源流』講談社選書メチエ、2003 年、49-50 頁。

28）*Ужанков.* «Слово...» и его эпоха. C. 311.

また、『イパーチイ年代記』は、「おのれの若さにふさわしい傲慢」をもって
いたから、イーゴリが当初、単独での脱出を拒絶したと述べている。ウジャン
コーフによれば、強く勧められたイーゴリが単独での脱出行に同意したのは、
傲慢から離れ自らを低めた結果であり、そのことにより、イーゴリは深いとこ
ろでキリスト教倫理を体得することができた。

　また、キエフに帰還したイーゴリが、ピロゴシチャの神の御母教会に行くこ
とにも特別な意味がある。この教会はモノマフ党に属していたから、このこと
は、オレーグ党の闘士であったイーゴリが謙抑の精神をわがものとして、つい
にモノマフ党との和解にいたったことを示している。神はなおも帰還したイー
ゴリを愛しつづけ、イーゴリはやがてノヴゴロド・セーヴェルスキイよりもは
るかに格上のチェルニーゴフの公となるのである。

5. 放蕩息子としての『イーゴリ軍記』の主人公

　以上のことを前提として、『イーゴリ軍記』の作者像について書かれたウ
ジャンコーフの次著が、*Ужанков А.Н.* Слово о полку Игореве и его автор. М.:
Издательство "Согласие", 2020. 488С. である。前作、『『イーゴリ軍記』とその
時代』は、従来異教的な作品であると考えられてきた『イーゴリ軍記』を、旧
約聖書『エレミヤ書』を踏まえ、キリスト教の価値観がすみずみにまで浸透し
た作品であると捉えていたが、前作から5年を経て出版された次著、『『イー
ゴリ軍記』とその作者』は、この考え方をさらに発展させ、ポーロヴェツの地へ
と無謀な軍事遠征を企て、壊滅的な敗北を喫して捕虜となり、悔い改めてや
がて生還を果たしたイーゴリ・スヴャトスラヴィチ公を、『ルカによる福音書』
15章11-32節の放蕩息子であると捉えている。

　放蕩息子の父親は、帰還した息子について次のように語っている。「だが、
おまえのあの弟は死んでいたのに生き返った。いなくなっていたのに見つかっ
たのだ。祝宴を開いて楽しみ喜ぶのは当たり前ではないか」と。ウジャンコー
フは、まず歴史的事実の客観的な把握があって、そのあとで、武勲と悔い改め
の偉大な力を讃える賛美の歌ができたと捉えている。

　この独創的な発想を可能にしているのは、地味で目立たないが、誠実で素朴
な「内的な読み」という「方法」である。前著『イーゴリ軍記』とその時代』に

おいてもこの「内的な読み」という方法は徹底していたが、本書『『イーゴリ軍記』とその作者』においても、優れた先行研究に周到かつ注意深く依拠しながら、この「内的な読み」という方法が貫徹され、前人未到の境地を開いている。本書で論証されているのは、以下の事柄である。

　A. 『イーゴリ軍記』が執筆されたのは、1200年の秋から冬にかけてである。

　B. 『ラヴレンチイ年代記』、『イパーチイ年代記』1185年の項の物語が書かれたのちに、複雑な物語的構造をもつ『イーゴリ軍記』が書かれた。

　C. 『イパーチイ年代記』1185年の項と『イーゴリ軍記』は、1185年のイーゴリ公の遠征に参加した同じ人物が執筆した。

　D. 『イパーチイ年代記』の物語と『イーゴリ軍記』の共通の作者は、ヴィドゥビツィのミハイル修道院の修道院長モイセイである。モイセイは、1185年の遠征に参加し、奇跡的に生還した15人の高位武人の一人で、この奇跡的な生還を神に感謝して、修道士となる誓いを立て、ヴィドゥビツィ修道院の修道士となった。修道院長モイセイは、剃髪前、『イパーチイ年代記』1185年の物語に登場するベロヴォロド・プラソヴィチである可能性がある。

　『『イーゴリ軍記』とその作者』は、『イーゴリ軍記』の作品そのものである第1部と、その研究編である第2部の2部構成である。第1部は『イーゴリ軍記』というそのものずばりのタイトルがつけられ、この作品の古代ロシア語テクスト、ウジャンコーフによる現代ロシア語の翻訳、両者に対する注釈が収められている。第2部は、「『イーゴリ軍記』の作者についての探究」と題され、この作品についての従来の研究に注意深く依拠しながら、優れた推理小説のように、『イーゴリ軍記』の作者像が煮詰められてゆき、最終的にヴィドゥビツィのミハイル修道院の修道院長モイセイであるという判断が下される。最終的に、このモイセイが剃髪前はイーゴリの従士の一人であったベロヴォロド・プロソヴィチであったことが示唆される。

320　「ロシア精神」の形成と現代

A-Dの論証は7.2.A.から7.2.D.までで検討していくが、そのまえに、『イーゴリ軍記』をキリスト教正教の宗教作品であると捉える視点の正当性を、本稿の筆者（三浦）が提供する素材から援護しておきたい。

イーゴリの傲慢とその傲慢に対する神の罰、悔い改め、復活（脱出）を筋立てにもつ『イーゴリ軍記』は、『イーゴリ軍記』が書かれた12世紀末から13世紀初頭に成立したと考えられる諸作品と、テーマ的な共通性をもつと考えられるからである。それらの諸作品とは、『ラザロ復活に寄せる講話』、トゥーロフのキリルの諸説教、『キエフ洞窟修道院聖者列伝』のポルカルプによる物語群である。それらに共通するテーマとは何か。それは、モンゴル侵寇による壊滅をまじかに控えた時代に、絶望から歓喜へのV字カーブを痛ましくも痛切に思い描く、退廃と凋落の世紀末の時代精神であると言えよう。

6. 12世紀末の時代精神——絶望から歓喜へのV字型の移行

6.1. 『ラザロ復活に寄せる講話』

19世紀末ウクライナの詩人であり、社会評論家でもあったイワン・フランコが『イーゴリ軍記』との類縁性を指摘して以来、『ラザロ復活に寄せる講話』は『イーゴリ軍記』と近い関係にある作品として議論されてきた。この作品のことは、第8章で詳述したい。ことに注目を集めてきたのは、『イーゴリ軍記』においてボヤーンの技を讃える語句「おのが霊妙なる指を生けるがごとき絃に置いた」と、『ラザロ復活に寄せる講話』においてダビデの歌の技を讃える語句「多くの目をもつ指を生きたる弦に置いた」とが酷似していることである。A.ニコラーエフは、ギリシア語の教会文学を博捜し、この語句が共通して金口ヨハンネスの説教に遡ることを論証した。[29] ニコラーエフのこの見解は、8章2.1.3.でふたたび取り上げる。

ニコラーエフによれば、金口ヨハンネスの断片では、「生きている弦」と「生きていない弦」は、「不完全で生きていない」旧約世界と、「調和のとれた理性のある」新約世界との対比を表現しているが、それが『イーゴリ軍記』に流れ

---

29) *Николаев А.С.* О возможном источнике выражения «живые струны» в «Слове о полку Игореве» // ТОДРЛ. СПб.: Дмитрий Буланин, 2003. Т. 54. С. 567.

第7章　ふたたび『イーゴリ軍記』とは何か　　*321*

こんで異教詩人ボヤーンの詩歌の巧みさを、『ラザロ復活に寄せる講話』に流れこんでダビデの歌の技を讃えることになった。

『ラザロ復活に寄せる講話』は、『ヨハネによる福音書』11章のラザロの復活のエピソードを下敷きにしている。舞台は地獄だ。キリストの福音以前に死んだ、アダム以下旧約聖書の登場人物、預言者たちが、地獄で責め苦を受けている。その苦患のなか、ダビデが突如、「竪琴の黄金の生きたる弦に、多くの眼光を湛えたその巧みな指を置いて」喜びの歌を歌った。なぜなら、キリスト生誕の知らせが届いたからである。旧約の義人たちは衆議一決して、自分たちが地獄の責め苦を受けていることへの嘆きを、現世のイエス・キリストに訴えることに決める。使者として立てられたのが、一度死んで地獄の住人となったラザロである。ここで、場面は聖書のラザロ復活のエピソードに切り替わる。ラザロはキリストの命令に従って復活し、キリストに旧約聖書の義人たちの嘆きを伝える。キリストはこの嘆きに応え、地獄に降りて、地獄から義人たちを救い出し、義人たちは歓喜した。

『ラザロ復活に寄せる講話』に見いだされるのは、絶望から歓喜へのＶ字型の移行という『イーゴリ軍記』と酷似した物語の構造である。

6.2. トゥーロフのキリルの諸説教

キリルは1082年ころに没するまでトゥーロフ主教を務め、説教の傑作を残した。トマスの不信仰がイエス・キリストの脇腹の傷を確かめることで歓喜に変わる『トマスが主の脇腹を確かめたことについての講話』、[30] イエスの死を嘆く神の御母の苦しみがキリスト復活の歓喜に変わる『キリストの身体の十字架降下についての講話』、[31] ベトザタの池のほとりで奇跡を待つ病人が、人間の生の悲惨さを嘆いたのに、イエス・キリスト自らが、自分が人間になったことの意味（救済）を説き諭す『病気で弱った者についての講話』[32] は、絶望か

30）邦訳がある。三浦清美編訳『中世ロシアのキリスト教雄弁文学（説教と書簡）』松籟社、2022年、173-185頁。

31）邦訳がある。前掲書185-204頁。

32）邦訳がある。前掲書205-216頁。

322 「ロシア精神」の形成と現代

ら歓喜へのＶ字型の移行という物語の構造をもっている。

『病気で弱った者についての講話』を見てみることにしよう。この説教は、エルサレムのベトザタの池のほとりで、イエス・キリストの起こした治癒の奇跡（『ヨハネによる福音書』5章1-18節）を題材にして、キリストがいない世の人間の悲惨さと、キリストにおいて神が人間になったことにより人間にもたらされる救済の輝かしさが対比されている。

ベトザタの池の病人は、自らの悲惨さをイエス・キリストに次のように嘆く。

　　　私の友人たちは私を嫌い、私が放つ悪臭は私から慰めを奪いました。私の近しい者たちは私のことを恥じ、この病のために私は、自分の兄弟たちの見ず知らずの他人になり果てました。すべての人間たちは私を呪いました。私を慰めてくれるような人はいませんでした。
　　　私は自らを死人と呼ぶべきでしょうか。ですが、私の腹は食べ物を欲しますし、私の舌は渇きのために苦しみます。それでは、私はまだ生きていると考えるべきでしょうか。ですが、私は床から起き上がることができませんし、自分の力で身体を動かすことすらできないのです。私の足は歩くことができませんし、手は何か作業をすることができないばかりか、手探りで何か探すことすらできないのです。私は自分のことを埋葬されない死者であると思うことにしています。床は私の柩です。私は死者たちのなかの生者であり、生者たちのなかの死者です。なぜなら、私は生きている者として食べ物を食べますが、死んでいる者として何もできないからです。[33)]

これに対して、イエス・キリスト自身が神である自分が人間になったことによって、人類はこの悲惨さから救済されたのだと説くのである。

　　　こういうことすべてを病に弱った者の口から聞くと、私たちのめでたき医師であるイエス・キリストは病いに弱った者に言いました。「どうして人間は

---

33) 前掲書208頁。

第7章　ふたたび『イーゴリ軍記』とは何か　　**323**

いないなどと、そなたは口にできるのか。私がそなたのために人間になった
ではないか。もの惜しみなく慈悲深い人間に。私が人間になるという誓いを、
私は欺瞞で無にするなどということはない。…[34]

　すると、病に弱った者はたちまち床から立ち上がり、力に満ちあふれて五
体が健康になり、それまで自分が寝ていた床を担いで人々のなかを歩きはじ
めたのです。[35]

　ここに見いだされるものも、絶望から歓喜へのＶ字型の移行という、物語の
同じ構造である。

6.3.『キエフ洞窟修道院聖者列伝』

　ジャンルを横断する38のさまざまな作品からなるこの文集の核となるのは、
12世紀末から13世紀初頭にかけて、ウラジーミル・スーズダリ主教のシモン
と修道士ポリカルプによって執筆された物語である。ポリカルプは主教位を求
めて奔走したが、シモンはこれを叱責すると同時に、キエフ洞窟修道院の開基
譚とこの修道院の修道士たちの物語を書き送り、ポリカルプが自らの野心を物
語の執筆へと向けるように導いた。

　シモンによる物語には、エラズム、アレファ、チットのように堕落した修道
士が悔い改めによって救済される物語があるが、これはこの時代のキエフ洞窟
修道院の現実を反映していると思われる。一方、ポリカルプによる物語には、
スヴャトポルク・イジャスラヴィチ、ロスチスラフ・フセヴォロドヴィチ、ム
スチスラフ・スヴャトポルチチら、権力者の暴力も縦横に描かれており、同じ
時代、ルーシが戦国の様相を呈していたことが赤裸々に語られる。ポリカルプ
は、この世の混乱を糺すために主教位を目指したのだと本稿の筆者は考えてい
るが、しかし、ポリカルプの願望は、師のシモンによって打ち砕かれた。ポリ
カルプは絶望したのではないだろうか。ポリカルプが自らの屈託を仮託した物

34）前掲書210頁。
35）前掲書212頁。

324　　「ロシア精神」の形成と現代

語が、「第35話ピミン」である。[36]

　ピミンには不治の病という絶望があった。その絶望から解き放たれるために修道士への剃髪を望む。しかし、絶望のなかの一縷の望みさえ、世間を慮る思惑から拒まれた。そこへ、天使たちが現れ、彼をしきたり通りに剃髪するが、修道院長は彼の剃髪の正当性に疑いを差しはさんだ。剃髪が認められてからも、修道士たちは悪臭を放つ病人であるピミンをネグレクトした。ピミンとともにネグレクトされた病気の修道士は、ピミンの霊的な力で健康になるが、この修道士もピミンの世話を怠った。このような苦しい病のなか、ピミンは20年を過ごし、身まかることになる。ピミンがなくなるその日に、ピミンは自らの寝台を担ぎ上げ、自分が葬られるべき洞窟を指し示した。ピミンは言う。

　　「この夏、ここに二人の兄弟が埋葬された。一人はスヒマ僧の衣をまとって葬られ、一人はスヒマ僧の衣なしで葬られた。一方は何度も剃髪されることを望みながら、貧しさゆえに兄弟たちから顧みられることはなかった。貧しさは罪の証だと思われたのだ。この人はスヒマ僧の衣にふさわしい生き方をしたので、主がこの人にスヒマ僧の衣をお与えになった。…もう一人の兄弟は、スヒマ僧の衣で葬られたが、生きている間には修道士たることを望まず、死にかけてから『この世を去ろうとしているときに私を剃髪してくれ』と言ったために、この兄弟からはスヒマ僧の衣は奪われた。…三人目の者は、ずいぶん昔に埋葬された。スヒマ僧の衣は朽ちていないが、それは罪が暴かれ、裁きにかけられるために残ったのである。(中略) もしもアントーニイとフェオドーシイの祈りが救いを与えなければ、この者は裁きにゆだねられる。」[37]

　深い絶望に直面したポリカルプは、なぜ権力者の暴力のような没義道が現実世界で許されるのか、なぜ神は沈黙するのか、救済はほんとうにあるのかと、自問自答を繰り返したのではないか。しかし、この法衣をめぐるエピソードに

---

36) 解説七.三.参照。三浦清美編訳『キエフ洞窟修道院聖者列伝』松籟社、2021年、408-417頁。

37) 三浦『キエフ洞窟修道院聖者列伝』324-326頁。

おいて、どんなに状況が悲惨であっても神は報いてくださる、裁きは免れない、救いは必ずあるという確信に達したのである。ここにも、絶望から歓喜へのＶ字型の移行という物語の構造が認められる。

　ここまでで、12世紀末から13世紀初頭にかけての諸作品を見てきたが、いずれにおいても、絶望から歓喜へのＶ字型の移行という物語の構造が看取された。ここには、イエス・キリストの刑死から復活へと向かう信仰の核を拠りどころとして、退廃と凋落のどん底から一気に歓喜に駆け上がり、時代の混迷から解放されたいという願望を見ることができる。この時代精神を、「失われたものが見出された」ことを物語った『イーゴリ軍記』も共有している。したがって、この時代精神の発現地を探究し、該当範囲を狭めていっても、ある種の必然性をもって、『イーゴリ軍記』の作者としての修道院長モイセイに到るのである。

7. ウジャンコーフの作品分析の方法と論証

7.1. 作品の内的把握

　ウジャンコーフの著書『『イーゴリ軍記』とその作者』は、先行研究の精査による『イーゴリ軍記』の作者像の探究からはじまる。まず作者として名が挙がった19人の候補とそれを主張した研究者が示されるが、ウジャンコーフは「彼らの作家としての技量を知らない」と指摘し、「素人が『イーゴリ軍記』のレベルの傑作を創作することができると考えているかのようだ」と柔らかに反論する。[38] さらに異教神の名前を挙げていることは修道士にとって禁忌であったことから、『イーゴリ軍記』の作者は世俗人であるとするカラムジンの見解とその支持者たちについてやや懐疑的に述べたあと、その対照として、「もっともありうべき『イーゴリ軍記』の作者は、ノヴゴロド・セーヴェルスキイ公イーゴリの教導者、教師、助言者であった」[39] というP.オフリメンコ、L.ドミートリエフの主張を紹介している。著者によれば、「中世ロシアの正教社会でその

38）*Ужанков А.Н.* Слово о полку Игореве и его автор. М.: Издательство "Согласие", 2020. С. 106.

39）*Ужанков.* «Слово…» и его автор. С. 107.

ような独立した教導者、教師となったのはふつう、宗教者、権威をもった聖職者であった。」[40]

　著者ウジャンコーフが、丁寧に、ほとんど地を這うように先行研究を追うことから、自らの探究をはじめていることが印象的なのであるが、同時に『イーゴリ軍記』の作者について、次のように網をかけている。本稿の筆者には、可能性を限定していくウジャンコーフの方法は的確であるように思われる。

　　作家がたった一つの作品だけを、しかも突如として天才的な作品を創作すること、しかもL.マホヴェツが仮定しているように、まったくの準備なしで創作に到ることはありえない。多かれ少なかれ才能のあるほかの著作があったはずであり、少しずつ段階的に作者をその主要な作品へと導いていったはずである。それらの作品は私たちから隠されていない。私たちは、おそらくはどこかで見たことがあるはずだ。[41]

　　モンゴル侵寇以前のルーシの広大な空間において、1000万人に満たない人々が暮らしていた。書籍という宝物の基本的なありかは、修道院であった。その数は決して多くはなかった。修道院の兄弟たちの数も多くはなかった。この環境のなかで、私たちが知っているほとんどすべての作家たちが成熟していったのである。[42]

　以上のような前提のもとに、『イーゴリ軍記』の作者の探究がはじまるのであるが、著者ウジャンコーフが駆使する「内的な読み」という方法について、イラリオンの『律法と恩寵について』を例にとって著者自身が述べている。

　『律法と恩寵について』は、作品のなかで「最初の主の祝日である聖なる神の御母受胎告知祭の名において教会が建立された」と記されており、この教会は1037年に定礎されているから、この作品は1037年以降に執筆されたとされ

40）Там же.

41）*Ужанков.* «Слово…» и его автор. С. 121-122.

42）*Ужанков.* «Слово…» и его автор. С. 122.

る。また、ヤロスラフの妻イリーナについて生存中であることを示す文言があり、イリーナの逝去が1051年であることから、この作品は伝統的に1037年から1051年のあいだに執筆されたと考えられてきた。これが「外的な把握」という方法である。

　これに対して、ウジャンコーフの提唱する「内的な読み」という方法は以下のものである。

　　この作品は、黄金の門の受胎告知教会の「刷新」（すなわち、聖別）に寄せられた儀礼の説教であるのみならず、この門上教会で、神に呼ばれた1038年という記念の年に、3月25日の受胎告知の祝日から26日の復活祭にかけての徹夜の神への勤めで、長司祭イラリオンによって読まれた記念日の『講話』でもあった。[43]

「この50年目の年を聖別し、全住民に開放を宣言する」という『レビ記』25章10節の文言を引き、50年という数字が特別の意味をもっていたことを述べたのち、ウジャンコーフは次のように続ける。

　　1038年はルーシでキリスト教が受容されてから50年、キエフ府主教座創設から50年、キエフのソフィア聖堂のモデルとなったコンスタンティノープルのソフィア大聖堂の聖別から500年であった。

　　作者にとって同時代の、説教執筆時に真に迫っていたこれらすべてのテーマは、『講話』そのもののなかに反映された。そればかりではなく、『ティピコン（神の勤めの規則）』に基いて、一時間単位で正確に、長司祭イラリオンによって受胎告知教会でこの儀礼の説教が行われた時間を特定することができる。それは晩禱のあと、徹夜禱のまえの、我々の時間では22時から23時にかけてである。

　　ここで私たちは次のことを認めなくてはならない。作品の年代確定に最も大切なのは、その著作において記述された事柄のあとに起こった事件を作者

---

43) *Ужанков.* «Слово…» и его автор. С. 126-127.

328　　「ロシア精神」の形成と現代

がどれだけ知っていたか、その知識の総量を明らかにすることである。多く
の作品が事件の直後ではなく、一定の時間が経ち、その事件の意味づけがで
きてから（『ザドンシチナ』、『バトゥによるリャザン壊滅の物語』）、あるいは
ある一定の時間にわたって（諸年代記）書かれたことは確かだからである。[44]

　ウジャンコーフは、『イーゴリ軍記』のような文学作品は、一定の時間が経
って、その作者にとって事件の意味づけがはっきりしたあとに書かれたはずだ
と考えている。すなわち、イーゴリ公がポーロヴェツの捕虜の身から解放さ
れ、敵であったモノマフ党と和解したのち、オレーク党の最高の地位であるチ
ェルニーゴフ公に上ったことがはっきりしたそのときになってはじめて、ポー
ロヴェツの地でイーゴリが行った悔い改めの意味が明らかになり、作者におい
て作品の着想が誕生したと考えるのである。ウジャンコーフの「内的な読み」
という方法が捉えたものもまた、絶望から歓喜へのＶ字型の移行という12世
紀末の時代精神だった。

7.2. ウジャンコーフの論証

7.2.A. 『イーゴリ軍記』の制作年代

　作品の成立年代についても、ウジャンコーフは先行研究を綿密に検討してい
る。「ソビエト時代の研究者たちは、『イーゴリ軍記』の執筆が1185年であるこ
とを、まるでこの作品の芸術的価値がすべてそこにかかっているかのように、
もしも執筆されたのが1200年であるとすれば、ロシア文学史におけるこの作
品の価値が著しく下がるかのように情熱的に主張してきた」（129頁）と述べ、
Б.ルィバコフ、В.ヤツェンコ、オフリメンコらの説を紹介したうえで、「オフ
リメンコも、かつてのルィバコフと同じように、作品の『内的な、芸術的な時
間』を、『イーゴリ軍記』に対する作者の『外的な』時間と同一視しているので
ある」[45]と批判している。

　かつて木村彰一は、「ガーリチ公ヤロスラーフが生存者として扱われている

44）　*Ужанков.* «Слово…» и его автор. С.127.

45）　*Ужанков.* «Слово…» и его автор. С. 134.

第7章　ふたたび『イーゴリ軍記』とは何か　　**329**

ことは、『物語』の成立年代の下限が、彼の死んだ1187年以降ではありえないという説の有力な根拠の一つとなっている」[46]と述べた。これは外的把握による典型的な年代確定法であるが、ウジャンコーフはこれに対して次のように反論する。「『イパーチイ年代記集成』による『キエフ年代記』のなかでも、同様の事例は存在する。公の死を知らせたあとで、年代記作者はその公について現在形で書いている」[47]と指摘したあとで、荒れ牛フセヴォロドについてそのような例を引き、「したがって、『イーゴリ軍記』の公＝登場人物について現在形で語られることは、この作品の年代確定の材料にはなりえない」[48]と結論づけている。

　このあと、ウジャンコーフは、『イーゴリ軍記』の執筆年代を1188年とするA.ゴールスキイの説を、さらに、1194年6月から1196年5月までとするN.ジャムコヴァの説を引用したうえで、とくにジャムコワに賛意を示しながら、作品の成立が1198年以降ではありえないとするヤツェンコの考えをも紹介している。さらにウジャンコーフは、作品執筆の年代を14,15世紀とする説についても、執拗かつ慎重に検討している。

　こうして外的な把握による夥しい数の発見を数え上げたあとで、ふたたび内的な把握に戻り、『イーゴリ軍記』に見られるイーゴリへの礼賛は、イーゴリがチェルニーゴフ公になる1198年以降にはありえないと判断して、「おそらく『イーゴリ軍記』は、イーゴリにとって非常に重要なこれらの出来事のあとに書かれ、その内的な芸術的時間には1199年から1200年にかけての『外的な』事件が反映されている」[49]という結論がいったんは導かれる。さらにそのあとで、ロマン・ムスチスラヴィチのポーロヴェツ遠征についての事実の発見から、『イーゴリ軍記』の執筆年代を西暦1199年から1200年の秋から冬にかけてと確定するのである。[50]

46）木村彰一訳『イーゴリ遠征物語』岩波文庫、1983年、178頁。

47）*Ужанков.* «Слово…» и его автор. С. 137.

48）*Ужанков.* «Слово…» и его автор. С. 138.

49）*Ужанков.* «Слово…» и его автор. С. 173.

7.2.B. 両年代記記述のあとに『イーゴリ軍記』が書かれた

　一般に、ある事件が起こったとき、うわさ話や風説に近い「物語」が、すなわち、口承文芸が生まれ、そののちに、事実関係の比較考証と厳密な確定が行われ、歴史記述が生まれると考えられがちである。このような思考から、文学作品である『イーゴリ軍記』が書かれたのち、『ラヴレンチイ年代記』、『イパーチイ年代記』の1185年遠征の記事が書かれたと考えられてきた。しかし、ウジャンコーフによれば、これは外的把握と内的把握の取り違えからくる誤りである。『イーゴリ軍記』のような第1級の文芸作品の場合、この単純な図式は当てはまらない。

　補助線として、本稿の筆者の見解を述べよう。佐藤雄亮はその著『トルストイと「女」』の第6章「1812年　祖国戦争の真実と夢」において、[51] 祖国戦争で政府による計画的な放火によって多くの負傷兵が焼き殺されたことを指摘している。トルストイはこの「事実」を熟知していたにもかかわらず、あえてこの悲劇に対して沈黙し、「大きな愛」による神話化を実現しようとした。その結果書かれたのが名作『戦争と平和』だというのである。同じことが『イーゴリ軍記』にもあてはまる。『イーゴリ軍記』においては、歴史事実の確定（『イパーチイ年代記』の1185年の物語）のあとで、「悔い改めとそれを通じての救済」という夢が見られたのである。夢から覚めて事実が確定されるのではない。事実の確定を通して、さらに大きな夢が見られるのである。したがって、二つの年代記の1185年遠征についての物語と、『イーゴリ軍記』の執筆の順番は、従来

---

50)「汝、果敢なるロマーンとムスチスラーフよ。勇み立つ胸の思いが御身らを勲へと駆り立てる。敢然として群鳥を襲う心を秘めつつ、風に乗って空を舞う鷹のように、公は不敵な心に武勲を求めて天翔ける。」中村『ロシア中世物語集』218頁。ウジャンコーフは『イーゴリ軍記』のこの文言から、その作者はロマンのポーロヴェツ人への勝利を知っていたはずだと考える。この遠征は、ロマンとビザンツ皇妃の婚姻をめぐる種々の証拠から、1200年の終わり（3月年始法では西暦1201年2月までが1200年となる）までに行われたとウジャンコーフは結論づけている。したがって、執筆年代の下限は1200年秋から冬ということになる。*Ужанков.* «Слово...» и его автор. C. 176-177.

51) 佐藤雄亮『トルストイと「女」』早稲田大学出版部、2021年、182-187頁。

考えられてきたのと逆で、二つの年代記の記述が書かれたあとに、『イーゴリ軍記』が書かれたことになる。

この二つの年代記については、『ラヴレンチイ年代記』の1185年遠征についての記事が、モノマフ党の拠点であるペレヤスラヴリで書かれ、オレーク党に属するイーゴリの行動に批判的であること、『イパーチイ年代記』の1185年イーゴリ遠征についての記事が、『ラヴレンチイ年代記』を参照しつつその非難に反論するかたちで書かれたことが、すでにジャムコヴァによって指摘されていた。[52] そして、『イパーチイ年代記』の作者が、モノマフ党のペレヤスラヴリの年代記（それが『ラヴレンチイ年代記』に取り込まれた）を参照した場所として、モノマフ党所有の修道院であったヴィドゥビツィのミハイル修道院が特定される。歴代の修道院長ラザリ、シリヴェストルはのちにペレヤスラヴリ主教となっているから、この修道院とペレヤスラヴリとの関係は明らかである。「『イーゴリ軍記』の作者は、二つの年代記の記述を知っていることをアピールしているのだから、この二つの年代記は、ヴィドゥビツィ修道院で『イーゴリ軍記』の作者の手に入っていたことは間違いないだろう。」[53] そのうえで、ウジャンコーフは、『イパーチイ年代記』の記事と、『イーゴリ軍記』の作者が同一であると主張するのである。この部分の論証が、ウジャンコーフが一番力を入れたところであろう。

7.2.C.『イパーチイ年代記』の記事と『イーゴリ軍記』の作者は同一人物である

ウジャンコーフは、『イパーチイ年代記』の記事と『イーゴリ軍記』が重なり合う部分を指摘している。それは以下の通りである。[54]

1. 遠征は、恐ろしい前兆からはじまった。
2. イーゴリは自分の軍勢とともにオスコル川に行き、フセヴォロドが従士隊を連れて別の道でクルスクから到着するのを待った。

52）*Ужанков.* «Слово…» и его автор. С. 186-188.
53）*Ужанков.* «Слово…» и его автор. С. 189.
54）*Ужанков.* «Слово…» и его автор. С. 209-244.

3. 翌日、金曜日になり、昼の祈り（聖体礼儀）の時間に、ポーロヴェツ人の部隊と遭遇した（ウジャンコーフは「作者は遠征のときには従士で、執筆のときには聖職者であったと仮定することができるかもしれない」と述べている）。ポーロヴェツ人との最初の邂逅は金曜日であった

4. 最初の会戦の記述。斥候の言葉「我らは敵の戦士たちと遭遇しました。」（『イパーチイ年代記』）「金曜の朝まだき、ルーシの子らは邪教徒ポーロヴェツの軍勢を踏みにじり」（『イーゴリ軍記』）は相似している。

5. 主要な出来事は、土曜日の朝とともに展開される。

6. 戦さのクライマックスは日曜日である。

7. 戦さの様子の描写が、イーゴリを中心とする記述からフセヴォロドを中心とする記述に移る。

8. イーゴリが敗戦を喫した場所が「カヤラ川」のほとりである。カヤラ川の場所は現在でも不明である。カヤラ川が文献に出てくるのは、『イパーチイ年代記』と『イーゴリ軍記』のみである。「年代記記事の作者も、軍記の作者も、記述された遠征の参加者であったばかりではなく、戦闘の同じエピソードのなかで自分が参戦したことを記すにあたり、カヤラ川について言及している。」

9. 年代記作者も軍記の作者も、イーゴリの敗北を記すさい、「желя悲しみ」という、あまり使われない同じ言葉を使っている。

10. 事件の展開のクライマックスで、『イパーチイ年代記』の作者は、主人公イーゴリに視線を移し、モノローグでその内面を語っている。クレタのアンドレイの悔い改めのカノンを思い起こさせる。多くの研究者がここで、作者の尋常でない文学的才能を感じている。ただし、このイーゴリの悔い改めの部分は、『イーゴリ軍記』にはない。『イーゴリ軍記』は歌であり、雄弁文学であって、歴史書ではないからである。ここで、このモノローグを書いた人物として、ヴィドゥビツィのミハイル修道院のモイセイの名前が挙がる。

11. いずれの作者も1185年のイーゴリ遠征の参加者であった。「我ら」という1人称語りが採用されている。「こうして聖なる復活の日（日曜日）に、主はわれらにその怒りをもたらしたのである。主はわれらに、喜びの代わ

りに悲しみをもたらし、祝宴の代わりにカヤラ川での嘆きをもたらしたのである。」（『イパーチイ年代記』）。「まだ明けそめぬのに、遠くからわが耳にどよもすは何の音、鳴り起こるのは何の響きか。」（『イーゴリ軍記』）

12. イーゴリの内面がわかるということは、『イパーチイ年代記』の作者も、『イーゴリ軍記』の作者も、イーゴリに近い人物であった。

13. イーゴリ公はじめルーシの公たちは、ポーロヴェツ人の陣営に引き分けられ、捕虜となった。『イーゴリ軍記』では、「だがもはやイーゴリの精鋭を甦らせるすべはない」と語られている。

14. 『イパーチイ年代記』の作者も、『イーゴリ軍記』の作者も、ルーシに視線を転じる。『イパーチイ年代記』では、ポーロヴェツの地で起こった悲劇をキエフ大公スヴャトスラフ・フセヴォロドヴィチに伝えたのは、ベロヴォロド・プロソヴィチであった。『イーゴリ軍記』では、スヴャトスラフがあやしい夢を見て、黄金の言葉を語る。

15. 『イパーチイ年代記』によれば、セイム川流域、ノヴゴロド・セーヴェルスキイで反乱が起こった。『イーゴリ軍記』では、「憂いがルーシの地にあふれ、悲嘆がルーシの地のなかを滔々と流れた」と詩的に記されている。

16. 『イパーチイ年代記』では、スヴャトスラフ大公がただちにルーシの地の防衛のために公たちを招集するが、『イーゴリ軍記』では、スヴャトスラフにルーシの地を守るための諸公への呼びかけを語らせている。

17. いずれの作者も、視線をルーシの地からふたたび主人公のイーゴリ・スヴャトスラヴィチに転じている。

　これだけの類似点が、「引用」という一言で片づけられるであろうか？　ウジャンコーフは議論を次のようにまとめる。「この二つの作品、イーゴリ・スヴャトスラヴィチのポーロヴェツ遠征についての『キエフ年代記』（『イパーチイ年代記』の該当部分－三浦注）の物語と、『イーゴリ軍記』の作者は、同一人物であるという仮説が立ち上がる」と。[55]

55）*Ужанков. «Слово…» и его автор.* С. 243-244.

7.2.D. 年代記作者にして歌の創作者、修道院長モイセイ、その剃髪の経緯、ベロヴォド・プロソヴィチ

　『イパーチイ年代記』の作者と『イーゴリ軍記』の作者が同一人物であることを論証すると、その作者がヴィドゥビツィのミハイル修道院の修道院長、モイセイであると限定することは比較的容易である。『イパーチイ年代記』の1185年遠征の記事は、モノマフ党所有のキエフ、ヴィドゥビツィのミハイル修道院で、修道院長モイセイによって制作されたことは、A.シャーフマトフ、M.プリショールコフら年代記研究の大家によって確認されている定説だからである。[56]

　修道院長モイセイは、ほかにも文学性の高い多くの作品の作者として知られている。ことに有名なのは、『イパーチイ年代記』に収められた『ヴィドゥビツィにおける壁の建設にかんする修道院長の講話』[57]で、キエフ・ルーシの雄弁文学の傑作として名高い。この説教を読んでみると、修道院長モイセイが『イーゴリ軍記』という名作を創作する天才をもっていたことも十分に頷ける。[58]本章8.で実際のテクストにあたり、その才能を検証してみることにしよう。

　残りの部分は、いままで積み上げてきた論証に乗って、ウジャンコーフが自由に想像力の翼を羽ばたかせた箇所である。ウジャンコーフは、公たちの多くが死ぬ前に修道士として剃髪を受けたさまざまな事例を、種々の年代記から引用している。ウジャンコーフによれば、修道院長モイセイは、かつてイーゴリ公に仕え、1185年の遠征に参加し、奇跡的に生還した15人の貴族戦士の一人だった。この貴族戦士は、奇跡的な生還を神に感謝して、修道士となる誓いを立て、ヴィドゥビツィ修道院の修道士となった。やがて文筆家としての手腕が評価され、『イパーチイ年代記集成』に収められる『キエフ年代記』の作成に携わり、多くの人々に向けて年代記記事を書いた。そののちに、そこで確定され

56）*Ужанков. «Слово…» и его автор.* C. 200.

57）Слово Моисея Выдубицкого *(Подготовка текста, перевод и комментарии В.В. Колесова)* // Библиотека литературы Древней Руси. Т. 4. C. 292-295, 639-640. 邦訳がある。三浦清美編訳『中世ロシアのキリスト教雄弁文学（説教と書簡）』松籟社、2022年、217-221頁。

58）*Ужанков. «Слово…» и его автор.* C. 368-385.

た事実を題材に、限られた人々に向けて、イーゴリの悔い改めと復活を讃える
『イーゴリ軍記』という詩作品を書いた。最後に、ウジャンコーフは、控えめ
に留保をつけながらであるが、修道院長モイセイが剃髪前、『イパーチイ年代
記集成』1185年の物語に登場するベロヴォロド・プラソヴィチだった可能性を
示唆している。

　ウジャンコーフは、『イーゴリ軍記』の作者と同時代人だったはずのトゥー
ロフのキリルの言葉を引いている。

　　年代記作者と歌の歌い手と呼ばれる、歴史家と雄弁家がいる。この者たち
　は自らの耳目をツァーリたちの戦闘や出征に傾ける。言葉で自らのツァーリ
　に仕えて頑健に勇気を奮った者たち、自らの背中を敵たちに見せなかった者
　たちを飾り、大いなるものとする。こういう者たちに賞賛によって桂冠を授
　けるのである。[59]

　そして、ウジャンコーフは次のように述べる。

　　すなわち、宗教文学に知悉した人間として、12世紀の才能あふれる作家と
　して、トゥーロフ主教キリルは、歴史家＝年代記作者の事実尊重の方法と、
　雄弁家＝歌い手の芸術的な方法をことさらに分けて考えていたのである。[60]

　修道院長モイセイは、歴史家＝年代記作者と雄弁家＝歌の歌い手の両方を兼
ね備えていた。ウジャンコーフは、モイセイを、内気で健気な女性を散文で描
いた作品『大尉の娘』と、韻文で描いた作品『エフゲニイ・オネーギン』の両方
を創作したプーシキンに喩えている。[61] モイセイはまず、起こった悲劇的な出
来事を、時間的前後関係を明確にして記録する『イパーチイ年代記』の記事を
書き、それから後になって、神の罰を受け、悔い改めによって救済されるとい

59）　*Ужанков.* «Слово…» и его автор. С. 246.

60）　Там же.

61）　*Ужанков.* «Слово…» и его автор. С. 421.

336　「ロシア精神」の形成と現代

う主題のもとに、時間的前後関係の縛りから解放されて、真の悔い改めができたイーゴリを讃えた『イーゴリ軍記』という歌を歌いあげた。ウジャンコーフのこの見解は、本稿の筆者には十分に納得のいくものであるように思われる。

8. ふたたび『イーゴリ軍記』とは何か

締めくくりとして、ウジャンコーフの研究に触発された、本稿の筆者の『イーゴリ軍記』理解を次に記しておきたい。

『イーゴリ軍記』はキリスト教精神に貫かれた作品である。『イーゴリ軍記』の原語は «Слово о полку Игореве» であるが、そもそも «Слово» という語は、ギリシア語 «Λόγος»、ラテン語 «Oratio» のスラヴ語訳である。そこには、遠くから『ヨハネによる福音書』冒頭の次の言葉も響いてくるだろう。「初めに言（ロゴス－三浦注）があった。言は神とともにあった。この言は、初めに神とともにあった。万物は言によって成った。成ったもので、言によらずに成ったものは何一つなかった。言のなかに命があった。命は人間を照らす光であった。光は暗闇の中で輝いている。暗闇は光を理解しなかった。」

ここから教会教父たちの説教が、«Λόγος» ／ «Oratio» と呼ばれるようになったと思われる。たとえば、第1章で扱ったナジアンゾスのグレゴリオスの第38講話「聖なる光のなかへ」[62] もやはり «Λόγος» と銘打たれており、19世紀後半に上梓された Patrologia graeca シリーズのラテン語対訳では «Oratio» となっている。このテクストから派生した『その注釈に見出されるグレゴリオスの講話』はまさに «Слово» であった。I.エリョーミンは次のように述べている。

> «Слово» は技術的専門用語で、ギリシア語の «Λόγος» に該当する。この語彙は古典古代の文学においてすでによく知られていた。紀元前5世紀、6世紀においては、ふつうこの語は、それがどんな種類の雄弁術であろうと、公衆の面前で行う演説を意味するものであった。それは主に儀式的雄弁術を指す

---

62) Gregoire de Nazianz, *Discours 38-41; introduction, texte critique et notes par Clauduio Moreschini, traduction par Paul Gallay :Sources chrétiennes, no 384.* (Paris: Les Éditions du Cerf, 1990).

ものであった。まさにこの意味において、«Слово» という語は 11 世紀から 13
世紀にかけての文学において、広範に知られていた。圧倒的多数のケースに
おいて、«Слово» という語は、「教訓 поучение」というものとは異なって、ま
さに儀式的雄弁術による演説を意味していた。[63]

　一方で、口承文芸作品に «Λόγος» ／ «Oratio» ／ «Слово» という語が用いら
れることは絶無だ。試しに『ロシア・フォークロア文庫 Библиотека русского
фольклора』シリーズを開いてみても、『ロシア昔話全集 Полное собрание
русских сказок』シリーズを紐解いてみても、«Слово» と銘打たれた作品はた
だの一編も見当たらない。ところが、ロシア科学アカデミーロシア文学研究
所の編纂になる 20 巻からなる中世ロシア文学の全集『中世ロシア文学文庫
Библиотека литературы Древней Руси』には、«Слово» と称される 79 の作品が収
録されており、これらの作品のほとんどすべてが宗教的作品である。[64] これら

---

63) *Еремин И.П.* «Слово о полку Игореве» (К вопросу о его жанровой природе) //
Исследования по древнерусской литературе. Т.1. СПб., 2013. С.237.
64)『中世ロシア文学文庫』に収められた «Слово» 作品は以下のとおりである。
　キエフ・ルーシの作品として、「府主教イラリオンの律法と恩寵についての講
話」(11 世紀)、「ラザロ復活に寄せる講話」、「洗礼者ヨハネの地獄への降下にまつ
わる講話」、「十字架の木についての講話」、「神の御母の就寝についての講話」(以
上 12-13 世紀)、トゥーロフのキリルによる 5 つの作品、「キリストの身体の十字架
降下についての講話」、「白僧と修道士たることについての講話」、「柳の日曜日に
ついての講話」、「病気で弱った者についての講話」、「新しい日曜日に寄せる講話」
(以上 12 世紀後半)、「公たちについての講話」(12 世紀後半)、「囚人ダニルの講
話」(12 世紀)、「ヴィドゥビツィの修道院長モイセイの講話」(12 世紀) がある。
　さらにキエフ・ルーシからモスクワ・ロシアへの過渡期の作品として、「ルー
シの地滅亡についての講話」、「スモレンスクのメルクーリイについての講話」、
「我らが聖なる師父セラピオンの説教 (I) − (V)」(以上 14 世紀)、「大公ドミート
リイ・イワノヴィチの生涯についての講話」、「邪悪な妻についての講話」、「酩酊
についての講話」(以上 15 世紀) がある。
　モスクワ・ロシアの作品として、「ヴォロクのヨシフの異端者たちへの論難に
ついての講話」、「チェルニーゴフの聖なる大殉教者、栄えある大公ミハイルとそ
の顧問官フェオドルについての、黒衣の僧フィロログの賞讃の講話」、「邪悪なる

皇帝バトゥの殺害についての講話」、「我らが神聖なる女宰なる神の御母、永遠の処女マリアの神聖なる庇護への賞讃の講話」、「処女たるについての受胎告知に捧げる講話」、「ペルミの主教であった聖なる我らが師父ステファンの生涯と教えについての講話」、「洞窟修道院の創建者、ルーシにいた黒衣の僧アントーニイについての講話」、「自らの手で労働することのいかに有益なことかについての聖者列伝からの講話」、「教会では畏怖と畏れを抱いて立たなくてはならぬことについての講話」、「酩酊についての聖者列伝からの講話」、「トゥーロフの聖なる殉教者教会にいた修道士マルチンについての講話」（以上主に16世紀）、ロマノフ朝ロシアの作品として、「敬虔なる皇帝ミハイルについての講話」、「神の僕たちの運命についての講話」（17世紀）が挙げられる。

　17世紀の古儀式派の作品として、「チモフェイという名のある者についての講話」があるが、18世紀に入ると、«Слово»という分野は古儀式派の著作家たちによって、純粋に宗教的作品としての定式化が進んだ。

　18世紀前半の作品として、アンドレイ・デニーソフによる「新しい賢者についての講話」、「信仰についての講話」、「キリストの教会の受難と悲しみについての嘆きの講話」、「神に似たるソロフキのサッヴァーチイの追善に寄せる講話」、「ソロフキの神に似たるゾシマとサッヴァーチイの遺骸の移葬の日に寄せる講話」、「使徒にして福音書作者なる神学者ヨハネの日に寄せる講話」、「悔いについての講話」、「処女たるについての講話」、「時間の短さについての講話」、「酩酊についての講話」、「罰についての講話」、セミョン・デニーソフによる「ヴィグの兄弟団へのめでたき講話」、「悲しみと寛大な心についての講話」、「徳についての講話」、「アンドレイ・デニーソフの名の日に寄せる講話」、「アンドレイ・デニーソフへの蓋棺の講話」、「ダニイル・ヴィクリンへの蓋棺の講話」、トリフォン・ペトロフによる「ピョートル・プロコピエフの追善の日に寄せる講話」、「アンドレイ・デニーソフへの蓋棺の講話」、「イワン・デニーソフへの蓋棺の講話」、「神に似たるスヴィリのアレクサンドルへの賞讃の講話」、「使徒にして福音書作者なる神学者ヨハネの日に寄せる講話」、「預言者イリヤの日に寄せる講話」、アレクセイ・イロディノフによる「レオンチイ・フェドセーエフへの蓋棺の講話」、ガヴリイル・セミョノフによる「アンドレイ・デニーソフへの蓋棺の講話」がある。作者不詳の作品として、「神に似たるソロフキのゾシマの追善に寄せる講話」、「アンドレイ・デニーソフの名の日に寄せる講話」、「ダニイル・ヴィクリンの名の日に寄せる講話」、「セミョン・デニーソフの名の日に寄せる講話」、「セミョン・デニーソフへの蓋棺の講話」が挙げられる。

　18世紀後半以降の作品としては、ダニイル・マトヴェーエフによる「アンドレイ・デニーソフの名の日に寄せる講話」、「ダニイル・ヴィクリンについての追想の講話」、「マヌイル・ペトロフの最期ののちの40日目に寄せる講話」、「神に

の作品は「講話」ないしは「説教」と訳すのが適切な場合が多い。また、ガリコフスキイの『キリスト教の異教残滓との戦い』においては23の《Слово》が収められているが、そのほとんどすべてが「講話」ないしは「説教」と訳すべきものである。[65]

　これら、あわせて102に上る作品群を概観してみると、「講話」ないしは「説教」と訳すべき《Слово》というジャンルが存在するのは確実であり、このジャンルは純粋に宗教的、キリスト教的なものであると言わなくてはならない。《Слово》とはっきりと銘打たれた《Слово о полку Игореве》『イーゴリ軍記』だけを例外と考え、非宗教的でフォークロア的な「歌」、英雄叙事詩であると見なすことがいかに不自然であるかは、注64、65で示した《Слово》作品群のリストを見れば、はっきりとわかるであろう。この問題は第8章でも取り上げる。この作品は、『イーゴリ軍記』、『イーゴリ遠征物語』と訳すよりも、『イーゴリの遠征についての講話』と訳すべきものなのである。そこで語られるのは、主人公イーゴリ・スヴャトスラヴィチの「傲慢－堕罪－虜囚（仮想的な死）－悔悛－逃亡（復活）」である。非常に基本的なことであるが、今までの研究ではこの肝心なことが見逃されてきた。実に不思議なことと言わなくてはならない。

　『イーゴリ軍記』では、その冒頭で、異教の歌い手であった「ボヤーンの流れ

似たるアレクサンドル・オシェヴェンスキイの追善に寄せる講話」、「カルゴポリの造船者たちに寄せる賞讃の講話」、イワン・フィリポフによる「神の御母の祝日に寄せる講話」、「神現祭に寄せる講話」、フェヴローニア・セミョーノヴァによる「イワン・セミョーノフ、ガヴリル・セミョーノフへの蓋棺の講話」、ワシーリイ・ダニーロフ・シャポシニコフによる「ソロモニヤ・デニーソヴァへの蓋棺の講話」、「放蕩息子についての講話」、マヌイル・ペトロフによる「イワン・フィリポフへの蓋棺の講話」、コズマ・イワノフによる「ニキーフォル・セミョノフへの蓋棺の講話」、アンドレイ・ボリソフによる「アンドレイ・デニーソフについての追想の講話」、チモフェイ・アンドレーエフによる「アンドレイ・デニーソフについての追想の講話」、「修道士コルニーリイへの賞讃の講話」、「アンドレイ・デニーソフへの蓋棺の講話」がある。さらに19世紀第1四半世紀にかけての作者不詳の作品として、「Н.К.ガラヘフスカヤの家の改築に寄せる講話」、「Ф.П.バーブシキンの逝去ののちの40日目に寄せる講話」がある。

340　「ロシア精神」の形成と現代

をくまず」、「今の世（キリスト教社会）の語りぶりもて」歌うことが宣言されている。そのメインテーマは、端的に言って、イーゴリの改悛によるルーシの救済である。日蝕という決定的な自然現象によって、神からいわば死刑を宣告されたイーゴリは、鬼神に憑りつかれたかのような、死に物狂いの勇猛さで戦いに突き進む。この向こう見ずな勇気は、軍記物語としての重要なファクターであるが、しかし、傲慢に対する神の罰は免れずイーゴリと弟フセヴォロドの部隊は殲滅される。筆者には、日蝕の警告を無視して無茶な侵略戦争をおこなったイーゴリ・スヴャトスラヴィチと、やはり無謀極まりないウクライナ侵攻に踏み切ったウラジーミル・プーチンとが重なり合って見えてしまう。

　遠く離れたキエフでは、あるいは、イーゴリは死んだと思われたかもしれない。なぜなら、『イーゴリ軍記』中で、オレーグ党の長でイーゴリの従兄であ

65）*Гальковский Н.М.* Борьба Христианства с остатками язычества в Древней Руси. Т. 2. М., 1913. 上掲書に収められているのは以下の作品である。「注釈に見出されたグレゴリオスの講話。最初の異教徒たちがいかに偶像を崇拝し、偶像に捧げ物を捧げていたか」、「キリストを愛し、正しい信仰を熱烈に探し求めるある者の講話」、「聖なる使徒たちの講話と啓示」、「我らが師父金口ヨハンネスの講話。最初の異教徒たちがいかに偶像を信じ、偶像に捧げ物を捧げていたか。偶像の名前を呼んでいたか」、「師父キリルの邪悪な霊についての講話」、「叡智によって解釈された、聖なる使徒たちと予言者たちと師父たちについての講話。被造物と日曜日と言われた日について」、「聖なる金口ヨハンネスに解釈された預言者イザヤの講話。ロードとロージャニツィに第2祭壇を設ける者たちについて」、「キリスト教徒たちがいかに生きるべきかについての聖なる師父たちの講話」、「魔術と幻術で病を治そうとする者たちについての金口ヨハンネスの講話」、「聖なる師父モイセイの講話」、「教会規則の斎戒についての聖なる師父たちの講話」、「望む者たちについての聖なるディオニーシイの講話」、「金口ヨハンネスの講話。赤子たちを思って泣くことが無駄ではないように」、「聖なるワシレオスの講話」、「いかに霊的に祝うかについての聖なる師父たちの講話」、「聖エウセニオスの日曜日についての講話」、「聖なる師父ヤコフの聖なる日曜日についての講話」、「大斎とペテロの日、ピリポの日の斎戒についての講話」、「キリスト教についての金口ヨハンネスの講話」、「ルサリア（春の祭り）についてのニフォントの講話」、「魂が出ていくことについての慈悲深きヨハンネスの講話」、「斎戒についての聖ワシレオスの講話」、「出会いとくしゃみへの信仰について教導的に教え導く講話」。

るスヴャトスラフが、誰かの死を暗示する不吉な夢を見るからである。少なく
とも象徴のうえでは、イーゴリは確実に死んでいる。

　この死の淵を、しかしながら、どういうわけか現実のイーゴリは辛くも生き
残った。このこと自体がすでに、奇跡と捉えられていたであろう。さらに欲を
かいて無謀な征服戦争に出かけ、神からの警告を受けてもなおそれを無視して
進軍した愚かなイーゴリは、神の御前で悔悛することによって、ルーシへの生
還を果たすばかりではなく、神に嘉みされてチェルニーゴフ公位にさえ登極す
る。これこそまさしく奇跡そのものである。

　『イーゴリ軍記』という作品の背景には、「傲慢－神の罰－悔い改め－脱出－
栄光」すなわち「堕罪－死－復活」のキリスト教的な筋立てがある。ボロディ
ンの歌劇『イーゴリ公』[66]は、学者たちが喧々諤々の議論を行っていた時代に
すでに、この作品に隠されていた「堕罪－死－復活」の筋立てを発見していた。
その慧眼は高く評価されるべきであろう。また、この筋立てに気づき、真剣に
取りあげた学者として、ほかにボリス・ガスパーロフがいる。[67]

　以上のように、本稿の筆者の考えでは、『イーゴリ軍記』はキリスト教精神
に貫かれた作品なのだが、従来この作品は異教的な作品と考えられ、依然とし
てその考え方は根強いと思われるので、ここで『イーゴリ軍記』という作品に
おいて異教神がどう扱われているかという問題も検討しておきたい。たしか
に『イーゴリ軍記』には、太陽や木々や草などの自然物が自らが意思を持って
いるかのような描写も少なくはない。そこで作品は確実にキリスト教の枠を超
えて幻想的な味わいがあり、なおかつ文学としても優れている。にもかかわら
ず、その異教的感性を包摂するキリスト教の魂の構えがあると本稿の筆者は考
える。『イーゴリ軍記』で異教神が現れる箇所は全部で4箇所で、そこで現れる
異教神はヴォロス、ストリボーグ、ダジボーグ、ホールスの4者である。

　ヴォロスは家畜の神でありなおかつ冥界の王であるが、ヴェレースと呼ばれ

66）*Александр Порфирьевич Бородин* (1833-1887). Князь Игорь. 1893 年 10 月 23 日（グ
　レゴリオ暦 11 月 4 日）初演。

67）以下を参照。*Гаспаров Б. М.* Поэтика «Слово о полку Игореве», М.:»Аграф», 2000.
　608 c.

ることもある。『イーゴリ軍記』には、次のように現れている。「あるいはまた、ヴェレースの孫、霊妙なるボヤーンよ、御身はこのようにうたったかもしれぬ。スーラのかなたに駒いななきキーエフに誉れ高鳴る。」[68]

ストリボーグは風の神である。ストリボーグはポーロヴェツ人と開戦したイーゴリが劣勢に陥ろうとした場面で現れる。「ストリボーグの孫なる風は、海の方より矢のようにイーゴリの精鋭に吹きつける。」[69] ダジボーグは太陽神である。イーゴリがポーロヴェツ人に一敗地に塗れた場面で現れる。「ダジボーグの後裔（すえ）の軍勢のあいだから『恥辱（オビーダ）』が身を起こし、乙女の姿となってトラヤヌスの地に飛び入り、ドンの河口の青海で白鳥の羽をはばたいて水をしぶかせながら、太平豊穣の世を追い立てた。」[70] 以上の二つの箇所は詩情あふれ、文学的に非常に優れていると言えよう。

ホールスも太陽神で、ダジボーグとならんで言及されることがあるが、ここでは人狼フセスラーフが駆けぬける道が「ホールスの道」と呼ばれる。「フセスラーフは公として民に裁きを行ない、諸公の属する街々を支配し、夜は狼と化して疾駆した。キーエフを出ると、鶏の鳴くより早くトムトロカーンに走りつき、大いなるホールスの道を狼となって駆けぬけた。」[71]

ヴォロスは本書第3章で登場し、スラヴ神話においてほとんど主神格たる重要な位置を占めることを確認したが、前述の異教詩人であるボヤーンがこのヴォロスに準えられている。先ほど述べたとおり、『イーゴリ軍記』の作者はボヤーンを讃えつつも、異教詩人ボヤーンとは一線を画すキリスト教精神の担い手として歌うことを宣言している。また、ストリボーグもダジボーグも、主人公イーゴリに立ちはだかる試練として現れている。傲慢による堕罪が異教神の末裔の姿をとって主人公イーゴリのまえに立ちはだかるのである。ヤロスラフ治下のキエフ・ルーシの人々が、キリストの祝福を祈ることによってボリスとグレープの呪いを克服したように、イーゴリは改悛をとおして、これら神の試

68）中村喜和編訳『ロシア中世物語集』筑摩叢書、1970年、208頁。
69）上掲書212頁。
70）上掲書214頁。
71）上掲書219頁。

第7章　ふたたび『イーゴリ軍記』とは何か　　**343**

練を克服しなくてはならないのだ。また、異教神ホールスの道は、人狼という「凶暴な獣」の姿となったフセスラーフが駆けぬけるものであり、ここでも異教神は信仰や賞讃の対象ではなく、奇々怪々な雰囲気を漂わせているが、この得体の知れなさもやはりキリストへの祈りによって鎮めなくてはならない。

　概して、異教神ヴォロス、ストリボーグ、ダジボーグ、ホールスは、中村が述べるように、「信仰の対象というより芸術的な象徴としてあらわれている」のであるが、これら神格の記述には誉め讃えのニュアンスはなく、むしろ主人公イーゴリに神から課される懲罰、試練の表象となっている。異教的形象も、この「傲慢−死−復活」の筋立てのなかにしかるべき場所を見出すのである。この筋立ては、この物語の主人公であるイーゴリ・スヴャトスラヴィチの同時代人たちには明らかだったと思われる。

　さて、次にウジャンコーフによって作者に擬せられたヴィドゥビツィの修道院長モイセイの文学的才能について見てみよう。モイセイには、『ヴィドゥビツィにおける壁の建設に関する修道院長の講話』という作品が残っている。この作品は、長らく崩壊したままであったヴィドゥビツィ修道院の支え壁が、キエフ大公リューリク・ロスチスラヴィチによって再建されたことを高らかに讃えるものである。ここにも「絶望から歓喜へのV字型の移行」という物語構造を看てとることができるが、ここで注目すべきはこの作品に顕かに現われた文学的才能である。『ヴィドゥビツィにおける壁の建設に関する修道院長の講話』から引用しよう。

　　いまこのときから、神を愛する多くの者たちは、怠けることなく死に物狂いでそなた[72]のあとを追うか否かで、また、そなたのなかに、イスラエルの新しき民を奴隷状態から、残酷さから、困窮の闇から救い出したモーセのごとき指導者を見出すか否かで、自らが真に神を愛する者であるか否かがわかるでしょう。というのは、いまや私は岸辺ではなく、壁のうえに立って、いにしえにミリアムが歌ったように、そなたに勝利の讃め歌を歌うのですから。

---

72) キエフ大公リューリク・ロスチスラヴィチのこと。

344　　「ロシア精神」の形成と現代

主に拠り立ってそなたが強められることにより、主の聖なる聖堂は新たにされました。これを見ていまや、義人たちの魂は『イザヤ書』にしたがって「島は新たになった」と申しております。ゼルバベル王のもとでバビロンの絶望から解放された人々と同じように、今日、敬虔なるキエフの住人、さまざまな土地の住人の多くが、魂が救済されたためであるばかりではなく、そなたの治世に起こった新しい奇跡のために、主の筆頭天使への強烈な希求と愛を抱きはじめております。[73]

　この演説では、ヴィドゥビツィの支え壁の建設が、ユダヤ人の王ゼルバベルによるエルサレムの第2神殿造営に喩えられている。いずれの建造物も9月24日に完成し、いずれの場合も、民はその苦い体験からの解放に歓喜している。その相同性の発見と歌い上げの巧みさ、言葉の選択の卓越性と文章の流れの典雅さには、尋常ならざる文学的才能が感じられる。第2神殿造営は、バビロン捕囚のあと神にその心を動かされたキュロス大王の命令によるものだったが、神に心を動かされた人物が何か大きな事を起こすという発想もまさに『イーゴリ軍記』と共通している。説教から明瞭に読み取れるこの文学的才能が、「堕罪－死－復活」を筋立てに持つキリスト教的英雄叙事詩で発揮されたならば、『イーゴリ軍記』という傑作が生まれたとしても不思議ではなかったと本稿の筆者は考える。

　イーゴリ・スヴャトスラヴィチの同時代人たちは、イーゴリのこの奇跡的な死と再生の物語を、感動をもって受けとめるとともに、内争によって混乱したルーシの命運とも重ね合わせた。つまり、けた外れのラッキーボーイ、イーゴリにあやかろうとしたわけである。イーゴリが悔悛によって復活したように、ルーシもまた我欲を捨ておのれを空しくすることによって、ウラジーミル・モノマフの治世がそうであったように、ふたたび神の栄光に浴することができる。奇跡は必ず起こる。この不動の信念が、『イーゴリ軍記』の作者の真の創作の動機だったのではないだろうか。

---

73) 三浦『中世ロシアのキリスト教雄弁文学』219-220頁。

第7章　ふたたび『イーゴリ軍記』とは何か　**345**

しかし、ここにこそ、歴史の皮肉があった。『イーゴリ軍記』の作者は、イーゴリの改悛によってルーシが救われたと考えたかったであろうが、ルーシを襲った運命はじつはさらに過酷だったからである。ルーシの公一人一人がイーゴリの改悛を内的に追体験できればよかったのだが、内争はなおもつづき、1185年の遠征のおよそ50年後、団結して立ち向かうすべを知らなかったルーシ諸公は、雲霞のごとく押し寄せるモンゴル軍によって、完膚なきまで叩きのめされた。

　いわゆるモンゴル・タタールのくびきを、ルーシの人々が神の懲罰と受け取ったことは、ウラジーミルのセラピオンの説教[74]などからはっきりとわかる。『イーゴリ軍記』の奇跡への期待はこれ以上ないほど見事に裏切られたのである。13世紀前半にルーシを襲ったこの大悲劇によって、『イーゴリ軍記』の上記の救済論的コンテクストは、どこかに吹っ飛んでしまった。それとともに、作品の価値自体に深刻な疑問が突きつけられ、その結果、作品そのものは完全に忘れ去られた。

　過酷な神の罰を引き受けたルーシが、ロシアとして復活するには、さらに200年の歳月が必要であった。クリコヴォの戦い（1380年）の勝利を題材とした『ザドンシチナ』が、『イーゴリ軍記』を下敷きにしていることはよく知られている。この作品は、タタールのくびきからの脱却とルーシの復活をテーマとしているが、こうして考えてくると、その作者が、『イーゴリ軍記』が元来もっていた救済論的コンテクストに着眼したのは、当然といえば当然だった。さらに100年ののち、モスクワ大公国の勃興は、世界創世ビザンツ暦7000年（西暦1492年）との関連で、『ダニエル書』の啓示[75]において世界の終末に現われる正義の帝国であると捉えられるのであるが、このことは『『イーゴリ軍記』と

---

74) 邦訳がある。「六.ウラジーミルのセラピオンの説教」三浦『中世ロシアのキリスト教雄弁文学』222-242頁。

75) 4頭の大きな獣が象徴する4帝国の興亡ののち、「天下の全王国の王権、権威、支配の力は、いと高き方の聖なる民に与えられ、その国はとこしえに続き、支配者はすべて、彼らに仕え、彼らに従う。」『ダニエル書』7章27節。

その時代』の第1部で克明に書かれている。[76]

　小倉百人一首に、「大江山生野の道の遠ければまだ文も見ず天の橋立」という小式部内侍の和歌がある。往時、かの小林秀雄は、たとえ天の橋立という自然がなくなったとしても、この歌だけは生き残ると書いた（「天の橋立」『考えるヒント1』）。小林はこの小文を「名歌は橋立よりも長生きするだろう」と結ぶが、同じことが『イーゴリ軍記』にも当てはまる。『イーゴリ軍記』も、作品のあらゆる歴史的、宗教的コンテクストが完全に忘却された600年後に、その「歌」としての魅力のみによって、ロシア文学史上稀有の傑作として蘇ったからである。

　『イーゴリ軍記』をキリスト教文学の作品として読むという試みは、ピッキオによって創始され、ウジャンコーフのこれらの著作によって大幅にその歩みを進めた。『イーゴリ軍記』という伝説的な名作が、中世ロシア文学全体の流れとはじめて調和を見出したという点で、本稿の筆者はこの研究をきわめて興味深い、意欲的なものとして高く評価する。ソビエト崩壊後の正教復興の全般的思潮のなかで生まれた研究であることは間違いないが、ウジャンコーフは盲目的な教条主義に陥ることなく、謙虚に外国人学者に学びながら、公平な研究者としての立場を貫いている。ウジャンコーフは、ここで扱った二つの著作において、文学研究における内的な、そして、素朴な読みの可能性をその極限まで推し進めているように思われる。文学においてもっとも大切なことは、作品と魂で対話をすることであると思うが、本論で取り上げたこの二つの著作は、この当たり前のことを、あらためて読者に気づかせてくれるものだ。

76）*Ужанков. «Слово…» и его эпоха.* С. 134-139. 世界創世ビザンツ暦7000年は、ルーシにとってきわめて大きな精神史的意義をもつ転換点であった。このことは、エヴゲニイ・ヴォドラスキンの小説『聖愚者ラヴル』（作品社、2016年）にも鮮やかに描かれている。15世紀末からロシアで勢いをもった終末観については、以下を参照。三浦清美『ロシアの思考回路－その精神史から見つめたウクライナ侵攻の深層』扶桑社新書、2022年、221-232頁。

第 8 章

テオーシスとは何か
——パノポリスのノンノスと『ラザロ復活に寄せる講話』から[1)]

三浦　清美

はじめに

　本章は、イエス・キリストにおいて神が人間になった以上、人間も神になれるし、神になる努力を惜しんではならないとするテオーシスが、水と油のように異なるユダヤ的伝統とギリシア的伝統との遭遇の結果生まれたことを示したのち、そのテオーシスが文芸作品のなかでじっさいにどう発現されたかを検証することを目的としている。

　1. においては、4世紀ビザンツの著作家パノポリスのノンノスの作品に対するソビエト・ロシアのビザンツ学者S. アヴェリンツェフの分析を通して、ユ

---

1)「1. テオーシスが生まれるとき」は、第18回ビザンツ学会（2021年3月29日オンライン開催）での同タイトルの報告を、若干の加筆、修正とともに論文のかたちにして以下に掲載したものである。「С.С. アヴェリンツェフの仕事――ビザンツの文明史的な位置づけと『初期ビザンツ文学の詩学』（モスクワ、1977）」Slavistika 36, 2022, pp.43-51.「2.『ラザロ復活に寄せる講話』における「神の視点」」は、ロシア語においてロシア科学アカデミー世界文学研究所が刊行する以下の学術誌に掲載された。Киёхару МИУРА. Как читать «Слово на воскресение Лазаря»? — К вопросу о древнерусском мифотворчестве и религиозном воображении в мире славянских средневековых апокрифов // Герменевтика древнерусской литературы. Сборник 20 Проблемы интерпретации памятников литературы Древней Руси. М., 2021. С. 154-185.『ラザロ復活に寄せる講話』には邦訳がある。三浦清美「中世ロシア文学図書館（IV）アポクリファ①」『電気通信大学紀要』第25巻（通巻41号）、2013年、61-65頁。

ダヤ的伝統とギリシア的伝統が遭遇した結果、ユダヤ的伝統とも、ギリシア的伝統とも異なる、まったく新しいキリスト教的伝統が生まれたことを述べる。ユダヤ的伝統においては、アブラハム、イサク、ヤコブの神は本来人間にとって見えない不可知な存在であったが、神を不可知とするこのユダヤ的伝統が、見ること、見えることを至上の価値とするギリシア的伝統に遭遇した結果、不可知の神はイエス・キリストという可視の人間となって具現し、神と人間とがユダヤの律法を介さず繋がるキリスト教の認識が生まれた。

　これを受けて2.においては、アポクリファ作品『ラザロ復活に寄せる講話』を例にとり、イエス・キリストの真似びによって神に近づく人間が、「神の視点」を獲得することによって、本来不可知であるはずの「地獄」をありありと見、まざまざと感じ、生き生きと描き出すに到ったことを述べる。ここで扱われるのは、中世ロシアの神話形成の諸特徴と、中世スラヴ、アポクリファに反映した宗教的想像力についての考察である。

　『ラザロ復活に寄せる講話』という作品は、地獄にいる旧約聖書の義人たちが、自らの救済の希望を、一度死んでイエス・キリストによって生き返るラザロに託し、その念願が叶って、やがて磔刑にされて地獄に降りたイエス・キリストによって地獄から助け出されるという筋立てをもっている。この作品の分析のために、「神の視点」という概念を導入する。この「神の視点」という概念は、P.フロレンスキイによって着想され、「神の目によって」という呼称を得た描出の原理に由来するものである。神の目によって描き出された「あの世」は、テオーシスの一つの発現形態であると考えられる。本稿では、神の目によるあの世の出来事の描出を検討した結論として、中世ロシアの『ラザロ復活に寄せる講話』は古典古代の文学と関連をもっているという仮説を提出する。

　2.は3部構成である。本稿において提示される種々の仮説の根拠づけのために、2.1.は、19世紀後半の文学史家であるA.プィピンから、このアポクリファ作品がインド・ヨーロッパの根っこをもつことを強調する現代の研究者、A.ニコラーエフにいたるまでの、このアポクリファ作品の研究史の概観に充てられる。2.2.では、「神の視点」という手法を文学作品の分析に適用することを根拠づけるために、古代キリスト教アポクリファの文化的土壌を検討する。2.3.では、前の2.1.、2.2.の根拠づけに基づき、「神の視点」という概念を援用

して、『ラザロ復活に寄せる講話』のドラマトゥルギーを分析する。

1. テオーシスが生まれるとき——ビザンツの文明史的な位置づけとアヴェリンツェフ『初期ビザンツ文学の詩学』（モスクワ、1977）

1.1. ソビエト・ロシアのビザンツ学者、セルゲイ・アヴェリンツェフとは？

　1453年にビザンツ帝国は滅んだが、ビザンツを継承した国家はと言えば、やはりロシアということになるだろう。15世紀末にモスクワ大公イワン3世が、ビザンツ帝国最後の皇帝コンスタンティノス12世の姪のゾヤを娶り、ビザンツ帝国の継承者であることを自認したことはあまりにも有名である。しかしながら、日本のビザンツ研究は、ビザンツを冷たく突き放す傾向のある西欧の視点からのみ行われていて、ビザンツ文明に内在的な共感をもつロシアを中心としたスラヴ諸国の視点が弱いように思われる。ロシア人がどうビザンツを見たかという視点が欠けているのである。

　もちろん、ビザンツ帝国とモスクワ大公国、のちのロシアとのあいだに、どんな連続性があり、どんな断絶があるのかは面白いが、しかし非常に難しい問題であることも事実である。しかしながら、その後継者と見なされるロシアがビザンツ帝国とその文化をどう捉えているのかという視点が弱いことは、残念なことには違いがない。A.ワシーリエフを筆頭としてロシアには錚々たるビザンツ学者も多いが、西欧の視点を相対化するためにも、ロシアのビザンツ研究の空気感を知ることは大切なことではないかと思う。そのようなわけで本稿では、ソビエト時代後半から新生ロシア時代にロシアのビザンツ研究に不朽の功績を残したセルゲイ・セルゲーヴィチ・アヴェリンツェフという学者の仕事を紹介したいと思う。

　モスクワならびに全ルーシ総主教キリルによって編纂された『正教百科事典』[2]によれば、セルゲイ・アヴェリンツェフはまずは文献学者であり、キリスト教文化史家、文学研究者、詩人であった。ロシアテレビのルポルタージュ[3]

---

2) Аверинцев // Православная энциклопедия. https://www.pravenc.ru/text/62704.html （2023年8月26日最終閲覧）

3) https://smotrim.ru/article/1001099 （2021年6月5日最終閲覧）

によれば、モスクワのダニーロフ墓地に葬られたこの大学者の墓碑銘には、「Чтец」(読み手)という一語が刻まれているという。アヴェリンツェフという学者の在り方を定義するのに、この「読み手」という言葉ほどふさわしいものはない。アヴェリンツェフは、ヨーロッパの古典古代、中世のみならず、19世紀ヨーロッパのロマン主義、20世紀初頭ロシアのいわゆる「銀の時代」の文学、さらには中近東地域の文学の繊細な読み手であり(この場合、文学というのはもっぱら詩である。散文はあまり好きではなかったと彼の妻は証言している)、これらの文学を原語で読み、精密なロシア語に訳した翻訳の達人でもあった。

　アヴェリンツェフの経歴を簡単に振り返る。病弱だった子供時代から文学に親しんだセルゲイ・アヴェリンツェフは、1961年にモスクワ大学文学部古典文献学講座を卒業した。卒業論文は『プルタルコスの伝記構築の諸原理』であった。その後、モスクワ大学文学部の大学院に進学し、1967年に論文『プルタルコスと古典古代の伝記 − ジャンルの歴史におけるジャンルの古典の位置について』で準博士号(欧米のPh.D.に相当)を取得し、1971年からロシア科学アカデミー・ゴーリキイ名称世界文学研究所の上級研究員を務めた。1979年に、『初期ビザンツ文学の詩学』で正博士号を取得し、1987年にはロシア科学アカデミーの準会員となり、1991年にモスクワ大学哲学部世界文化の歴史と理論講座の教授に移るが、1994年にソ連崩壊後の混乱を避けてウィーンに居住の場所を移し、ウィーン大学スラヴ学研究所の教授となった。2003年5月にロシア科学アカデミーの正会員になるが、時を前後して、心筋梗塞の発作に襲われ、10か月の昏睡ののちに2004年2月にウィーンで没した(享年66)。

　本稿は、アヴェリンツェフの正博士論文で、彼の代表作でもある『初期ビザンツ文学の詩学』のなかから、「謎かけと謎解きとしての世界」のパノポリスのノンノスについて扱った箇所を取りあげて、彼がビザンツ文明の特性をどう捉えているかを中心に見ていきたいと思う。

1.2. 『初期ビザンツ文学の詩学』の射程とする時代

　『初期ビザンツ文学の詩学』という著書が射程とする時代は、ビザンツ帝国が小アジア半島、バルカン半島に限定される以前の時代、シリア、エジプトが

版図のなかにあり、首都コンスタンティノープルの動向に無視しがたい影響力
をもっていた時代である。その時代について、アヴェリンツェフは「序文」に
おいて、次のように述べている。

　　乱暴な言い方をすれば、「初期ビザンツ」という言葉が使われるさい、私た
　ちはそれがコンスタンティヌス1世帝（在位324-337）からイラクリウス帝（在
　位610-641）までの時代であると理解している。コンスタンティヌス1世の時
　代に、この時代まで敵対し合っていた、皇帝権力とキリスト教信仰の同盟が
　史上初めて締結され、その総体においてビザンツ性のおもて面の輪郭を規定
　した。この同盟のもとで、ボスフォラスの両岸における首都、コンスタンティ
　ノープルと改宗させられたビザンティウムの町の千年にわたる歴史がはじ
　まったのである。…イラクリウス帝の時代に、この国家はローマの太古から
　の敵であったササン朝イランに輝かしい最後の勝利を収めたあと、聞いたこ
　ともなかった新しい敵であるアラブ人によって決定的な敗北を喫し、アレク
　サンドリアとアンティオキアとお別れすることになった。…エジプト、シリ
　ア、パレスチナはイスラーム世界に去った。帝国は困難な政治的、経済的、
　文化的危機に突入し、この危機から抜け出たとき、新しい問題と新しい可能
　性をもつ別の国家となっていた。古代から中世への移行が完成したのであ
　る。[4]

　アヴェリンツェフが「初期ビザンツ」と呼ぶのは、ローマ帝国の西半分と関
係が断たれているが、近東地域とは一つながりであった時代であり、アヴェリ
ンツェフはジョルジュ・フィンレイについて言及しながら、むしろ「原（プロ
ト・）ビザンツ」あるいは「前ビザンツ」と呼ぶほうがふさわしいかもしれない
と述べている。それから、イラクリウス帝を終わりの起源とすることには何の
疑問もないものの、始まりについては数十年に限定してその境界を指し示すこ
とが難しいと断っている。

---

　4) *Аверинцев С.С.* Поэтика ранневизантийской литературы. СПб: Издательство
　«Азбука-классика». 2004, С.10.

宗教政策の革命、帝国の首都の移転は、非常に明瞭な道標ではあるものの、これらの道標は決して、それらによって表現された、社会生活と文化生活の深い断層と時間のうえで一致しない。（パタラの－三浦注）メトディオス（3世紀後半）のような作家はコンスタンティヌス以前の時代に生きたのであるが、しかしながら、彼の著作は（中略）初期ビザンツ文学の絵のなかに溶け込んでいくものである。逆に、リバニオス（314-393）のような作家はコンスタンティヌス以降に生きたが、しかしながら、彼の著作を古典古代の文学の歴史から除外することはどうしてもできない。一つの時代から次の時代への移行は、非常にゆっくりと行われており、多くの矛盾を含むプロセスである。[5]

　安易な図式化を拒む峻厳な態度はいかにもアヴェリンツェフらしいと言えるもので、それは文学作品の繊細な読みに立脚したものであることが窺われるが、アヴェリンツェフ自身は自らの立場を次のように述べている。これはこの書の立ち位置のマニフェストと呼んでよいだろう。

　この本で検討するテクストは、それがたとえば、ナジアンゾスのグレゴリオスであろうと、パノポリスのノンノスであろうと、後期古典古代の文学であると見なして一向に差し支えない。しかし、これらのテクストにおいて、私たちがまず第一に探し求めてきたものは、古きもののこだまではなく、新しきものの諸特徴である。私たちを惹きつけてやまないのは、何世紀にもわたり彫琢された惰性の調和ではなく、多産な不調和の断層である。この意味において、「古典古代後期」文学の詩学なのではなく、まさに「初期ビザンツ」文学の詩学なのである。[6]

　アヴェリンツェフの諸著作において、ビザンツ文化を、ギリシア文化と、（ユダヤを含む）近東の文化のアマルガム、あるいはカクテルであると捉える態度は一貫しているのであるが、これが如実に現われた例として私たちの関心

---

5) *Аверинцев.* Поэтика. С.10-11.

6) *Аверинцев.* Поэтика. С.11.

354　　「ロシア精神」の形成と現代

を引くのが、「謎かけと謎解きとしての世界」の章でアヴェリンツェフが取り
あげている5世紀の詩人、パノポリスのノンノスによる「パラフラシス」と呼
ばれるジャンルの詩作品である。次にアヴェリンツェフが、『ヨハネによる福
音書』に基づく「パラフラシス」をどう分析しているかを見てみることにしよ
う。

1.3. パノポリスのノンノスにおけるギリシアとユダヤの邂逅

　アヴェリンツェフは、パノポリスのノンノスが活躍した文学ジャンルである
「パラフラシス」について次のように紹介している。

> 　　古典古代から中世に移行する時期の「パラフラシス」と「メタフラシス」の
> 文学のなかで、特別な役割をしてきたのは、聖書の素材に古典古代の形式を
> 適用することに基礎を置く諸実験である。この諸実験というのは、東方にお
> いてはホメーロスの言語と脚韻で、西方においてはヴェルギリウスの言語と
> 脚韻で旧約聖書ならびに新約聖書を語りなおす体のものであった。[7]

　要するにこれは、福音書をはじめとする聖書のエピソードを、英雄叙事詩の
形式、ギリシア語のホメーロス、ラテン語のヴェルギリウスの詩形、つまり、
6歩格のダクテュロスで歌い上げてゆくものである。アヴェリンツェフは分析
の対象として、『ヨハネによる福音書』に基づく「パラフラシス」から、イエス
の十字架上の死の場面を引用している。引用はアヴェリンツェフによってギリ
シア語から現代ロシア語に翻訳されたものだが、それを本稿の筆者が現代ロシ
ア語から日本語に翻訳したものを次に掲げる。

> 　このときイエスは、避けがたい偉業の順序を
> 己が心のなかに捉え、何が実現されずに残っているかを
> 知りながら、終わりを急ぎ、まえにいる群衆たちにつぶやいた。
> 「私は渇く」と。すでに近くに茶碗が用意されていた。

---

7) *Аверинцев.* Поэтика. С.151.

第8章　テオーシスとは何か　**355**

苦い酢に満たされた茶碗が。誰かが、狂乱した霊をもって
底なしの海で、誰も到達できない深淵で育った海綿を取り
苦しみをもたらす液体をたっぷり含ませ、それから
棒の切っ先に固定したのち、高く差し上げた。
このようにこの男は主の唇に死の苦みを近づけ
主の御顔の真ん前に影長き竿のうえで宙高く
海綿を揺らしながら、口に液体を流しこんだ。だが、それは
命をもたらす水、腐ることない神の食べ物ではなかった。
かくして、唇を探り当て、喉に液体を流しこんだのだった。
全身人事不省となりながら、かの人は最後の言葉を言った。「事は成った。」
そして、頭を垂れ、自ら選んだ最期に身を委ねたもうた。[8]

　参考のために、この部分に対応する新約聖書『ヨハネによる福音書』の該当
部分を引用する。

　　このころち、イエスは、すべてのことが今や成し遂げられたのを知り、「渇
　く」と言われた。こうして、聖書の言葉が実現した。そこには、酸いぶどう
　酒を満たした器が置いてあった。人々は、このぶどう酒をいっぱい含ませた
　海綿をヒソプにつけ、イエスの口もとに差し出した。イエスは、このぶどう
　酒を受け取ると、「成し遂げられた」と言い、頭を垂れて息を引き取られた。[9]

　福音書は簡潔すぎるほどの簡潔さでイエスの受難のありさまを淡々と叙述す
るのに対して、パラフラシスはしつこいほどの装飾で文章を飾り立てていると
いう印象を受ける。両者のあいだでは、共通するものとして挙げられるのは、
以下の３点だけだ。それは、「渇く」、「事は成った・成し遂げられた」というイ
エスの言葉であり、瀬死のイエスに与えられる酸っぱい飲み物「酸いぶどう酒」

8）*Аверинцев*. Поэтика. С.151-152.
9）『ヨハネによる福音書』（新共同訳）19章28-30節。以下、聖書からの引用は『新共
　同訳』に拠る。

356　「ロシア精神」の形成と現代

あるいは「酢」の存在であり、この飲み物を「海綿」に含ませてイエスに飲ませたというディテールである。共通するのはこの3点だけだが、福音書になくパラフラシスにあるものはたくさんある。それは以下の5点である。

　まず第1点目として、イエスの心のなか、その心象風景とも言うべきものが挙げられる。イエスは、偉業の順番を思い浮かべ、何が残っているかを確認したのち、終わりを急ぎ、共通の部分「私は渇く」という発語に到る。このイエスの心象風景は、やがて来る共通部分のイエスの言葉「事は成った」の伏線になっている。第2点目として、「酢」がさまざまな提喩で言い換えられている。たとえば、「酢」は、「苦しみをもたらす液体」、「死の苦み」と言い換えられ、否定表現として、「命をもたらす水」ではない、「腐ることのない神の食べ物」ではないとなっている。この否定表現も「酢」の提喩と考えてよいだろう。さらに第3点目として、海綿についての奇妙なディテール「底なしの海で、誰も到達できない深淵で育った」が挙げられる。この海綿についてのディテールについては、アヴェリンツェフが特別に注意を払っているので、あとで見ることにしよう。第4点目として、海綿を差し上げる者のディテール「狂乱した霊をもって」、「棒の切っ先に固定したのち、高く差し上げた」、「主の御顔の真ん前に影長き竿のうえで宙高く」、「唇を探り当て」、「喉に液体を流しこんだ」が、そして第5点目として、瀕死のイエスのありさまのディテール「全身人事不省となりながら」が挙げられる。

1.4. アウエルバッハ『ミメーシス』第1章「オデュッセウスの傷痕」に見るギリシアとユダヤの相克

　ここまでで紹介してきたノンノスのパラフラシスという文学現象はどう考えたらよいのだろうか。ここで本稿の筆者は、ドイツの文芸学者アウエルバッハの主著『ミメーシス』から引用して、一本の補助線を引いておきたいと思う。アウエルバッハは、『ミメーシス』第1章「オデュッセウスの傷痕」で、ホメーロスの文体と『創世記』の文体を比較しているが、これはそのまま、ギリシアとユダヤの世界把握の在り方の違いに対する鋭い文明批評になっているように思われる。

第8章　テオーシスとは何か　**357**

このように見てくると、これら古代の二つの叙事詩（ホメーロスと『創世記』－三浦注）ほど文体が対照的なものは、ほかに想像しがたいようである。一方（ホメーロス－三浦注）は、十分に形象化され、時間と場所は明示され、前景で緊密に結び合い、均一に照明をあたえられた現象である。そこでは思考も感情も明白に表現され、あらゆる出来事はほとんど緊迫感をともなわずに悠長に進展する。

　これに反してもう一方（『創世記』－三浦注）は、物語の目的に必要な限られた範囲の現象の描出であって、これ以外の一切は明らかにされない。ここでは物語の展開上の決定的な瞬間のみが強調され、それにいたるまでの経過は存在を無視されている。（中略）ここではすべてが、間断のない極度の緊迫感のもとで、一つの目的を目指しつつ、そのかぎりでははるかに統一的だが、依然として謎めいたまま背景をそなえているのである。[10]

　筆者なりにパラフレーズしてみると、以下のようになる。ギリシア的な世界把握にあっては、見えることがすべてなのである。存在するものはすべて見えるものでなくてはならないという衝動に駆り立てられている。すべては、アヴェリンツェフの章立ての言葉で言うと、「謎解き」の位相で語られているのである。一方で、ユダヤ的な世界把握の在り方では、「神の意志」はつねに隠されていて、人間はその不確定性のなかを生きなくてはならない。見えるものとなって人間に触知されたものは、もはや価値がないのである。すべては「謎かけ」の位相で語られている。ギリシアとユダヤ、二つの世界把握の在り方は、完全に水と油のように二律背反的に対立していることになる。

　ここで話を戻すと、パノポリスのノンノスにおいて、ギリシアとユダヤ、完全に相対する二つの世界把握のあり方が正面衝突したわけである。その結果、ユダヤ的な世界把握のあり方にあっては、福音書において周到に隠されてきたものが、「見る文化」であるギリシア的な世界把握のあり方に遭遇して、強烈に「可視化」、「見える化」を強いられ、さまざまな矛盾が塊となって噴出して

---

10) アウエルバッハ『ミメーシス　上』（篠田一士、川村二郎訳）筑摩叢書、1967年、15頁。

358　「ロシア精神」の形成と現代

きたのだ。それがノンノスにおける装飾過多の部分といえる。

1.5. ノンノスのパラフラシスに対するアヴェリンツェフの分析

　ここが初期ビザンツの、すなわち、プロト・ビザンツの面白さであり、難しさであると思うが、アヴェリンツェフはこの面白さ、難しさを次のように分析している。

　　ノンノスにおいて、キリスト教的な「内容」がたんにギリシア的な「形態」に結合しているとは、とうてい言えない。キリスト教的な内容も、ギリシア的な形態も、相互的な敵対関係のなかで変容させられてしまったことがわかる。現代の読者がこの変容を純粋に否定的に評価することは、すなわち、ホメーロスの叙事詩的な単純素朴さ、福音書の聖書的な単純素朴さから残ったものは、しかしながら、とてもわずかであるとコメントをすることはいとも容易いことである。それは、確かにまったくその通りだからである。福音書のレアリアは、ホメーロス的な言説の言い回しをまえにして不可解なものになってしまったかのようである。ホメーロス的な言説の言い回しは、福音書のレアリアをまえにして、不可解なものになってしまったかのようである。一方がもう一方によって「異化 (остранение / defamiliazation－三浦注)」されている。それぞれが同じ度合いだけ、濃密な不透過性と重苦しい物質的な不透明性を付与されている。[11]

　さらにアヴェリンツェフは、酢を含ませた海綿についてのイメージの発展について次のように述べている。

　　何よりも力強いものは、一般的なコンテクストから破れ出たさまざまなイメージの独立した力によって人を驚愕させる、解釈不明なよくわからない箇所である。瀕死のキリストに与えられた海綿に話がおよぶとき、詩人の想像力はあるがままの場面から完全に逸脱して、ほとんど最後まで「海綿」、「海」、

---

11) *Аверинцев.* Поэтика. С.152

「深淵」という言葉によって満たされてしまい、これらの言葉は思いがけず、不明瞭であるばかりか、不安を掻き立て不可解な象徴へと成長していくのである。[12]

「神の意志」として隠されてきた「見えないもの」の「見える化」を、アヴェリンツェフは以上のように「不可解、不明瞭」と断じているわけだが、この「見える化」にあっても、「底なしの海」、「誰も到達できない深淵」のように、境界の消滅、すなわち、無限を指向していることは特筆すべきである。アヴェリンツェフはこの「不明瞭さ」、「不可解さ」に遭遇しても、初期ビザンツを決して否定的に評価していないのだ。アヴェリンツェフはこの「不明瞭さ」、「不可解さ」をあるがままに受け入れ、パノポリスのノンノスという文学現象について次のように結論づけている。

　　『パラフラシス』と『メタフラシス』の道、「改作」の道は、決してノンノスを折衷主義へと、和解し得ないものの和解へと導くことはなかった。むしろこの詩人は、和解し得ないものの不和解性のうえで遊んでいるのであり、それがある種の爆発、変容へと導かれているのである。北極と南極は、たえず場所を変えつづけている。ギリシアの「形態」は神秘的に肉体のないものになっている。福音書の「内容」は神秘的に物質的なものになっている。常に「矛盾した」、「場違いな」、「機転の効かない」ノンノスの各々の隠喩に蓄えられた緊張は、全テクスト、芸術的なるものの全体に及んでいるのである。[13]

ノンノスに見られる、初期ビザンツのこの緊張というのは、カルケドン信仰箇条の言葉を借りると、「混合も変化も分離も分割もしない」（イエス・キリストにおける「神性」と「人性」について述べたもの）相異なるものの共存ということになるのではないだろうか。ここがまさにテオーシスが生まれようとしている現場である。パノポリスのノンノスという人間は、ここであえて「神の視

12）Там же.

13）Там же.

360　「ロシア精神」の形成と現代

点」をとって、ありありと見、まざまざと感じ、それを生き生きと描こうとしている。

こうした根本的な矛盾を共存させる世界把握のあり方が、初期ビザンツ、あるいは、プロト・ビザンツという時代に生まれてきたことと、その時代がキリスト教教義の形成、確立期であったことは無関係ではない。そこで形成されたものが、イスラーム生誕とともに、イスラームとは別の文明となって、本格的なビザンツとして発展していくことも否定しがたい事実であるように思われる。この見方によれば、イコノクラスムはビザンツというものを決定づけた重大な事件となる。そして、アヴェリンツェフのこの初期ビザンツへの敬意と関心は、西欧カトリック世界とは異なる形で独自のキリスト教文化を発展させてきたロシアから発信された、キリスト教の根っこそのものに対する自画像的考察と言うべきものになっているように思われる。

2. 『ラザロ復活に寄せる講話』における「神の視点」

2.1. 『ラザロ復活に寄せる講話』の研究史

2.1.1. ロシア革命前の研究

1862年にA.ピィピンが、現代ではすでに不明になってしまった金口ヨハンネスの写本によって、『ラザロへの地獄のアダムの講話』を上梓して以来、[14] アポクリファ作品『ラザロ復活に寄せる講話』は多くの文献学者、言語学者の関心を引いてきた。

ピィピンが学界にこの作品の短い版を紹介した30年後、I.ポルフィーリエフは『ラザロ復活に寄せる講話』と、そのほかのアポクリファ作品の関連について、さらに入念な関心を払って検討した。そのほかの作品とは、「キリストの地獄めぐり」のテーマをもつ『キプロスのエピファニオスの講話』と『アレクサンドリアのエウセニオスの講話』で、これらの作品は起源的には、古代のアポクリファ作品である『ニコデモ福音書（ピラト行伝)』と多かれ少なかれ関連をもっていた。1890年、ソロフキ修道院集成におけるアポクリファのテクスト

---

14) Памятников старинной русской литературы, издаваемых графом Григорием Кушелевым-Безбородко. Вып. III, СПб., 1862, С. 11-12.

第8章　テオーシスとは何か　**361**

を研究したポルフィーリエフは、そのほかのアポクリファ作品とともに、短い
コメンタリーを付して『ラザロ復活に寄せる講話』を出版した。

　ポルフィーリエフは、この著作が掌院キリル・トランクヴィリオンの教訓文
学、ことにラザロの復活、キリストの神性の威力、「地獄にいる父祖たちの嘆
き」について物語る彼の教訓文学の一つに影響を与えたことに気づいていた。
このほかポルフィーリエフは、作品のテクストには短いもの（『地獄のアダム
からラザロへの聖なる使徒たちの講話』）と長いもの（『キリストの友、ラザロ
の復活に寄せる大斎期の第6土曜日に寄せる講話』）の二つの編集本があったこ
とを仮定している。のちに長年にわたる写本伝統の研究の結果、この仮説は確
かめられた。[15]

　ポルフィーリエフと同時期に、議論の俎上に載せられたこの著作は、ウクラ
イナの詩人で社会評論家でもあるI.フランコの関心を引いた。1899年、彼はキ
エフ神学校の16世紀の写本にしたがって、この作品の3番目のテクストを刊行
し、1900年には、彼の大部の論文とともに再版された。[16] この論文は、すでに
知られている3つの写本テクストに基づく、『ラザロ復活に寄せる講話』のテク
ストの再構築からなる。

　フランコは、まずはじめに『ラザロ復活に寄せる講話』のジャンルについて
の問題を提起し、この作品を公従士団の武人の詩文学であると捉えている。フ
ランコは、公従士団の武人の詩文学は現代まで伝わっていないとしながら、そ
の代表的なものとして『イーゴリ軍記』を挙げている。フランコの説によれば、
『ラザロ復活に寄せる講話』、『イーゴリ軍記』の二つの作品は、同じ一つの文
学的伝統に属するものであった。フランコは『ラザロ復活に寄せる講話』のテ

---

15) *Порфирьев И.Я.* Апокрифические сказания о новозаветных лицах и событиях по
рукописям Соловецкой библиотеки. — СОРЯС, Т.52, №4, СПб., 1890, С.36-49, 228-
231.

16) *Франко I.* 1) Апокріфі і легенди з українських рукописів. Памятники Українсько-
Руської миви и літератури. Т.II. У Львові, 1899, С.315-316; 2) Слово о Лазаревом
воскресении // Староруська поема на апокріфічні теми. — Записки Наукового
товариства ім. Шевченка, ТТ.XXXV-XXXVI, У Київі, 1900, С.1-57.

クストを再構築する試みを企図し、その再構築に詩の形態を当てて、テクストを詩行に分け、その原初の形態を再現した。

　フランコはこの再構築を詩作品であると考えて、その文学的価値を高く評価している。フランコは次のように書いている。

　　私たちはここに、並外れた詩的な価値をもつ作品を有している。この作品は、その発話のエネルギー、イメージの彫塑法、その構成において『イーゴリ軍記』との近親性を露呈しているのだが、これはポルフィーリエフがすでに気づいていたことであった。この作品は、疑いもなくルーシの独創的な作品である。この作品は、地獄における義人たちの苦患とイエスによる彼らの地獄からの連れ出しというアポクリファ的なテーマに基づくものであるとはいえ、にもかかわらず、自らのコンポジションにおいて高度に独創的なのである。[17]

　のちに『ラザロ復活に寄せる講話』は学問研究の文献において、一度ならず、『イーゴリ軍記』と公従士団の武人の文学と結びつけられて言及されることになった。V.ペーレッツ、[18] V.アドリアノヴァ・ペーレッツ、[19]『イーゴリ軍記事典（旧版）』の編纂者であるV.ヴィノグラードヴァ、[20] A.ジョーミン[21]は、

---

17) *Рождественская М.В.* О новых проблемах изучения апокрифического «Слово на воскресение Лазаря» // Труды отдела Древнерусской литературы (Дальше ТОДРЛ). Т.60. СПб., 2009. С.441. 翻訳はE. ヴォドラスキンによるもの。

18) *Перетц В.* Слово о полку Ігоревім. Пам'ятники феодальної України — Руси в XII веку: Вступ. Текст, коментар. У Київі, 1926. 351 с.

19) *Адрианова-Перетц В.П.* 1) Фразеология и лексика «Слово о полку Игореве» // «Слово о полку Игореве» и памятники Куликовского цикла: К вопросу о времени написания «Слова». М.-Л., 1966, С.13-127; 2) «Слово о полку Игореве» и памятники русской литературы XI-XIII вв. Л., 1968, С.54.

20) «живой-живыи» // Словарь-справочник «Слова о полку Игореве», составитель В.Л.Виноградова, Вып.2 (Д-копье), Л.,1967.

21) Дёмин А.С. «Слово о полку Игореве» и предисловие к «Хронографу» 1641 г. // Памятники литературы и искусства XI-XVII веков. М., 1978. С.87-94.

第8章　テオーシスとは何か　**363**

『イーゴリ軍記』における多くの単語、表現の解説の資料として、『ラザロ復活に寄せる講話』を活用している。

2.1.2. ソビエト期における『ラザロ復活に寄せる講話』の研究

　フランコが『ラザロ復活に寄せる講話』の詩的形態を復元しようとする（成功したとは言い難いが）最初の試みを行った40年後、この作品はI.エリョーミンの研究の対象となった。[22] エリョーミンは、アカデミー版の『ロシア文学史』において、11世紀から18世紀はじめの教訓文学についての章で、この作品に特別の記述を割いた。[23] エリョーミンはフランコと同じように、この著作の文学的な長所を高く評価して、この作品を「天才的」であり、[24]「キエフ・ルーシの儀礼的雄弁文学の輝かしい作品の一つであり、その詩的語法の個々のディテールによって『イーゴリ軍記』を思い起こさせる」と論評している。[25]

　エリョーミンはこの作品を謎めいたものであると考え、この著作について次のように書いている。

---

22) *Еремин И.П.* 1) Учительная литература в главе Русская литература XI-нач. XIII в.// История русской литературы Т.I. М.-Л., 1941. С.363-364; 2) Жанровая природа «Слова о полку Игореве» // Литература Древней Руси. М.-Л., 1966. С. 144-163; 3) «Слово о полку Игореве» (К вопросу о его жанровой природе) // Исследования по древнерусской литературе. Т.1. СПб., 2013. С.230-249; 4) «Слово о полку Игореве» как памятник политического красноречия Киевской Руси // Лекции и статьи по истории древнерусской литературы. Л., 1987. С.235-281; 5) «Слово о полку Игореве» как памятник политического красноречия Киевской Руси // Исследования по древнерусской литературе. С.246-279; 6) К вопросу о жанровой природе «Слова о полку Игореве» // ТОДРЛ. Т. 12. М.-Л., 1956. С. 28-34; 7) К вопросу о жанровой природе «Слова о полку Игореве» // Исследования по древнерусской литературе. С.297-306. 2) と3)、4) と5)、6) と7) は同一の論文である。引用は2013年刊の著書から行っている。

23) *Еремин.* Учительная литература. С.363-364.

24) *Еремин.* К вопросу о жанровой природе. С. 247.

25) Там же. С. 241.

この作品が誰によって書かれたか、私たちは知らない。また、それがいつ書かれたかも知らない。文体的な特徴、トゥーロフのキリルの作品や『イーゴリ軍記』との類似性から、この作品は12-13世紀の作品であるとされてきた。ことにこの作品は、『イーゴリ軍記』の詩的語法を思い出させるものがある。『ラザロ復活に寄せる講話』の起源についての問題は、いまだに自らの研究者を待ち続けている。『ニコデモ福音書』、『アレクサンドリアのエウセヴィオスの偉大なる金曜日に寄せる講話』、『キプロスのエピファニオスの偉大なる土曜日への講話』など、内容的に類似するアポクリファ的教会教訓文学の諸作品と、この講話を結びつける試みはあったものの、この作品の起源を突きとめることは、今にいたるまで成功していない。…この講話が一連のアポクリファ・モチーフの総体から編まれているものの、その組み合わせは独創的であり、一人の作者に帰するものであるという可能性も排除されていない。[26]

エリョーミンは、しかしながら、『ラザロ復活に寄せる講話』がいまは失われてしまった公従士団の武人の詩文学に属するものであると主張するフランコには、断固として同意していない。この点に関するエリョーミンの立場をのちに、フランコの詩作品の再構築に同意することができなかったM.ロジェストヴェンスカヤが支持することになった。[27]
　一方では、このアポクリファ著作が『イーゴリ軍記』に類似していることを認めながら、もう一方では、『イーゴリ軍記』が韻文作品としての性格をもっていないことを主張しながら、エリョーミンは次のように言っている。

　　私たちが知っている姿での『イーゴリ軍記』においては、それがどんなものであろうとも、音韻組織の統一的システムの痕跡を見つけ出すことは不可能である。このように組織だったものは、『イーゴリ軍記』には存在しない。

---

26) *Еремин.* Учительная литература. С.364.

27) *Рождественская М.В.* К литературной истории текста «Слова о Лазаревом воскресении» // ТОДРЛ. Т.25. М.-Л., 1970. С.48; О жанре «Слова о Лазаревом воскресении» // ТОДРЛ. Т.27. Л., 1972. С. 110.

第8章　テオーシスとは何か　**365**

…[28]『イーゴリ軍記』が『軍記物語』であり、なおかつ英雄叙事詩であると言うことは、何も言わないことに等しい。どこであれ、どの文学であれ、英雄叙事詩と歴史物語が統合されたためしはないのだ。…（英雄叙事詩の−三浦注）ジャンル的な孤絶性は、英雄叙事詩の、少なくともヨーロッパの英雄叙事詩のつね変わらぬ特徴が、どんなケースにおいても、詩的形態であるというそのことによって、つねに保たれてきたのである。[29]

　第7章において、『イーゴリ軍記 Слово о полку Игореве』もその一つである «Слово» というジャンルが、純粋に宗教的、キリスト教的なものであることを述べたが、[30] エリョーミンも『イーゴリ軍記』が教会の雄弁文学に属することを示唆しながら、次のように書いている。

　　『イーゴリ軍記』の作者は、「物語 Повесть」も「講話 Слово」の一部として包含させながら、本質的に、彼が選んだジャンルの要求に従っているだけであり、（キリスト教正教−三浦注）儀礼的雄弁文学の理論によっても実践によっても、すでに遠い昔から正しいと認められてきた伝統に貢物を納めたにすぎないのである。[31]

　エリョーミンの意見によれば、『イーゴリ軍記』は公従士団の武人の詩文学に属するものでさえなく、当時のキリスト教説教文学に属するものであった。ことにエリョーミンが強調するのは、『イーゴリ軍記』がトゥーロフのキリルの諸作品、さらには『ラザロ復活に寄せる講話』との関連をもつということである。つまり、エリョーミンは『ラザロ復活に寄せる講話』を教会の雄弁文学の典型であると捉えているのである。いずれも «Слово» である『ラザロ復活に寄せる講話』も、『イーゴリ軍記』も、純粋に宗教的なジャンルの作品であり、

28）*Еремин*. К вопросу о жанровой природе. С.233.

29）Там же. С.236.

30）337-340 頁参照。

31）*Еремин*. К вопросу о жанровой природе. С.240.

366　「ロシア精神」の形成と現代

第7章で取り上げた通り、「絶望から歓喜へのV字型の移行」という物語構造をもつものであった。

　D.チジェフスキイもまた、自らの著書『11世紀からバロックまでのロシア文学史』で、『ラザロ復活に寄せる講話』に注意を払いながら、この作品にまるまる一章を与えている。彼はこの作品を謎めいたものと見なして、この作品を、東スラヴ人自らが創作したアポクリファ文学の唯一の作品であると考えた。チジェフスキイは『ラザロ復活に寄せる講話』の言語のリズムと詩的形象の豊かさに驚いている。チジェフスキイは同様に、この講話のイメージ体系（イメジャリー）は、『イーゴリ軍記』とこの時代のほかの作品、ことにトゥーロフのキリルの説教を思い出させると指摘している。[32]

　エリョーミンのあとにこの作品を準博士号論文の研究対象とし、『ラザロ復活に寄せる講話』の研究に多大な貢献をしたのが、ミレーナ・ロジェストヴェンスカヤである。彼女はこの作品について集中的に仕事を積み重ね、この作品に関する一連の論文を書きながら、今日に至るまで研究を続けている。[33]

---

32) Čiževskij D, *History of Russian Literature: From the eleventh Century to the End of the Baroque* (S'-Gravenhage, 1960), p.135-137.

33) *Рождественская М.В.* 1) «Слово о Лазаревом воскресении» (характеристика редакций) // ТОДРЛ. Т.24. М.-Л., 1969. С.64-67; 2) К литературной истории текста «Слова о Лазаревом воскресении // ТОДРЛ. Т.25. М.-Л., 1970. С.47-59; 3) О жанре «Слово о Лазаревом воскресении» // ТОДРЛ. Т.27. Л., 1972. С.109-119. 4) D.R. Hitchcock, The Appeal of Adam to Lazarus in Hell. Hague; Paris; New York, 1979 (рец. *Рождественской М.В.* Byzantinoslavica, 1980, Т.41, p.235-237) 5) «Слово на Лазарево воскресение» // Словарь книжников и книжности в Древней Руси. Вып.1. XI-первая половина XIV в. Л., 1987. С.426-428; 6) Об одной записи к «Зеркалу богословия» Кирилла Транквиллиона // Исследования по древней и новой литературе. Л., 1987. С. 190-194. 7) «Слово на Лазарево воскресение» в его отношении к «Слову о полку Игореве» // Грузинская и русская средневековые литературы. Тбилиси. 1992. С. 157-164. 8) Воскрешение Лазаря: Древнерусские и древнеболгарские литературные параллели // 1100 години Велики Преслав. Т.2. Великопреславски Събор. 16-18 септ. 1993. Шумен, 1995; 9) Царь Давид, царь Симеон и вещий Боян // ТОДРЛ. Т.50. СПб., 1996. С.104-109. 10) «Слово на воскресение Лазаря» (Подготовка текста, комментарии и перевод

論文「『ラザロ復活についての講話』（編纂本の性格）」[34] において、ロジェストヴェンスカヤはこの講話の9つの写本テクストの研究を基盤に、この作品が短い版（А）と長い版（Б）の二つの編纂本をもつという仮説を証明した。編纂本（Б）が、編纂本（А）の諸写本に比べて、より濃厚に教会文学の諸作品の精神で彫琢されていること、編纂本（Б）は私たちにより古いテクストをもたらしてくれていることについて、ロジェストヴェンスカヤはフランコと同意見である。ちなみに、ロジェストヴェンスカヤはどの一つの写本テクストも直接オリジナル作品につながるものはないと考えている。同じ論文でロジェストヴェンスカヤは、「『ラザロ復活についての講話』の基盤には、人間の行動の歪さとその歪さゆえの（神の－三浦注）罰という考えと、さらに神は不公平であるという考えがあり、そこにこのアポクリファ作品の本質がある」と述べている。

　論文「『ラザロ復活についての物語』のジャンルについて」[35] において、ロジェストヴェンスカヤは『ラザロ復活に寄せる講話』をキリスト教正教儀礼的雄弁文学の一つであると考えるエリョーミンに同意している。この結論にもとづいてロジェストヴェンスカヤは、この作品の多様な諸側面について、自らの考えを発展させている。ロジェストヴェンスカヤは、この講話の雄弁的な荘厳さ、その深遠な哲学思想のニュアンスについて言及している。彼女は二つの相

М.В.Рождественской) // Библиотека литературы Древней Руси (дальше БЛДР). Т.3. СПб., 1999. С. 256-261, 397-398. 11) «Воскресение-Сошествие во аду»: Сюжет и мотив (древнеславянские литературные параллели) // Tradycja i inwencja: Wątki i motywy obiegowe w dawnych literaturach słowiańskich. Łódź 1999. S.21-27. 12) Древнерусский апокриф «Слово на воскресение Лазаря»: некоторые итоги и перспективы // Вестник Российского гуманитарного научного фонда. №3 (52). 2008. С. 135-146. 13) О новых проблемах изучения апокрифического «Слова на воскресение Лазаря // ТОДРЛ. Т. 60. СПб., 2009. С.437-449. 14) Еще раз о времени написания апокрифического «Слова на воскресение Лазаря» // История: дар и долг. М.-СПб., 2010. С. 250-257. 7), 8)については、筆者は未見である。

34）*Рождественская*. «Слово» (характеристика) // ТОДРЛ. Т.24. С.67.

35）*Рождественская*. О жанре «Слово о Лазаревом воскресении» // ТОДРЛ. Т.27. Л., 1972. С. 109-119.

異なる抒情的な気分、(イザヤの言葉における) 悲しみと (ダビデの詩篇についての) 喜びと高揚が対比され、それらがこの作品のなかで一つに結合していると考えている。彼女はまた、この作品に現れる対話の数々が情熱的であり、ドラマチックであるとも述べている。さらに『ラザロ復活に寄せる講話』が、エウセヴィオスやキプロスのエピファニオスのアポクリファ的著作と関係があること、この作品のなかで (たとえば、「アダムの嘆き」) アポクリファ的な原理とフォークロア的な原理が結合していること、さらにキリスト教正教雄弁文学の修辞技法そのほかのことについて、彼女はこの論文のなかで述べている。これらの思索の結果としてロジェストヴェンスカヤが立ち至った結論は、『ラザロ復活に寄せる講話』がジャンル的なモザイク性を獲得したのは、この作品の作者がさまざまな史料を渉猟し、それらに依拠した結果であるということであった。

アメリカのスラヴィスト、D.R. ヒッチコックは1979年に『地獄でのラザロに対するアダムの嘆き』という単著を上梓している。[36] この本の主な部分を占めるのは、この作品のさまざまな写本の言語学的な分析である (形態学、音声学、統語論)。フランコと同様に、ヒッチコックも7つの写本をもとに (その当時までに26の写本が見つかっていたが) テクストの原初形態を再構築している。このほか、『ラザロ復活に寄せる講話』にさらにもう一つの起源、『ニコデモ福音書』が影響を与えていることが述べられている。[37] 英語訳であろうと、『ニコデモ福音書』を読むさいに得られた観察は、『ラザロ復活に寄せる講話』の研究に新しい1頁を開いたと思われるのだが、ヒッチコックは言語分析に終始して、『ラザロ復活に寄せる講話』と『ニコデモ福音書』の比較研究には踏み込んでい

---

36) Hitchccock D.R., *Appeal of Adam to Lazarus in Hell* (Hague-Paris-New York: Mouton publishers 1979, VI+266pp); рецензия *Рождественской М.В.* Byzantinoslavica, 1980, T.41, p.235-237.

37) Montague Rhodes James, The Apocryphal New Testament（Oxford: Clarendon Press, 1924), pp.94-146; Edgar Hennecke, New Testament Apocrypha, ed.by Wilchelm Schneemelcher, English translation edited by R.McL.Wilson（Philadelphia: Westminster Press, 1963), pp.446-484; 田川健三「ニコデモ福音書」『聖書外典偽典 (7) 新約外典 1』教文館、1976年、159-228頁。

ない。

2.1.3. ポスト・ソヴィエト期の研究

　まずここで、『イーゴリ軍記』が異教的伝統ではなく、キリスト教的伝統に属する作品であると認めなくてはならない。もしもこれを認めなければ、なぜ「生きたる弦」というメタファーがキリスト教文学である『ラザロ復活に寄せる講話』と、完全に異教的な作品である『イーゴリ軍記』（ソビエト時代にはそのように見なされるのがふつうであった）の両方にほぼ同じコンテクストで現れるのかを理解することが難しくなると思われるからである。ソビエト連邦の崩壊のあとで、この面における研究の方向性は次第に変わっていったように思われる。たとえば、ロジェストヴェンスカヤの論文「ダビデ王、シメオン王と予言の能力をもつボヤーン」[38]、「中世ロシアのアポクリファ『ラザロ復活に寄せる講話』－いくつかの結論と展望」[39]、「アポクリファ作品『ラザロ復活に寄せる講話』研究の新しい諸問題」[40] では、いくつかの新しい発見が見出される。これらの労作におけるこの研究者の学問的な関心は、二つの作品『ラザロ復活に寄せる講話』と『イーゴリ軍記』の内的な共通性に集中している。

　論文「ダビデ王、シメオン王と予言の能力を持つボヤーン」においてロジェストヴェンスカヤは、なぜ異なる作品において同じメタファーが類似のコンテクストで現れるのかという問題に答えることを試みながら、次のように述べている。

　　二つの『講話』のタイポロジー的、意味的近親性の発露の一つとして重要なものが、預言の能力を持つボヤーンと預言者ダビデのパラレリズムである。ボヤーンとダビデは、弦楽器の奏者として描かれるだけではない。二人は預言の能力と未来を見透す力を与えられている。ダビデは地獄で苦しんでいるときに、キリストの誕生、近い未来における囚人たちの救済を予言する。ボ

38）注33. 9)参照。
39）注33. 12)参照。
40）注33. 13)参照。

370　　「ロシア精神」の形成と現代

ヤーンもダビデも二人ともが、時間の境界を切り裂いて、思考によって過去から現在、未来に移行する。この二人の人物が、テクストの構造、作者の語りの方法、彼らの芸術的システムを規定している。中世スラヴの文筆家たちによって、同一の神話的イメージとして受け止められたこの二人の人物は、自らの世界の詩人であった。ボヤーンは異教的観念の世界の詩人であり、ダビデは聖書、キリスト教的叡智の世界の詩人であった。

以下の二つの論文「中世ロシアのアポクリファ『ラザロ復活に寄せる講話』──いくつかの結論と展望」、「アポクリファ作品『ラザロ復活に寄せる講話』研究の新しい諸問題」において、文学の原則と照らし合わせて重要なのは以下のことである。

①それらのなかでこの作品の名前が確定した。

②この作品の主題のなかで、「誕生−死−復活」という儀礼的なサイクルがもっと正確に規定された。

③『イーゴリ軍記』と『ラザロ復活に寄せる講話』のあいだでの「復活としての死」というモチーフのテーマ的な類似が確定された。

以下、この3つの観点について述べていこう。
①名称。エリョーミンがすでに「写本において、この講話がさまざまな表題をもっている」ことに気づいていたし、[41] ロジェストヴェンスカヤ自身においても、かつてはこの作品の名称を研究で扱ううえで疑念があった。ここで言及された論文はついにこの問題に対する解決を与えた。ロジェストヴェンスカヤは書いている。

あらゆる考証から出発して、この作品にラザロ復活「についての」ではな

---

41) *Еремин.* Учительная литература. С.363.

く、ラザロ復活「に寄せる」講話と名づけることを提案する。このような名称
は、以下の理由によって十分正当化しうると考えている。この作品は、この
『講話』がその日のために書かれた、その教会暦の日にちそのものを規定して
いるし、この名称のもとで、内容も、福音書のエピソードが占める場所も異
なっている二つの編纂本のテクストが統合されるのであるから。じつに短い
版では、福音書のエピソードそのものが単純にないのである。[42]

　②主題における儀礼的サイクル。すでにロジェストヴェンスカヤが、講話の
二つの写本が同時に、ラザロの土曜日とキリストの生誕の日に合わせて書かれ
ていることを指摘していた。いま考証の対象となっているこれら二つの論文
で、ロジェストヴェンスカヤはこの考えをさらに発展させている。

　　　『ラザロ復活に寄せる講話』の作者は、儀式的サイクルのもっとも重要な
　　3点、「生誕－死（地獄への降下）－復活」を言説のうえに乗せている。死と
　　しての生誕、生誕としての死のモチーフは、幼児であるキリストにかがみこ
　　む神の御母の口から発せられた「洞窟」、「襁褓（むつき）」、「飼い葉桶」、「生
　　誕」、「破滅（死）」のキーワードによって発展させられているが、同時にこれ
　　はキリスト生誕の象徴でもある。同様のモチーフの結合は、『ラザロ復活に
　　寄せる講話』、キプロスのエピファニオスの講話、金口ヨハンネス、オフリ
　　ドのクリメントの讃め讃えの『講話』で共通している。その改作であるとい
　　う点においてこの『講話』は決して独創的なものではないが、しかしながら、
　　その組み合わせは独創的であると言える。[43]

　③「復活としての死」というモチーフのテーマ的な類似性。『ラザロ復活に寄
せる講話』の研究史のそもそもの始まりから、『イーゴリ軍記』の「おのが霊妙
なる指を生けるがごとき絃においた」[44]と、『ラザロ復活に寄せる講話』の「目

42）*Рождественская*. О новых проблемах изучения. C.441.

43）*Рождественская*. Древнерусский апокриф. C.143.

44）中村喜和編訳『ロシア中世物語集』筑摩書房、1970年、207頁。

372　　「ロシア精神」の形成と現代

をもつ（多くの目をもつ）指を生きたる弦においた」の語句が類似していることには気づかれていた。

ロジェストヴェンスカヤはB.M.ガスパーロフの『『イーゴリ軍記』の詩学』[45]に霊感を受けながら、この語句の類似の枠から抜け出て、二つの作品のテーマ的なアナロジーに注意を向けている。ロジェストヴェンスカヤは次のように書く。

　　『ラザロ復活に寄せる講話』と『イーゴリ軍記』との類縁性は、その昔、研究の関心を招き寄せる原因となっていたが、これはボヤーンとダビデ王のパラレリズムに限られたものではなく、『ラザロ復活に寄せる講話』ではキリスト教的基盤が表現されているにもかかわらず、束の間の死としての虜囚の状態、救済のための願いと嘆き（ヤロスラヴナの嘆きとアダムの嘆き）、「光と闇」、「権力と奴隷」のほかの対立など、二つの作品に共通のテーマとモチーフによっても条件づけられている。

ロジェストヴェンスカヤはさらに続ける。

　　先に述べた、一時的な死としての虜囚の状態というテーマは、二つの作品を一つのものにしている。イーゴリ公の場合は、ポーロヴェツ人の虜囚であったのに対して、アダムと預言者たちの場合は、地獄の虜囚であった。ここから、悲しみと悲嘆（二つの作品でこの言葉が用いられている。一方は、アダムとの関連において、もう一方は、ルーシの地との関連において）と、楽しみと喜びの対比についても、このことが当てはまる。楽しみと喜びについては、『イーゴリ軍記』では、イーゴリがルーシの地に帰還するときのそれであり、『ラザロ復活に寄せる講話』では、キリストがその虜囚たちのすべてを地獄から連れ出すときのそれである。[46]

45）*Гаспаров Б. М.* Поэтика «Слова о полку Игореве». М.: «Аграф», 2000. 608с.

46）*Рождественская.* О новых проблемах изучения. С.447.

第8章　テオーシスとは何か　**373**

新しい世代の『ラザロ復活に寄せる講話』の研究者であるA.ニコラーエフは、すでに言及してきた『イーゴリ軍記』と『ラザロ復活に寄せる講話』のよく似た語句の起源を見つけ出そうと試み、金口ヨハンネスの聖なる受難週間の説教の断片がその起源であるという結論にいたった。ニコラーエフのこの論考については第7章でも触れたが、ここではもう一歩踏みこんで考えてみたい。

ニコラーエフの現代ロシア語への翻訳によれば、この断片は次のようなものである。

> 「その昔、ダビデは詩篇における賞讃を歌ったが、今日、私たちはダビデとともに歌う。ダビデは、生きていない（字義どおりには、窒息させられた）弦をもつキタラをもっている。我々の舌は、理性のあのキタラの弦であり、不揃いの音を出すこともあるが、調和のとれた信仰心をもっている。」[47] 金口ヨハンネスにあっては、「生きている弦」と「生きていない弦」という対立は、「旧約聖書」と「新約聖書」の対立を象徴している。

ニコラーエフはつけ加えている。

> これはギリシア語文献の全体のなかで、「生きた弦」という語結合があらわなかたちで露呈した唯一の箇所であるし、まさにこのなかにこそ、中世ロシアのイメージの起源は探し求められなくてはならないと考えられる。[48]

ロジェストヴェンスカヤは自らの同僚のこの発見を高く評価しているが、一つ留保をつけている。彼女は、にもかかわらず、「預言と祖先の世界と結びついた二つの叙事詩の歌い手（ボヤーンとダビデー三浦注）には、旧約聖書的なものの新約聖書的なものに対する対立は見出されない」と考えている。同様に彼女は次のように述べている。「このようなコンテクストにおいて、ニコラー

---

47) *Николаев А.С.* О возможном источнике выражения «Живые струны» в «Слове о полку Игореве» // ТОДРЛ. Т. 54. СПб., 2003, С.566.

48) Там же. С.567

エフの観察は、『ラザロ復活に寄せる講話』の創作の時代についての問題を解決するために、きわめて重要である。」ロジェストヴェンスカヤは以前にも『ラザロ復活に寄せる講話』の成立年代を12世紀終わりから13世紀はじめとしていたが、ニコラーエフの発見のおかげで、彼女はもう一度自分の説の正しさを確認している。

　ここで挙げられたニコラーエフの論文をもっと詳しく見てみよう。論文の最初で著者は、「生きたる弦」を「ひとりでに奏でる弦」と解釈するP.ビツィルリの試みを読者に紹介し、このイメージを国際的なフォークロアの基盤と結びつけている。[49] 実際、ひとりでに奏でる黄金の竪琴は、有名な英国の昔話『ジャックと豆の木』にも現れている（ジャックはひとりでに奏でる竪琴を、物騒な鬼の住まいから持ち出す）。[50]

　ニコラーエフは、しかしながら、この解釈を取らない。彼は、この語句の起源は、金口ヨハンネスのすでに引用した断片であると考えている。ニコラーエフの次の学問的追究の目的は、金口ヨハンネスの表現がさかのぼることができる起源を見つけ出すことであった。この観点から古典古代の文学を研究しながら、ニコラーエフは、『アエネーイス』に「オルフェウスの竪琴について語る詩句」（6巻645行）が存在することを発見している。ニコラーエフは、金口ヨハンネスが、ヴェルギリウスへの語句註解の作者であるマルクス・セルヴィウス・ホノラトゥス（4世紀）を通して、この神話的イメージを知っていた可能性があることを仮説として述べている。[51]

　このほかニコラーエフは、カエサリア主教のエウセニオス・パンフィリオス（260-340）のテクストを引用している。このテクストは、『詩篇』32の該当箇所に対する注釈であるが、ロシア語訳『詩篇』32では次のようになっている。「グースリで主を讃えよ。10弦のプサルティーリ（竪琴）で主に歌うがよい。」[52] エ

---

49) Там же. C.565.

50) 河野一郎編訳『イギリス民話集』岩波文庫、80頁。

51) *Николаев.* О возможном источнике. C.571.

52)「琴を奏でて主に感謝を捧げ、十弦の琴を奏でて讃め歌を歌え。」『詩篇』33篇1節。翻訳は『新共同訳』に拠る。

第8章　テオーシスとは何か　　**375**

ウセヴィオスにあっては、金口ヨハンネスと同様に、言説は「古い＝生きていない」と「新しい＝生きている」の対立に基づいて構築されている。[53]

ニコラーエフの見解にしたがえば、「中世ロシアのイメージ『生きたる弦』の起源となった金口ヨハンネスの解釈の基盤には、音楽の象徴解釈のいくつかの伝統が交差している（引用されたエウセヴィオスの注釈は、セルヴィオスによって新たに意味づけをされたものであるが、それがおそらくは私たちの関心を引くイメージの主なる起源である）。」[54]

金口ヨハンネスの断片が「生きたる弦」のイメージの源泉であるとニコラーエフによって特定されたあと、彼は別の学問領域、インド・ヨーロッパのフォークロアの領域で、このメタファーの起源を探求しはじめる。そしてニコラーエフは、「生きたる（ひとりでに奏でる）弦」のイメージの起源と考えることができる例を、二つ発見している。一つは古代イランの神話から見いだされ、もう一つは古代インドの神話から見いだされている。[55]

金口ヨハンネスにあっては、ダビデの弦は生きていないのに対して、『イーゴリ軍記』と『ラザロ復活に寄せる講話』においては、弦は生きている。ニコラーエフの見解にしたがえば、この交替の原因は、「『ラザロ復活に寄せる講話』では、ダビデ王はキリストの生誕を預言するが、このことによって、金口ヨハンネスにおいて顕著であった、ダビデとキリスト教会の対立関係が解消されるのである。」「ボヤーンの指のもとにある生きていない弦が、生きた弦に交替することは、容易に論理的説明を見出すことができる。ボヤーンが（そのこと自体によってと、文学的伝統の全体によって）ἐκκλησία、すなわち教会に属することが強調されるのである。」[56]『イーゴリ軍記』が異教的なものではなく、キリスト教的なものであると考えるイタリアのスラヴィスト、ピッキオ[57]の

53）*Николаев.* О возможном источнике. C.572.

54）Там же. C.574.

55）Там же.. C.577-579.

56）Там же. C.568.

57）*Пиккио Р.* «Слово о полку Игореве» как памятник религиозной литературы Древней Руси // ТОДРЛ. T.50. C.430-444. Особенно C.439, 443. ピッキオの論考は第7章で詳しく紹介した（308-313頁）。

376　「ロシア精神」の形成と現代

影響のもとで、ニコラーエフは「『イーゴリ軍記』のような作品の場合、これは何ら奇妙なことではないように思われる」と付け加えている。[58]

さらにニコラーエフは二つの作品の3番目の起源を仮定している。

　　二つの作品の成立年代を特定するのにともなう困難を考慮に入れてさえ（『ラザロ復活に寄せる講話』が『イーゴリ軍記』より以前に創作されたと証明することはきわめて困難である）、「生きたる弦」のイメージが、非常に強いキリスト教的基盤をもってはいるが、にもかかわらず内容的に世俗の叙事詩的作品である『イーゴリ軍記』から、満載されたアポクリファ・モチーフを編み合わせて成り立っている作品である『ラザロ復活に寄せる講話』に浸透した可能性があると断言することは不可能である。このために、逆の方向をもつ借用、あるいは並行的で互いに独立した第三の起源からの借用を仮定することが可能になってくる。

続けてニコラーエフは、二番目の可能性、すなわち並行的で独立した第三の起源からの借用の可能性のほうが、より考えやすいことを示している。[59] 第三の起源が存在しうるというニコラーエフの仮説に、ロジェストヴェンスカヤも同意している。[60]

以上に見てきたように、ニコラーエフの学問探求の領域、いわばその「視野」は非常に広く、思考の過程も論理的である。これは今後においても多くの発見が期待できることを示しているように思われる。

2.1.4. 本稿の課題

『ラザロ復活に寄せる講話』研究の歴史を知ると、次のことが了解される。このアポクリファ作品の根底には、種々の伝統の編み合わせが存在しているが、キリスト教正教の雄弁文学がほかの諸要素を凌駕している。だからといっ

---

58) *Николаев.* О возможном источнике. С.568.

59) Там же. С.566.

60) *Рождественская.* Еще раз о времени написания. С.255-256.

第8章　テオーシスとは何か　**377**

て、このことが、作品のテクストの創作において、さまざまな作家たちがかなり自由で活発な創作活動を行った可能性を排除するものではない。

　ピィピンの昔から、『ラザロ復活に寄せる講話』に関心をもったほとんどすべての研究者たちを惹きつけてきたのは、この作品の文学的な長所の数々である。このゆえに、「この文学的な長所の数々が、ほんとうはどこにあるのか」と問うことは、まったく当然のことであり、正当な根拠をもつものであるように思われる。私たちは即座に、ロジェストヴェンスカヤに倣って、それは事件のドラマチックな展開と、語りのドラマトゥルギーの職人芸のものすごさであると答えることができる。

　したがって、本稿の課題は次のことである。中世の作家たちは、言語のさまざまなイメージのなかに、神の世界観の多様な反映をいかに再現するかについて腐心してきたわけであるが、私たちの課題は、その試みの様態を『ラザロ復活に寄せる講話』という作品のなかにいかに見るかを探究することである。

　作品の分析は、『中世ロシア文学文庫』のテクスト（校訂、翻訳、注釈はロジェストヴェンスカヤ）[61]に基づいておこなわれる。この出版のためにロジェストヴェンスカヤが使用した写本テクストは、ロシア科学アカデミーロシア文学研究所所蔵の写本[62]によるものである。

2.2. 啓示の場所としての地獄－アポクリファと古典古代の伝統
2.2.1. 二つのタイプの世界観

　『ラザロ復活に寄せる講話』では、主な事件は地獄で起こる。議論に移るまえにまず、古代キリスト教の伝統において地獄の描出がいかなる位置を占めてきたかを見ておくことにしよう。

　世界の終末が鮮烈に描かれてきたことと比較して、古代キリスト教の伝統における地獄（死後の世界）の描写は非常に貧しいように見える。新共同訳聖書に付された注釈によれば、旧約聖書において地獄（シェオル、古代ユダヤ語で死者たちの住処の意）は65回現われ、新約聖書では地獄（ハーデース）は10回

61）БЛДР. Т.3. С.256-261, 397-398. 本稿注33）10）。

62）Древлехранилища им. В.И.Малышева, Пинежское, №280, 1533года.

378　「ロシア精神」の形成と現代

現われるが、完全な価値をもった「生き生きした」地獄のイメージはどこにも現われない。ただ地獄という言葉が言及されているだけである。[63]

　この文化的な現象は、古代ユダヤ文化においては、古代ギリシア文化と異なり、克明に、ふんだんなディテールをもって描写することがほとんど発達しなかったことによって説明されるが、このことを説得的に論証したのは、ドイツの文芸学者のE.アウエルバッハである。アウエルバッハはその主著である『ミメーシス』の第1章「オデュッセウスの傷痕」において、『オデュッセウス』と旧約聖書『創世記』からそれぞれ一つずつエピソードを引き、これらを対比させることによって、このことを論証した。それは、『オデュッセイア』の「オデュッセウスのエウリュクレイアによる足洗い」の場面（第19歌361-553）と、『創世記』22章1-19節の「イサクの燔祭」の場面である。

　ギリシアとユダヤの世界把握の根源的違いについて述べたこの鋭敏な文明批評は、1.4. ですでに引用しているが、テオーシスの発現という現象を考えるうえできわめて重要なので、重複を恐れずにここでもふたたび取りあげることにする。もうちょっと踏み込んで引用しよう。

　アウエルバッハは、『オデュッセイア』のその場面において行為の叙述が詳細を極めることを指摘しながら、この叙述をギリシア型の世界観の典型的な捉え方であると考え、その特徴を次のように総括している。

　　しかしそれの、より本源的な原因は、おそらくホメーロスの文体の根本衝動にあったのであろう。すなわち、現象のすべてを形象化し、そのすべての部分を見かつ触れうるものとし、空間的・時間的な関係のうちに明確に定着しようとする衝動である。[64] …一方（ホメーロスの文体－三浦注）は、十分に形象化され、時間と場所は明示され、前景で緊密に結び合い、均一に照明をあたえられた現象である。そこでは思考も感情も明白に表現され、あらゆる

---

63)「陰府（よみ）」『聖書　新共同訳　旧約聖書続編つき』日本聖書協会、1987年、付録（34）。

64) アウエルバッハ『ミメーシス（上）』（篠田一士、川村二郎訳）筑摩叢書、1967年、8頁。

出来事はほとんど緊迫感をともなわずに悠長に進展する。[65]

　このようなギリシア的な世界把握のあり方に対して、ユダヤ的な世界把握はどうなっているであろうか。周知のとおり、旧約聖書の語りの対象は、神ヤハヴェと人間との相互関係の歴史であるが、アウエルバッハは、聖書における事件の叙述が量的に乏しく、過剰なほど簡潔であることに注意を払い、そうした語りの特性はもっぱらユダヤ的な世界把握のあり方に由来するものだと考えているように見える。アウエルバッハは次のように述べている。

　　これに反してもう一方（『創世記』－三浦注）は、物語の目的に必要な、限られた範囲の現象の描出であって、これ以外の一切は明らかにされない。ここでは物語の展開上の決定的な瞬間のみが強調され、それにいたるまでの経過は存在を無視されている。時間的地理的に不明確で解釈を必要とし、思考や感情も十分表現されることはなく、したがって沈黙と断片的対話のなかから推測するほかないのである。ここではすべてが、間断のない極度の緊迫感のもとで、一つの目的を目指しつつ、そのかぎりでははるかに統一的だが、依然として謎めいたまま背景をそなえているのである。[66]

アウエルバッハはさらに次のように述べている。

　　聖書では、神はつねにそのように描写されている。ここでは神の存在は決してゼウスのように感知しやすくはない。現れているのはある部分なのであって、彼の存在はつねに未知の深みに根差しているのだ。[67]

　私たちは次のように考えることができるだろう。ギリシア的な世界把握のあり方という観点からは、存在するものはすべてはっきり見ることができる、造

65）上掲書15頁。
66）同上。
67）同上。

380　「ロシア精神」の形成と現代

形的な輪郭を取っていなくてはならない。一方、ユダヤ的な世界把握のあり方という観点からは、もっとも重要なもの（聖書においてもっとも重要なものは、神ヤハヴェの意志である）は、描かれたものの背景になくてはならない。すなわち、隠されていなくてはならない。人間はそれを苦労して見出すのである。なぜなら、人間が生きている意味とは、多大な労力をかけて隠された神の意志を認識し、探し出し、それに従った行動をすることだからである。地獄についても、また同様なことが言える。

　古代ユダヤの世界観において、地獄は隠されているがゆえに、その叙述は乏しい。地獄を克明に描こうとする欲求が現れたのは、ユダヤ文化が余儀のない必然性によって、古典古代の文化を吸収することになって以降のことである。[68] ヘレニズムにおいてユダヤ的な世界把握のあり方とギリシア的な世界把握のあり方との合流がはじまってから、ユダヤ的な世界把握のあり方において秘密でかつ隠されていた地獄は、『ニコデモ福音書』において現われるような、はっきり目に見える輪郭を取りはじめたのである。ニコラーエフの論文においても、古代ユダヤの伝統（『詩篇』）とギリシア・ローマの伝統（オルフェウス）の合流が問題となっていたことを思い出そう。[69]

2.2.2. 古典古代の遺産としての地獄のイメージと死後の世界に対する「神の視点」

　キリスト教の正典において、キリストの地獄への降下は、次のように描かれているだけである。

　　そのとき、神殿における垂れ幕が上から下まで真っ二つに裂け、地震が起こり、岩が裂け、墓が開いて、眠りについていた多くの聖なる者たちの身体が生き返った。[70]

---

68) たとえば、聖書は共通ギリシア語（コイネー）に翻訳された。セプトゥアギンタ（70人訳）として知られているものがそれである。また、新約聖書はギリシア語で書かれている。

69) 本書 375 頁参照。

70) 『マタイによる福音書』27 章 51 節。

もう一つキリストの地獄への降下が言及された箇所がある。

　　そして、霊においてキリストは、捕らわれていた霊たちのところへ行って
　宣教されました。この霊たちは、ノアの時代に箱舟が作られていた間、神が
　忍耐して待っておられたのに従わなかった者です。この箱舟に乗り込んだ数
　人、すなわち8人だけが水の中を通って救われました。[71]

　具体的な地獄の描出はまったく存在しない。この最小限の叙述から発展し
て、『ニコデモ福音書』では、地獄での諸事件についての語りが展開されるこ
とになるのである。これが、古代キリスト教文化においてはじめて、地獄の
「生き生きとした」イメージが現れた時である。地獄についての「生き生きとし
た」イメージは、4世紀に書かれたと考えられる[72]アポクリファ作品『ニコデ
モ福音書』ではじめて現れるのだが、この作品は、ギリシア語であろうと、ス
ラヴ語であろうと、キリストの地獄への降下のテーマで創作されたそれ以降の
あらゆるアポクリファ作品の起源となった。
　アポクリファにおける地獄の「生き生きした」イメージは、ユダヤの文化的
な根っこにギリシアのそれが接触した結果として生じたと考えられる。しかし
ながら、アウエルバッハの研究によって私たちが深く納得したとおり、ユダヤ
的な文化の根っことギリシア的なそれは、互いに相反し、本来は共存不可能な
ものなのである。以下のように考えることはできないであろうか。古代キリス
ト教の伝統は、基本的には古代ユダヤの文書の伝統を継承しつつ、ギリシア、
ローマの古典古代の文化から地獄の形象を『ニコデモ福音書』に移植したのだ、
と。
　それでは、古典古代の文学において、いかにハーデース、すなわち、死後の
世界は叙述されているのであろうか。この問題に答えるために、古代ギリシア
の例としてホメーロスの『オデュセウス』を、古代ローマの例としてウェルギ

---

71)『ペトロの手紙一』3章19-20節。

72)「ニコデモ福音書」『新約聖書外典』教文館、1976年、169頁。

382　「ロシア精神」の形成と現代

リウスの『アエネーイス』を取り上げて、ハーデースがどう描かれているかを検討することにしよう。

『オデュセウス』の第11歌において、地獄（ハーデース）が描かれている。[73] この場面では、女神キルケはオデュッセウスに死者たちの国に入り込み、そこにいるテーバイの盲目の預言者テイレシアスから予言をもらうように助言をする。この予言は、オデュッセウスは仲間たちとともに故郷のイタケーにたどり着くことができるというものであった。このくだりでのハーデースの描出は非常に豊かで興味深いのであるが、私たちはここでは、ハーデースが、オデュッセウスが予言をもらう場所であったことを指摘するに留めよう。

『アエネーイス』では、アエネーアスはディドーと別れたあと、イタリアにたどり着く。第6歌において、クマエでその地のシビュラから神の啓示を受けたアエネーアスは、そのシビュラを同伴者として地獄（インフェルヌス）に降りてゆく。[74] そこでアエネーアスは自分の父親であるアンキーセスと出会い、父アンキーセスから自らが偉大な都市ローマの創建者になるという予言を受ける。実は『ラザロ復活に寄せる講話』とアエネーアスの地獄降下のエピソードのあいだには、一つの比類なく重要な類似点があるのだが、この類似点についてはあとでゆっくり述べることにする。

ここでは、二つの芸術作品において、地獄が悪人たちだけがいる場所ではなく、善良な死者たちがいる場所になっていることを強調するに留めよう。このことは、『ラザロ復活に寄せる講話』において、地獄に善良なる死者たちがいて、そのなかには旧約聖書の預言者たちが含まれることを想起させる。さらに重要な点は、この二つの古典古代の芸術作品においては、地獄（ハーデース）が予言を受ける場所となっていることである。つまり、地獄は啓示の場所なのである。

『ニコデモ福音書』は基本的に、古代ユダヤの伝統に属するものであるが、

---

73)『オデュッセイア　上』（松平千秋訳）岩波文庫、1994年。以下、『オデュッセイア』の引用はすべて上掲書によるものである。

74)『アエネーイス』（岡道夫・高橋宏幸訳）京都大学出版会、2001年。以下、『アエネーイス』の引用はすべて上掲書によるものである。

やはり地獄の「生き生きした」叙述を、ギリシア、ローマの古典古代の伝統から借りてきている。古典古代の伝統において、予言を与える者は、テーバイの預言者であるテイレシアスであったり、アエネーアスの父親のアンキーセスであったり、ふつうは人間である。それでは、古代キリスト教文化において、予言を与える者とは誰になるのだろうか。それは神以外ではあり得ないのではないか。古代キリスト教の新しい世界観においては、預言者という存在はあり得ない。あり得るのは、使徒だけである。

かくのごとくして、一つの考えが確証される。この考えによれば、アポクリファ作品の作者たちは、地獄において展開される事件を描出するにあたり、出来事に「神の視点」を適用したということである。なぜならば、神以外の誰も、地獄で起こったことを見ることはできなかったのだから。地獄についての古代キリスト教の観念は、神話創造の結果にほかならない。この神話創造の基礎にあるものもやはり、イエス・キリストにおいて神が人間になられた以上、人間も神になることができるし、神になる努力を惜しんではならないと考えるテオーシスであると筆者は考える。イエス・キリストの真似びにおいて人間が神になれるのならば、人間の分際でも、神がどのように地獄を見たのかをありありと思い描くことができるはずである。だから、『ラザロ復活に寄せる講話』は、神になろうとする人々の努力の賜物である。それは、死後の世界の「神的なヴィジョン」をありありと見、まざまざと感じ、それを生き生きと描こうとする人間たちの試みにほかならなかったのである。

2.3.『ラザロ復活に寄せる講話』における神的な世界観の再現
2.3.1. 中世芸術における「神の視点」

よく知られているように、イコン画における三次元的な遠近法からの逸脱は、中世のある種の世界を感じとる営みの投影である。世界を感じとるこの営みは根本的に、ルネサンス期に起こった論理的で数学的な世界把握と対置されるものである。

フロレンスキイは、正教イコンに広くみられる、いわゆる逆遠近法の現象を研究しながら、次のように議論している。

イコンをもっと注意深く見れば、曲面の境界面をもつ物体もまた、遠近法的描写の規則で排除されるような短縮法で描かれているのに容易に気づく。イコンでは、曲線からなる物体の場合も、いくつかの平らな平面からなる物体の場合も、同時に見ることのできないいくつかの部分や平面が描かれていることはめずらしくない。[75]

さらにフロレンスキイは次のように続けている。

　逆遠近法の手法をさらに広い範囲に適用したものと考えられるのが、描写における多中心性である。それは、まるで目がその位置を変えながらさまざまな場所を見ていたかのように構成された構図である。[76]

　ここでフロレンスキイはまさに、「神の目による」と名づけるのにふさわしい叙述の原理について述べていると考えてよいだろう。中世の人間の観点からは、イコン画が「神の目による」世界の描見видение（ありありと見えること）を伝えるものであったことは言うまでもない。

　キリスト教的な考え方においては、神は遍在している。すなわち、神はあらゆるものにある。神は、個々の人、事物にも存在しており、それであるがゆえに全知である。つまり、おのが身の部分部分に起こること、世界の各部分に起きることを全部知り、また、感じている。さらにそのうえ、神は時間の範疇を超えて存在している。神は、過去も現在も未来も同時に知り、感じている。

　この感じる営みを「見る」という言葉で表現し、この世界感覚を「見る」ことのできるかたちで表現しようとするならば、それは人間がおこなうように現実を三次元的に捉えるのとは違う表象になるはずである。世界に対する「神の視点」とはそのようなものであり、イコンはそれを再現しているのだ。これはまさしくテオーシスである。フロレンスキイが言及しているイコンの「多面性」とは、そのような「神の視点」から生じたものであり、その根底にはテオーシ

75）*Флоренский П.А.* Сочинения. Т. 3 (1). М., 2000. C.47.

76）Там же.

第8章　テオーシスとは何か　**385**

スがある。

　したがって、イコン画は、世界を物質として捉えたときに見えるものと見えないもの、その両方を描くことになる。つまり、さえぎられて視線が届かない対象も、物質化されていない何かも、まだ人間の感覚に認知されていないものも、人間の感覚ではわからないものも、イコンは描くことがあるということである。しかし、イコンのうえで描かれたものの、人間の知覚や認識では捉えきれないものは、多くの人々にとっては、広い意味で、それとわからない、隠されたものであり、イコンの「アポクリファ的な」内容になると言うことができるだろう。ちなみに、「アポクリファ」は、古代ギリシア語で「隠された」、「秘められた」、「秘密の」を意味するアポクリュフォス«ἀπόκρυφος»という語に語源をもっている。

2.3.2. 不可識の芸術としてのアポクリファ

　イコン画の特性について上に述べてきたことは、すべて宗教文学、とりわけ、中世のアポクリファについても当てはまるものと考えられる。この理解にしたがえば、アポクリファ文学は秘められたものであるだけではなく、ふつうの人間の認識ではわからないものを描くものとなる。イエス・キリストの人生とその事績を描くべく、紀元後の数十年間のあいだに現われた多様な文学的証言を、言葉という表象をとる神的な世界観の多種多様な反映であると捉えてみると、「アポクリファ文学」という概念はかなり拡大して考えることができる。

　イエスの言動と行動という多面性をもつ統一体のどれか一部が欠けてしまうと、当然のことながら、言葉に残されたあらゆる証言をすべて合わせて形づくられる、世界に関するイメージの全一性は損なわれることになる。この全一性の欠損の第一の段階は、イエスに関する文学的証言のうち、あるものが排除され、新約聖書の正典が定められた時である。これは原始キリスト教時代に起こった。そして、その第二の段階は、定まった聖書正典が各民族語に翻訳され、その翻訳聖書を通じてのみ、神につながることができると考えられるようになった時であると考えられる。それは周知のとおり、ちょうどルネサンスと宗教改革の時代であった。

　すなわち、聖書のテクストが正典化されると、「人間の感覚に認識されない

あるもの、人間の感覚では捉えきれないあるもの」が失われてしまう。そして、この失われたものは、今度は、探し求められ、再構築され、平衡が取り戻されなくてはならなくなる。この探求と再構築の過程で、アポクリファ文学が創造されることになるのである。

　このようなわけで、ルネサンスと宗教改革の時代に生じた一大転換は、一方では、三次元的に世界を把握するという面では、人間の可能性と認識を拡大させ、科学を発展させたと言えるのだが、他方、現実のもつ多面性を「観察」の領域から排除することによって、人間の認識の対象が狭まってしまったことも否定できない。このとき、霊性に対する知見も、人間のまじめな考察の対象から外されてしまったように思われる。ここが西方キリスト教と東方キリスト教を分ける決定的なポイントであると思われる。[77]

　歴史のある段階で意識的に生じた、この人間の思惟の簡略化の結果、世界にかんする現実の表象は歪んでしまい、三次元的な、遠近法的な把握だけが確かなもの、完全なものと見なされるようになったのではないか？　この時点から世界は、人間にとってただ三次元的なもの、遠近法的なものと映るようになり、その結果、当然のこととして、宇宙の無限で多様な全一性を理解する可能性が失われてしまったように思われる。

　別言すれば、本稿で中世ロシアのアポクリファ作品『ラザロ復活に寄せる講話』を対象として考察するのは、キリスト教の教えを述べるさい宇宙の多面的な全一性がどのように感得されていたのかという問題である。

2.3.3. 中世ロシアのアポクリファとしての『ラザロ復活に寄せる講話』

　『ラザロ復活に寄せる講話』のテクスト校訂、現代ロシア語への翻訳、注釈をおこなったロジェストヴェンスカヤによれば、この作品は12世紀から13世

77）東西教会がどこで分かれるかについては、以下を参照。「第1章　「ルーシの世界」のはじまり」三浦清美『ロシアの思考回路——その精神史から見つめたウクライナ侵攻の深層』扶桑社、2022年、22-61頁。ここで述べられたように、イコノクラスムからはじまった東西教会の齟齬は、ルネサンスによって後戻りできないほど決定的になったと筆者は考える。

第8章　テオーシスとは何か　**387**

紀にかけての中世ロシアの環境から生まれたアポクリファである。[78] この作品は、ラザロの復活にかんしての福音書のエピソードと結びついている。ラザロ復活のエピソードは、『ヨハネによる福音書』9章にのみ現れるが、福音書のテクストはあとで見ることにする。

エリョーミンは、この作品がロシア起源のものであることを疑わなかった。「この作品は、一連のアポクリファ・モチーフから成っているが、その組み合わせは独創的であり、それをおこなったのが一人の作者だった可能性も排除できない。」[79] じっさいに、私たちはこのアポクリファ作品のなかに、世界と聖書エピソードにかんする独創的で首尾一貫した理解を認めることができる。現在にいたるまでに、この作品を含む写本が30ほど見出されているが、それらは基本的に中世ロシア起源のものである。[80] このことは、この作品が中世ロシアで人気を博したことを物語っている。大部分のアポクリファ作品は、ビザンツから南スラヴ経由で中世ロシアに来るという経路を取るが、にもかかわらず本稿の筆者は、この作品の作者がラザロ復活という事件の全体像を再現しようと試みた、一人の天才的な中世ロシア作家であったことを確信するのである。

この作品の独創性はどこにあるかと言うと、作者が、「この世」、すなわち、「生きた者たちの世界」の観点からのみ物語った聖書のエピソードをもとに、そこに「あの世」、すなわち、「死者たちの世界」、地獄の観点を導入し、事件の全体像を復元しようとしていることだと考えられる。事件の叙述の視点を、生きたる者の世界から死んだ者の世界に大胆に転換することによって、また時に応じて線遠近法や短縮法を自在に使い分けることによって、この作品は文学的成功を収めたと言える。死者たちの世界にかんする興味深いディテールを作りあげることで、作者は、イエス・キリストの到来によって根源的に刷新された、人類の救済の可能性を示すことに成功したのである。

78）БЛДР. Т. 3. С.256-261, 397-398.

79）*Еремин.* Учительная литература. С.363-364.

80）Словарь книжников. Вып.1. Л., 1987. С.426-427.

2.3.4. 聖書の核

はじめに『ヨハネによる福音書』がラザロの復活についてどう述べているかを見てみることにする。

> ある病人がいた。マリアとその姉妹のマルタの村、ベタニアの出身で、ラザロといった。このマリアは主に香油を塗り、髪の毛で主の足をぬぐった女である。その兄弟ラザロは病気であった。姉妹たちはイエスのもとに人をやって、「主よ、あなたの愛しておられる者が病気なのです」と言わせた。[81]
>
> ラザロが病気だと聞いてからも、なお二日間同じところに滞在された。それから、弟子たちに言われた。「もう一度、ユダヤに行こう。」弟子たちは言った。「ラビ、ユダヤ人たちがついこのあいだもあなたを石で打ち殺そうとしたのに、またそこへ行かれるのですか。」イエスはお答えになった。「昼間は12時間あるではないか。昼のうちに歩けば、つまづくことはない。この世の光を見ているからだ。しかし、夜歩けば、つまづく。その人のうちに光がないからである」こうお話しになり、また、そのあとで言われた。「私たちの友ラザロが眠っている。しかし、私は彼を起こしに行く。」弟子たちは、「主よ、眠っているのであれば、助かるでしょう」と言った。イエスはラザロの死について話されたのだが、弟子たちは、ただ眠りについて話されたと思ったのである。そこでイエスは、はっきりと言われた。「ラザロは死んだのだ。私がその場に居合わせなかったのは、あなたがたにとってよかった。あなたがたが信じるようになるためである。さあ彼のところに行こう。」[82]
>
> さて、イエスが行ってごらんになると、ラザロは墓に葬られてすでに四日もたっていた。[83]
>
> マルタは、イエスが来られたと聞いて、迎えに行ったが、マリアは家のなかに座っていた。マルタはイエスに言った。「主よ、もしここにいてください

---

81) 『ヨハネによる福音書』11章1-3節。引用は以下から。『聖書　旧約聖書続編つき　新共同訳　引照つき』日本聖書協会、2002年。

82) 同上6-15節。

83) 同上17節。

第8章　テオーシスとは何か　**389**

ましたら、私の兄弟は死ななかったでしょうに。しかし、あなたが神にお願いになることは何でも神はかなえてくださると、私はいまでも承知しています。」イエスが、「あなたの兄弟は復活する」と言われると、マルタは、「終わりの日の復活の時に復活するとは存じております」と言った。イエスは言われた。「私は復活であり、命である。私を信じるものはだれも、決して死ぬことはない。このことを信じるか。」マルタは言った。「はい、主よ、あなたが世に来られるはずの神の子、メシアであると私は信じております。」

　マルタは、こう言ってから、家に帰って姉妹のマリアを呼び、「先生がいらして、あなたをお呼びです」と耳打ちした。マリアはこれを聞くと、すぐに立ち上がり、イエスのもとに行った。イエスはまだ村に入らず、マルタが出迎えた場所におられた。家のなかでマリアと一緒にいて、慰めていたユダヤ人たちは、彼女が急に立ち上がって出ていくのを見て、墓に泣きに行くのだろうと思い、あとを追った。マリアはイエスのおられるところに来て、イエスを見るなり足もとにひれ伏して、「主よ、もしここにいてくださいましたら、私の兄弟は死ななかったでしょうに」と言った。イエスは、彼女が泣き、いっしょに来たユダヤ人たちも泣いているのを見て、心に憤りを覚え、興奮して、言われた。「どこに葬ったのか。」彼らは、「主よ、来て、ご覧ください」と言った。イエスは涙を流された。[84]

　イエスは、ふたたび心に憤りを覚えて、墓に来られた。墓は洞穴で、石でふさがれていた。イエスが、「その石を取りのけなさい」と言われると、死んだラザロの姉妹が、「主よ、四日もたっていますから、もうにおいます」と言った。イエスは、「もし信じるなら、神の栄光が見られると、言っておいたではないか」と言われた。人々が石を取りのけると、イエスは天を仰いで言われた。「父よ、私の願いを聞き入れてくださって感謝します。私の願いをいつも聞いてくださることを、私は知っています。しかし、私がこう言うのは、周りにいる群衆のためです。あなたが私をお遣わしになったことを、彼らに信じさせるためです。」こう言ってから、「ラザロ、出て来なさい」と大声で叫ばれた。すると、死んでいた人が、手と足を布でまかれたまま出てきた。イ

---

[84] 同上20-35節。

390　「ロシア精神」の形成と現代

エスは人々に、「ほどいてやって、行かせなさい」と言われた。[85]

　福音書から上に引用された部分は、まさに聖書テクストの人間に認識されうる「見える」部分であり、『ラザロ復活に寄せる講話』の核部分を構成している。テクストが述べているのは、キリストによる奇跡であり、それは絶対的に疑い得ないものとして捉えられている。奇跡が疑い得ないというそのことは、幾重にも多面的に証明されなくてはならなかった。このために『ラザロ復活に寄せる講話』の作者は、まったく新しい叙述の視点を導入したのである。福音書作者ヨハネはこの世の視点からのみ、この場面を描いていたが、『ラザロ復活に寄せる講話』の作者は、語りの場面を広げて、「あの世」、すなわち、地獄で起こった事件を盛りこんだのである。それはまさに「神の視点」からの語りだった。

2.3.5.『ラザロ復活に寄せる講話』の筋立て

　以下では、私たちはアポクリファ作品の筋立てを具体的に見ていきたい。[86]
　『ラザロ復活に寄せる講話』は短い導入部からはじまる。この導入部において、作者は『イザヤ書』1章2-3節に拠り、天と地に向い主の言葉にしたがうように呼びかける。なぜなら、主は自らの息子を地に遣わせ、人々を「悪魔の誘惑」から救い出すことを決断したからである。

　　天よ聞け、地よ耳を傾けよ、主が語られる。「私は息子らを生み、育てあげた。が、おまえたちは私に背いた。私の者どもは、私が私であるとはわからない。牡牛は私がそこに横たわっていることがわかり、ろばは自らの主人の飼い葉桶を知っている。けれども、私はほかの者に慈しみをあたえず、自らの言葉を地に向かって放ち、人々を悪魔の誘惑から救いだす。」[87]

---

85) 同上38-44節。
86) 筋立ては基本的に、ロジェストヴェンスカヤの校訂したテクストに拠っている。部分的には、エリョーミンの物語あらすじの再話を参照した。邦訳がある。「ラザロ復活に寄せる講話」三浦清美『中世ロシア文学図書館 (IV) アポクリファ①』電気通信大学紀要、25巻1号、62-65頁。
87)『イザヤ書』1章2-3節;「ラザロ復活に寄せる講話」64頁。

第8章　テオーシスとは何か　　**391**

このあと、場面は地獄に移る。そこでは、救済を待ちわびて旧約聖書の義人たちが苦しんでいた。この舞台を物語のなかに導入することによって、キリストの受難にいたるまで、旧約聖書の義人たちを含むすべての人間は、罪に由来する苦しみを避けることができず、死後もずっと地獄にとどまらなくてはならないことが示される。ここから導き出されるものは、キリストの憐れみだけが人間を地獄から救い出すことができるという「教え」である。物語は次のように続く。

　　偉大な王で預言者であるダビデが底なしの地獄に座し、竪琴の黄金の生きたる弦に、多くの眼光を湛えたその巧みな指を置いてこう言った。「兄弟たちよ、私たちは心楽しく静かな歌を自らのために歌うことにしよう。私たちは栄えの王、キリストの到来とともに心和もう。」ダビデは、すでに幸福の時が満ちるのを聞いた。ペルシアの占星術師たち[88]の馬のひづめの音を聞いた。彼らは地上に生まれた天の王に贈り物をもってくるのだ。その母、清らかな処女が愛をいだいてその赤子にかがみこみ、むつきでくるみ、こう言う。「おお、高き怖ろしき天の王よ、なぜにあなたは、地上の貧しき私たちのもとに降りてこられようと決意なされたのですか。」[89]

キリストの到来は、そのときまだ地獄に閉じこめられていた旧約聖書の義人たちが、やがて地獄から解放されるであろうことを意味している。ここでのダビデの言葉には、救済への喜びが満ちあふれている。しかし、解放は容易ではなかった。なぜなら、「地獄」と「悪魔」が預言者たちの解放の邪魔をしたからである。ダビデは次のように言う。「ダビデにものを言うことはかなわぬ。おお、ダビデは厳重に幽閉された。見よ、鉄の門がある。銅の門がある。石の柱がある。[90] このなかにダビデは幽閉された。」講話のこの部分は、救済の難しさを強調するために創られている。救済のためには、地獄と悪魔の悪意を克服

88）いわゆる「東方3博士（『マタイによる福音書』2章1-12節）」のこと。

89）「ラザロ復活に寄せる講話」64頁。

90）『詩篇』107章16節参照。

392　「ロシア精神」の形成と現代

しなくてはならなかった。これができるのは、ただイエス・キリストを除いては誰もいなかった。

ダビデの知らせを聞き、70人の預言者たちが話しはじめる。

「ダビデよ、私たちに告げよ。私たちの誰が生きたる世界の主のもとにこの知らせをもたらせばよいのか。」そのとき、ダビデははっきりとした声で言った。「イザヤ、エレミヤ、ハバクク、アーロン、エゼキエル、ソロモン、アダム、アブラハム、イサク、ヤコブ、サムエル、ダニイル、そして、すべての70人の預言者たちよ、この地獄に響く私の声を聞くがよい。見よ、私たちのもとから生きたる世界の主のもとに、主の友人ラザロが行こうとしている。」[91]

着想はたいへん素晴らしいものだ。ラザロは死んだ。それゆえに、ラザロは、人間にとって避けがたい罪によって地獄にいなければならなかった。ラザロは、しかしながら、義人たちの救済に対する切なる願いによって地獄から出て、生ある者たちの世界に戻ったのである。

すべての思考の流れは論理的である。

2.3.6. 作品における謎の語句

そのとき、最初に創造された人間であるアダムが眠りから覚めたように、自らの顔を手で打って、ラザロに向って演説をぶつ。エリョーミンは、この演説が「本質において作品の中心部分をなす」と言っているが、私たちはエリョーミンのこの言葉に同意せざるを得ない。

このアダムの懇願には、不可解な語句がある。原文では次のようになっている。

«Лазарь, друг Господень, изнесѣ о мнѣ весть на живый свѣт ко Владыцѣ и рци ему: "На се ли мя еси, Господи, создалъ? Сего ли дѣля, Господи, азъ землю

---

91)「ラザロ復活に寄せる講話」64頁。

第8章　テオーシスとは何か　**393**

человѣки наплодихъ? *Но себѣ ми, Господи, жаль* и не жаль, что я в лѣтѣх своих
пред тобою согрѣшил, но того ми, Господи, единого жаль, что твоею тварью
Адъ поругаеться"».[92]

ロジェストヴェンスカヤはこの語句を次のように現代ロシア語訳している。

---

92) 別のテクストがある。

a)«Аще аз съгреших ти паче всех человек, то по делом моим въздал ми еси муку
сию, не жалю си. Но сего ради жалю си, господи, аз по твоему образу сотворен
есмь, а ныне поругает ми ся диавол и мучит мя зле.» *ГБЛ*, собр. Ундольского, №574.
Рождественская. К литературной истории текста. С.55

「私がすべての人間よりも多くあなたに対して罪を犯したので、私の振舞いに対
してあなたは私にこの苦患をお与えになったのです。私はそれが悔しいとは思い
ません。しかし、主よ、このために私は、自分があなたの似姿にしたがって造ら
れたこと、それなのにいま悪魔が私を嘲り、私をひどく苦しめていることが悔し
いのです。」

b)«Аще аз съгреших, господи, паче всих человек, то по делом моим въздал ми
еси муку сию. Не жалуюся, господи, но сего ради жаль ми, господи, аз по твоему
образу створен есмь, а ныне дьявол ругаеть ми ся, а по твоему образу створена,
мучить мя зле нудя мя, господи» *ГИМ.* Собр. Уварова, №595. *Рождественская.* К
литературной истории текста. С.58

「主よ、私はすべての人間よりも多く罪を犯しましたので、私の振舞いゆえに
あなたは私にこの苦患をお与えになったのです。主よ、それを悔しいとは思いま
せん。しかし、このゆえに私には嘆きがあります。主よ、私はあなたの似姿に似
せて作られたのに、悪魔がいま私を嘲っています。あなたの似姿に造られた私を、
悪魔が苦しめているのです、主よ。」

c)«Аще азъ съгрешихъ паче вьсѣхъ человекъ, то по дѣломъ моимъ въздалъ ми еси
муку сию; не жалую ся, Господи, нъ сего жаль ми, Господи, азъ бо по твоему образу
сътворенъ есмь.» Hitchikock, *The appeal of Adam*, p.176-177.

「私はすべての人間より多く罪を犯しましたので、あなたは私の振舞いに応じ
て私にこの苦患をお与えになりました。主よ、私はそれを悔しいとは思いません。
ですが、主よ、私は自分がかわいそうです。なぜなら、私はあなたの似姿に創ら
れているからです。」

394　「ロシア精神」の形成と現代

«Лазарь, друг Господень, отнеси обо мне весть на живой свет к Владыке и скажи ему: "Для того ли ты меня, Господи, создал? Для того ли, Господи, расплодил я людей на земле? *Не себя мне, Господь, жаль,* и не жаль, что я в свое время пред тобой согрешил, но того одного мне, Господи, жаль, что над твоим созданием Ад надругается."»

原文では、«Но себѣ ми, Господи, жаль» であるが、ロジェストヴェンスカヤはこの語句を «Не себя мне, Господи, жаль» と訳した。原典には、«не» という小詞がない。ロジェストヴェンスカヤは、本稿注92) のテクストa)、b) にもとづき、«не» を外したのだと考えられるが、そうすると、直前の文との整合性がとれなくなってしまう。このことは、どう考えたらよいのだろうか。

　この語句には、次の文が続いている。「私がかつてあなたの御前で罪を犯したことは残念に思っておりません。地獄があなたの被造物に罵言を投げかけるのをくやしいと思うだけです。」続くこの文の、執拗で臆面もなく自己を主張する性格から判断して、私たちは小詞 «не» なしの解釈のほうがより正しいように思われる。以下に日本語訳を示す。

　　主の友人、ラザロよ、私の消息について生きたる世界の主に知らせ、言ってくれ。「主よ、このために主は私を造られたのですか。主よ、このために私は人間を生み、地に満たしたのですか。主よ、私は自分の身がかわいそうです。私がかつてあなたの御前で罪を犯したことは残念に思っておりません。地獄があなたの被造物に罵言を投げかけるのをくやしいと思うだけです。」

　筆者の解釈は以下のとおりである。もしもイエス・キリストがこの地上に到来したにもかかわらず、アダムが救われないのならば、そのときアダムは自分がかわいそうだと主張する正当な権利をもつ。次のように考えることはできないだろうか。イエス・キリストが地獄に赴かず、そこにいる人々を救うことがないならば、人類の救済は不完全なものになると、作者は人間の感情に訴えて強調しているのではないか。ここで作者は、中世という時代に特有のやり方で、人間には尊厳というものがあると主張しているのである。この解釈は、本

稿注92）のテクストc）と合致している。救世主の憐れみと全能に対する期待にあふれたこの場面は、この作品にたいへん手際よく挿入されている。それは、エリョーミンが述べるように、きわめて印象的であり、『ラザロ復活に寄せる講話』全体を性格づけていると言える。

2.3.7. 義人たちの救済

　自分が罪を犯したこと（善悪の木の実を食べた）を認めながら、アダムは神の名において功業ばかりをおこなった義人たちの名前を次々に挙げ、彼らゆえに救済されることを切に願う。

　　　主よ、もしも私アダムがあなたに罪を犯したとしても、あなたのお気に入りの者たち、私の子孫、始祖アブラハム、息子イサク、孫ヤコブ、これらの者たちは、主よ、あなたに何をしたというのでしょう？　主よ、この者たちのために私たちを地獄から連れだしてください。[93]

　このようにして作者は、アブラハム、モーセ、ヌンの子ヨシュア、ゲデオン、ソロモンの名前を挙げ、彼らに同じ言葉を言わせる。そして、ついに救済の時がやって来る。

　　　このとき、ある土曜日に主は預言者の繰言を聞かれた。70人の預言者が「主よ、私たちを底果てしなき地獄から連れだしてください」と泣き叫んでいた。イエスはラザロの姉妹マルタとマリアのいるベタニアに入った。マルタとマリアはイエスが来られたと聞きつけると、一目散に走ってゆき、イエスの足もとに身を投げ出すと言った。「もしもあなた様がここにいらっしゃったなら、私たちの兄弟は死ななかったでしょう。」すると、キリストは言った。「おまえたちの兄弟、ラザロはよみがえるだろう。」[94]

93）「ラザロ復活に寄せる講話」64頁。
94）同上65頁。

396　　「ロシア精神」の形成と現代

アポクリファの部分と聖書の部分の連結は、なめらかで自然に行われている。

　　　すると、ラザロはよみがえった。ラザロは言った。「主よ、最初に創られた人間、アダムはあなたに泣き叫んでいます。『主よ、地獄から連れだしてください』と。主よ、族長アブラハムはイサクとヤコブとともにあなたに泣き叫んでいます。『主よ、地獄から連れだしてください』と。主よ、ダビデ王は息子、ソロモンのことであなたに泣き叫んでいます。」
　　　すると、主はラザロに言った。「もしも私の僕、愛するダビデのおかげをこうむらないならば、私はその出すぎた知恵とその無法[95]ゆえにソロモン王を滅ぼしたことであろう。」[96]

　知恵がありすぎたという理由でソロモンを責めることは、アポクリファでよくあるモチーフである。その論難は、救済が人間の努力や功業ではなく、キリストの受難によってのみ実現することを示している。その後、キリストは霊となって地獄に行き、地獄に閉じこめられた義人たちを解放する。

2.3.8. なぜ義人たちのイエス・キリストへの嘆願をラザロが持っていくことになったのか？　この考えの起源となったものは何か？

　すでに私たちが見てきたとおり、『ラザロ復活に寄せる講話』の中世ロシアにおける人気は、神の裁きの不公平さに対するアダムの嘆きの真に迫ったところ、主に嘆きを伝える筋立ての巧みさ、これらの諸要素の有機的結合の効果の高さにあったことは明らかである。

　アダムの嘆きの起源について、ロジェストヴェンスカヤは次のように述べているが、これは公平な見解と言える。「アダムの言葉は、啼泣と懇願として構

---

95) 『列王記上』11章に拠れば、ソロモン王は700人の王妃と300人の側室をもち、この妻たちが彼の心を悩ませ、彼の心をほかの神々へ向かわせた。
96) 「ラザロ復活に寄せる講話」65頁。

第8章　テオーシスとは何か　**397**

築されており、民衆の詩的な泣き歌とも、『天国についてのアダムの泣き歌』とも構造的な並行関係にある。」[97] しかしながら、地獄から主のもとにお願いと嘆願をもった使者を送り出すというアイデアがどこから来たのかという問題は、解決されないままになっている。この問題に対する答えを見出すのは簡単ではないが、本稿の筆者は、その起源のあり得べき源泉の一つを仮説的に提起してみたいと思う。この謎を解くカギは、『アエネーイス』第6歌にある。

　私たちがすでに本章の2.2.2.で見たとおり、アエネーアスは地獄（ハーデース）に降り、そこで自らの父親であるアンキーセスから、自分が偉大なるローマの建国者になるという予言を受ける。「おまえが背負う運命を教えよう」（第6歌759）と言いながら、アンキーセスはアエネーアスにおびただしい数の死者たちの影を指し示す。この死者たちは未来において、ローマの統治者たる運命をもっている者たちであった。

　驚いたアエネーアスは、アンキーセスに質問する。「父よ、では、ここから地上に向かう霊もあると考えるべきなのですか。崇高な霊魂がふたたび鈍重な肉体へと戻るのですか。」（第6歌719-720）この質問に答えるかたちで、アンキーセスは息子に、地獄では、選ばれた魂が長いプロセスを経て、浄化と忘却を経験し、そのあと「この世」（生きた者たちの世界）に向かって出立するのだということを、詳しく語りはじめる。このプロセスは、ロシア語訳『アエネーイス』の注釈者であるS.シェルヴィンスキイによれば、ピタゴラスの輪廻、魂の転生についての教説に遡る教義にしたがったものである。[98] この輪廻転生の教説は、周知のとおり、仏教を介して日本にも伝播している。

　ハーデース（『アエネーイス』における死者たちの王国）における未来のローマの統治者たちの影の状態と、『ラザロ復活に寄せる講話』における地獄にいる義人たちの状態の類似性は実に驚くべきものがある。『アエネーイス』においては、『オデュッセウス』の場合とは異なり、死者たちは、いわば復活するの

---

97) *Рождественская.* Древнерусский апокриф. С.138

98) *Вергилий Марон*, Публий, Буколики; Георгики; Энеида / перевод с латинского. М.: Худож.лит., 1971, С. 21-22, 428；ヴェルギリウス『アエネーシス』（岡道夫、高橋宏幸訳）京都大学学術出版会、2001年、283-295頁。

398　「ロシア精神」の形成と現代

だ。私たちには、『アエネーイス』のこのアイデアが間違いなく、『ラザロ復活に寄せる講話』の作者に刺激を与えたように思われる。もちろん、基本的に中世ロシアとラテン語文献の関係は非常に弱いのだが、しかしながら、キリスト教ビザンツにおいては、学校教育で古典古代の異教的伝統が保たれていたことはよく知られている。[99] ピタゴラスに遡り、通常は「死者たちのなかからの復活」というキリスト教の教義と関連づけられる、「死者たちの復活」にかんするヴェルギリウスの考えが、ビザンツを通して中世ロシアに到り、『ラザロ復活に寄せる講話』の作者（たち）が地獄から主に使者を送るくだりを考えたさい、彼らにヒントを与えたと仮定することはできないであろうか。

2.3.9. 結論

　以上のように、私たちが確信するところでは、アポクリファ作品『ラザロ復活に寄せる講話』は、「ラザロの復活」という事件の多面的な全体像を、起こった事柄を「神の視点」によって再現することを通して、「再構築」しようと試みたものであった。人間は、福音書作者のヨハネでさえ、地上で起こった出来事しか知らない。このゆえに、人間は福音書において地上で起こったことだけを描くのであるが、『ラザロ復活に寄せる講話』の作者は、中世のイコン画家のように、認識の領域を、人間のふつうの知覚ではわからない領域にまで広げ、語りの視点を「あの世」、すなわち、地獄に移して、神だけが知り感じているはずのことをありありと見、まざまざと感じ、それを生き生きと描き出した。これもテオーシスの一つの発現形にほかならない。本稿の筆者は、ここで検討してきたキリストの恩寵を教えるこの作品が、自らの着想にしたがって、起こった出来事を「神の視点」で再現するものであることを確認してきた。この「神の視点」ゆえに語りは宗教的な霊感に満たされ、『ラザロ復活に寄せる講話』は中世スラヴ世界でもっとも卓越したアポクリファ作品の一つとなったのである。

---

99) *Николаев.* О возможном источнике. C.570.

終　章

「ロシア精神」と向き合うこと

三浦　清美

本書ができるまでの経緯

　本書は、2020年度に取得した三菱財団研究助成金による出版である。研究テーマは「ロシア精神の源流としての北ロシア文化の領域横断的研究—文献学、歴史学、宗教学、民俗学の統合の試み」というものだった。以下、本書ができるまでの研究の進展を、おもに編者である三浦の視点から振り返ってみたい。

　2019年、編者は電気通信大学から早稲田大学に転任した。早稲田大学への着任に伴い、大学から研究室のスタートアップ資金を受け取ることができたが、そのさい、外部資金に応募することも大学側から勧められた。すでに学術振興会の科学研究費を取っていたために、外部資金として応募できるものは限られていた。その一つが三菱財団の助成金であった。

　思いついたのは、「北ロシアの精神性」というテーマである。これはもともと編者の大学の同窓の大先輩であり、長らく北海道大学スラブ・ユーラシア研究センター教授として研究活動に携わっていた望月哲男さんが、かつて（2012年）学術振興会の科学研究費のテーマとして着想されていたもので、それは結局実現されないままになっていた。[1] 私の手元には、そのときの研究計画書が残っていた。さっそく望月さんに研究テーマを継承したい旨を伝えると快諾を

---

1) 「北ロシア」の地域的独自性に着目した先駆的研究として、以下がある。望月哲男「ロシアの北、北のロシア」『現代文芸研究のフロンティア（IV）スラブ研究センター研究報告シリーズNo.93』2003年、89-100頁。

得たので、井上まどか、高橋沙奈美、藤原潤子に声をかけてこの研究グループを発足させた。このメンバーは、望月さんの共同研究でも参加者となっていたはずである。コロナのパンデミックも、ロシア・ウクライナ戦争、ガザでの戦争もなかった、いま思えば実にのどかな時代のことである。

　私なりに裁ちなおした応募時の申請書は、次のような文言ではじまっている。

　　ウクライナ危機（2014年）では、ロシアが、EUともアメリカとも本質的に相容れない政治的アクターであることが明らかになったが、謎と偏見に包まれた隣国ロシアの特異な精神性をより深く理解するために、文献学、歴史学、宗教学、民俗学のディシプリンを駆使して、ロシア固有の精神文化の源流となった「ロシア北方 Русский Север」の宗教的伝統に切り込み、ロシア北方で形成された「ロシア精神 Русская идея」が、ロシアの歴史と現在にいかなる影響を与えているかを見極めたい。

　この視角は望月さんから継承したものというよりも、編者の着想というか、思い入れの産物であった気がする。ロシアにはロシアの事情があるだろうし、それを見極めておくことが必要であるというのが、このときの認識だったように思うが、そこにクリミア侵攻のあとであっても、ロシアを理解したいという気持ちがまったくなかったと言えば嘘になる。

　2019年の秋に出したこの申請書が審査に通ったことを知らされたのが、2020年の5月のことであった。すでにパンデミックははじまっていたが、ロシア軍がウクライナに攻めこむなどとは夢にも思っていなかった。申請書を作成した当時、研究費による活動は、自分の研究テーマをもってそれぞれが北ロシアを訪れ、調査を行うという内容のものにしていた。航空券の価格も今ほど高くなく、それなりに円高でもあったので、4人が北ロシアに2週間くらい滞在できる資金は十分にあった。当初は研究期間も1年間で、2020年10月にはじまり2021年9月に終了する予定だったが、コロナ禍がいつ終息するかわからなかったので、研究期間を1年間伸ばし、2022年9月までとした（その後、さらに終了時期を2023年12月に伸ばした）。

　調査旅行がコロナ禍のために当分不可能になった状況のなかで、研究費を別

の使途に振り分ける必要が生じていた。その結果、共著の出版を考えるように
なった。編者にはすでに、「ロシア精神」という観点からロシア史を再構築す
るという構想があり、そのことが上記の研究テーマにつながっていたので、何
かこれに絡めて本が出せるのではないかと漠然と考えた。研究活動は、コロナ
禍で試行錯誤を繰り返した困難な授業が終わった、2020年の夏休みにはじまっ
た。2020年8月から2021年12月まで計8回の研究会を開催したが、その研
究テーマは以下の通りである。

2020年 8月 5日　三浦清美「トゥーロフのキリルとテオーシス思想」

2020年 9月 1日　三浦清美「ルーシにおける君主概念の変遷」

2020年10月 5日　三浦清美「中世ロシアの宗教と権力の相克—アンドレイ・
　　　　　　　　　ボゴリュプスキイ vs.トゥーロフのキリル」

2020年11月30日　藤原潤子「ロシアの呪文におけるキリスト教モチーフ：聖
　　　　　　　　　書・アポクリファの登場人物を中心に」

2021年 2月22日　高橋沙奈美「皇帝が捧げた命—ロシア・ディアスポラと異
　　　　　　　　　論派のニコライ2世崇敬」

2021年 3月31日　井上まどか「ロシアにおけるカトリック・イエズス会を中
　　　　　　　　　心に」

2021年 9月 3日　三浦清美、井上まどか、高橋沙奈美、藤原潤子「三浦清美
　　　　　　　　　編訳『中世ロシアのキリスト教雄弁文学（説教と書簡）』解
　　　　　　　　　説原稿に対する合評会」

2021年12月 3日　高橋沙奈美「遂行する〈記憶〉—演劇としてのニコライ2世
　　　　　　　　　一家暗殺事件」

　研究会はZoom会議システムで、1回につき2時間ほど、担当者の報告に対し
て、全員が質問したり、コメントを述べたり、議論を行う形式でおこなった。
研究会は非常に充実したものだったと思う。基本的に、編者以外の共同研究者
の場合、このときの報告が本書の各章の核となっている。編者について言え
ば、ロシアの伝統的な価値観についての自分の考えを共同研究者たちに聞いて
もらい、それに対する感想や助言を聞けたことは非常に有益だった。それはロ

シアを盲目的に賛美することでは決してなかった。違和感を違和感として保ったまま、立ち止まって見つめることだったのだと思う。それはおもに、本書と同じく京都の松籟社から出版した『中世ロシアのキリスト教雄弁文学（説教と書簡）』のかなり長めの解説となって結実した。[2]　編者自身としては、拙著『ロシアの源流』[3]の擱筆以来温めていた構想、すなわち、「ロシア精神」の観点からロシア史を再構築するという試みの最初の成果だったと考えている。

　しかし、2022年2月24日、ロシア・ウクライナ戦争（ロシア軍によるウクライナ侵攻）がはじまり、私たちは強い衝撃を受けた。そんなことが起ころうとは夢にも思っていなかったというのが、編者の正直なところである。どこかで踏みとどまるのではないかと漠然と思っていた。それぞれが、その専門分野において、この不幸な出来事への対応に追われた（後述）。我に返ってこの研究テーマのことを思いだしたのは2022年の年末で、日程を調整してZoom会議システムでの会合を行ったのは、翌年の1月11日である。

　この会合では、出版に向けての成果の中間報告をおこない、今後の予定について打ち合わせた。共同研究者はそれぞれ忙しく、重い負担をお願いすることははばかられる一方で、せっかく資金を取りよい本を出せるチャンスなのだから、読み応えのある本を作りたいという思いが編者にはあった。共同研究者のみなさんには、最低1本の論文はご担当いただくことにして、三浦はこの研究会での報告内容をすでにしかるべきところで活字にしてしまっているので、過去に書いた長めの論文から4本を選び出して掲載したい旨をお伝えし、了承していただいた。あわせて本の内容を発表する研究発表会を同年の7月1日に開催することにした。

　7月1日の研究会は、当初は、総括シンポジウムということで大々的にやろうと考えていたのだが、結局、共同研究者だけのこじんまりとした集まりになった。本を出すことで成果を世に問うのだから、ここで頑張りすぎることはないだろうというのが編者の本音だった。この会合で、編者は書名を『「ロシア

2）三浦清美編訳『中世ロシアのキリスト教雄弁文学（説教と書簡）』松籟社、2022年、355-479頁。
3）三浦清美『ロシアの源流』講談社選書メチエ、2003年。

精神」の形成と現代』とすることを提案し、副題等はその後話し合いを続けることにして、そのうえで序文は、ロシア・ウクライナ戦争後も、ロシア正教関係の実地調査を積み重ね、人々のさまざまな声に耳を傾けてきた高橋に担当してもらうことになった。

　この時点では、本としての具体的なイメージはできていなかったように思う。2023年の年末くらいから少しずつ原稿が上がってきて、すでに予感していたことではあったが、それぞれの原稿に筆者の個性が際立つことが分かった。本の統一性を目指すことは諦め、章ごとに執筆者を明記することにし、副題を「領域横断の試み」とすることにした。以上のような事情なので、執筆者は執筆する章ごとの責任を負うものであり、これらの章を『「ロシア精神」の形成と現代』の表題のもとに置いた責任は編者にある。総括研究会から校了まで1年余の時間がかかったが、とにかく最後までたどり着けた。これはひとえに、共同研究者のみなさんのおかげであり、編者冥利に尽きる。また、出版に余裕をもって取り組ませてくださった三菱財団にも、原稿の仕上がりを気長に待ってくださった松籟社にも、心からの感謝の意を表したい。

　高橋が書くように、ロシアの内在的な視点を獲得することが、ロシア中心主義的な立場に立つことにつながりうるのだという指摘は、非常に痛いものがある。ただ一方で、リスクを伴うものであるからといって、ロシアの内在的な視点をもつ必要性から「逃亡する」というのも考えものだと思う。帝国的な見方になるからという理由で、内在的な視点を取ることに警戒的になるあまり、内在的な視点をもった研究をただそれだけの理由で排斥するようになれば、それはそれで大いに問題である。研究者が相互監視するような雰囲気が出来ないように、研究に携わる者みなが心がけるべきではないだろうか。こういうときだからこそ、リスクを背負って内奥に踏みこみ、見極めることは大切である。ロシアの特異な精神性を認識するということは、ロシアと一体化することではない。違和感は違和感として保ちつづけながら、立ち止まって見つめることである。ロシアの特異性を特異性として理解するためにも、ロシアの内奥に踏み込むことは必要だ。その思いは、いまも変わっていない。

終章　「ロシア精神」と向き合うこと　**405**

「ロシア精神」という言葉でイメージしてきたもの

　「ロシア精神」という言葉で編者がイメージしてきたものを、ここで言語化
しておきたい。高橋は序章において、ロシアの帝国主義的な視点が無意識に入
りこむことを問題としていたが、編者はこれに対してちょっと違う考え方をも
っている。

　ロシアは帝国主義的な視点から免れることができない国だと編者は思ってい
る。それは、端的に言って、領土があまりにも広すぎるからだ。ロシアは、広
大な領土の数限りない末端で常に紛争を抱えており、その火消しを行う必要か
ら、力による抑圧と奸計という手段に訴えざるを得ないだろう。それでも、に
もかかわらず、そうした多角的な関係の基盤にあるものは、基本的に平和と友
好だったのではないかと編者は思っている。曲がりなりにも地域の安定は保た
れていたからである。広大な国土への指向性はおそらく、正教君主であるイワ
ン雷帝がイスラーム国であるカザン・ハーン国を併合したあたりから続いてき
たことで、ロシアから見れば、世界はそれをずっと認めてきたじゃないかとい
うことになるだろう。広大な国土を分割すればよいという考えもあるだろう
が、この理想主義的な考え方自体に、どこか手前勝手なものを、編者は感じて
しまう。領土の広大さとロシア人の暖かさと開放性とはまったく無関係ではな
いようにも感じられる。こういうことは、しかしながら、地球というものが人
間にとって「無限」であった、つまりフロンティアというものがあった、ある
意味、幸せだった時代の話だ。

　以上のような事情で、ロシアを対象とする以上、帝国主義的な視点が流入し
てくることはむしろ自然のなせる業で、大切なのは、帝国主義的な視点が流入
してくることに極力自覚的になることだと思っている。もちろんこれはあくま
で編者のものの見方だ。理想を求めすぎて帝国主義的な視点を排斥するあま
り、ロシアにロシアではないものを投影して、現実と向き合う緊張から逃避す
ることのほうが、編者にはよほど危険であるように見える。ロシア研究が、ロ
シアではない何かの研究に、いつの間にか無意識的にすり替わってしまう認知
の歪みのほうが、現実にもたらす災厄は大きいのではないか？

　以上のような認識のもとに、ロシアの歴史を振り返って「ロシア精神」のこ
とを考えてみたい。それは、意識的無意識的にかかわらず、ロシアの帝国主義

的な視点が自らのなかに入りこんでくることのリスクを承知のうえでのことである。このことを、あらかじめ断っておく。[4]

「ロシア精神」の嚆矢としてまず、ロシア最初の年代記『過ぎし年月の物語』のキリスト教受容の項を挙げたい。ヴォルガ・ブルガール族のイスラーム、ハザール帝国のユダヤ教、ドイツ人のローマ・カトリック、ビザンツ帝国のギリシア正教から勧誘を受けたキエフ大公ウラジーミルは、調査団を派遣してその教義と信仰の実態を吟味した結果、その宗教儀礼の美しさに惹かれてギリシア正教を選択したのだった。[5] 美しさに魅せられた自らの選択という主観的な主張に、「ロシア精神」の萌芽を見ることができる。

やはりキエフ・ルーシのキリスト教黎明期の宗教思想家イラリオンは、キリスト教正教への改宗を決断したキエフ大公ウラジーミルを、ローマ皇帝のなかで史上はじめてキリストを信仰したコンスタンティヌス大帝に準えている。ここにあるのは、統治者を、キリストの代理人たるアウトクラトール／サモジェルジェツと認める世界観であり、それはビザンツ帝国が滅亡し、モスクワ大公国が勃興する15世紀中葉あたりから強烈になってくるが、キエフ・ルーシの黎明期から確実に存在していたことは重要である。[6]

ここで指摘したいことは、キリストが統治する理想の世界を夢見るという夢幻が、「ロシア精神」の基盤にあるのではないかということである。

ローマを中心とする西のキリスト教と、自らが信奉する東のキリスト教を峻別していることも重要である。キリスト教受容のエピソードでも、西のキリスト教と東のキリスト教は別の宗教として扱われていたが、キエフ・ルーシを代表する聖者で、キエフ洞窟修道院第2代修道院長フェオドーシイは、反カトリ

---

4) 以下の記述は、三浦の歴史観によるものである。以下も参照。三浦清美編訳『中世ロシアのキリスト教雄弁文学（説教と書簡）』松籟社、2022年、355-479頁。三浦清美『ロシアの思考回路』扶桑社、2022年。三浦清美「東方正教会の世界観とキエフからモスクワへの全ルーシ府主教座の移動―14, 15世紀モスクワの覇権掌握プロセスについての考察」『ロシア史研究』112、3-33頁。

5) 國本哲男、山口巌、中条直樹訳『ロシア原初年代記』名古屋大学出版会、1987年、99-135頁。

6) 三浦「東方正教会の世界観」『ロシア史研究』112、18-22頁。

終章　「ロシア精神」と向き合うこと　**407**

ックのマニュフェストを残している。[7] この流れは、精神的な宗主国であった
ビザンツ帝国の滅亡に際し、16世紀初頭に「モスクワ第3ローマ説」[8]として結
晶化する。フィロフェイは、第1のローマはアポリナリウス異端によって、第
2のローマたるコンスタンティノープルはカトリックとの妥協によって滅びた
いま、第3のローマたるモスクワが真のキリスト教たる東方正教の担い手であ
ると説いた。この考え方によれば、モスクワ大公こそが「神の代理人」たるア
ウトクラトール（皇帝）である。16世紀後半、この理念を体現しようとしたイ
ワン雷帝の治世はテロルに終わり、リューリク朝は断絶し、15年続くスムー
タと呼ばれる戦国時代となる。[9] スムータ時代、ロシアは外国勢力の侵入を許
し、モスクワはポーランド軍によって2年4か月間占領された。この混乱を収
拾したのは、正教を護持する民衆の力だった。民衆の代表を含む全国会議が、
ツァーリによる専制を選び、ロマノフ朝がはじまるのである。[10] ロマノフ朝の
第2代皇帝、アレクセイ帝とその周囲の者たちは、ロシア正教会を基軸とした
国づくりを目指したが、かえってロシア正教会の分裂を招いてしまった。[11] ピ
ョートル大帝は、ロシアのこうした宗教へのこだわりを暴力的に断ち切り、ロ
シアの近代化を図るために強権によって急進的な西欧化改革を図った。[12] ピョ
ートルにとって、西欧化とは、ロシア正教からの脱却にほかならなかったが、
これを執行したのは東のキリスト教の世界観に基づくアウトクラトールの強大

---

7)「敬虔なる公イジャスラフのラテン人に関する問い」三浦清美編訳『キエフ洞窟修
　道院聖者列伝』松籟社、2021年、336-342頁。「二．六．ラテンの信仰についての公
　への書簡」三浦清美編訳『中世ロシアのキリスト教雄弁文学（説教と書簡）』松籟
　社、2022年、76-82頁。

8)「プスコフの長老僧フィロフェイの書簡」三浦『中世ロシアのキリスト教雄弁文学』
　266-287頁。

9)　三浦清美「イヴァン雷帝」堀越孝一編『悪の歴史　西洋編（下）』清水書院、2018
　年、190-203頁。

10)　三浦清美「「嫌われ者」を通して見る宗教戦争としてのスムータ」早稲田大学大学
　院文学研究科紀要、69輯、2024年、355-373頁。

11)　三浦清美「中世ロシアの精神史における古儀式派」阪本秀昭・中澤敦夫編著『ロ
　シア正教古儀式派の歴史と文化』明石書店、2019年、22-44頁。

12)「ピョートル1世」『平凡社世界大百科事典 Ver. 10』日立デジタル平凡社。

な権力だった。これは、蛇が自分の尻尾を呑みこんでいるような、奇妙な息苦しさを感じさせるものである。蛇がわが身の全部を飲みこんだとき、蛇は一体どこにいるのだろうか？

19世紀初めには、フランス革命の潮流に掉さしたナポレオンがロシアに攻めこんだ。ロシアは国民の総力を挙げてこれを退け、17世紀のロシア正教の分裂で極度に困難になった国民的統合が達成されたかに見えた。このあたりの雰囲気は、レフ・トルストイの『戦争と平和』に美しく立ち現れている。しかしながら、ナポレオン軍を追ってフランスに行った若い貴族たちは、民衆が政治の主役となった革命後のパリを目の当たりにし、ロシアの近代化の必要を痛感し、それがデカブリストの蜂起につながっていく。[13]

この路線を受け継いだのはピョートル・チャアダーエフで、『哲学書簡』（1829年）において、ロシアの歴史的過去の意義を全否定して、ロシア社会が全ヨーロッパ的「普遍的」発展過程から取り残されて停滞していることを告発した。チャアダーエフは皇帝ニコライ1世からは狂人であると決めつけられた。[14] 一方で、同じ時代、デカブリストの蜂起を西欧由来の「外患」と見なした政府側からは、民衆啓蒙大臣（文部大臣）セルゲイ・ウヴァーロフが「正教・専制・国民性」のイデオロギーを打ち出して、民衆の教育を管理下に置こうと試みる。しかしながら、政府側の動きも人文研究を抑圧しただけではなかった。ウヴァーロフが創刊した『民衆啓蒙省雑誌』は、すぐれた論文を多く掲載し、学術的に高い水準を誇っていた。[15]

ロシア民衆文化研究の創始者で、不朽の業績を残したアレクサンドル・アファナーシエフの波乱に満ちた生涯も忘れることはできない。モスクワ大学の法学部に在籍していた、宗教嫌いだったアファナーシエフは、大学主催の講演会で、ロシア正教のイデオローグでもあった前述のウヴァーロフに論戦を挑んだ。このことで母校で教職を得る道が断たれたアファナーシエフは、外務省のモスクワ中央文書館に就職して、ここで民俗学、フォークロア資料の収集に勤

---

13)「デカブリスト」『平凡社世界大百科事典 Ver. 10』日立デジタル平凡社。

14)「チャアダーエフ」『平凡社世界大百科事典 Ver. 10』日立デジタル平凡社。

15) Уваров // Энциклопедический словарь Брокгауза и Ефрона.

しんだ。一方で、アファナーシエフは亡命革命家グループともつながりをもっていた。アファナーシエフの代表作の一つ、『ロシア秘話集』は彼らの援助によってはじめて出版できたものだ。結局、このつながりは当局に露見して文書館を免職になった。職を失ったアファナーシエフは失意のなかで非業の病死を遂げた。[16)]

　ロシアの民衆英雄叙事詩であるブィリーナの発見のエピソードも興味深い。ブィリーナを最初に発見したのは、パーヴェル・ルィブニコフである。ルィブニコフは1858年にモスクワ大学を卒業するが、革命をめざすグループに属していたことが発覚し、北部ロシアのペトロザヴォーツクへ流刑になる。1860年5月、地方官吏としてオネガ湖北岸地方への出張を命じられたルィブニコフは、船で湖の沖合の小島に一泊したとき、白髪の老人が土地の農民たちに「サトコ」のブィリーナを語っているのを聞いた。ルィブニコフは、老人の紹介によって他の語り手たちとも知り合い、165篇のブィリーナを採録して1861年から1867年にかけて4分冊として刊行した。ルィブニコフの業績は、ロシアのフォークロア研究界に衝撃を与えるとともに、一部の学者たちはほんとうにそんな英雄叙事詩が存在するのかという疑念をもった。[17)]革命勢力が民衆賛美のために作品を捏造したのではないかと考えられたのである。これを確かめるために、ボスニア領事などを務めた政府側の人間であるアレクサンドル・ギリフェルディングは、自らオネガ地方に旅に出ることを決意した。この旅は成功裡に終わり、318の歌を収集することができ、『オネガのブィリーナ』として出版した。[18)]ブィリーナの収集は、革新と保守の連係プレーのようなもので進展したのである。その向こうには、「ロシア精神」が垣間見える。

　こうした状況のなかで、「スラヴ派」と「西欧派」がロシアの自己認識をめぐって議論を戦わせたことはよく知られている。[19)]革新と保守の二極の対立のな

---

16) 中村喜和『ロシア民話集下』岩波文庫、1987年、369-387頁。

17) Рыбников // Энциклопедический словарь Брокгауза и Ефрона.

18) Гильфердинг // Энциклопедический словарь Брокгауза и Ефрона.

19) 下里俊行「西欧派」沼野充義・望月哲男・池田嘉郎編『ロシア文化事典』丸善出版、2019年、574-575頁。坂庭敦史「スラヴ派」『ロシア文化事典』576-577頁。

かから、ロシアを中心としたスラヴ世界の統合を説く「汎スラヴ主義」、神へ
の愛および正教信者同士の愛によって結びつけられた人々の自由な一致を目指
すソボールノスチ (霊的共同体) [20]、宇宙規模のプロセスにおける人間固有の
使命を自覚し、ロシアの枠を超えた全世界の融合を夢見るロシア・コスミズム
(ロシア宇宙主義) [21] などの特異な思想が生まれた。ここでは、愛に基づく全
世界の融合という考え自体が、ロシア的に響いてくる不思議さがあることを指
摘しておこう。

　19世紀末から20世紀初頭にかけてのロシア・ルネサンスの潮流も大切であ
る。アレクサンドル2世の爆殺犯の処刑に反対したウラジーミル・ソロヴィヨ
フは、永遠の女性にして世界霊であるソフィアを讃えたことで有名であるが、
理念としてのローマ教皇を評価し、東西教会の融合を指向した。[22] その一方
で、同じ時代、アレクサンドル3世、ニコライ2世の扶育にも当たった政府側
の論客コンスタンチン・ポベドノスツェフは、人類には、偉大な意義をもつ惰
性という自然の力があると主張し、社会的停滞を生むロシア正教の信仰を擁護
した。[23]

　ドストエフスキイやトルストイなどの文豪を生んだ19世紀ロシア文学も、
こうした流れのうえにある。19世紀には、ことにその始まりと終わりに、17
世紀初頭に民衆が選んだ帝政のもとで、革新と保守の二極対立が繰り返された
が、この対立は結局収束することはなく、社会の行き詰まりは帝政の崩壊、ロ
シア革命へと繋がっていったように見える。ロシア革命以降現在までの「ロ
シア精神」の変遷については、高橋が序章において詳しく述べているので、そち
らを参照していただきたい。ここでは、ソビエト期に入るとまもなく「赤いツ
ァーリ」スターリンが現れたことを付け加えておこう。

---

20) 渡辺圭「ソボールノスチ (霊的共同体)」『ロシア文化事典』582-583頁。

21) 小俣智史「コスミズム」『ロシア文化事典』584-585頁。

22) 御子柴道夫「ソロヴィヨフ」『ロシア文化事典』606-607頁。Соловьев // Советская
историческая энциклопедия; Соловьев // Энциклопедический словарь Брокгауза и
Ефрона.

23) Побeдоносцев // Энциклопедический словарь Брокгауза и Ефрона.

終章　「ロシア精神」と向き合うこと　**411**

こうして見てくると、愛による魂の結合からなり、宇宙的な広がりをもつ自由な共同体こそがロシアであるという認識が、「ロシア精神」の核にあると言ってよいのではないかと思う。それは皇帝にキリストを見るアウトクラトールという統治者観[24] によく現れている。このように醸成された気分のなかでは、皇帝がキリストの代わりであるという夢物語がほんとうに存在しうるのかという疑問が、理性的な判断の埒外のものになってしまうことがある。内在的視点を取ったときのリスクというのは、まさにここにあるのではないかと編者には思われる。覚めて夢を客観視できる心の余裕をもつことができればよい。しかし、夢と現実との区別がつかなくなる瞬間がやってくることがある。夢物語を現実に変えようとする死に物狂いの努力が、逆に陋劣な現実を覆い隠し、そこに狂気が懐胎するようにも思われる。

ロシア人は、第1章で藤原が述べたような過酷な生活環境のなかで、「他者 чужие」と「仲間 свои」を峻別して、過酷な他者から我が身を守る仲間の世界を作ることに慣れてきた。他者の世界は限りなく冷酷であるが、仲間の世界は温かい。しかも外部の者にも開かれていることも多々ある。ロシア人コミュニティーの得も言われぬ暖かさと開放性は、高橋も序章において指摘しているが、そこに巻きこまれてみると、（どのような種類のものであれ）夢物語が現実に可能であるかのように思えてくることがある。それに巻きこまれて無理の深淵を一気に飛び越えようとするときに、「ロシア精神」の悲劇は襲ってくるようにも編者には思われる。なるようになるという開き直りもロシア的なものかもしれない。

逆に、そのリスクを過剰に評価するあまり、ロシアの内在的な視点から逃避し、外の視点から批判するようになると、今度はもはやロシアというものが見えなくなってしまう。一般の人間には必要ないことかもしれないが、内なる視点と外なる視点のこの緊張を生き抜くことこそ、少なくともロシア研究者にと

---

24) 統治者（皇帝＝ツァーリ）をキリストの代理人と考える正教会の世界観は、世々の終わりにキリストが座することになる空虚な玉座の図像「エティマシア＝備え」によく現れている（口絵図17）。以下も参照。三浦「東方正教会の世界観」『ロシア史研究』112、14-18頁。

って必要なものだと思われるのだが、いかがであろうか。私たちの論集は、研究者たちがこの緊張と向き合った痕跡であると言えるのではないかと思っている。

一日本人研究者としての現（うつつ）にもどって発言する。ウクライナはロシアとの共通性を多くもっている一方で、他者性をも確実に包含している。その他者性を無視して「一体性」のみを主張し、しかも圧倒的な暴力を用いることはやはり許されることではない。

最後に、この研究活動のメンバーの期間内での活動についてかんたんに記しておきたい。それぞれが大学で教職についており、授業や学務で多忙であることは言うまでもないが、ここで記すのは、学にかかわる社会的発信の活動である。

5章を担当した井上まどかは、2023年7月にNHKの教育テレビの番組「こころの時代」のシリーズ「問われる宗教と“カルト”Vol.6　宗教リテラシーをどう高めてゆくか」に出演し、宗教学者の島薗進氏や櫻井義秀氏とともに宗教リテラシーとはなにか、宗教リテラシーをどう高めていくかについて論じた。また、勤務先の清泉女子大学で2024年5月9日から6月5日まで開催された展覧会「私たちの生きる時代—ウクライナの子どもたちがみた世界」を、キュレーターとして組織したほか、ロシア・ウクライナ戦争に関連するいくつかのシンポジウムを主宰した。2024年度から共同研究プログラム「戦時下の教会—ウクライナとその周辺国における宗教・国家・社会」（日本学術振興会・科学研究費・基盤（B））の代表者を務めている。

序章、4章を担当した高橋沙奈美は、TBSのニュース番組「報道1930」や、朝日新聞、毎日新聞、西日本新聞などのマスメディアで、この戦争の宗教的な背景について解説したほか、2023年5月に『迷えるウクライナ』[25]という本を出版した。加えて、朝日カルチャーセンターや生涯学習センター、ユネスコ協会などの各種協会、団体における市民講義を繰り返し行い、露宇両国における

25）高橋沙奈美『迷えるウクライナ』扶桑社、2023年。

東方正教会の歴史と現状、この戦争との関わりに関して紹介した。2022-2023年度にかけては、九州大学学内の人社系学際融合プログラム「九州から再検討するロシア・ソヴィエト文明とその越境ネットワーク」の研究代表者を務め、九州を中心とする日本の事例を踏まえつつ、ロシアの正教会を再検討する試みに取り組んでいる。

　1章、2章を担当した藤原潤子は、2023年に主にロシア絵本を翻訳出版するひとり出版社「かけはし出版」を創設した。これは、ロシアのふるまいが問題になっている今こそ、これまで以上にロシアについて知ることが必要ではないか、という考えによるものである。同年12月に出版した最初の絵本『ぼくのとってもふつうのおうち』[26] は、ドイツ在住のロシア人作家とウクライナの避難民との交流から生まれた作品で、自分の家で平穏に暮らすことを願う子どもたちの切実な思いがつづられている。本書はさし絵の芸術性も高く、2024年度ボローニャ国際絵本原画展のファイナリストに選出された。一介の大学教員が勇敢に立ち上げた「かけはし出版」は世の関心を集め、毎日新聞はじめ各種メディアで取り上げられている。

　3章、6章、7章、8章、終章を担当した三浦清美は、戦争の背景にあるロシアの統治者観（ロシアには、統治者に「神の代理人」を見る伝統的な価値観がある）について、読売新聞、産経新聞、サンデー毎日、アエラなどで発言したほか、2022年の11月に『ロシアの思考回路』[27] という本を上梓した。この本は、キュリロス、メトディオス兄弟のスラヴ人への宣教からピョートルの西欧化改革までの歴史を、「ロシア精神」の観点から再構築したものである。そのほか中世ロシアの文学遺産の翻訳を、松籟社から4冊の書籍、『キエフ洞窟修道院聖者列伝』、『中世ロシアのキリスト教雄弁文学（説教と書簡）』、『中世ロシアの聖者伝（一）―モスクワ勃興期編』、『中世ロシアの聖者伝（二）―モスクワ確立期編』として上梓した。

26）コンスタンチン・ザテューボ作、藤原潤子訳『ぼくのとってもふつうのおうち：「ふつう」のくらしをうばわれたなんみんのはなし』かけはし出版、2023年。

27）三浦清美『ロシアの思考回路』扶桑社、2022年。

さらに本書の表紙の絵について触れたい。これは北ロシア、オロネツ県の農婦が19世紀末に縫った刺繍で、サンクト・ペテルブルグのロシア民俗博物館が所有しているものである（РЭМ 6683-423 Подзор. Олонецкая губ. XIX в. Русские）。写真の使用に関しては、ロシア民俗学博物館に申請して特別に許可を取った。仲睦まじいうら若い男女が、多産のシンボルであるカエルを象った白いレース地の、落ち着いた雰囲気のなかで描かれている。そこには、みずみずしい喜ばしい気分と深い静謐の気配の両方が漂っている。この刺繍は、3章で詳しく述べたような、性をめぐる宗教儀礼のカオスのすえに、北ロシアの農民が調和の境地に到達したことを示している。それはたしかに、どす黒いカオスを通過したあとの「ロシア精神」の輝きだった。この絵が、混迷と分断の現代世界そのものの希望となることを切に祈っている。

終章　「ロシア精神」と向き合うこと　**415**

索　引

・本文および注で言及した人名、作品名、専門用語などを配列した。

［ア行］

アーニチコフ（エヴゲーニイ・、文献学者、歴史家）　93, 112, 122, 132, 138, 140-141, 169, 171, 173, 186-187, 198

愛（ロシアの呪文における）　23, 29, 30-35, 54, 63-68, 70-80, 82-89

愛 の 呪 文　23, 29-34, 54, 63-68, 70, 74-75, 79-80, 83, 86-89

アヴェリンツェフ（セルゲイ・、文献学者）　349, 351-355, 357-361

アウェル（予言を残した修道士）　236-237

アウエルバッハ（エーリヒ・、文芸学者）　357-358, 379-380, 382

アウトクラトール　300, 407-408, 412

アエネーアス　383-384, 398

『アエネーイス』　375, 383, 398

『アズブコヴニク』　118

アダム　84, 156-157, 190, 242, 300, 322, 361-362, 369, 373, 393, 395-398

アッシリア　312, 316-317

アッティス（神格）　149, 167-168, 183, 191-192

アドニス（神格）　149, 183

アファナーシエフ（アレクサンドル・、民俗学者）　91-92, 121, 129-130, 167, 409-410

アブラハム、イサク、ヤコブの神　350

アフロディテー（神格）　113, 118, 148-150, 193-196

アポクリファ　350, 361-363, 365, 367-371, 377-378, 382, 384, 386-388, 391, 397, 399, 403

アラブ　177, 353

アルテミジア（神格）　103, 115-116, 148, 165, 197-198

アルテミス（神格）　102-103, 113-116, 121, 123-124, 142, 145, 148-150, 196, 198

アルテミド（神格）　95, 103, 115-116, 148, 165, 172, 197-198

アレクサンドル 3 世　411

アレクセイ・ミハイロヴィチ（ロマノフ朝皇帝）　235, 239

アンキーセス　383-384, 398

イーゴリ（・リューリュヴィチ、オリガの夫）　295

イーゴリ（・スヴャトスラヴィチ）　304-305, 309-321, 326, 329-330, 332-337, 340-346, 373

『イーゴリ軍記』　24, 303-309, 312-322, 326-327, 329-337, 340-343, 345-347, 362-367, 370-374, 376-377

『イーリアス』　100-101

イヴ　→　エバ

イヴァン 4 世　→　イワン 4 世

イエズス会士　202, 205-206, 208-209, 213, 218

イコン　60, 159, 163-164, 169, 179, 181, 217-218, 223, 229, 237-239, 245, 279, 384-386, 399

イサクの燔祭　379

『イザヤ書』　98, 107, 125, 345, 391

イシス（神格）　114, 123, 142-143, 146, 167-168,

183, 194, 196

イスラーム　13, 294-295, 353, 361, 406

井筒俊彦　7, 9-10, 21

『イパーチイ年代記』　304, 309, 313, 315, 318-320, 331-336

イラリオン（中世ロシアの思想家）　294, 327-328, 338, 407

イラン　353, 376

イリイン（ニコライ・、歴史家）　249-251

イワーノフ（ヴャチェスラフ・、記号学者）　95, 150

イワン4世（リューリク朝ツァーリ）　204, 208-210, 213-218, 220-221, 232

インド・ヨーロッパ　95, 99, 100, 121-122, 124, 140-141, 145-146, 149, 165-168, 350, 376

ヴァーツラフ　292

ヴィシゴロド　249, 254, 259-261, 264, 284, 287, 289

ヴィノグラードフ（ニコライ・、民俗学者）　30

ウヴァーロフ（セルゲイ・、政治家、思想家）　409

ヴェセロフスキイ（アレクサンドル・、文献学者）　93, 121, 164

ヴェルギリウス　355, 375, 398-399

ヴェレス　→　ヴォロス

ヴェレース　→　ヴォロス

ウォヴミャンスキ（ヘンルイク・、歴史家）　94

ヴォドラスキン（エヴゲーニイ・、中世ロシア文学研究者、小説家）　296, 347, 363

ヴォルガ・ブルガール族　294, 406

ヴォロス　94, 142, 146-147, 163, 165-166, 168, 183-184, 306, 342-344

ウジャンコーフ（アレクサンドル・、文献学者）　24, 303-304, 306-309, 311, 313-320, 326-337, 344, 347

『ウスペンスキイ文集』　251-252, 276, 289

ウスペンスキイ（ボリス・・、記号学者）　122-123, 146, 163

ウピリ　115-117, 123, 127-128, 130-131, 133, 140-141, 197

ウラジーミル（・スヴャトスラヴィチ、聖公）　140, 249, 259-263, 295, 298

ウラジーミル・モノマフ　232, 313-315, 345

エイムンドのサガ　250

エイレイテュイア（イリフィア）　100-104, 121, 124, 148-150

エウセヴィオス　369, 375-376

エジプト　114-115, 134, 142-143, 145-146, 166-168, 178, 194, 236, 293-294, 311-312, 317, 352-353

エバ　84, 300

エフィメンコ（ピョートル・、民俗学者）　29, 72

エリザベト（洗礼者ヨハネの母）　181-182

エリヤ（ティシュベ人）　109, 163, 171

エリョーミン（イーゴリ・、文献学者）　337, 364-368, 371, 388, 391, 393, 396

エルサレム・ティピコン（エルサレム修道規則）　157

『エレミヤ書』　304, 307, 309, 311-313, 319

『王権を手にする生神女マリア』（イコンの名称）　237-238

オシリス（神格）　95, 114, 123, 142-143, 145-149, 167-168, 183, 194, 196, 198

『オデュッセイア』　100, 379, 383

オリガ（イーゴリの妻）　295

オルフェウス　194, 375, 381

オルロフ（アレクサンドル・、文献学者）　104, 172, 185, 187, 198

オレーク党　329, 332

[カ行]

『階梯書（Степенная книга）』　231

カイン　134, 260, 300

カエル　180-181, 415

カサノヴァ（ホセ・、宗教学者）　202

ガスパーロフ（ボリス・・、記号学者）　342,

373

家庭問題（ロシアの呪文における）　38, 40, 87

神の御母　23, 93, 108, 111, 117, 123-124, 151-156, 158-161, 163-164, 169-171, 174, 177-181, 183-184, 218, 319, 322, 327, 338-340, 372

神の御母の集い　178-179

神の視点　349, 360-361, 391

『ガラテヤの信徒への手紙』　291, 298

カラムジン（ニコライ・、作家）　220, 326

ガリコフスキイ（ニコライ・、文献学者、歴史家）　91, 95-96, 100, 102, 106, 109-110, 115, 119, 122, 125, 127-128, 131-132, 140-141, 143, 151-154, 156, 158, 161, 164-165, 171, 178-179, 186, 198, 340

カルケドン信仰箇条　176-177, 293-294, 360

ガレイ（ポール・、古典文献学者）　192-193

カンパーニ（ジョヴァンニ・、イエズス会士）　208

『キエフ洞窟修道院聖者列伝』　289, 321, 324-325, 407, 414

犠牲者意識ナショナリズム　24, 223, 225-230, 247

奇跡のイコン（ニコライ2世の、イコンの名称）　239

季節再生の神　165, 167, 168

木村彰一　290, 306, 310, 329-330

キュベレ（神格）　102, 149-150, 168, 183, 191-192

キリク（ノヴゴロド人）　104-106, 108, 165

ギリシア　92-93, 96-100, 103-105, 113-116, 118-119, 123, 125, 127-128, 142-146, 148-150, 159, 162, 166, 169-170, 172, 177-178, 183, 185, 187-199, 205, 211, 215, 217, 220, 293, 298, 317, 321, 337, 349-350, 354-355, 357-360, 374, 379-382, 384, 386, 406-407

キリスト（イエス・）　23-24, 109, 111, 113, 117, 148, 160, 169-177, 179, 182-184, 189-190, 196-197, 251, 259, 262, 291-295, 297-301, 314, 322-323, 326, 343-344, 349-350, 359-362, 370-372, 376, 381-382, 384, 386, 391-393, 395-397,

399, 407, 412

『キリストを愛する者の講話』　109, 132, 151, 161-162, 164, 171-174

ギリフェルディング（アレクサンドル・、民俗学者、ブィリーナ収集者）　93, 410

キリル（トゥーロフの）　321-322, 336, 338, 341, 365-367, 403

キリル（モスクワならびに全ルーシ総主教）　351

クィントセクストゥス公会議（トゥルロ公会議）　96-97

クリコヴォの戦い　346

クリジャニッチ（ユライ・、汎スラヴ主義者）　204

グレープ（・ウラジーミロヴィチ）　24, 138, 175, 224, 249-254, 258-266, 268-295, 297-301, 343

グレゴリウス13世　203, 207-211, 214

グレゴリオス（ナジアンゾスの）　104-105, 112, 172, 185-195, 197-199, 337, 354

ゲオルギイ（ウグリ＝ハンガリー人）　260

結婚（ロシアの民衆文化における）　8, 25, 29, 33-40, 58-59, 61, 85, 166-167, 170, 182-183, 231, 296

コーレソフ（ウラジーミル・、文献学者）　95

コスミズム（ロシア・、宇宙主義）　11, 411

コマロヴィチ（ワシーリイ・、文献学者）　94

ゴリャセル（グレープへの刺客）　261

コリュバンテス　113, 191-192, 196

コルナ（神格）　113, 148, 150, 172, 196

ゴルビンスキイ（エヴゲーニイ・、宗教学者）　94, 106, 109, 130-132, 269-271, 275-276

コルムチャヤ（ノモカノン）　96-98, 104, 119

コロダ　267-273

コンスタンティヌス大帝（ローマ皇帝）　353-354, 407

コンスタンティノス7世ポリュフィロゲネトス（ビザンツ皇帝）　159

コンスタンティノス12世（ビザンツ皇帝）　351

索引　**419**

[サ行]

災害（ロシアの呪文における）　48-50

ザカリア（洗礼者ヨハネの父）　181-182

ザグレウス（ディオニュソスの別名）　144-145, 194

ザテューボ（コンスタンチン・、現代の絵本作家）　414

残置された死者（ザローシュヌィエ・ポコイニキ）　132-133, 135-138, 139-141, 147, 150, 175, 184, 280-281, 283, 286, 296, 298

3人の司祭の講話　318

シアッカ（フランクリン・、文献学者）　251, 256, 265-269, 271, 273, 275

事故（ロシアの呪文における）　48-49

地獄　160, 322, 338, 350, 361-363, 369-370, 372-373, 378-379, 381-384, 388, 391-393, 395-399

シベリア　26, 29, 138, 204, 227

『シベリアの呪術師の呪文』（W. ステパーノヴァの著書）　26-27, 32, 63

『詩篇』　309, 369, 374-375, 381, 392

シモン（ウラジーミル・スーズダリ主教）　324

邪視　36, 53, 57

修道規則　157-158

終末論　230, 234, 236, 242

呪術　9, 12, 25-26, 30, 38, 53, 56, 64, 72

呪術師　23, 25-27, 32, 36-38, 56, 63

『出エジプト記』　309, 311

シュビラ　383

呪文　22-23, 25-34, 36-58, 60-80, 82-84, 86-89, 111, 146, 403

「呪文、魔除け、救いの祈りなど」　30

商売（ロシアの呪文における）　51, 53, 274

シリア　293-294, 352-353

『シリヴェストル文集』　252, 277-278

シンフォニア（ビザンチン・ハーモニー）　231

『申命記』　291, 298, 309-310

スヴャトスラフ（・イーゴレヴィチ）　295,

298

スヴャトスラフ（・ヤロスラヴィチ）　284-285

スヴャトスラフ（・フセヴォロドヴィチ）　305, 334, 342

スヴャトポルク　249-251, 259-263, 286, 295, 324

『過ぎし年月の物語』　198, 251, 263, 273, 277, 295, 406

ステパーノヴァ（ナターリヤ・、呪術師、文筆家）　23, 25-27, 28, 31-34, 36-44, 46, 48-57, 60-61, 63, 80, 84-87

ステファン（・バートーリイ、ポーランド王、リトアニア大公）　208-209, 211

ストリボーグ（神格）　94, 306, 342-344

スモレンスク　154, 261, 264, 269-270, 338

スレズネフスキイ（イズマイル・、文献学者）　91-92, 94, 97, 99, 103-104, 121, 128, 156, 255, 258, 269, 271, 273-276

生業（ロシアの呪文における）　51-53

『正教百科事典』　239, 351

聖愚者ラヴル　296, 347

聖婚（ヒエロスガモス）　142, 163, 166-168, 170-171, 180, 182, 184

「聖なる信仰伝播修道会」　203

ゼウス（神格）　95, 100, 102, 118, 127, 140, 144-145, 166-167, 190-191, 193-194, 380

ゼファニヤ書　309

セミーク　135, 137-141, 147, 150

セメラ　144-146, 183, 193-194

セラピオン（ウラジーミル主教）　136, 282, 297

ゼレーニン（ドミートリイ・、民俗学者）　132-135, 139, 150, 168, 175, 280-282, 296

『その注釈に見出されたるグレゴリオス講話』　104, 112, 124-125, 131-132, 135, 139, 144, 148-149, 154, 160, 162, 164-165, 171-173, 184-188, 190, 195, 198-199

ソボールノスチ（霊的共同体）　12, 411

ゾロアスター教　136

ソロヴィヨフ（ウラジーミル・、哲学者）
　275, 411

[タ行]

対人関係　41
第2祭壇　117, 152, 154-156, 161, 179, 341
『大ロシアの呪文』（L. マイコフの著書）　28
ダジボーグ（神格）　94, 306, 317-318, 342-344
「脱共産主義法」　17-18, 20
「脱植民地化法」　18
『ダニエル書』　346
ダビデ　321-322, 369-371, 373-374, 376, 392-393,
　397
チェルニーゴフ　299, 319, 329-330, 338, 342
誓い（ロシアの呪文における）　58, 60
チジェフスキイ（ドミートリイ・、文献学者）
　367
チャアダーエフ（ピョートル・、思想家）
　11, 409
チュッチェフ（フョードル・、詩人、外交官）
　9
治療（ロシアの呪文における）　29, 53-56, 65
ツァレボージエ（ツァーリ神信仰）　224, 241-
　242, 245, 247
ツルゲーネフ（アレクサンドル・、歴史家、官僚）
　220
ディアナ（神格）　102-103, 121, 148-150
ディオニュソス（神格）　114, 123-124, 143-
　147, 183, 192-194, 196-198
ディオミッサ（神格）　113-114, 145, 148
デウカリオーンとピュラー　127
デーメーテール（神格）　144-146, 149-150, 183,
　192
デカブリスト　409
トゥヴォローゴフ（オレーク・、文献学者）
　265
ドヴォルキン（アレクサンドル・、宗教学者）
　14
ドゥーギン（アレクサンドル・、思想家）　12

ドストエフスキイ（フョードル・、作家）
　411
富（ロシアの呪文における）　51, 53
ドミートリエフ（レフ・、文献学者）　252,
　256, 266-267, 269, 271, 273, 275, 326
トルストイ（レフ・、作家）　18, 40, 331, 409,
　411
トルチン（グレープの料理人）　261, 280
ドレヴリャネ族　295

[ナ行]

中村喜和　280, 306, 310, 343, 372, 410
ナポレオン　308, 408-409
悩み相談　25
ニーデルレ（ルボル・）　93, 106
『ニーベルンゲンの歌』　304
ニカイア信仰箇条　176
ニクシー（神格）　101-103, 121
『ニコデモ福音書』　361, 365, 369, 381-383
ニコラ（聖）　147, 163-166, 168, 284-285
ニコラーエフ（アレクサンドル・、言語学者）
　321, 350, 374-377, 381
ニコライ1世（ロマノフ朝皇帝）　409
ニコライ2世（ロマノフ朝皇帝）　23-24, 223-
　225, 228-230, 234-242, 244-248, 299, 301, 403,
　411
日蝕　304, 309, 312-313, 315-317, 341
ニフォント（ノヴゴロド主教）　341
ノヴィコフ（ニコライ・、文学者、啓蒙活動家）
　219
ノヴゴロド・セーヴェルスキイ　304, 319,
　326, 334
呪い　24, 27, 34-38, 47, 49, 52, 55, 57-58, 76-77,
　84, 134, 224, 249, 291, 298, 323, 343
『呪われたナターシャ』（藤原潤子の著書）　26
ノンノス（パノポリスの）　349, 352, 354-355,
　357-360

索引　*421*

[ハ行]

ハーデース　144, 378, 382-383, 398

バアル（神格）　98, 125

『パイーシイ文集』　103, 112, 173, 186

ハザール帝国　406

パナギア　158-160

母なる大地　73, 136-137, 140, 151, 161, 165, 167, 175-176, 183-184, 281

パラスケーヴァ（ピャトニツァ）　150, 163-166, 168, 175

パラフラシス　355-357, 359-360

パレメイニク　98-99, 104, 106-108

犯罪（ロシアの呪文における）　44, 46-48

汎スラヴ主義　11, 204, 410

東スラヴ　121, 136-137, 146-147, 155, 180, 249, 280-281, 305, 367

ビザンツ　94, 104-106, 158-159, 172, 176, 184-185, 188, 231-233, 238, 262, 293-294, 299, 307, 331, 346-347, 349, 351-354, 359-361, 388, 399, 406-408

ピタゴラス　398-399

ピッキオ（リカルド・）　308-314, 317-318, 347, 376

ヒッチコック（D.R.、言語学者）　369

ビミン（キエフ洞窟修道院修道士）　325

『病気で弱った者についての講話』（トゥーロフのキリルの著作）　322-323, 338

ピョートル1世（ロマノフ朝皇帝）　120, 233-234, 272, 274-275, 408

『ピョートルとフェヴローニアの物語』　307

ファスマー（マックス・、言語学者）　100

プィピン（アレクサンドル・、文献学者）　350, 361, 378

フィロフェイ（プスコフの）　233-234, 408

プーチン（ウラジーミル・）　9, 12, 14-15, 17, 21-22, 227, 341

フェオドーシイ　158, 325, 407

『フェオドーシイ伝』　110

フェドートフ（ゲオルギイ・、思想家）　292

福岡星児　250, 252, 254-255, 257-258, 266, 271, 273, 275

プチシャ（ボリスへの刺客）　260-261

不死の連隊　227-228

『プスコフ使徒行伝』　317

フセヴォロド（・ヤロスラヴィチ）　284

フセヴォロド（・スヴャトスラヴィチ）　309, 330, 332-333

フセスラーフ（・ブリヤチスラヴィチ、ポーロツク公）　343-344

フランコ（イワン・、詩人、文献学者）　321, 362-365, 368-369

ブリュクネル（アレクサンドル・、言語学者、文献学者）　94, 121

フローロフ（セルゲイ、音楽史家）　156, 160-161

プロスベイア　158

フロレンスキイ（パーヴェル・、思想家）　350, 384-385

兵士（ロシアの呪文における）　43-44, 48

『П.С.エフィメンコが採集したアルハンゲリスク県のロシア人に関する民族学的資料』　29

ベストゥージェフ・リューミン（コンスタンチン・、文学者）　126

ベチェネーグ　260, 295

ペルーン（神格）　109, 115-116, 123-124, 140, 143, 150, 163, 166, 197-198

ペルシア　177, 392

ヘルベルシュタイン（ジークムント・フライヘア・フォン・、歴史家、外交官）　204, 212, 219

ベレグィニャ　116, 123, 127-128, 129, 132-133, 135, 140-141

ベレストヴォ　260

ペレドスラヴァ　261

ヘレニズム　166-167, 172, 381

ベロヴォロド・プロソヴィチ　320, 334-335

ホールス　→　ホルス

ポーロヴェツ　304-305, 310-311, 313, 317, 319, 329-331, 333-334, 343, 373

ポッセヴィーノ（アントニオ・、教皇特使）　23, 201-221

ポベドノスツェフ（コンスタンチン・、政治家、思想家）　411

ポポフ（ガヴリイル・、民俗学者）　29

ボヤーン　305, 321-322, 340, 343, 370-371, 373-374, 376

ポリカルプ（キエフ洞窟修道院修道士）　289, 324-325

ボリス（・ウラジーミロヴィチ）　24, 138, 175, 224, 249-254, 259-265, 269, 277-279, 283-287, 291-295, 297-301, 343

ボリスとグレープ　24, 138, 175, 224, 249-254, 259-260, 269, 277-279, 283-286, 291-295, 297-301, 343

ホルス（神格）　109, 143, 163, 197-198, 306, 342-344

ポルフィーリエフ（イワン・、文献学者）　361-363

ボロディン（アレクサンドル・、作曲家）　304, 306, 342

［マ行］

マイコフ（レオニード・、民俗学者）　28-29, 72

マクシム・グレク　120, 136, 205, 282, 325

マクシモス　→　マクシム・グレク

マースレニツァ　154

マリア　23, 36, 111, 117, 124, 158-159, 170, 178, 181-183, 217, 223, 237-238, 245, 339, 389-390, 396

マルケーロフ（グレープ・、文献学者）　279

マルタ　389-390, 396

ミリュチェンコ（ナジェジダ・、文献学者）　250, 252, 256, 263, 268-269, 278-279

メタフラシス　355, 360

モイセイ（ヴィドゥビツィのミハイル修道院修道院長）　289, 320, 326, 333, 335-336, 338, 341, 344

モコシ（神格）　109, 142, 149-151, 163-166, 168, 183-184, 197-198

『モスクワ事情』（S. ヘルベルシュタインの著書）　204, 212

モスクワ大公国　204, 208-209, 211-217, 221, 231, 233, 346, 351, 407

モスクワ第3ローマ説　11, 230, 233-234, 408

『モスコヴィア』（A. ポッセヴィーノの著書）　204-205, 208-210, 212-215, 219-220

望月哲男　218-219, 401

モノマフ党　313, 317, 319, 329, 332, 335

［ヤ行］

ヤム・ザポルスキの和約　209-210, 214

ヤロスラヴナ　305, 318, 373

ヤロスラフ（・ウラジーミロヴィチ）　249-251, 254, 261, 263-264, 284, 286, 295, 328, 343

ヤロポルク（・スヴャトスラヴィチ）　262, 295

ユダヤ　13, 77, 93, 119, 206, 211, 235-236, 243, 291, 293, 297, 345, 349-350, 354-355, 357-358, 378-383, 389-390

ユダヤ教　13, 293-294, 316, 406

ユング（カール・グスタフ・、心理学者、宗教思想家）　182-183

『ヨエル書』　309

予言　12, 58-61, 98, 122, 183, 191, 236-237, 241, 341, 370, 383-384, 398

『預言者イザヤの講話』　106-108, 125, 341

予兆　58, 60-61

ヨハネ（洗礼者）　134, 181-183, 338

ヨハネ（福音書作者）　188, 339, 391, 399

『ヨハネによる福音書』　190, 322-323, 337, 355-356, 388-389

ヨハン3世（スウェーデン王）　206-208

ヨハンネス（・クリュソストモス、金口）　104-106, 160, 185, 321, 341, 361, 372, 374-376

『ヨブ記』　309

『ヨブへの答え』（C.G. ユングの著書）　182-

索引　**423**

183

[ラ行]

雷神　124, 165-168

『ラヴレンチイ年代記』　284, 304, 309, 315, 320, 331-332

ラザロ　322, 350, 361-362, 368-369, 371-372, 388-390, 393, 395-397, 399

『ラザロ復活に寄せる講話』　24, 321-322, 338, 349-351, 361-378, 383-384, 387, 391-393, 396-399

『ラジヴィール年代記』　276-278

リヴォニア戦争　202, 208, 210, 216

律法　108, 291, 294, 297-298, 327, 338, 350

リハチョーフ（ドミートリイ・、文献学者、思想家）　265, 269

リホラトキ　132-135

リモノフ（エドゥアルド・、歴史家）　12

リューリク　231, 295, 299, 315, 344, 408

ルイバコフ（ボリス・、歴史家）　95, 124-126, 154-156, 161, 172, 179, 276

ルイブニコフ（パーヴェル・、民俗学者、ブィリーナ収集者）　93, 410

『ルカによる福音書』　181-182, 319

ルキーナ（神格）　101-104, 118, 121, 124, 148-150

ルサールカ　130-133, 135, 150-151, 168, 175

レーンホフ（ゲイル・、文献学者、歴史家）　251, 285

『列王記』　109, 163, 309, 397

ロージャニツァ（神格）　92-101, 103-108, 115-119, 121-127, 139, 142, 148-155, 161, 164-166, 168, 170-171, 178-179, 183-184

ロージャニツィ（神格）　105, 141, 154, 164-165, 173, 341

ロード（神格）　92, 95, 99, 106, 119, 124-127, 146-149, 151, 165-166, 168, 170, 183-184

ロードとロージャニツァ（神格）　23, 91-96, 103-109, 111-112, 114-119, 121-124, 126-127, 135, 140-143, 147-148, 152-154, 163-165, 168-170, 172-175, 180-181, 184

『ローランの歌』　304

『ロシア国家史』（カラムジンの著書）　220

ロシア世界　9, 11, 15, 20, 247

『ロシアの民間医療』（G. ポポフの著書）　29

ロジェストヴェンスカヤ（ミレーナ・、文献学者）　365, 367-375, 377-378, 387, 391, 394-395, 397

ロビンソン（アンドレイ・、文献学者）　315

ロマノフ朝　339, 408

[ワ行]

惑星　118, 120, 127

ワシーリイ3世（リューリク朝モスクワ大公）　204

●編著者・著者紹介

［編著者］

三浦清美（みうら・きよはる）

早稲田大学文学学術院教授。

専攻はスラヴ文献学、中世ロシア文学、中世ロシア史。

著書に『ロシアの思考回路——その精神史から見つめたウクライナ侵攻の深層』（扶桑社）、『ロシアの源流——中心なき森と草原から第三のローマへ』（講談社）、『自叙の迷宮——近代ロシア文化における自伝的言説』（共著、水声社）などがある。

訳書に『キエフ洞窟修道院聖者列伝』『中世ロシアのキリスト教雄弁文学（説教と書簡）』『中世ロシアの聖者伝（一）——モスクワ勃興期編』『中世ロシアの聖者伝（二）——モスクワ確立期編』（いずれも松籟社）、ペレーヴィン『眠れ』（群像社）、ストヤノフ『ヨーロッパ異端の源流——カタリ派とボゴミール派』（平凡社）、ヤーニン『白樺の手紙を送りました』（共訳、山川出版社）などがある。

［著者］　※掲載順

高橋沙奈美（たかはし・さなみ）

九州大学大学院人間環境学研究院講師。

専攻は宗教学、宗教人類学。特に現代ウクライナの公共宗教、ロシアとウクライナにおける政教分離、宗教とナショナリズムを研究テーマとする。

著書に『迷えるウクライナ——宗教をめぐるロシアとのもう一つの戦い』（扶桑社）、『ソヴィエト・ロシアの聖なる景観——社会主義体制下の宗教文化財、ツーリズム、ナショナリズム』（北海道大学出版会）、『ユーラシア地域大国の文化表象』（共著、ミネルヴァ書房）などがある。

藤原潤子（ふじわら・じゅんこ）

神戸市外国語大学ロシア学科准教授。かけはし出版代表。

専攻は文化人類学、ロシア研究。

著書に『呪われたナターシャ——現代ロシアにおける呪術の民族誌』（人文書院）、『水・雪・氷のフォークロア——北の人々の伝承世界』（共著、勉誠出版）など。絵本の翻訳も手がけ、アントン・ロマーエフ作『パパかいぞくのこもりうた』（成山堂書店）、コンスタンチン・ザテューポ作『ぼくのとってもふつうのおうち——「ふつう」のくらしをうばわれたなんみんのはなし』（かけはし出版）などがある。

井上まどか（いのうえ・まどか）

清泉女子大学文学部准教授。

専攻は宗教学宗教史学、近現代ロシア宗教史。

著書に『ロシア文化の方舟——ソ連崩壊から二〇年』（共編著、東洋書店）、『情報時代のオウム真理教』（共著、春秋社）、『世俗化後のグローバル宗教事情〈世界編Ⅰ〉』（共著、岩波書店）、『ヨーロッパの世俗と宗教——近世から現代まで』（共著、勁草書房）、『現代ロシアの教育改革』（共著、東信堂）、『ロシア文化事典』（共著、丸善出版）、『世俗の新展開と「人間」の変貌』（共著、勁草書房）などがある。

「ロシア精神」の形成と現代
——領域横断の試み

2024 年 12 月 20 日　初版発行　　　　定価はカバーに表示しています

編著者　　三浦清美

著　者　　高橋沙奈美、藤原潤子、
　　　　　井上まどか

発行者　　相坂　一

発行所　　松籟社（しょうらいしゃ）
〒 612-0801　京都市伏見区深草正覚町 1-34
電話　075-531-2878　　振替　01040-3-13030
url　https://www.shoraisha.com/

印刷・製本　　モリモト印刷株式会社

Printed in Japan

Ⓒ 2024　ISBN978-4-87984-458-3　C0039